Alquimia da Mente

Herminio C. Miranda

Alquimia da Mente

© 1994 by Hermínio Miranda
Direitos de publicação cedidos pelo autor ao Instituto Lachâtre

INSTITUTO LACHÂTRE
Rua Barão de Jagaurá, 243, Mooca – CEP 03.105-120 – São Paulo – SP
Telefone: 11 2277-1747
Página na internet: www.lachatre.com.br
E-mail: editora@lachatre.org.br

Projeto gráfico da capa: Andrei Polessi

A reprodução desta obra, no todo ou em parte, por qualquer meio, será permitida somente com a autorização, por escrito, da Editora
(Lei nº 9.610 de 19.02.1998).

4.ª edição – 3.ª reimpressão
Maio de 2024
25.000º ao 26.500º exemplar

Impresso no Brasil
Presita en Brazilo

CIP-Brasil. Catalogação na fonte

M642n   Miranda, Hermínio C. (Hermínio Corrêa de), 1920 – 2013
Alquimia da Mente / Hermínio C. Miranda. – 4.ª edição.
São Paulo: Lachâtre: 2024.
320 páginas
Bibliografia

1. Alquimia. 2. Psicologia. 3. Jung. 4. Espiritismo.

CDD – 133.9   CDU – 133.7

Sumário

I. Convite,

II. O livro fala de si mesmo,
1. Como e por quê. 2. Onde o autor propõe um (honesto) conchavo com o leitor e a leitora.

III. Em busca de um psiquismo na matéria,
1. Uma pedra para o templo do conhecimento. 2. O dentro e o fora das coisas e dos seres vivos. 3. O pó da terra. 4. Como conversar com as plantas. 5. O abismo das verdades.

IV. Cérebro e mente,
1. O cérebro pensa? 2. A mansão no alto do penhasco. 3. Ensaio geral para a morte. 4. Esquerdo e direito: dificuldades do diálogo. 5. Ser e fazer. 6. Os "exageros" do cérebro. 7. Inteligência e instinto.

V. Consciente e inconsciente,
1. O ser subconsciente. 2. Conscientização progressiva. 3. Outro eu dentro do eu? 4. "A segunda alma do dr. Jung". 5. O inconsciente, território de nossas ignorâncias. 6. O plano é imbatível. 7. Gênese da consciência. 8. Ignotas regiões do psiquismo. 9. Os estimulantes enigmas da genialidade.

VI. Alquimia e gnose,
1. Uma leitura alquímica da mente. 2. Tributo aos alquimistas. 3. Visão gnóstica da vida.

VII. Reflexões e propostas conclusivas,
1. Ser e estar – eis a questão.

Bibliografia,

Herminio C. Miranda,

I. Convite

Mergulhado no que se poderia caracterizar hoje como crise existencial depressiva, Hamlet conversa consigo mesmo sobre a possibilidade do suicídio. A grande questão naquele momento está em ser ou não ser. Valeria a pena suportar as aflições com dignidade ou armar-se para combater o mar de dificuldades até vencê-las? E a morte? Que seria mesmo? Apenas um sono e nada mais? Estariam terminadas as angústias do viver? Morrer e dormir, tudo bem, mas seria um sono sem sonhos? Aí estava o problema. Se sonhos havia, que sonhos seriam? Como saber se, depois de cruzada a fronteira da morte, ninguém voltara para dizer como eram as coisas por lá? Não seria melhor suportar as mágoas que já conhecemos do que saltar ao encontro das que ignoramos?

O solilóquio é mais hamletiano, contudo, do que shakesperiano, ou seja, do personagem, de vez que o autor não parece nutrir tais dúvidas. Suas peças estão povoadas de fantasmas, de volta ao cenário terreno, depois de haverem atravessado a fronteira do desconhecido.

Seja como for, a questão não consiste em ser ou não ser, já o somos. E seremos sempre, quer se acredite ou não na continuidade da vida após a morte do corpo físico.

Adotei, neste livro, outra opção especulativa, sem excludências – a de *ser* e *estar*, que se substantiva na dicotomia permanência/transitoriedade, compatível com uma realidade de há muito percebida, mas que somente agora começa a se difundir, isto é, a de que temos uma parte do ser mergulhada na matéria perecível e outra, bem mais ampla, na sutileza atemporal da realidade cósmica.

Para acompanhar-nos nessas reflexões estão convidados todos os hamletianos disponíveis. Afinal de contas, nada terão a perder, senão as suas dúvidas...

II. O livro fala de si mesmo

1. Como e por quê

Insatisfeito com doutrinas filosóficas, científicas e religiosas que me propunham respostas a persistentes questionamentos meus, resolvi, aí pelo meado da década de 50, explorar o território ideológico do espiritismo, a partir de um roteiro de leitura preliminar solicitado a um culto amigo e companheiro de trabalho, no qual eu confiava e que sabia bem informado a respeito do assunto. A história dessa busca foi contada tão sumariamente quanto possível em meu livro *Nossos Filhos são Espíritos*. A partir de 1958 começaram a aparecer timidamente, na imprensa especializada, meus primeiros escritos e, na década de 70, os primeiros livros.

Em paralelo com a atividade do escritor iniciante, prosseguia a do leitor insaciável, a buscar informação e conhecimento não apenas nos livros que iam sendo lançados pelas editoras do ramo, como em antigas e esgotadas obras nacionais e estrangeiras, muitas delas tidas por autênticas raridades, garimpadas na poeira dos sebos. Um desses verdadeiros achados, daqueles que suscitam umas batidas a mais no coração exultante, foi o esquecido estudo do engenheiro, coronel e conde francês Albert de Rochas, intitulado *Les Vies Successives*, uma bem conservada edição da Charconat, de 1911, conhecido meu de citações encontradas em outras obras de estudo.

Passaria os próximos anos a estudar esse e outros livros do ilustrado coronel e escritor, mesmo porque a temática da reencarnação, ali tratada de maneira eminentemente científica, estava entre as minhas mais elevadas prioridades. É que sempre considerei o conceito da reencarnação como fundamental a um entendimento racional dos mecanismos da vida, tanto na sua face meramente biológica, como psíquica e ética. Além do mais, se era e continua difícil reunir um conjunto satisfatório de provas acerca da existência e da sobrevivência do ser à morte corporal, é menos difícil chegar a uma razoável demonstração da validade das vidas sucessivas. A metodologia da regressão de memória proposta pelo cientista francês visava à coleta de documentos acerca dessa questão.

Procuro distinguir o conceito de *prova* do conceito de *evidência* ou *demonstração*. O que a ciência entende por prova raramente ou jamais poderá ser obtido em relação a fenômenos de natureza psíquica. É que a pesquisa científica trabalha com modelos metodológicos inspirados em conceitos (e preconceitos), voltados para os enigmas da matéria e basicamente apoiados nos sentidos físicos do ser humano. A ciência quer ver, medir, pesar, cheirar, apalpar, ouvir e até degustar, se possível, aquilo que constitua objeto de sua análise, tanto quanto deseja "desmontar" o objeto estudado, penetrar-lhe a intimidade, reconstituí-lo, estudar suas reações a ações exógenas, como pressão, temperatura, distenção, trituração, mistura, combinação, fusão e o que mais seja. Mesmo a evidência ainda é conceito que depende dos sentidos, no caso o da visão, ou seja, *e-vidência*, algo que se pode ver. Ora, a realidade espiritual exige diferentes modelos de pesquisa. Os que foram criados e desenvolvidos para a busca no âmbito da matéria densa mostram-se inadequados, para dizer o mínimo. Não há como pegar o espírito, como uma cobaia, e submetê-lo à fantástica bateria de testes laboratoriais para ver como ele funciona. Mesmo porque a ciência dificilmente se envolve num projeto desses no qual a existência do objeto da pesquisa deve ser pressuposta, sem apoio em qualquer indício preliminar admissível, e ela não está nada convencida da existência do espírito.

"Os sentidos," – lê-se em *A Grande Síntese* (p. 17) – "que muito bem vos servem para os vossos objetivos imediatos, mal esfloram a *superfície* das coisas e essa incapacidade deles para penetrar a essência vós a sentis."

E, mais adiante:

"A utilização dos sentidos como instrumentos de pesquisa, embora com auxílio de meios apropriados, vos fará permanecer sempre na superfície, trancando-vos a via do progresso."

Para o autor espiritual dessa obra, a ruptura do impasse está em valer-se dos "insuspeitados recursos e meios de percepção direta", que somente a intuição pode prover.

Mesmo admitindo-se aprioristicamente um princípio sobrevivente no ser humano, ainda ficaríamos com o problema de provar, à satisfação dos paradigmas científicos, não apenas sua existência, mas aspectos complementares como preexistência e sobrevivência, além da possibilidade de intercâmbio entre vivos e mortos. Para a ciência como um todo, nada disso está provado; ela somente aceita comprovações ditas concretas, materiais, sensoriais ou que atendam às premissas mínimas de credibilidade estabelecidas pelos modelos com os quais trabalha e que possam ser razoavelmente inferidas.

Dentro da severidade desse esquema, como provar, por exemplo, que a pessoa B seja a reencarnação de B1, e esta a de B2, e assim por diante? Não adianta insistir que o espírito é o mesmo, se a ciência ainda não admitiu o pressuposto da existência do espírito, e muito menos de sua possibilidade de sobreviver à morte corporal e reencarnar. Por outro lado, mesmo admitido tudo isso, em princípio, em cada reencarnação o corpo físico é diferente, desenvolvido a partir de outros componentes genéticos, com outro cérebro para pensar, situado em diferente contexto familiar, social, econômico, histórico e geográfico. O ser reencarnado não traz consigo "documentação" que comprove sua identidade biológica anterior, dado que o corpo que lhe serviu de instrumento e moradia na vida passada foi restituído ao ambiente cósmico e por este absorvido, depois de devidamente desdobrado em seus elementos essenciais. O pó voltou ao pó, como diz o texto bíblico, e o pó que se juntou para formar o novo corpo vem do mesmo reservatório cósmico e terá, necessariamente, as mesmas características básicas, mas é outro pó.

Não há, pois, uma comprovação aceitável, do ponto de vista da ciência contemporânea, para a doutrina ou teoria da reencarnação, menos ainda para a da sobrevivência do ser e, muito menos que isso, para a da imortalidade. Sem lamentar-se ou acusar gente ou instituições científicas, Teilhard de Chardin limita-se a escrever, em *O Fenômeno Humano*, o óbvio, que nem por isso deixa de ser contundente, ao declarar que tais aspectos fazem parte de "um problema que a ciência decidiu ignorar provisoriamente" (p. 43). Anteriormente (p. 10), lamentara da mesma maneira educada a tendência do pesquisador "em não aceitar do homem, como objeto da ciência, senão o seu corpo".

Certamente o leitor observou, contudo, que o brilhante pensador entende o "impasse" como provisório, mesmo porque a realidade invisível subjacente – a que Chardin rotulou de "o dentro das coisas"– terá de ser enfrentada, mais cedo ou mais tarde, pela ciência, à medida em que não as *provas* desejadas pela ciência, mas as *evidências* acumuladas pela própria dinâmica do processo cultural evolutivo começarem a pressionar no sentido de uma substancial reformulação nos modelos de pesquisa científica. O que, aliás, já está ocorrendo em relação aos diferentes aspectos da realidade espiritual. Ou a ciência desenvolve sua metodologia específica para esse tipo de pesquisa ou ficará falando sozinha sobre a matéria bruta, suscetível de ser manipulada na sua sofisticada parafernália laboratorial. Estamos assistindo, em décadas mais recentes, a um vigoroso movimento cultural revisionista que vem acumulando expressiva documentação a respeito daquilo que Chardin considerou "o dentro das coisas", ou seja, o lado invisível da realidade cósmica, seres humanos, inclusive.

Daí porque tanto me atraíam os estudos do coronel de Rochas sobre a reencarnação. Ele colocava ao alcance das pessoas interessadas no processo de revisão cultural de que há pouco falávamos instrumentos e métodos capazes de produzir não comprovações irrecusáveis ao gosto da ciência, mas evidências aceitáveis que pelo menos podiam contribuir para a elaboração de um pressuposto válido e inteligente que levasse o pesquisador a abandonar sua "provisória" atitude de indiferença perante a realidade espiritual. Mais do que isso, eu percebia, na eventual comprovação da doutrina das vidas sucessivas, dramáticas implicações resolutivas em conceitos paralelos como o da preexistência e sobrevivência do ser. Demonstrado que a criatura se reencarna, não há como escapar à inferência óbvia de que também sobrevive à morte corporal e preexiste, como ser consciente e responsável, a cada uma de suas vidas na carne.

Foi a partir dessas premissas e de numerosos estímulos nesse mesmo sentido, colhidos em outras tantas obras complementares e paralelas, que começamos nossas experimentações com um grupo de amigos e companheiros de ideal. Um dos projetos de pesquisa produziu, em 1967, dramáticas evidências de que o jornalista brasileiro Luciano dos Anjos era uma reencarnação do jornalista e revolucionario francês Camille Desmoulins. Razões, que não há como expor aqui, adiaram a publicação do livro *Eu Sou Camille Desmoulins* para 1989, precisamente no bicentenário da Revolução Francesa. (Não sei se o leitor acreditará, mas asseguro-lhe de que não foi proposital a escolha do ano de lançamento. Simplesmente aconteceu assim.)

Na metade da década de 70, vinte anos após haver iniciado tais buscas, entendi chegado o momento de escrever algo sobre esses estudos e sobre as experiências que acumulara. Foi essa a matéria reunida no livro intitulado *A Memória e o Tempo*, lançado, finalmente, em 1981.

Uma passagem aparentemente irrelevante desse livro produziria, mais tarde, o estímulo inicial do qual resultaria a obra que o leitor tem agora em mãos. Explico-me.

Discorria eu sobre o fascinante fenômeno da projeção visual de toda a existência da pessoa em crise de morte iminente – caracterizei-o como *"replay da vida"* –, quando me ocorreu propor a hipótese de que o fenômeno poderia ser explicado por um possível mecanismo de transcrição de arquivos. Assim:

> Ao finalizar-se a existência na carne ou mesmo ante ameaça mais vigorosa e iminente de que ela está para terminar, dispara um dispositivo de transcrição dos arquivos biológicos para os perispirituais, do que resulta aquele belo e curioso espetáculo de *replay* da vida, para o qual estamos propondo o nome de *recapitulação*. (P. 35 da 4ª edição.)

Logo percebi que a hipótese formulada para um possível entendimento do fenômeno afigurava-se, senão de todo inaceitável, pelo menos indigesta para alguns leitores mais atentos, de vez que implicava a existência de certo grau de psiquismo biológico, o que assumia para alguns a proporção de uma heresia no contexto cultural espiritualista, onde matéria e espírito interagem, mas, cada um à sua maneira, como que sem maiores intimidades uma com o outro.

Como a observação resultara de inspiração ditada por momentânea intuição, não cogitei, de início, de aprofundamento maior no tema. Afinal de contas, tratava-se apenas de uma hipótese que não parecia pôr em risco estruturas doutrinárias tão severamente patrulhadas por alguns. Seja como for, sentindo-me pressionado pela crítica, resolvi estudar um pouco mais esse aspecto a fim de, eventualmente, reforçar a hipótese formulada ou abandoná-la de todo.

Encontrei referências a esse psiquismo embutido nas estruturas da matéria em André Luiz, como temos oportunidade de citar aqui mesmo, neste livro. Esse autor espiritual ensina que funciona na intimidade da célula uma espécie de ponto de encontro de matéria e espírito, indicando o citoplasma como fronteira avançada do ser espiritual e o núcleo como a presença da matéria. Além disso, afirma André, em *Evolução em Dois Mundos*, que...

> Assim como recapitula, nos primeiros dias da existência intrauterina, no processo reencarnatório, todos os lances da sua evolução filogenética, a consciência examina em retrospecto de minutos ou de longas horas, ao integrar-se definitivamente em seu corpo sutil, pela *histogênese espiritual*, durante o coma ou a cadaverização do veículo físico, todos os acontecimentos da própria vida, nos prodígios de memória, a que se referem os desencarnados quando descrevem para os homens a grande passagem para o sepulcro. (Destaque no original.)

Faltava-me, contudo, uma palavra de André que amparasse ou justificasse a minha proposta de transcrição de arquivos. Não havia. Tentei explicar-me melhor, no afã de salvar a modesta hipótese, mas não fui bem sucedido. Até parece que a coisa mais importante do livro que eu escrevera era a desventurada (e herética) teoria das transcrições. Resignei-me, pois, a abandoná-la à sua própria sorte. Foi bom enquanto durou... Se não estava em Kardec, nem nas obras mediúnicas tidas como de boa doutrina, minha hipótese nascera órfã e, portanto, sem linhagem.

Aí, aconteceu o imprevisto. Alguém encontrou um apoio salvador no livro intitulado *Falando à Terra*, que reúne quarenta comunicações de outros tantos autores espirituais, captadas pela transparente e confiável mediunidade de Francisco Cândido Xavier, o querido e respeitável Chico Xavier. Romeu A. Camargo relatava nesse texto as suas últimas impressões do lado de cá da vida e as primeiras que foram ao seu encontro do lado de lá. Camargo morrera aos 66 anos, em 10 de dezembro de 1948, em São Paulo. Fora jornalista, professor, escritor e advogado. Deixou importante contribuição à sociedade e ao movimento que abraçara, após abandonar – para desgosto de alguns amigos queridos – a militância protestante.

Dizia agora, como espírito, que, a despeito de todo o preparo doutrinário, que "reconforta e educa para a grande transição, a morte é sempre um caminho surpreendente". Comparava-se a um pássaro que, depois de aprisionado por muitos anos em gaiola guardada em escuro porão, de repente, se vê livre, a voar em plena luz do sol. O coração estava "aos pulos" e os "passos vacilantes". Projeta-se nele o quadro vivo de suas realizações e ele se sente a reintegrar-se na posse de si mesmo. Restava, contudo, desvencilhar-se do agora inútil corpo físico, no que foi ajudado por experimentados amigos espirituais. E mais: o que fazer de todo aquele banco de dados que acumulara durante os sessenta e seis anos de prisão na gaiola?

"A memória" – depõe – "como que retira da câmara cerebral, às pressas, o conjunto das imagens que gravou em si mesma, durante a permanência na carne, a fim de incorporá-las, definitivamente, aos seus arquivos eternos."

Aí estava, pois, documentado o mágico fenômeno da transcrição, a demonstrar a existência de um arquivo transitório na personalidade e um definitivo na individualidade. Concluída a tarefa de viver no corpo, os arquivos são recolhidos, portanto, a lugar seguro. Além disso, estava salva a minha modesta hipótese intuitiva! A essa altura, porém, eu havia reunido considerável massa de dados não especificamente sobre a desventurada (e revigorada) teoria da transcrição, mas sobre outros aspectos dessa fecunda realidade espiritual que está sempre a nos surpreender, como a Romeu Camargo, com revelações e ensinamentos dos quais nem suspeitávamos. Eram coisas que eu havia descoberto e aprendido enquanto procurava entender melhor o quadro, a fim de retratar-me da hipótese que havia formulado ou reforçá-la com novos argumentos.

O tempo da procura não fora consumido em vão. Dois aspectos fundamentais, pelo menos, me pareciam mais compreensíveis ao cabo dela.

Primeiro: os instrutores espirituais do prof. Rivail (Allan Kardec) haviam definido a alma como "Um espírito encarnado" (questão número 134 de *O Livro dos Espíritos*) e acrescentaram, em atenção a uma indagação adicional, o esclarecimento de que "antes de se unir ao corpo", a alma estava na condição de "espírito". Habituado à precisão de linguagem que fez a tônica desses pronunciamentos, eu me sentia autorizado a concluir que alma e espírito não são, portanto, exatamente a mesma coisa. Em que se distinguem esses dois conceitos? Qual a diferença entre eles? – perguntava-me eu.

Segundo: Em outro ponto do diálogo de Kardec com as entidades espirituais que se colocaram à sua disposição, ficara dito ser necessária a união do espírito à matéria, a fim de *intelectualizá-la* (questão número 25). Ao discorrer, mais adiante, na conversa, sobre a inteligência, repetiriam os instrutores a informação, declarando ser necessário que "o Espírito se una à matéria animalizada para intelectualizá-la" (questão número 71). Que seria, contudo, *intelectualizar a matéria?*, novamente me perguntava.

2. Onde o autor propõe um (honesto) conchavo com o leitor e a leitora

O texto que o leitor acaba de percorrer atende, a meu ver, às objeções e dúvidas suscitadas quanto à hipótese da transcrição dos registros acumulados durante a vida na carne para algum dispositivo permanente da memória. Na realidade, a observação que se afigurava, no mínimo, estranha àqueles atentos leitores resultara de um desses impulsos de intuição que nem sempre temos como explicar e que, aparentemente, não se baseia em nada do que a gente saiba conscientemente. Experiência com situações semelhantes ensinou-me a tratar com respeito esses *flashes* inexplicáveis, que costumam ter alguma razão de ser. Fiquei, contudo, com um problema pessoal. A busca de uma explicitação aceitável para o que fora uma espécie de "palpite" me levou a estudos e pesquisas que, de início, não figuravam nos meus planos. É que o assunto me fascinara mais do que eu havia, de início, imaginado. O que eu julgara ser uma inocente poça dágua era um poço escuro e profundo, e eu ficara com a impressão de que misteriosas luzes brilhavam lá dentro. Nada melhor do que o desafio do mistério para despertar em nós o herói adormecido, o aventureiro distraído. Daí porque pulei para dentro do balde e comecei a descer rumo ao fundo do poço, se é que ele o tinha.

A essa altura, eu colecionara outras tantas perguntas e assumira o papel do autocrítico. Se existia mesmo um processo de transcrição, como eu imaginara, como funcionaria? De onde para onde? Transpondo que tipo de material de arquivo? Haveria terminais da memória na contraparte meramente biológica do ser? Ou, para formular a pergunta de outro jeito: seriam as células dotadas de um psiquismo específico, ainda que inconsciente? Sendo assim, como se articularia o sistema?

Nesse ínterim, mais de dez anos se passaram e também eu cheguei, como escritor, à era da informática e o computador começou a mostrar-me suas semelhanças e dissemelhanças com o dispositivo que usamos para pensar. Não é sem razão, aliás, que, por algum tempo, os computadores foram conhecidos como "cérebros eletrônicos". Não se coloca neste ponto a velha questão da prioridade do ovo sobre a galinha, ou vice-versa, mas afigura-se bastante significativo que, ao criar um complexo sistema de pensamento artificial, a ciência desenvolva um modelo operacional que parece, consciente ou inconscientemente, inspirado naquele que a natureza criou para o ser humano. Vemos, num e noutro sistemas, soluções operacionais comuns ou semelhantes. Num, como no outro, há um processo de entrada, saída, processamento e armazenamento de dados; há arquivos de natureza permanente e outros transitórios; há, principalmente, um componente caracterizado no jargão profissional como *hardware* (o equipamento em si) e outro conhecido como *software*, que consiste em numerosos programas operacionais que vão sendo chamados segundo as necessidades da tarefa a realizar. O trabalho produzido com a ajuda de memórias transitórias é, no momento oportuno, transcrito em arquivos permanentes, que funcionam como o subconsciente humano, de onde dados e textos, ou seja, as "lembranças", podem ser resgatadas a qualquer momento, mediante comando específico, expedido no âmbito do programa adequado. Nesse quadro sinótico comparativo, a telinha do computador representaria a dicotomia presente/consciente, ou seja, é o que está acontecendo porque está sendo pensado e sobre o que o operador tem fixada sua momentânea atenção.

Acresce que, em numerosas oportunidades, as necessidades operacionais levam-nos a um legítimo diálogo com o que poderíamos chamar a "personalidade" do computador. Suponhamos, por exemplo, que você despache um comando ordenando o apagamento de determinado arquivo que, aparentemente, não mais lhe interesse. Em vez de cumprir cegamente a ordem, a máquina pergunta se você está mesmo certo de que deseja apagar aquele arquivo, sim ou não, com o que lhe proporciona a oportunidade de repensar sua decisão e, eventualmente, salvar o texto ou a informação que já estava condenada ao desaparecimento. Diálogos muito mais longos e instrutivos são didaticamente conduzidos por inteligentes programas que vão trazendo para a tela do vídeo instruções precisas sobre como proceder a cada passo do aprendizado ou da instalação de um novo programa.

Mesmo com todas essas espetaculares faculdades "pensantes", contudo, os computadores mais avançados não passam ainda de toscos arremedos do sistema criado pelo processo evolutivo natural para gerir o sistema de dados de que necessita o ser humano no complexo ofício de viver. Em termos de capacidade operacional e de memorização, tanto quanto de velocidade de processamento, o dispositivo humano de pensar parece inimitável e insuperável, mesmo porque nele interagem funções superiores de extrema complexidade como as de natureza emocional, criativa, especulativa e ética. O computador responde às solicitações do operador até os limites de sua capacidade e de sua programação, no âmbito do conjunto *hardware/software*, ou seja, somente reage dentro daquilo que lhe foi ensinado. De certa forma, também o ser humano está assim condicionado, só que numa dimensão assustadoramente mais ampla, produzindo, às vezes, a impressão de que sabe de coisas que não lhe foram ensinadas, ou seja, que aparentemente não se encontram nos seus arquivos. Umas tantas dessas "descobertas" podem resultar de felizes recombinações de dados preexistentes, o que não as tira da categoria de criações mentais; outras quantas, porém, parecem surgir, como se diz em inglês, *out of nowhere*, ou *out of the blue sky*, isto é, "caídas do céu". Como se algum ser inteligente invisível e desconhecido nos soprasse ao ouvido a solução mágica, a alternativa perfeita, a opção irretocável, ainda que suscetível de explicitação posterior que venha a exigir considerável trabalho complementar de pesquisa e meditação. Como, para voltar às especulações iniciais deste módulo, o *flash* intuitivo que me sugeriu a hipótese da transcrição de dados pessoais de uma modalidade de memória para outra.

Esse tipo de informação preliminar que pode desfazer-se em rebate falso, por estar estruturada em elementos fantasiosos ou inconsistentes, assume muitas vezes as características de uma fagulha que acende grande clarão. Brewster Ghiselin reuniu, num livro intitulado *The Creative Process*, dezenas de depoimentos acerca do fascinante mecanismo da criatividade, na palavra de seres de excepcional capacidade intelectual e amplitude cultural.

É difícil selecionar um depoimento representativo quando você tem à escolha textos de Einstein, Henri Poincaré, Mozart, Henry James, Nietzsche e outros. Opto, no entanto, pelo de Henri Poincaré, eminente matemático e físico francês.

Depois de referir-se à curiosa sensação de "certeza aboluta" que costuma emoldurar certas "inspirações", Poincaré menciona o fato de que esses notáveis achados costumavam surgir nas ideias que lhe ocorriam "de manhã ou à noite, quando deitado, em estado semi-hipnagógico" (p. 38). Parecia-lhe, ao escrever seu texto, que era chegado o tempo de "penetrar mais fundo para ver o que se passa na própria alma do matemático".

Prefiro, neste ponto, deixar falar o cientista:

> Durante quinze dias – escreve ele (p. 36) – empenhei-me em provar que não poderia existir qualquer função semelhante às que denominei fucsianas. Eu era, então, muito ignorante; todos os dias me sentava por uma hora ou duas e tentava grande número de combinações, mas nenhum resultado conseguia. Uma noite, contrário aos meus hábitos, tomei café preto e não consegui dormir. As ideias surgiam aos montes. Eu as sentia colidirem entre si até que alguns pares se encaixaram, por assim dizer, produzindo uma combinação estável. Na manhã seguinte eu havia estabelecido a existência de uma classe de funções fucsianas, as que constituem as séries hipergeométricas. Tive apenas de escrever os resultados, o que me tomou apenas algumas horas.

O genial cientista não dera por concluída a sua tarefa, contudo. Desejava ainda representar aquelas funções matemáticas pelo "quociente de duas séries". Segundo ele, a ideia era "perfeitamente consciente e deliberada" e ele perguntava a si mesmo que tipo de propriedades teriam tais funções, caso existissem mesmo. Sem muita dificuldade, ele chegou, então, às séries a que chamou "theta-fucsianas".

Por esse tempo, saiu da cidade de Caen, onde vivia, a fim de participar de uma excursão geológica patrocinada pela Escola de Minas. A viagem fê-lo esquecer o trabalho matemático em curso. Então, escreve:

Tendo chegado a Coutances, tomamos um ônibus que nos transportaria a diferentes locais. No momento em que coloquei meu pé no estribo do veículo, ocorreu-me a ideia – sem que nada em meus pensamentos anteriores pudesse ter preparado o caminho para ela – de que as transformações que eu usara para definir as funções fucsianas eram idênticas às da geometria não-euclideana.

Com esse *flash* de inspiração, viera aquele toque de convicção de que há pouco falava o professor. No momento não havia como verificar a validade do inesperado achado, mas, de alguma forma, ele sabia que sua intuição estava certa. De regresso a Caen, apenas por "desencargo de consciência", sentou-se para conferir o que já sabia.

Poincaré identifica, na emergência de tais "súbitas iluminações", o manifesto "indício de um longo trabalho preliminar inconsciente". (p. 38)

Estamos, portanto, de volta ao poço escuro e profundo, no qual podemos, daqui desta dimensão a que chamaríamos consciente, vislumbrar estranhas luzes a se movimentarem lá embaixo. Ou seria lá em cima, dado que o poço parece abrir-se para o alto e não para baixo?

Seja como for, mensagens misteriosas e decisivas como as experimentadas pelo professor Henri Poincaré podem acontecer a qualquer um de nós. Parecem vir de outra dimensão, ou pelo menos de outra dimensão do nosso próprio ser. Corretamente, o genial cientista convoca o termo *inconsciente* para caracterizar o trabalho despercebido, do qual resultou a inspiração sustentada pela certeza, mesmo antes de qualquer verificação posterior confirmadora. De minha parte, gostaria, contudo, de que, para descrever a função criativa dita inconsciente, houvesse sido cunhada expressão bem mais precisa. É certo que o processo peculiar de elaboração mental se passa em território que se põe fora do alcance da consciência, mas, em si mesmo, ele não é um processo inconsciente, no exato sentido da palavra. Pretendo dizer com isto que o inconsciente também trabalha com mecanismos que, para ele, são perfeitamente conscientes, racionais, lógicos, articulados e coerentes. Tão lúcido é o seu esquema de trabalho mental que parece personalizar-se, como se tivéssemos acoplado ao nosso eu consciente outro eu do qual somente tomamos conhecimento em raros momentos de intuição ou inspiração como os que deslindaram para Henri Poincaré os complexos mecanismos das funções fucsianas. Ou passaram a Niels Bohr um modelo aceitável para o átomo, que ele vinha procurando já há algum tempo.

A ideia de um eu dentro de outro eu não é tão estapafúrdia como pode parecer à primeira vista. Discutiremos essa questão mais adiante. Antes disso, porém, precisamos de uma negociação preliminar, leitor/leitora e autor.

É o seguinte: este livro cuida de uma complexa temática, explora aspectos ainda controvertidos da mente, busca apoios em numerosos autores antigos e mais recentes e propõe algumas hipóteses que possam, eventualmente, contribuir para melhor entendimento do ser humano como um todo e não apenas como um engenhoso mecanismo cibernético no campo da biologia. O corpo físico precisa ser transcendido – não ignorado ou abandonado – para que possamos alcançar contexto mais amplo, onde vamos necessitar de informações que não se encontram nos limites da matéria que o compõe. Em poucas palavras: precisamos da realidade espiritual. Quer essa realidade seja tomada como crença, hipótese, teoria, convicção, formulação mística ou o que seja, ela é exigida pelo modelo com o qual teremos de trabalhar, ou a discussão suscitada no livro não faria o menor sentido.

Por outro lado, esta não é uma obra apologética desta ou daquela posição místico-religiosa. Se o leitor identifica aspectos religiosos no decorrer do debate, tudo bem. Eu também os vejo, mas isto não constitui nossa preocupação aqui, de vez que essa face da questão situa-se na área das consequências e das eventuais conclusões que cada um, livremente, elabora para si mesmo.

Devo, portanto, desenhar o ambiente em que se move o discurso deste livro. Tomarei para isso apenas os conceitos fundamentais de existência, preexistência e sobrevivência do ser humano à morte corporal, que em si e por si mesmos não oferecem, necessariamente, explícito conteúdo religioso, a não ser a partir de um aprofundamento maior de seus mecanismos e consequências, como há pouco dizia. Digo isto porque essa temática vem sendo explorada com crescente interesse pela ciência contemporânea, sempre cautelosa em manter-se a certa distância de qualquer conotação religiosa.

Primeiro os pesquisadores descobriram vida *antes* da vida, a seguir, vida *depois* da vida e, mais recentemente, vida *entre* vidas. É oportuno lembrar a esta altura que, admitidos tais postulados, não há como rejeitar o da reencarnação, que também entra, necessariamente, em nosso esquema de trabalho, como entrou no que aquelas pessoas vêm desenvolvendo. É bem verdade que falo de cientistas e pesquisadores isolados e, usualmente, corajosos e dispostos, como se diz coloquialmente, em inglês, a *upset the apple chart,* o que seria, em português, algo parecido com "bagunçar o coreto alheio", contestar o *establishment* e até mesmo a desafiá-lo, com novas e revolucionárias maneiras de abordagem aos velhos e persistentes enigmas propostos pelo psiquismo humano.

Aí pela década de 50, neste século, um papel acadêmico sobre a reencarnação, por exemplo, expunha a riscos incalculáveis a carreira de seu ousado autor, se e quando ele conseguisse fazê-lo publicar em um veículo respeitável. O dr. Rhine que o diga. A resistência universitária, não apenas às suas primeiras formulações teóricas, ainda hipotéticas e cautelosas, mas até mesmo à sua metodologia de trabalho e, mais ainda, ao seu corajoso interesse pela temática dita ocultista, acarretou-lhe dissabores que somente uma vontade férrea como a sua conseguiria enfrentar. O primeiro ataque foi dirigido à metodologia matemática que ele começou a aplicar na sua obstinada busca de enquadramento científico para os fatos paranormais. Como não podiam invalidar frontalmente os resultados, ainda tímidos, mas "preocupantes" de seus estudos, o jeito foi tentar demolir o modelo estatístico de que se servia ele. Mas ambos (Rhine e o modelo) resistiram. Se alguma coisa estava errada nas pesquisas laboratoriais da nova ciência, tinha de ser procurada alhures; não nas premissas matemáticas, disseram os entendidos chamados a avaliar esse aspecto.

Aquilo seria apenas o princípio, mera escaramuça de ralo tiroteio que se intensificaria ao longo dos anos para alcançar as proporções de uma guerrilha intelectual. Ele resistiu até o fim, com bravura e tenacidade incomparáveis. Morreu octogenário, em pleno vigor mental, ainda brigando destemidamente pelo direito de investigar a realidade invisível e proclamar seus achados, tal como os entendia. A partir de sua obstinação, esse tipo de pesquisa começou a contar com um olhar, senão complacente, pelo menos não tão hostil, ainda que desconfiado, da comunidade científica.

Não se poderia dizer que o dr. Ian Stevenson tenha escandalizado essa comunidade, em 1966, com seus estudos sobre casos que "sugeriam" a reencarnação, mas, certamente, o eminente professor da Universidade de Virgínia acrescentava mais um elemento "preocupante" ao banco de dados que começava a ser montado sobre a "incômoda" temática daquilo a que costumo chamar de realidade espiritual ou realidade II. E se a reencarnação fosse mesmo uma verdade e não uma fantasia místico-religiosa? – perguntava-se muita gente.

Daí por diante, parece ter-se desencadeado um complô, costurado com o objetivo de reavaliar alguns preconceitos científicos vigentes, apoiados, como sempre, em paradigmas materialistas e sobre os quais a ciência construíra suas estruturas de pensamento.

Pelo que consigo apurar, foi ainda em 1966, ano em que a SPR americana publicou *Twenty Cases Suggestive of Reincarnation*, do dr. Ian Stevenson, que começaram a surgir os primeiros escritos da dra. Elisabeth Kübler-Ross, dando conta dos estudos pioneiros que vinha fazendo em torno do problema da morte, um dos grandes tabus da cultura contemporânea. Seu livro *On Death and Dying*, de 1969, parece ter desencabulado outros pesquisadores. Em 1975, ela retomaria a temática, agora mais aberta, com *Death – the Final Stage of Growth*, que considera a morte, como diz o título, um estágio a mais no processo de maturação do ser humano, e não aquela coisa temida e irremediável, espécie de inconveniência que não deve ser mencionada em sociedade. Caracteristicamente, seu livro abre com a conhecida prece de Francisco de Assis para lembrar ao leitor, logo no vestíbulo da obra, que é morrendo que a gente nasce para a vida eterna. O santo-poeta utiliza-se aqui de uma bela metáfora, dado que na vida eterna já estamos todos, desde as nossas origens e até antes delas; a morte apenas revela essa realidade ignorada por esmagadora maioria dos seres mergulhados na carne.

Um exame retrospectivo da cultura daqui a alguns anos certamente chamará a atenção do observador – presumivelmente mais esclarecido acerca de tais aspectos da vida – para a quantidade e qualidade das reflexões surgidas na década de 70 interessadas numa revolucionária releitura dos problemas do psiquismo humano. Digo revolucionária e não inovadora, porque esses documentos questionavam, implícita e explicitamente, consagradas estruturas do pensamento contemporâneo, mas, a rigor, não tinham novidades a oferecer ou a propor, dado que estavam apenas reiterando antigas convicções que amargaram séculos, milênios até, na suspeita meia-luz do caluniado ocultismo. De repente, como se todos aguardassem apenas o sinal de um maestro invisível, entrou no ar uma orquestração que não poderia deixar de chamar a atenção da criatura humana para a sua própria realidade transcendente. Helen Wambach, Edith Fiore, Morris Netherton, entre outros, retomaram a técnica da regressão de memória, explorada anteriormente pelo coronel e engenheiro francês Albert de Rochas, entre o final do século XIX e início do XX, e restauraram a dignidade do conceito da preexistência do ser, declarando que haviam detectado sinais de vida antes da vida. Elisabeth Kübler-Ross, Raymond Moody Junior, Michael B. Sabom, George Ritchie Junior revalidaram a sobrevivência, ou seja, a ideia de que há vida após a vida, ao passo que se desenvolvia nesses e em outros pesquisadores o conceito de que a vida também estava presente e atuante entre as existências terrenas, como testemunharam não apenas Wambach e Fiore, como Joel L. Whitton e outros.

Que estavam dizendo essas bem dotadas pessoas, de elevado nível cultural e profissional? Em resumo, o seguinte: que o ser humano preexiste e sobrevive à existência na carne e que, portanto, reencarna-se. E mais, que evolui no âmbito de um modelo cósmico que lhe atribui plena liberdade responsável pelos seus atos, na sua interface com a dicotomia livre-arbítrio/determinismo.

São esses os conceitos de que necessitamos para emoldurar a discussão contida neste livro. Não pretendo, com isto, dizer que o leitor tenha de aceitá-los de qualquer maneira, a fim de incorporá-los à sua memória cultural, mas que deve tê-los em mente como hipótese de trabalho, com a qual se espera compor um modelo mais inteligente de abordagem ao fenômeno da vida.

Ficamos, pois, assim combinados, civilizadamente, como convém a pessoas educadas que apenas desejam conversar.

Isto posto, só falta explicar o plano do livro, que consiste no seguinte:

* Este módulo, como o leitor observa, não apenas expõe ao leitor a gênese do livro como as preliminares de que necessitamos para desenvolver o estudo.

* No módulo número III procuramos responder à questão formulada de início sobre a possível existência de um psiquismo na matéria.

* No de número IV estudamos o cérebro, não como instrumento gerador do pensamento, mas como um sofisticado *hardware* por onde circula o pensamento, comandado por um *software*, a que provavelmente, poderíamos chamar de mente.

* O módulo número V propõe uma abordagem inovadora ao problema consciente/inconsciente, personalidade/individualidade.

* O módulo número VI sugere a alternativa de uma interpretação alquímica para a mente.

* Finalmente, o módulo número VII oferece algumas conclusões à reflexão do leitor.

III. Em busca de um psiquismo na matéria

1. Uma pedra para o templo do conhecimento

Não é nada fácil dizer em poucas palavras quem foi Annie Besant e o que fez. Ademais, que padrões escolher para aferir sua personalidade? Dependendo de como, de onde e de quem a vê, há outras tantas maneiras de avaliar essa singular pessoa humana, de inteligência privilegiada, dotada de ampla cultura, interessada em todos os grandes temas da época em que viveu: controle da natalidade, feminismo, educação, problemas sociais, sindicalismo, política e religião. Para propagar suas ideias, tornou-se jornalista e conferencista, mas não hesitou em assumir até a liderança de greves e outros movimentos de pressão suscitados por trabalhadores.

Viveu intensa e extensamente, de 1847 a 1933. O verbete da *Britannica* a considera como reformadora social, teosofista e líder da independência da Índia, onde viveu parte considerável de sua existência adulta, após a primeira visita, em 1893.

De repente, "no auge de sua fama e influência", em 1889, como se lê na *Britannica*, *A Doutrina Secreta*, de Helena P. Blavatsky, mudou mais uma vez a sua vida para um novo patamar de estabilidade, no qual ela se posicionaria dali em diante. Com a morte da sra. Blavatsky, dois anos depois, em 1891, a sra. Besant tornou-se a personalidade mais destacada na Sociedade Teosófica. Em 1907 foi eleita Presidente Internacional da entidade, cargo que exerceria até à morte, em 1933.

Arthur Hobart Nethercot, autor do verbete da *Britannica*, no qual buscamos estas informações, atribui o fascínio de Besant pela Índia à convicção dela própria de que ali vivera a maioria de suas existências anteriores, além das que teria vivido como Hipátia e Giordano Bruno.

Hipátia, para quem não sabe (eu sou um deles), era filha de Theon, de Alexandria, onde nasceu e onde foi assassinada num levante popular, no ano 415 da era cristã. O pai foi eminente matemático e a filha não teria sido menos brilhante, inclusive no trato da mesma ciência. Era dotada de vigorosa inteligência e já andaria, por aquela remota época, envolvida em movimentos populares, como líder ou como vítima deles, não sei. (Ou, quem sabe, ambas as coisas?) Consta que lecionava a filosofia de Platão, Aristóteles e outros, em Alexandria, célebre centro cultural daqueles tempos, o que diz bem alto e claro da estatura intelectual dessa mulher singular.

Quanto a Giordano Bruno, está mais perto de nós, na história, e até se pode dizer que seu perfil humano se afigura estranhamente compatível com o de Hipátia e com o de Annie Besant, admitindo-se ou não as conexões reencarnacionistas sugeridas por Nethercot. Bruno (1548-1600), nascido em Nola e batizado como Filippo, só assumiria o nome pelo qual ficou famoso, ao se tornar frade dominicano. Também nele, vamos encontrar a inteligência brilhante, a inquietação intelectual, as súbitas e radicais mudanças de posturas e rumos, o inconformismo rebelde com as assentadas estruturas de pensamento vigente, o interesse (como o da antiga Hipátia) pela matemática, pela astronomia e pela filosofia e, como Besant, as andanças pelo mundo, sempre fora do contexto, incompreendido e marcado com a pecha de herético. Em 1578, foi para Gênova e abandonou o hábito religioso, depois de ter estado, por algum tempo, em Roma, onde se envolveu num assassinato. Daí passou, sucessivamente, pela Ligúria, perambulou pelo norte da Itália, foi para a França (Lyon, Toulouse, Paris), e, mais tarde, Oxford e Londres, na Inglaterra, Paris, de novo, e em seguida, Alemanha (Wittenberg, a capital da Reforma) e Praga. Em 1591 aceitou um convite de Giovanni Mocenigo para residir em Veneza. O próprio Mocenigo o denunciaria mais tarde, à Inquisição, que o transferiu para Roma, em 1573. Lá ficou preso durante sete anos, ao cabo dos quais o incorrigível e genial rebelde foi queimado vivo no Campo del' Fiore, em 17 de fevereiro de 1600.

Se isso tudo confere, como parece, não há como duvidar do que está dito no arremate do verbete de autoria de Arthur Hobart Nethercot sobre Annie Besant e que assim está redigido na *Britannica* (vol. 3, p. 474):

"Morreu em Adyar, Madras, em 20 de setembro de 1933, confiante em que logo reencarnaria para retomar a missão que lhe fora outorgada pela hierarquia oculta."

Eu não disse que seria difícil expor em poucas palavras quem foi e o que fez Annie Besant? Aí está. Vejamos agora o que tem ela a dizer em *A Study in Consciouness*, publicado em 1904. A edição que me serve de apoio para estas reflexões é a oitava, datada de 1980.

O prefácio da autora é breve, simples e humilde. Seu propósito, ao escrever o livro, foi o de oferecer aos estudiosos algumas sugestões que lhes pudessem ser úteis ao melhor entendimento do mecanismo de expansão da consciência. Não se apresenta, pois, como uma "completa exposição", mas como mera "contribuição à ciência da psicologia". A seu ver, muito material estava, já àquela altura, no início do século XX, sendo acumulado sobre o assunto e a autora se propõe a coordenar e arranjar uma pequena parte desse material, na esperança de que pudesse servir, futuramente, "como uma pedra no edifício completo", o que exigiria o planejamento de um grande arquiteto e a execução de competentes pedreiros. Quanto a ela, autora, é apenas uma aprendiz que "prepara as pedras rudes para os trabalhadores mais experimentados".

Não é bem assim, entretanto. Seu estudo contém insuspeitadas amplitudes e profundidades; seu pensamento é original e criativo. Amostra:

"Para começar com uma definição para os termos: consciência e vida são idênticas, dois nomes para uma só coisa quando considerada de dentro ou de fora. Não há vida sem consciência: não há consciência sem vida" (p. 25).

Já vimos, em rápidas tomadas de seu texto, que Besant identifica um componente psíquico em qualquer partícula material, até mesmo na matéria considerada inerte. Apoio para essa postura ela encontra nas pesquisas científicas do professor Chandra Bose, de Calcutá, sobre a resposta ao estímulo por parte da chamada matéria inorgânica.

"Um germe de psiquismo" – lê-se em *A Grande Síntese* (p. 197) – "já existe, conforme vimos, na complexa estrutura cinética dos motos vorticosos."

No entender do autor desse livro, as condições para que a vida seja eventualmente criada e daí passe a cuidar de sua própria expansão consciencial começa com um movimento que envolve certas partículas em vórtices embrionariamente individualizados. É a sua "teoria cinética da origem da vida" (p. 162)

Matéria e espírito constituiriam, portanto, partes inseparáveis de uma "dualidade que se manifesta no tempo e no espaço", dado que uma não existe sem o outro. Interessado nesses mesmos aspectos da realidade, o prof. Rivail (Kardec) perguntou, certa vez, aos seus instrutores invisíveis, se seria "certo dizer-se que os espíritos são imateriais":

> Imaterial não é bem o termo – ensinam –; incorpóreo seria mais exato, pois deves compreender que, sendo uma criação, o espírito há de ser alguma coisa. É a *matéria* quintessenciada, mas sem analogia para vós outros, e tão etérea que escapa inteiramente ao alcance dos vossos sentidos. (I, questão 82. O destaque é meu.)

Quando Besant escreveu seu texto, no início do século XX, Einstein e outros gênios da física e da matemática começavam a questionar os conceitos vigentes de matéria, tempo e espaço. Ainda estavam por se decifrar os enigmas do binômio matéria/energia, cujo conhecimento viria subverter a física newtoniana. Caracteristicamente, as entidades que dialogavam com o prof. Rivail, cerca de meio século antes, queixam-se da dificuldade em expor verbalmente conceitos para os quais ainda não haviam sido criadas as palavras necessárias nem uma estrutura de pensamento e de experiência que as sustentassem.

Uma vez admitido o dualismo matéria/energia, como polos de uma só realidade substancial, parece ficar mais fácil entender o que deseja dizer Besant ao escrever que não estava, com suas ideias, cuidando de "materializar a consciência", mas simplesmente "reconhecer o fato de que os dois polos primários, consciência e matéria, encontram-se estreitamente acoplados um ao outro, nunca à parte, nem mesmo no mais elevado ser".

Podemos até admitir que ela tenha assumido, nesse ponto, postura algo radical, mas não há como ignorar que "o espírito há de ser alguma coisa". Talvez se pudesse dizer, agora, que ele constitui um campo energético, o que seria uma alternativa revisionista para o conceito de "matéria quintessenciada", a única expressão que os instrutores espirituais tinham à sua disposição àquela altura, no meado do século XIX.

Seja como for, "como espíritos, somos inquestionavelmente divinos, com todo o esplendor e a liberdade que essa palavra implica", diz ela, mais adiante. O que confere com o pensamento do Cristo, contido na impactante advertência: "Vós sois deuses!", ou seja, estamos integrados nessa realidade transcendental, dela participamos e nela vivemos, onde quer que estejamos, no tempo e no espaço, ou fora de tais dimensões limitadoras.

Por outro lado, ao mesmo tempo em que a matéria mais densa constitui instrumento de trabalho, ela nos mantém acorrentados ao contexto tempo/espaço para o necessário aprendizado. A duração desse aprisionamento depende exclusivamente do ritmo pessoal que cada um de nós imprime ao seu processo de maturação.

"Esta terra, discípulo, é a sala da tristeza" – lê-se em *A Voz do Silêncio* (tradução de Helena Blavastky, para o inglês e desta língua para o português, por Fernando Pessoa, Civilização Brasileira, 1969, Rio) – "onde existem, pelo caminho das duras provações, armadilhas para prender o teu Eu na ilusão chamada `a grande heresia'."

O universo objetivo é "a grande ilusão", à qual se acopla a "ilusão da personalidade", ao passo que "a grande heresia" é a de que a alma – que os espíritos conceituram como espírito encarnado – é algo separado do "Ser universal, uno e infinito".

Por isso, escreve Besant (p. 31) que, ao nos convencermos de nossa integração no todo, "a matéria não terá mais poder algum sobre nós, dado que a contemplaremos como irrealidade que ela, de fato, é". *Integração*, contudo, é tradução inadequada para o termo inglês *oneness,* adjetivação de *one*, ou seja, o número um, a unidade, a unicidade. Mais uma vez podemos ver a perfeita colocação do Cristo, ao declarar: "Eu e o Pai somos *um*", não para significar que ele também é Deus, igual a Deus, mas que em Deus ele estava integrado. A matéria não exercia sobre ele nenhum poder residual, nenhuma restrição sobre sua liberdade, nenhum fascínio sobre sua mente. Paulo teria, provavelmente, essa mesma visão espiritual ao escrever que, por enquanto, vemos como que através de um vidro fosco, mas um dia estaremos contemplando a realidade face a face, ou seja, sem véus, enigmas ou mistérios, porque conseguiremos isolar dela ilusórios atributos de pseudorrealidade que, inadvertidamente, lhe acrescentamos. Esse mesmo pensamento pode ser identificado, a cada passo, nos escritos gnósticos, para os quais o grande problema humano era o da separação, e a grande meta a reunião com o todo. Lê-se no *logion* 106, do Evangelho de Tomé (*O Evangelho Gnóstico de Tomé*), que "quando de dois fizerem um, vocês se tornarão filhos do Homem e quando disserem, `Montanha, mova-se!', ela se moverá".

Diante disso, fica mais fácil entender a observação da dra. Annie Besant, ainda à página 31 de seu livro, ao declarar que, uma vez libertados da servidão à matéria, "poderemos `brincar' com ela, o que não podemos fazer enquanto ela nos cega com a sua realidade emprestada". Devo acrescentar que o verbo (*play*) está mesmo entre aspas no texto inglês como que a sugerir uma experimentação a sério com o poder de remover montanhas. Ou seja, é possível, afinal de contas, movê-las, como, aliás, assegurou também o Cristo. Não são as montanhas parte da "realidade emprestada" e, portanto, ilusórias? Então, podem ser manipuladas à vontade, ao simples poder da mente libertada que não se deixa mais dominar pelos artifícios que a prenderam temporária, mas longamente, à matéria bruta.

Conversávamos, há pouco, sobre matéria quintessenciada; André Luiz menciona "a matéria mental", em *Evolução em Dois Mundos*, ao passo que Besant (p. 32) escreve:

> Em matéria muito mais sutil do que a física – como substância mental – o poder criativo da consciência é mais prontamente percebido do que na matéria densa do plano físico. A matéria se torna densa ou mais rarefeita e muda suas combinações e formas, segundo os pensamentos da consciência que nela estiver atuando.

Ao discorrer sobre as mônadas, ela as define como "unidades de consciência", fragmentos ou partículas da consciência universal da qual se separaram "como entidades individuais envolvidas pelo véu da matéria" (p. 35). Tais partículas estariam no seio do Pai desde o início da criação, mas ainda não se haviam "tornado perfeitas através do sofrimento", como escreveu Paulo, em Hebreus 2,10. Devo avisar ao leitor que a citação não está sendo acrescentada por mim – encontra-se no texto da dra. Besant. Em verdade, não se trata de transcrição, mas de transliteração. O que se lê em Paulo, naquele ponto, é o seguinte:

"Convinha, em verdade, que Aquele por quem e para quem tudo existe, levasse muitos filhos à glória, aperfeiçoando pelo sofrimento àquele que iria guiá-los à salvação."

"A dor" – ensina *A Grande Síntese* (p. 186) – "tem uma função fundamental na economia e no desenvolvimento da vida, especialmente do seu psiquismo. Sem sofrer, o espírito não progrediria. *Por isso, a dor é a primeira coisa de que vos falo ao ingressar no campo da vida.*"(Destaque no original.)

A despeito de alguma divergência na maneira de dizer, a ideia subjacente em Paulo está corretamente interpretada por Besant, ao considerar o sofrimento como instrumento da perfeição. Nesse mesmo passo, aliás, a autora recorre mais duas vezes a Paulo, invocando-lhe a Primeira Carta aos Coríntios, capítulo 15, versículos 28 e 43. São úteis essas referências cruzadas no sentido de que identificam, em diversas posturas ditas teológicas, leituras algo diferentes, mas substancialmente as mesmas, da mesma realidade fundamental.

Uma vez mergulhada na matéria, para o lento processo evolutivo de que necessita, a centelha divina estabelece, no entender de Besant, uma dualidade no ser: uma parte que fica entregue a uma espécie de "infantil desamparo, às suas criancices, prazeres e dores", nas experimentações e no aprendizado na matéria, enquanto a outra, o Ego, prossegue, em diferente dimensão, sua existência mais ampla e rica. Cabe-lhe, contudo, adaptar-se lentamente ao corpo físico, único instrumento de que dispõe, a fim de poder trabalhar com o mundo material. Para isso, desenvolve-se aquilo que a autora conceitua como "consciência cerebral".

Este ponto é de suma importância para os objetivos deste livro, creio, por isso, necessário explorá-lo um pouco mais.

Veremos, mais adiante, em Maurice Maeterlinck, a sugestão de que apenas uma parte do ser mergulha realmente na matéria, enquanto a outra – a qual Besant identifica como Ego – permanece no seu *habitat* natural. Há várias maneiras de figurar esta situação. Podemos imaginar um segmento luminoso inserido no ambiente cósmico, com uma das pontas penetrada no nevoeiro da matéria densa, no qual o ser espiritual precisa viver por um longuíssimo tempo de aprendizado, já que necessita das experiências daquele plano para desenvolver seu projeto evolutivo. O segmento envolvido pelo nevoeiro é, portanto, aquele que permanece um tanto às cegas, em "infantil desamparo", como diz Besant, e cometendo suas "criancices", ao experimentar dores e prazeres. Daí a imagem da separação, da dualidade, como se, em verdade, houvesse dois seres autônomos no psiquismo de cada ser, e não um só psiquismo em planos vibratórios diferentes, como, de fato, acontece. O objetivo do projeto é a volta à unidade, como definiam os gnósticos; é o de tornar-se "um com o Pai", como ensinou o Cristo, ou seja, valer-se do mergulho na matéria como fase de aprendizado. Essa fase será, necessariamente, transitória, por mais que dure. O ser precisa de certo tipo de experiências que somente em contacto com a matéria poderia obter. Não está, porém, condenado a ficar preso a ela pelo resto da eternidade, se é que eternidade tem resto... Pelo contrário, o ideal é que consiga abreviar essa trajetória e, por conseguinte, o espaço de tempo, pois ninguém permanece indefinidamente na escola, após ter alcançado a graduação máxima que ela pode proporcionar-lhe, a não ser para ensinar. Quanto mais depressa aprender o que tem ali para ser aprendido, melhor para o ser espiritual. Segundo os instrutores do prof. Rivail, há espíritos que "seguem o caminho do bem absoluto, e outros o do mal absoluto". Daí porque aqueles chegam mais rapidamente aos estágios superiores da perfeição. Penso que isso deva ser entendido no sentido de que tais seres não perdem largas fatias de tempo refazendo caminhadas, recompondo comportamentos inadequados, reajustando-se, enfim, a cada passo, com numerosos, constantes e sérios desrespeitos à lei cósmica. O tempo que seria consumido em tais retomadas e reajustes é utilizado em novas etapas, não para demolir e reconstruir obras mal feitas, mas para continuar levantando edifícios harmoniosos, em novos e mais amplos espaços íntimos.

Esses seres mais atentos ao processo evolutivo teriam, provavelmente, desenvolvido logo cedo melhor capacidade de manipular a matéria densa, sem se deixarem envolver e paralisar por ela, ou fascinar pelas mordomias que ela proporciona. Mas por que o engodo? – perguntaríamos. Por que não eliminar do processo evolutivo os ardis e atrativos da matéria, a fim de que o ser espiritual adquira logo o conhecimento de que necessita, sem comprometer-se inapelavelmente com ela? Não creio que alguns de nós tenhamos procuração do Criador para responder a essa questão. Não é difícil, contudo, imaginar as razões. Em primeiro lugar porque, juntamente com as primeiras manifestações da consciência, veio o privilégio responsável do livre-arbítrio, sem o qual a criatura não teria nem o mérito de seus acertos nem a responsabilidade de seus erros. Em segundo lugar, porque a dificuldade do aprendizado está sempre na razão direta da sua importância e significado para qualquer ser vivo, mesmo porque a vida oferece crescente complexidade para aquele que se apresenta disposto a decifrar seus enigmas. Ela não se nega a servir de objeto de aprendizado, pelo contrário se oferece a isso, mas exige muito daquele que se aproxima para estudá-la. Curiosamente, como bem observa o prof. Harold Saxton Burr (*in Blueprint for Immortality*), ela não se desvela àquele que a busca com uma postura arrogante. O que confere com o pensamento do Cristo, ao ensinar que a verdade se revela aos simples e ignorantes, mas, paradoxalmente, se oculta aos sábios arrogantes.

Também aqui tem *A Grande Síntese* uma observação impactante, ao declarar que há, na ciência, "zonas sagradas, das quais ninguém pode aproximar-se sem o sentimento da veneração e sem a prece" (p. 182).

Uma visão balanceada da matéria densa, portanto, ensina ser ela o instrumento de trabalho de que necessitamos para o aprendizado cósmico, mas, ao mesmo tempo, ela oferece dificuldades e constantes ocasiões de tropeço ao caminhante desatento, podendo seduzi-lo por um tempo dilatado, com as suas atrações. É preciso compreender, porém, que os prazeres que ela proporciona não foram criados com a intenção ardilosa de seduzir a entidade espiritual, mas como uma espécie de compensação pelos desconfortos e dificuldades que ela, igualmente, oferece.

Há outros exemplos disso. O mecanismo de reprodução foi dotado de sensações de prazer, a fim de assegurar-se a natureza da continuidade das espécies. Também junto à necessidade inapelável da alimentação acoplou-se um prazer correspondente. Nos seus exatos limites de utilização, eles constituem indispensáveis dispositivos de sobrevivência do indivíduo e da espécie. Ultrapassados tais limites, tornam-se nocivos e tendem a fixar o ser espiritual na matéria por um tempo muito mais dilatado do que ele realmente necessitaria para empreender sua jornada até os patamares superiores da perfeição, subvertendo o projeto evolutivo pessoal, ou, no mínimo, retardando o seu ritmo.

Conscientes dessa realidade, os gnósticos pregavam severa atitude de vigilância em relação à matéria densa, guardando ativa consciência de que reassumir a unidade com o Todo constitui prioridade absoluta da criatura. A crescente reserva com a qual passaram a considerar a matéria, acabou desenvolvendo uma postura de rejeição, perto do horror, chegando aos extremos da condenação veemente ao sexo, e, por injusta extensão, à mulher, de vez que é por meio dela que a centelha divina continua a reencarnar-se, presa ao pesado fardo material. Ao leitor porventura interessado neste aspecto, sugiro meu livro *O Evangelho Gnóstico de Tomé*, Parte I, capítulos VIII e IX, páginas 71 a 105, 1ª edição.

Gnósticos ou não, temos de admitir certo conflito subjacente, ou pelo menos um confronto não explícito entre o procedimento do psiquismo mergulhado na névoa da matéria e a parcela maior que permanece ancorada na luminosidade cósmica, da qual faz parte integrante. A muito comentada separação ou dualidade é meramente operacional, não em essência. Em outras palavras, a parcela encarnada não se separa do todo, apenas fica imersa, por uma ponta, num plano vibratório diferente, para não dizer inferior. O dr. Gustave Geley adverte para esse aspecto a fim de não se criar a imagem incorreta da convivência de dois seres, duas personalidades, numa só entidade espiritual em processo evolutivo. Estudaremos o dr. Geley no módulo V deste livro.

Dizia há pouco que podemos criar mais de uma imagem para figurar essa postura dicotômica. De fato. O mergulhador que se reveste de equipamento especial para descer ao fundo do oceano, por exemplo, não se dividiu em dois, ele apenas aceitou as limitações que a roupagem lhe impõe, a fim de poder atuar em meio que não lhe é próprio. É um plano vibratório diferente daquele que constitui seu *habitat*. Ele precisa estar ali por necessidade imperiosa de desempenhar alguma tarefa relevante no fundo do mar, mas deve esforçar-se por ser breve, de modo a retornar logo que possível ao seu ambiente normal. Enquanto ali estiver, por outro lado, tem seus movimentos severamente inibidos, tanto quanto seus sentidos (visão, audição, paladar, tato e olfato). Há que admitir-se, contudo, certa dicotomia inevitável, porque, embora uno no psiquismo básico, ele tem que dividir sua atenção entre uma espécie de consciência para o que faz como mergulhador e outra que administra sua condição de ser humano. É como se sua individualidade houvesse criado uma personalidade específica para atuar no meio líquido.

Processo semelhante ocorre com o ator ou a atriz, que se revestem de uma personalidade transitória, a fim de contar uma história. Não é sem razão que o termo *personalidade* deriva de *persona* (máscara), como que na intenção de deixar bem claro que eles não abdicam à sua individualidade para veicular os pensamentos e as falas da personagem. Esta, porém, se sobrepõe, transitoriamente, à individualidade, que recua para os bastidores, viva como sempre, atenta , mas silenciosa.

Uma visão superficial do processo poderia levar a supor a existência de duas consciências individualizadas, mas não é o que se passa. Há apenas dois níveis de conscientização, no mesmo indivíduo. A personalidade real do ator ou da atriz não se anula, não se retira do ser – ela apenas cede espaço no proscênio para que a personagem teatral desempenhe o papel que lhe foi atribuído pelo autor da peça, com a marcação, os gestos, as falas e a entonação de voz que o diretor lhe recomenda. Ao descer a cortina sobre o último ato, o ator reassume sua condição e sua identidade de ser humano real.

Eis por que tenho manifestado certo desconforto com o termo *inconsciente* para caracterizar a atividade mental que se põe fora do alcance da consciência de vigília. Entendo que qualquer atividade mental tem de ser, necessariamente, consciente, mesmo em nível não habitual de percepção. Ainda que não inteiramente satisfatória para o meu gosto, opto pela proposta de Alexander Aksakof (*Animismo e Espitismo*), que prefere distinguir um aspecto do outro, identificando-os separadamente, como "*consciência interior (individual) e consciência exterior (sensorial)* ." (p. 298).

Para regressar, por alguns momentos, ao texto da dra. Besant, deve-se lembrar que, embora com terminologia algo diferente, ela concebe e expõe a mesma ideia fundamental, ao referir-se à "consciência cerebral" ("*brain-consciouness*", em inglês, com o destaque assinalado no original à página 37).

Proponho continuarmos com Aksakof por mais algum tempo, a fim de aproveitar a oportunidade da digressão para explicitar melhor o aspecto personalidade/individualidade, constante do estudo com o qual o pesquisador russo refutou o livro *O Espiritismo*, de Eduard von Hartmann.

> A pessoa – escreve Aksakof (p. 296) – é o resultado do organismo, e o organismo é o resultado temporário do princípio individual transcendente. A experimentação, no domínio do sonambulismo e do hipnotismo, confirma essa grande verdade: desde que a personalidade, ou a consciência exterior, fica entorpecida, surge outra coisa, algo que pensa e que quer, e que não se identifica com a personalidade adormecida e manifesta-se por seus próprios traços característicos; para nós é uma individualidade que não conhecemos, porém ela conhece a pessoa que dorme e recorda-se de suas ações e pensamentos.

Alguns aspectos precisam ser destacados nas observações de Aksakof. Ele como que hierarquiza os dois níveis do ser, ou, pelo menos, os identifica com etiquetas específicas. A pessoa que somos no contexto social ou profissional, no dia-a-dia do intercâmbio humano, ele considera como "resultado do organismo", ao passo que Besant atribui a esse nível uma consciência cerebral e, portanto, também orgânica ou, melhor, biológica. Uma vez mais, devemos recorrer às estruturas da informática, a fim de procurar entender melhor o que se passa aqui. É de supor-se que os terminais do sistema de manipulação de dados – entrada, saída, combinação, armazenamento de informações e de comandos – estejam ligados a uma unidade central de processamento operada por meio de complexa e flexível programação. Há, portanto, um sistema de entendimento entre mente e corpo, espírito e matéria. Toda essa atividade, contudo, é inconsciente, no sentido de que não tomamos conhecimento dela e não interferimos deliberadamente no funcionamento do sistema. De alguma dimensão do meu eu partem, neste momento, comandos específicos para acionar esta ou aquela tecla do computador, a fim de que os dedos suscitem os impulsos que colocam na telinha as letras, as palavras, as frases que, conscientemente, desejo colocar. Mas não são meros símbolos que estou mandando para a tela; são ideias, é um pensamento coerente, uma exposição abstrata que tem princípio, meio e fim. Estou consciente de que preciso acionar tais ou quais teclas para escrever, mas não tenho consciência de como isto realmente se passa. É como se alguém, dentro de mim, comandasse todo o processo, sem me dar muita satisfação do que pensa, como pensa, como expede ordens, por onde e para onde. Estou sabendo que os fisiologistas explicam isso com o jogo sutil dos neurônios e dos veículos bioquímicos que, numa fração de segundo, são liberados ou inibidos, a fim de que se cumpra a ordem, emanada do centro de processamento. Mas isto se passa como que à minha revelia, tenha ou não conhecimento científico sobre como opera o mecanismo.

Logo, a consciência cerebral da dra. Besant ou a pessoa, como resultado do organismo, segundo Aksakof, funcionam mais ou menos como uma impressora, ainda na analogia da informática. Não decide, não cria e nem sabe de que maneira as coisas acontecem. Como lhe chega o pensamento não-verbalizado que ele deve "vestir", convertendo-o em palavras? De onde vem? Quem o formula? Em que ponto de intercessão personalidade/individualidade estará localizada essa câmara de compensação onde o impulso, digamos inconsciente, salta para a verbalização consciente e como que se materializa? Estou aqui, diante da telinha, vendo surgir letra por letra o que escrevo, mas não tenho a mínima ideia do que se passa ali, na intimidade dos circuitos do computador, nessa fração de tempo entre o acionar da tecla e o aparecimento da palavra escrita. E nem preciso saber. Até mesmo o processo mecânico de bater as teclas só funciona, satisfatoriamente, depois que se aprende a torná-lo inconsciente, ou seja, depois que se automatiza a ação, passando-a ao comando de outro dispositivo com o qual não tenho que me preocupar. Em outras palavras, não preciso ficar procurando, conscientemente, letra por letra, no teclado, a fim de escrever um texto. É como se *alguém* dentro de mim o fizesse, e até melhor do que o eu consciente.

Está certo, pois, Aksakof quando distingue com nitidez uma consciência interior – a que ele chama de individual – e outra exterior, que ele considera sensorial e a sra. Besant, cerebral. A rigor, portanto, não há áreas inconscientes no ser humano. Ao contrário, até o campo da consciência pessoal externa está sob controle da *outra* consciência oculta, como um mecanismo auxiliar que funciona acoplado à unidade central da consciência interior e sob suas ordens programáticas. Paradoxalmente, contudo, a consciência externa precisa dispor de margem de manobra para o exercício de seu livre-arbítrio; do contrário, não teria como aprender as lições que veio estudar, ao mergulhar na matéria densa, a primeira das quais é saber decidir, ou seja, escolher, escolher sempre, um caminho entre tantos outros, entre bem e mal. Não é, pois, de admirar-se que, como o cavalo bravio e rebelde, a personalidade possa tomar o freio nos dentes e praticamente emancipar-se da tutela silenciosa da individualidade. Ela se vale do programa, que já está gravado na sua memória operacional para fazer o que entende e não aquilo que a individualidade deseja que seja feito. Há, portanto, nesse caso, um conflito de programações, ou, no mínimo, de objetivos. A individualidade está interessada em objetivos a longo prazo e quanto mais cedo chegar a eles, melhor, ao passo que a personalidade prefere ficar brincando pelos caminhos, como assinala Besant, fixada no imediatismo sedutor do prazer, fascinada pelo exercício do poder, embevecida na contemplação narcisista de sua própria imagem, encantada com o seu falso brilho social ou cultural. A essa altura, a personalidade já se confundiu com o corpo físico perecível, ao qual transfere todas as suas aspirações e do qual exige todas as satisfações. Essas "criancices", mais ou menos irresponsáveis, podem consumir larga faixa de tempo, não só porque a personalidade deixou de realizar o aprendizado e o consequente processo da maturação espiritual, como ainda cria condições negativas que a retém no passado, obrigando-a a voltar sobre seus passos, a fim de corrigir, reparar, reconstruir, refazer aspectos que já poderiam estar consolidados na experiência cumulativa de suas vivências, na carne ou fora dela.

Desnecessário, portanto, enfatizar a importância transcendental de um conhecimento mais profundo da interface personalidade/individualidade, consciência exterior/consciência interior.

Muita coisa já se pesquisou e escreveu acerca dessa dicotomia, mas o interesse da ciência na elucidação dos enigmas que nela se refugiam tem sido pelo menos errático, incerto, desconfiado, de má vontade, mesmo porque não tem havido interesse suficiente para desenvolver metodologia adequada à pesquisa da natureza não-material do ser. A ciência programou-se durante todo o tempo, desde seus primeiros e tímidos ensaios de avaliação, para ver, medir, pesar, apalpar, cheirar e sentir a matéria densa, não para lidar com aspectos da dimensão espiritual do ser.

Por isso, alertava Aksakof que ainda estávamos, àquela altura – fim do século XIX/início do XX –, à espera de avaliações mais decisivas do assunto.

> Os meios de verificação nos faltam – escreve, à pagina 296. – Temos um efeito e a causa não é mais do que uma probabilidade lógica. A prova positiva nos escapa. *É entretanto o estudo desse problema que surge diante de nós, em sua incomensurável profundeza, a misteriosa questão da personalidade.* (O destaque é meu, exceto na palavra *personalidade*, que está destacada na tradução brasileira publicada pela FEB.)

O papel da ciência na pesquisa psíquica tem sido discutido com inusitada veemência em numerosos escritos e pronunciamentos pelo mundo afora. Seria impraticável e até desnecessário trazer o debate para o âmbito deste livro, mas creio acertado concluir que a atitude da ciência nesse importante vetor do conhecimento tem sido, no mínimo, dúbia, para evitar a mais vigorosa acusação de maldisfarçada ou declarada hostilidade.

R. Laurence Moore (*in Search of White Crows*, p. 7) põe substancial parcela de responsabilidade por essa atitude na conta dos primitivos (e bisonhos) espiritualistas.

"A maioria dos líderes espiritualistas do século XIX" – discorre ele – "sustentava uma crença infantil na ciência experimental como única abordagem ao conhecimento."

As coisas não mudaram muito, no meu entender. A ciência continua atribuindo-se poderes para indicar o que devemos aceitar como legítimo ou rejeitar como falso e, a despeito de algum progresso mais recente, a realidade espiritual continua do lado ignorado, no que depender de pronunciamentos científicos consensuais.

Curiosamente, contudo, como percebeu Moore (p. 31), foi o cristianismo, não a ciência, que disparou os primeiros petardos com a intenção de demolir o movimento espiritualista, que se alastrava como incêndio descontrolado por todo o território americano.

Mesmo depois que a ciência entrou no circuito, nos primeiros pronunciamentos acadêmicos, as cautelosas conclusões dos relatórios prefeririam apontar para a intocabilidade da Bíblia e do cristianismo, tal como estava sendo praticado (p. 35). Só mais tarde é que ciência e religião institucionalizada resolveriam, por diferentes motivações, rejeitar a incômoda realidade que emergia dos fenômenos observados.

Não parece difícil identificar as razões que moviam uma e outra. A religião temia a perda de território e, portanto, de poder. A ciência, porque a admissão da realidade espiritual implicaria, necessariamente, a demolição ou severa revisão de alguns dos mais consagrados princípios que se haviam cristalizado ao longo do tempo e aceitos pelo *establishment*, como verdade oficial consagrada, com matizes quase dogmáticas e, portanto, intocável e até indiscutível.

Moore identifica um "ambíguo legado" de indefinições que ainda persiste (seu livro é de 1977), à mistura de materialismo científico com o chamado positivismo. Não faz o autor economia de termos contundentes, ao considerar o positivismo como "absurdíssimo (*most absurd*) produto resultante de um conjunto de suposições" (p. 38).

Seja como for, aspectos vitais ao entendimento do ser humano e de seu papel como entidade espiritual acoplada a um corpo físico continuam como conhecimento marginal, suspeito, rejeitado, temido.

Estamos lembrados de que Annie Besant ofereceu sua pedra para a construção do templo do conhecimento. Acho mesmo que ela trouxe muitas pedras, como também outros pensadores e pesquisadores o têm feito. Na verdade, não é por falta de pedras que o edifício ainda não se levantou e sim de pedreiros que, com um plano diretor nas mãos, passassem à execução de um projeto global. Duas condições básicas deverão oferecer as pessoas que pretenderem entregar-se a essa tarefa. A primeira é a de que estejam preparadas para respeitar a crítica naquilo que ela possa oferecer de construtivo, mas ignorá-la nas suas incompetentes impertinências. A segunda é a de que não se preocupem em conseguir primeiro o consenso geral da ciência, que dificilmente virá; é necessário trabalhar com o rico material já acumulado por cientistas, pesquisadores e pensadores individuais. Muitos desses mantêm-se, por opção, fora ou à margem dos contextos acadêmicos ou são postos sob suspeita, precisamente em razão de posturas que subvertem modelos consagrados e confortáveis, que poucos se animam a contestar abertamente.

Eu disse duas, mas devo retificar a proposta, acrescentando uma terceira condição a ser exigida dos construtores do templo de que fala a dra. Besant: precisam estar vacinados contra a tentação de criar-se mais uma religião, com todo o seu sistema paralelo de cultos, rituais, sacramentos, dogmas, hierarquias e poder civil.

Convém conservarmos em mente, no decorrer deste livro, que, na bem fundamentada opinião da dra. Annie Besant, uma correta visão do psiquismo passa pelos caminhos da matéria densa, onde a mente precisa de encaixes e tomadas para ligar seus plugues.

Longe de esgotado, o assunto parece expandir-se à medida em que vamos invadindo as áreas de conhecimento já exploradas por ele e por outros estudiosos. Daí porque proponho passarmos da ex-presidente da Sociedade Teosófica para o não menos erudito padre jesuíta Teilhard de Chardin.

2. O dentro e o fora das coisas e dos seres vivos

Retomemos, para prosseguir, uma observação de Annie Besant, que fizemos inserir no capítulo anterior e que diz assim, em parte:

"Consciência e vida são idênticas, dois nomes para uma só coisa quando considerada de dentro ou de fora. Não há vida sem consciência; não há consciência sem vida".

Em palavras diferentes, Teilhard de Chardin (*O Fenômeno Humano*, p. 147) expõe a mesma realidade básica. Em alguns aspectos até as palavras são as mesmas, como as expressões *dentro* e *fora*.

Constituem o "fora" os espaços ocupados pela matéria densa que, didaticamente, ele especifica: barisféria, litosfera, hidrosfera, atmosfera, estratotosfera. É o corpo físico de Demeter, a Mãe-Terra, recentemente rebatizada de Gaia. (Falaremos de Gaia mais adiante, neste livro.)

Quanto ao "dentro", nada tem a ver com o interior do planeta, suas entranhas, como poderia parecer, mas com a face *psíquica* da porção do "estofo cósmico" (p. 55) , pois entende Chardin que "um mundo interior forra inevitavelmente, ponto por ponto, o exterior das coisas".

Como cientista, já fizera sua profissão de fé na ciência, mas não se deixa envolver mais do que o necessário para utilizá-la como instrumento da busca de conhecimento. Em outras palavras, confia na metodologia da pesquisa, mas preserva sua independência, através da qual exerce o direito a um agudo senso crítico. Daí a educada queixa:

"Eu acredito na ciência. Mas, até hoje, a ciência já alguma vez se terá dado ao trabalho de olhar o mundo de outro modo que não seja *pelo 'fora'* das coisas?" (p. 31).

É que o *fora das coisas* é visível, palpável, tem massa, cheiro, sabor, ocupa a mesma dimensão espacial em que nos movemos, enquanto o *dentro* não se entende com os nossos sentidos fisiológicos nem com a sofisticada instrumentação que vai sendo criada para ampliar a capacidade de observação daqueles sentidos.

De qualquer maneira, a face dita objetiva das coisas que nos cercam e que constituem o próprio corpo físico de que somos dotados é uma projeção da realidade invisível que está dentro de cada partícula material. "O atomismo" – insiste Chardin – "é uma propriedade comum ao dentro e ao fora das coisas" (p. 39). No fundo, são uma só realidade, com duas faces, uma externa, outra interna, duas manifestações vibratórias diferentes da energia. "Ligar entre si de maneira coerente as duas energias do corpo e da alma" – escreve ele (p. 43) – "eis um problema que a ciência decidiu ignorar provisoriamente."

É bem verdade que o fenômeno da vida propriamente dita "começa com a célula" – ensina ele, mais adiante (p. 63) –, mas o psiquismo já estava na partícula, é da essência dela. Ele não hesita em conceituar o *dentro* da partícula como *consciência*. Em nota de rodapé a essa mesma página, esclarece que o termo consciência "é tomado na sua acepção mais geral, para designar *qualquer espécie de psiquismo*, desde as formas mais rudimentares de percepção interior que se possam conceber até ao fenômeno humano de conhecimento reflexivo". (O destaque é meu.)

A célula é, portanto, uma partícula de vida que, a seu ver, "mergulha quantitativa e qualitativamente, no mundo dos edifícios químicos". Ela é o tijolo de toda essa arquitetura biológica. Embora conservando sua individualidade, ela se entrega para que o organismo tenha a sua vez, sacrificando-se, portanto, ao todo. E leva consigo, para onde quer que vá, o seu conteúdo psíquico, através do qual mantém intercâmbio com o psiquismo global do ser maior. Inicia-se com ela a grande jornada rumo à unicidade, à total conscientização do universo, desde as primeiras colônias celulares que começam a especializar-se nesta ou naquela função, até as comunidades intergaláticas, passando pela família, pelas nações, as tribos, as comunidades, os povos, e os mundos. É "o esforço da matéria para se organizar", como ficou escrito à página 99.

O mesmo conceito está consagrado em *A Grande Síntese*, na qual se lê (p. 77):

> Toda individualidade resulta composta de individualidades menores que, a seu turno, são agregados de outras individualidades ainda menores, até o infinito negativo, e é, por sua vez, elemento constitutivo de individualidades maiores, até o infinito positivo.

É pouco adiante, aliás, que se menciona, nesse livro, o conceito de "uma pequena consciência celular" (p. 80), ainda que "o primeiro germe da vida" só esteja presente "na sua primária forma vegetal" (p. 135), quando certa coordenação de forças "confere à energia, elevada à condição de vida, a *característica fundamental de consciência*" (p. 149). À página 181 encontramos a informação de que o impulso da "onda gravídica" envolve-se em "*matéria memoriada*", em condições, portanto, de responder ao apelo da vida.

Há, portanto, um encadeamento inexorável, do átomo às galáxias, dos primeiros ensaios do psiquismo até a superconsciência dos que já se fizeram um com a Divindade.

Trata-se, pois, de um projeto global de gigantescas proporções e complexidades. Por isso, entende Chardin que a ciência marca passo neste momento porque "os espíritos hesitam em reconhecer que há uma orientação precisa e um eixo privilegiado de evolução" (p.142).

A progressiva conscientização da vida é processo irreversível desse projeto cósmico. Para isso, a vida mergulha tão fundo na matéria densa, como que buscando arrastá-la consigo, aos mais elevados patamares evolutivos. Os instrutores do prof. Rivail empregaram para caracterizar essa realidade uma curiosa expressão, que talvez tenham considerado prematuro explicitar.

A pergunta formulada (de número 25) indica uma intenção de avaliar-se o grau de dependência ou independência do espírito em relação à matéria densa. Seria a entidade espiritual apenas uma propriedade da matéria?

"São distintos uma do outro – respondem os instrutores –; mas, a união do Espírito e da matéria é necessária para *intelectualizar* a matéria." (O destaque é meu.)

Outra observação desses mesmos instrutores informa (I, questão 61) que "A matéria é sempre a mesma, porém nos corpos orgânicos está animalizada" e que a causa do que conceituam como animalização é a "união com o princípio vital" que, por sua vez, teria suas origens "na matéria universal modificada". Esse elemento primordial da vida, portanto, já estava na matéria cósmica primitiva, como ficou explicitado logo adiante (I, questão 65), onde se informa que se tratava de uma energia – literalmente, "fluido magnético ou fluido elétrico animalizado" –, que funciona como elemento de ligação entre matéria e espírito.

A Grande Síntese põe os primeiros ensaios de criação da consciência a partir do momento em que os vórtices envolvem os quatro elementos mais sutis da escala estequiogenética: hidrogênio, nitrogênio, carbono e oxigênio, cujos pesos atômicos são, respectivamente, 1, 12, 14 e 16.

Mais uma vez, o tema volta, em *O Livro dos Espíritos*, às cogitações do perguntador no âmbito da questão número 71, em resposta à qual os instrutores reiteram o ensinamento anterior de que é necessário que "o espírito se una à matéria animalizada para intelectualizá-la".

A esse processo de "intelectualização" da matéria, Henri Bergson chama de "pensar a matéria", tarefa que atribui à inteligência, logo na Introdução de *L 'Evolution Créatrice* .

Chardin pensa de maneira semelhante, ao escrever, à página 154:

"No mais fundo de si mesmo, o mundo vivo é constituído por consciência revestida de carne e osso. Da Biosfera à Espécie, tudo é, pois, simplesmente uma imensa ramificação de psiquismo que se busca através das formas."

Há, neste ponto, notável convergência de pontos de vista. Besant considera praticamente sinônimos consciência e vida, tanto interna quanto externamente. E enfatiza: "Não há vida sem consciência; não há consciência sem vida" (p. 25). Chardin coloca a vida como "consciência revestida de carne e osso". Os instrutores do prof. Rivail ensinam que a vida é efeito de uma atuação dessa energia psíquica sobre a matéria. E prosseguem: "Esse agente, sem a matéria, não é vida, do mesmo modo que a matéria não pode viver sem esse agente. Ele dá vida a todos os seres que o absorvem e assimilam" (I, questão 63).

É o que de mais próximo se poderia desejar de uma unanimidade, em aspecto de tamanha relevância para entendimento de certos mecanismos da vida, que, no reiterado dizer de Chardin (p.156), é "ascensão de consciência". O que vale dizer que essa progressiva conscientização começa nos primeiros ensaios da vida, como rudimentares manifestações de um psiquismo primitivo sempre presente, no ambiente cósmico. Não podemos deixar de lembrar aqui que é preciso entender a matéria como energia concentrada, ou, no poético e preciso dizer do autor espiritual André Luiz, "luz coagulada".

É necessário ressalvar que psiquismo não é, necessariamente, sinônimo de consciência. *A Grande Síntese*, por exemplo, identifica nos cristais os primeiros indícios de um psiquismo elementar.

Para evidenciar a presença desse psiquismo, basta contemplar os animais e, mais recuado, ainda, na escala evolutiva, as plantas. Teilhard de Chardin lembra um único e dramático exemplo, entre milhares: o da armadilha criada pelas plantas carnívoras para capturar insetos. "...por pouco que seja – comenta –, o reino vegetal obedece, como os dois outros, à ascensão da consciência". (Nota de rodapé, p. 156.)

Como costumo ter um relacionamento todo pessoal com as plantas, estou sempre a surpreender nelas algo que muito se assemelha a um processo de *tomada de decisão*. A planta, inibida nas suas funções vitais pela obscuridade, "decide" buscar a luz, onde quer que ela esteja. Estica-se, dobra-se, contorna obstáculos, atravessa espaços apertados, até que possa expor suas folhas à luz, da qual lhe vêm as energias vitais. Ainda há pouco admirava eu o esforço hercúleo da nossa diáfana e mística "flor da lua do Amazonas", em busca de luz. Desferiu para cima longos e viçosos talos, a fim de colher os raios do sol por sobre as outras plantas atrás das quais se encontra. Conseguiu o que queria.

Reversamente, outra planta, muito exposta ao sol, "resolveu" proteger-se melhor, bem como ao solo escasso de um vaso no qual vivia. Para isso, criou entre o ramos afastados alguns ramos menores e juntos, que lhe proporcionaram o abrigo de que necessitava.

Um broto, também lançado em busca de luz, passava por baixo de um vaso de xaxim, quando aproveitou a oportunidade para criar certa quantidade de radículas, todas voltadas para o vaso, ansiosa por mergulhá-las naquele novo território alimentar.

São, realmente, inúmeros os exemplos dessa inteligência primitiva, que parece tomar decisões inesperadas, ainda que em nível primitivo, meramente instintivo, mas a indicar experiência adquirida e, portanto, memorizada.

"O ser humano" – ensina Besant, à página 115 – "é o microcosmos do universo e seu corpo serve de campo evolutivo para miríades de consciências menos evoluídas do que ele."

No seu entender, é através dessas diminutas unidades de consciência implantadas na matéria densa que atua a outra face da consciência que permanece na dimensão que ela identifica como astral. Ela até aproveita a oportunidade dessa realidade para observar que o animal responde a certos estímulos, ao passo que o metal, não, dado que no animal a conscientização teve mais tempo para trabalhar e influir.

A Grande Síntese, como já vimos, menciona "uma pequena consciência celular" (p. 80), alcançada por etapas, a partir dos cristais, nos quais "já se configura um psiquismo, ainda que mínimo" (p. 56). "Cada célula – reitera-se adiante (p. 204) – tem a sua pequenina consciência" em permanente intercâmbio com todo o organismo. E mais: "Uma consciência coletiva mais elevada lhe dirige o funcionamento." De outra maneira, a mente central do ser não teria como gerir o complexo celular que lhe serve de corpo físico.

Matéria bruta inorgânica, plantas, animais e seres humanos são acessíveis aos impulsos partidos do reservatório cósmico de consciência e esta trabalha da mesma maneira sobre todos e tudo. A diferença entre essas manifestações da vida está apenas "no desenvolvimento da aparelhagem física", que se constrói à medida em que a consciência cósmica vai se infiltrando na energia "profundamente adormecida" na intimidade da matéria densa.

Isto nos faz lembrar Emmanuel, que concebe a alma adormecida na pedra, sentindo nas plantas, sonhando no animal e despertada no ser humano. Por certo, é com esse conceito em mente que esse mesmo pensador escreveu certa vez que para despertar a gazela bastam os primeiros clarões da madrugada, ao passo que a pedra só acorda à dinamite.

Há, contudo, outras implicações de considerável importância na visão da dra. Besant. A primeira delas é a de que toda a criação está, mais do que ligada, contida no âmbito da consciência divina, dado que há uma impossibilidade filosófica de existir alguma coisa que não tenha sido criada pela Inteligência Suprema e que nela exista e se movimente, como intuiu Paulo de Tarso. André Luiz compara a humanidade a "peixes num oceano" de energia cósmica luminosa. Isso nos leva à conclusão de que a conscientização progressiva de que todos esses autores nos falam vai ampliando gradativamente em cada um de nós a capacidade de acessar e expressar a realidade cósmica. Acesso à consciência global todos têm, mas varia ao infinito a capacidade de cada um manifestá-la do lado de cá da vida, precisamente porque também diferem os níveis de compatibilidade da instrumentação física de que cada um é dotado. Ou seja, em cada fase ou etapa evolutiva estamos limitados, na expressão da realidade maior, pela flexibilidade da instrumentação biológica que tenhamos conseguido desenvolver até aquele ponto.

Não vejo outra maneira senão essa de entender o enigmático episódio dos cavalos de Elberfeld, sobre o qual conversaremos mais adiante, neste livro. Basta dizer, por enquanto, que, uma vez treinados num mecanismo de comunicação, esses animais revelaram inteligência e conhecimentos inconcebíveis num ser tido por irracional, ou seja, não dotado de razão e, portanto, desprovido de consciência.

Ficou dito há pouco, no entanto, que a observação de Annie Besant oferece espaço para consideração de várias implicações momentosas. Vejamos mais uma delas, apenas, para não alongar, além do conveniente, a demora neste aspecto, por mais sedutor que nos pareça.

A autora chama a atenção para o fato de que, no estágio evolutivo do animal, há "uma atividade muito mais intensa de parte da consciência situada no plano astral, o que resulta em mais poderosas vibrações, que passam para o duplo etérico do animal, e daí suscitam a criação de um sistema nervoso". Estaríamos, com esse conceito, praticamente resgatando do esquecimento a debatida teoria lamarquiana, segundo a qual a função – fator imponderável, certamente mental – cria o órgão, ou seja, seu mecanismo de expressão. É precisamento isto que diz Besant, ao informar que o trabalho construtor da consciência realiza-se no plano a que ela denomina astral e que, posteriormente, se traduz no plano físico, "pelos esforços da consciência em expressar-se" (p. 118).

Não é de se admirar, pois, que estejamos presenciando uma releitura mais atenta do pensamento de Lamarck que, depois de criticado e combatido, volta a merecer atenção dos estudiosos da vida.

Eu disse que mencionaria apenas mais uma das ilações possíveis ao pensamento da dra. Besant, mas devo desobedecer a autoimposta limitação, porque é preciso considerar a irrecusável realidade de que, como dizia Edgar Cayce, a mente é a grande construtora. Antes da forma, a função, antes da função, a ideia, antes da ideia, a vontade. Logo, saúde, harmonia biológica, equilíbrio funcional orgânico ou, reversamente, doença, desarmonia, desajustes funcionais resultam de comandos mentais, dado que as células são partículas de vida, dotadas de "consciência germinal", implantadas na massa física sob o comando de uma "consciência central diretora", no dizer de Besant (p. 119), o que também confere com os ensinamentos de *A Grande Síntese*.

Caracteristicamente, o termo *consciência* tem duas conotações diferentes ligadas pela base. Uma delas é no sentido mnemônico, que diz respeito à memória e, portanto, às lembranças que se constroem com experiências vivenciadas; a outra é no sentido ético, como roteiro de comportamento. No fundo, porém, é tudo experiência que pode ser coerente com o processo evolutivo ou em desarmonia com ele. A decisão é de cada um e das escolhas de cada um depende o ritmo do processo evolutivo. O que atropela a lei, volta para aprender a respeitá-la.

E como se toma conhecimento das "recomendações" da "voz da consciência"? Ou, para colocar a questão nos termos da dra. Besant: "Como o conhecimento obtido nos planos superiores alcança o cérebro e por que não é acompanhado pela lembrança das circunstâncias sob as quais foi adquirido?"

Além disso, como adverte a autora, há conhecimentos que chegam à memória cerebral sem ter passado por nenhum processo consciente e regular de estudo no plano físico. De onde provêm? Segundo ela, a origem é uma só: a dimensão ou plano astral, onde tais ideias, informações ou conceitos são mentalmente captados e retransmitidos ao cérebro, nem sempre preparado para recebê-los conscientemente. Não é que a pessoa não saiba como se processou o fenômeno, mas apenas não se lembra do que teria ocorrido, porque "faltam os elos de ligação (da memória) com o sistema simpático".

No local próprio deste livro, retomaremos a questão da consciência. O que até aqui conseguimos apurar, contudo, nos assegura a existência de um psiquismo na matéria da qual se serve a entidade espiritual no seu processo evolutivo de experimentação e aprendizado.

Para avançar um pouco mais no tema, examinaremos, a seguir, como esse psiquismo é detectado nos cristais.

3. O pó da terra

À medida em que vamos nos expondo a essas ideias, vão se tornando mais claros para nós certos aspectos e conceitos que, embora antecipados pelo misticismo e pelo ocultismo há séculos e até milênios, somente começaram a merecer alguma atenção em tempos mais recentes e não por místicos e ocultistas e nem sempre por espiritualistas confessos ou religiosos assumidos. Cientistas, pesquisadores, médicos e psicólogos começam a entregar-se a uma reciclagem do pensamento suscitada, paradoxalmente, pela física, a partir de Einstein, com suas revolucionárias teorias sobre tempo, espaço, relatividade, matéria, energia e os aspectos subsidiários e complementares desses conceitos fundamentais.

Pouco a pouco o universo começou a passar por um processo de releitura e reavaliação e a imagem que dele está emergindo é reveladora em mais de um sentido, porque vai se parecendo cada vez mais com remotas concepções de gente que não exibia brasões acadêmicos de PhD, nem tinha acesso a sofisticados laboratórios de pesquisa. Restou apenas um problema de terminologia, que um pouco de atenção pode superar com relativa facilidade. Em lugar do antigo conceito de que assim como em cima, também embaixo, a física contemporânea ensina que macrocosmos e microcosmos se assemelham nas estruturas e na dinâmica de comportamento, a ponto de formarem um holograma. E nos perguntamos, como é que aquela gente tão remota e aparentemente inculta teria chegado, há séculos, à intuição do holograma?

Sir James Jean, citado por Larry Dossey, *in Reencontro com a Alma*, (p. 115), ensina que só quando contidos pelas limitações de espaço e tempo é que nos consideramos separados do todo, mas que, "na realidade mais profunda, além do espaço e do tempo, seríamos todos membros de um só corpo". Não é sem razão, portanto, que os antigos místicos falavam do universo como uma entidade global consciente, nós inclusive. Em seu outro livro, *Space, Time and Medicine*, Dossey propõe a teoria da biodança, segundo a qual os movimentos do universo constituem um bailado cósmico, do qual participamos. A expressão é semelhante, quase idêntica em *A Grande Síntese* (p. 43), que cataloga o fenômeno da contínua troca de partículas entre os organismos como "a dança dos átomos", que "se propaga de corpo a corpo, e tudo que lhes está próximo a sente, dela participa, com ela exulta". Erwin Schrödinger, também *apud* Dossey (*Reencontro com a Alma*, p. 117) escreve: "Eu diria: o número total das mentes é um." É ainda Schrödinger quem desarma todo o nosso sistema de tempo linear ao declarar em *My View of the World*, que "eternamente e sempre, há apenas o agora, aquele mesmo agora; o presente é a única coisa que não tem fim".

Onde os antigos falavam em corpos invisíveis, os cientistas contemporâneos estão preferindo colocar a expressão modelo organizador biológico, ou corpo bioplasmático, ou campo magnético, ou campos vitais, como o dr. Saxton Burr.

Em vez da insistente observação de que vivemos no plano da ilusão (*maya*, como diziam os pensadores orientais), sabe-se hoje que a matéria densa que compõe o corpo físico ao qual estamos acoplados não passa de um aglomerado de energia ou, no dizer de André Luiz, "luz coagulada". Por mais estranho que pareça, vamos encontrar o mesmo conceito parafraseado em "luz congelada" (não sei como está no original inglês) em *Medicina Vibracional*, de Richard Gerber, que dedica um módulo ao tema em suas implicações com a medicina (p. 47-50). "Vista a partir do nível microcósmico – escreve Gerber, p. 49 – *toda matéria é luz congelada*", o que faz da matéria "*um campo especializado de energia.*" (Os destaques estão no original da tradução brasileira.)

O elemento primordial, que Emmanuel vê como "matéria amorfa e viscosa (...) celeiro sagrado das sementes da vida", a partir do protoplasma, como "embrião de todas as organizações do globo terrestre" (*A Caminho da Luz*, p. 22), J. B. S. Haldane, *apud* Lyall Watson, *in Lifetide*, p. 35 – caracteriza como uma espécie de "sopa primeva" de moléculas, que funcionou como "berço da vida". Para André Luiz, em *Evolução em Dois Mundos*, a "sopa primeva" de Haldane é "plasma divino, hausto do Criador ou força nervosa do Todo-Sábio", e acrescenta: "Nesse elemento primordial, vibram e vivem constelações e sóis, mundos e seres, como peixes no oceano" (p.19).

A energia espiritual precisa, portanto, de locais, no corpo físico, onde possa implantar seus terminais, uma espécie de ponto de encontro entre matéria e espírito, tanto quanto há no espírito um componente que, por mais diáfano que seja, ainda é matéria, como ensinaram os instrutores do prof. Kardec. André Luiz propõe o conceito de "célula psicossomática" no neurônio (p. 68) e o de "matéria mental", que, a seu ver, envolve o centro coronário (alto da cabeça). É aí, ensina, que se localiza "o ponto de interação" entre as forças que provêm do espírito e as de natureza "fisiopsicossomáticas organizadas", no corpo físico (p. 27). Ou seja, precisamente no âmbito dos hemisférios cerebrais, que estamos interpretando, neste estudo, como sala de reunião, onde a personalidade e a individualidade negociam a estratégia do trabalho a realizar-se enquanto o ser estiver mergulhado na carne.

Não há dúvida para André de que há uma "estrutura mental" nas células. Ele até se utiliza dessa expressão para intitular um pequeno módulo do capítulo II sobre corpo espiritual, à página 28, para acrescentar que as energias que integram as células são todas de "origem mental", provindas da "matéria primária" que, em última análise, se caracteriza como "Hausto Corpuscular de Deus", base, aliás, de todo o Universo (p. 28).

O comando geral da interface matéria/espírito, localizado no centro coronariano, necessita, entretanto, de pontos de apoio na intimidade de cada célula, ou não teria como fazê-las executarem as ordens que interessam à comunidade celular como um todo. Vejamos como André explica esse mecanismo (p.50):

"Os cromossomas, estruturados em grânulos infinitesimais de natureza fisiopsicossomática, partilham do corpo físico pelo núcleo da célula em que se mantêm e do corpo espiritual pelo citoplasma em que se implantam."

Do que se depreende que cada célula dispõe de seu próprio sistema de interface, no qual a matéria está representada no núcleo e o espírito, no citoplasma.

O leitor desabituado do trato com informações de origem espiritual pode sentir-se algo desconfortável com esta maneira de se abordar o assunto. Não lhe contesto as razões, limito-me a expor-lhe uma realidade. A expressão "luz coagulada" surgiu em escritos de origem mediúnica alguns decênios antes da expressão "luz congelada" em estudo de natureza científica. A ideia de que o componente espiritual da criatura humana tem seus terminais instalados no citoplasma é outra daquelas que vemos surgir independentemente, em texto mediúnico e em papel científico. É o que podemos comprovar com a obra intitulada *The Biology of the Spirit*, de 1955, na qual Edmund W. Sinnott, consagrado biólogo, expõe a tese de que "a aspiração humana e a realidade do espírito encontram-se embebidas nas propriedades do protoplasma, a matéria-prima da vida", como se lê no texto promocional, na quarta capa do livro.

O livro de Sinnott é considerado por H. A. Overstreet, autor de *The Mature Mind*, como "excitante tentativa de descobrir um denominador comum para matéria e espírito". A. Powel Davies, em artigo crítico para a *New York Times Book Review*, menciona o livro de Sinnott como "contribuição inicial, potencialmente importante, ao objetivo de cicatrizar a desunião do pensamento moderno".

Sinnott não é, contudo – longe disso –, um pesquisador ao qual possa ser atribuída a mais ligeira tonalidade mística. Ao contrário, logo no prefácio ao seu livro, ele se ocupa em prevenir que a base biológica por ele proposta para a contraparte espiritual do ser humano "não será satisfatória para a maioria dos teólogos" (p.VII).

Devo confessar, aliás, que tive certa dificuldade em interpretar corretamente a posição do autor em relação à realidade espiritual. É bem verdade que ele percebe um componente não-material nas estruturas biológicas do ser e até mesmo um "modelo" invisível, que produz um corpo humano de formas precisas e não um bolo amorfo de células em desordem. Para ele, contudo, esse modelo encontrar-se-ia "imanente nas células do cérebro", ao mesmo tempo em que reconhece, aqui, como em numerosas passagens de seu livro, que nada se sabe, praticamente, de positivo, para decidir a questão. Realmente, se as células cerebrais trazem um modelo organizador, como tal modelo foi parar lá?

Mesmo confessando-se desamparado em vista do tanto que ainda se ignora, nesse campo, Sinnott sente-se encorajado a declarar enfaticamente que "a mente constitui o mais elevado fenômeno biológico, não obstante, é um processo biológico" (p. 60).

Por isso, as tentativas de explicitar suas ideias estão, a cada momento, chocando-se com a barreira do desconhecido, como a sua própria teoria de que é no protoplasma que está ancorada a realidade espiritual do ser. Ao discorrer sobre a interação corpo/mente, no âmbito da célula, identifica um propósito, um objetivo sobre o qual "nossa teoria nada tem a dizer", ou seja, não sabe como explicar. Sua teoria limita-se a "interpretar a mente e as motivações" que a matéria viva demonstra, "apesar de ainda não claramente entendida".

De minha parte, eu teria muito a desconfiar de uma conclusão, ainda que preliminar, baseada em algo sobre o que não tenho um entendimento satisfatório. Se não posso confiar nas premissas, como aceitar as "interpretações" que elas me desencadeiam?

Voltamos, assim, ao velho problema do não-envolvimento com a incômoda realidade do espírito, ainda que mencionando-a e colocando-nos como pessoas interessadas em formular um conceito inteligente a respeito dela. Ao referir-se ao dualismo matéria/espírito, mais adiante (p.103), Sinnott lembra a impopularidade do conceito como "filosofia da ciência, dado que isso parece implicar certo misticismo, sobrenaturalidade e a existência de espíritos desencarnados, enquanto a ciência não está preparada para lidar com nada disso". Eis por que, no seu entender, o monismo – para o qual é tudo matéria – se torna mais palatável porque mais "defensável". Já o monismo de *A Grande*

Síntese prioriza o impulso espiritual ou mental, aloja-se, portanto, na outra ponta do dualismo implícito matéria/espírito.

Fica difícil, portanto, entender dessa maneira o sistema – aparentemente extrabiológico – que explicaria a dinâmica biológica. "Aqui está – escreve Sinnott (p.105) – o grande enigma da biologia". E continuará aí, inamovível, enquanto não se reverter a imagem para entender o mecanismo biológico como efeito de uma atividade extrabiológica, espiritual, e não o componente espiritual do ser como uma resultante da atividade celular.

Sinnot tem a humildade de confessar as ignorâncias da ciência e a coragem de se colocar entre os que admitem claramente uma revisão nos conceitos básicos da biologia contemporânea (p.111). Uma das suas frequentes confissões daquele tipo está assim redigida (p.118): "O que organiza a matéria, não sabemos." Mesmo assim, há *insights* dignos de toda atenção. Exemplo (p. 129): ao declarar o protoplasma como elemento de ligação entre os átomos de um lado e o espírito, de outro. André Luiz apenas modificaria o texto para fazê-lo dizer que a ligação com os átomos, ainda que no âmbito da célula, é feita pelo núcleo, ficando a cargo do protoplasma as "negociações" com a realidade espiritual. Seja como for, ao referir-se à dicotomia matéria/espírito, Sinnott considera o protoplasma essencial ao esquema de interpretação da realidade transcendente na matéria. "A matéria viva – ensina (p. 132) – o protoplasma, base física da vida – é o ponto onde os dois se encontram face a face", com o que se aproxima bem mais da informação transmitida por André.

Lembra, ainda, mais adiante (p.134) uma das importantes generalizações da biologia, segundo a qual "por toda parte, da ameba ao ser humano, o protoplasma é praticamente o mesmo. A vida é única". Pensa, ainda, o autor, que tanto "a estrutura (biológica) como o procedimento são, ambos, expressões do protoplasma"(p.146), com o que não podemos concordar, de vez que a hipótese exige do protoplasma muito mais do que ele poderia dar. É preciso mantê-lo dentro de suas limitações como eficiente executor de comandos mentais que recebe, interpreta, processa e executa, mas não cria.

Em vista do enfoque comprometido com a visão materialista da vida, Edmund Sinnott não consegue vislumbrar no ser humano a contraparte espiritual, ainda que seus conceitos éticos sejam, às vezes, bem formulados. Chega até a admitir um princípio organizador no universo, parte do qual reside em cada um de nós – nossa alma – "não como uma configuração temporária e transitória de átomos e moléculas e quanta, mas parte de um espírito Universal" (p.159/160) , o que seria para o autor uma "hipótese magnífica", capaz de acolher, como toda boa hipótese, "muitos fatos que, de outra maneira, seriam desprovidos de sentido". Para concluir, refugia-se na concha acolhedora da dúvida:

"Até que se conheça muito melhor acerca dos problemas ainda não solucionados que se aglutinam em torno de todas as coisas vivas, não nos devemos apressar em negar a possibilidade de sua existência."

Como percebe o leitor, não encontramos aqui uma atitude de dúvida, digamos criativa, que preveja espaços para possíveis construções futuras, mas que se limita a pleitear um pouco de paciência antes de demolir de uma vez o que nos parece insustentável.

Por isso, me parecem um tanto contraditórias com o seu próprio texto certas conclusões que o livro oferece nas páginas finais, como a de que "o espírito é uma realidade" (p.168). Seu apelo à paciência se me afigura despropositado, ainda que baseado na "magnífica hipótese". Há, contudo, em Sinnott predisposições otimistas, mesmo dentro da dúvida, quando ele propõe, por exemplo, um deslocamento na posição do observador. Assim: "O espírito humano é o vidro através do qual podemos espiar mais profundamente na realidade do que por meio de instrumentos puramente racionais, por si sós" (p.169).

Estamos de pleno acordo neste ponto. Já havíamos até recorrido a essa atitude criativa algumas páginas atrás. O problema da ciência está em que ela insiste em tentar observar o espírito com instrumentação e metodologia inadequadas, procurando explicar a atividade mental com mecanismos puramente biológicos, sem admitir que as coisas se passam ao reverso, ou seja, a mente se reflete na atividade biológica e a ela se impõe.

Seja como for, é justo atribuir a Edmund Sinnott importante contribuição ao processo de identificação de um princípio psíquico na matéria viva, ao localizar na intimidade da célula o ponto vital onde matéria e espírito se colocam, no seu dizer, "face a face".

Desde que Sinnott escreveu seu livro, na metade da década de 50, muita coisa aconteceu. Já há quem esteja jogando alto na hipótese de um psiquismo na matéria inerte, e até mesmo na hipótese de que até o planeta em que vivemos seja dotado de um psiquismo. James Lovelock, por exemplo.

Enquanto os antigos falavam da "alma da terra", Lovelock desenvolve nova abordagem na sua engenhosa e criativa "hipótese Gaia", termo este que ele foi buscar no grego (ge = terra), segundo a qual o planeta em que vivemos é um organismo vivo, em processo de homeostase (equilíbrio sistêmico). A terra dispõe de seus próprios mecanismos de autorregulagem, bastante perturbados hoje pela desastrada interferência do que costumamos chamar de civilização. Como não poderia deixar de ser, a humanidade integra, convive e interage com esse sistema, mas ainda não está claro para a ciência qual o seu verdadeiro papel nele. Para uns, a comunidade humana seria uma espécie de "vasto sistema nervoso, um cérebro global, no qual cada um de nós seria uma célula individual" (*The Global Brain*, Peter Russell, p. 31). Ou, uma alternativa menos atraente, a humanidade seria, de fato, um câncer que se alastra pelo organismo terreno e o destrói lentamente. Segundo Russell, esta hipótese sombria teria sido formulada pelo astronauta Edgar Mitchell, a observar-nos do seu privilegiado ponto na superfície da lua. Russell até acha que as duas visões não se excluem, pelo contrário, se completam. A terra constitui um sistema inteligente dotado de mecanismos de autopreservação, cujos tecidos estariam sendo destruídos pela exploração desordenada de seus recursos naturais.

Pergunto-me, às vezes, o que poderá acontecer em consequência das gigantescas cavernas criadas no tecido vivo da terra, pelo bombeamento (e consumo) de incalculável quantidade de petróleo bruto.

Perante essas e outras ideias, hipóteses e teorias que hoje circulam em busca de melhor entendimento para o ser humano e o ambiente cósmico em que ele se situa, não há como deixar de considerar a "teoria do câncer", de Mitchell, e mais a observação de Russell, na avaliação do material reunido por Fritjof Capra, em *Turning Point*, segundo o qual a multifacetada crise contemporânea (social, política, médica, educacional e outras) reflete "uma visão obsoleta do mundo" (Russell, p. 242).

Podemos acrescentar a esse comentário que seria irônica, se não fosse trágica, a evidência de que essa dramática obsolescência se deve primariamente ao fato de que durante muito tempo consideramos obsoleta a visão antiga dos místicos que se empenharam em interpretar o fenômeno da vida de uma postura cerebral direitista, ou seja, intuitiva, imaginativa sem ser imaginária, difícil de verbalizar, porque provinda da individualidade que, por sua vez, a colhia no pensamento universal, no esforço de ler a mente de Deus, já que o universo é um pensamento d'Ele. O problema é que ao passar para a realidade esquerda, dita consciente e lógica, verbal e "adequada" à realidade I, a concepção do mundo como um todo inteligente foi rejeitada e, gradualmente, substituída por uma teorização dita moderna, científica, racional e supostamente mais inteligente. *Maya*, a ilusão, ganhou a primeira grande batalha no confronto com a realidade II. O consciente da personalidade não apenas ignorou o consciente da individualidade, como pregou-lhe o rótulo de inconsciente, um *locus* mental onde não se pensa.

Não é sem razão, pois, que William Blake escreveu, em *Marriage of Heaven and Hell*, que, se as portas da percepção fossem desobstruídas, tudo se revelaria ao ser humano exatamente como é, ou seja, infinito; ao passo que ele preferiu fechar-se em si mesmo e contemplar tudo através da "estreita frincha da sua caverna".

Esse monumental equívoco contaminou praticamente toda a comunidade humana, a ponto de se identificar a maioria com o conglomerado celular que compõe o corpo físico, em vez de considerá-lo apenas uma residência provisória da entidade que, do outro lado da vida, está ligada ao cosmos.

Ao lamentar o equívoco de persistir a ciência "no encalço das (...) sensações" e, portanto, "circunscrita como num cárcere", menciona o autor espiritual de *A Grande Síntese* (p. 23) aquela parte do nosso ser que se encontra "mergulhada na treva", ao passo que ele, autor, se acha "no outro polo do ser, no extremo oposto ao em que vos achais: vós, racionalistas, sois análise; eu, intuitivo (contemplação, visão), sou síntese" (p. 27).

Russell entende essa modalidade de alienação como um modelo desenvolvido para abrigar o conceito de que somos seres "encapsulados na pele", em vez de entender "a unidade de toda a criação" (p.151). Willis Harman, *apud* Peter Russell, prega uma nova "revolução copernicana" na visão filosófica, com o objetivo de "inverter o modelo egocêntrico" em proveito de uma orbitagem em torno do "ser puro".

Por isso diz o autor espiritual de *A Grande Síntese* que o modelo de raciocínio lógico-dedutivo está esgotado e, portanto, estéril, ao passo que se desenha a etapa criativa da intuição.

Isso não significa que a individualidade aniquilaria, por sufocação, a personalidade, mas certamente a poria no seu devido lugar, mudando radicalmente o enfoque do ser perante a vida e o universo, preservando, dentro de bem definidos limites, a autonomia desta última para atuar no contexto que lhe é próprio, ou seja, no plano da matéria densa, segundo um racional (este sim) modelo de "hierarquia das necessidades", como conceituado por Abraham Maslow, *apud* Russell (p. 204). Só então, assumindo o comando da situação, a individualidade poderá trazer para a personalidade e para o mundo como um todo sua contribuição de conhecimento, a fim de que possamos viver segundo um modelo cósmico global cujas prioridades não estão, definitivamente, no uso e gozo dos atrativos e mordomias da matéria, de que tanto temiam os gnósticos. A partir desse ponto evolutivo, teremos condição de não apenas entender o universo como um todo, mas estaremos conscientes de que cada um de nós tem acesso a esse todo, somos esse todo. Desde então, teremos condição de avaliar corretamente o permanente e o transitório, de modo a distinguir um do outro e evitar o domínio deste sobre aquele.

Estamos falando de um univeso solidário, holográfico, vivo e inteligente, mas ainda não explicitamos o que isto realmente significa e que apoios temos para esse conceito. É o que veremos a seguir.

Embora tenhamos reservado capítulo especial para isto, cabe dizer que, ao contrário do que muita gente imagina, não é a matéria que gera ou cria o pensamento, como o fígado produz bile. O pensamento apenas se utiliza dos circuitos condutores implantados no corpo físico para expedir ordens ao sistema, emanadas da entidade espiritual, que, convém reiterar, os instrutores do prof. Rivail caracterizaram como "individualização do princípio inteligente". É oportuno, ainda, distinguir inteligência de consciência. Reações perfeitamente identificáveis como de uma forma primitiva de inteligência são observadas até mesmo nos metais, como vimos nas experiências do prof. Bose, citadas pela dra. Annie Besant. Ou seja, os metais reagem a certos estímulos, o que sugere neles não um psiquismo, tal como entendemos essa palavra, mas um campo magnético suscetível de receber, processar e produzir informações. E assim mesmo tem de ser, dado que a energia precede a matéria. É de supor-se, ainda, que o pensamento antecede à energia, o que faz da matéria uma criação mental, uma objetivação do pensamento, o que de fato é. A matéria orgânica e a inorgânica podem até ser desmaterializadas, deslocadas no espaço e rematerializadas em outro local, como se tem observado em experiências confiáveis.

O engenheiro e pesquisador francês Gabriel Delanne menciona, em *A Evolução Anímica*, experiências de reconstituição de cristais, nos exatos locais e nos precisos espaços deixados por mutilações propositais em suas arestas e vértices. Evidenciou-se a "cicatrização", ao incluir-se um corante na solução na qual foram mergulhados os cristais submetidos àquela espécie de "cirurgia" mutiladora. O cristal recolheu na solução o material de que necessitava para se recompor e o distribuiu segundo um plano invisível formado pelo seu campo magnético específico, tal como os seres vivos.

"Das formas dinâmicas," – diz *A Grande Síntese* (p. 56) – "passa-se às *psíquicas*, começando pelas inferiores, onde é mínimo o psiquismo, os *cristais*." (Os destaques estão no original.)

O DNA foi uma das grandes descobertas do século no território da biologia, possibilitando, senão a decifração, pelo menos melhor entendimento de persistentes enigmas da vida no seu competente trabalho de duplicação. Lyall Watson acha, porém (*Lifetide*, p. 53 e seg.), que o próprio mecanismo do DNA tem um remoto precursor, ainda no âmbito da matéria tida como bruta e inorgânica, em condições de ordenar estruturas e formas. Ele apela para Cairns-Smith, segundo o qual o processo evolutivo da seleção natural teria começado "com a própria substância do planeta, com o pó da terra". Onde foi mesmo que lemos isso? "Então, Deus formou o homem com o pó da terra, e soprou nas suas narinas o alento da vida, do que resultou o homem como ser vivente" (Gênese 2,7). Convém lembrar, ainda que somente de passagem, sem maiores comentários, que *sopro* e *espírito* são termos que se traduzem pela mesma palavra grega *pneuma* e pela mesma palavra hebraica *ruah*. Mais um lembrete oportuno encontramos logo a seguir, em Gênese 3,19, a advertir-nos que somos pó e ao pó reverteremos. Com o que, aliás, não estou nada de acordo, dado que se fala aí do corpo físico e não do ser espiritual que o habita.

Cairns-Smith aproveita a oportunidade para uma brincadeira com aqueles que porventura estejam muito interessados no culto de seus ancestrais, sugerindo-lhes que tratem com maior bondade os cristais...

Brincadeiras à parte, os cristais dispõem realmente de capacidade de se organizar ou reorganizar quando mutilados. A propósito de experiências de cristalização de glicerina, obtida a partir de "sementes físicas", ou seja, de partículas já cristalizadas, Watson (p. 54) não descarta, pelo contrário, sugere, a presença, no processo, de "uma espécie de semente mental".

Coisas ainda mais estranhas estão sendo descobertas na argila. Esse elemento primordial da criação está revelando, aos poucos, insuspeitados segredos. Também a argila é considerada um cristal, dispõe de propriedades eletrônicas, o que significa dizer que conta com reservas de energia, recebe, processa e expede informações, cresce e se transforma estruturalmente. Na verdade, a argila, na opinião de Hyman Hartman (*Jornal do Brasil*, Rio, 20-5-1993), constitui "a mais complexa área da bioquímica". Você leu corretamente: bioquímica, ou seja, a química da vida. Que é precisamente o que diz Leila Coyne, outra pesquisadora, citada no mesmo artigo. Pelas suas características como processadora de informações, a argila conta com recursos que constituem, no conjunto, "a exigência mais fundamental de um sistema dotado de vida", com o que concorda Pierre Laszlo, da Universidade de Liège, da Bélgica.

Leila Coyne acrescenta, no seu papel, um curioso elemento informativo a mais, segundo o qual, depois de martelada, uma porção de argila emitirá, durante um mês, um fluxo de energia ultravioleta.

Apoiado em pesquisas de Cairns-Smith, Lyall Watson, biólogo de projeção internacional (colaborou com Desmond Morris, no trabalho de que resultou o livro *O Macaco Nu*), assegura a existência de "um sistema evolucionário governado por um mecanismo genético" na argila (II, p. 57). Ele suspeita mesmo de que a extraordinária versatilidade das proteínas na criação das mais diversas estruturas bioquímicas pode ser uma herança da argila. Tão importante se revela o papel da argila no processo de criação e evolução da vida que Watson, sempre de bom humor, acrescenta (II, p. 59) que está mesmo parecendo que todos nós temos "pés de argila", o que leva à conclusão de que "vivemos em cima de um parente e não de um planeta". Já há quem ande tentando aprender com a argila algo sobre o mecanismo do câncer.

A argila, hein, quem diria? Não vamos exagerar, supondo na argila ou na matéria dita inerte, em geral, um mecanismo consciente capaz até de tomar decisões, mas certamente há veementes indicações de um psiquismo, um campo magnético ou o que seja, programado para se comportar inteligentemente desta ou daquela maneira, sob predeterminadas condições, se entendemos inteligência como capacidade para resolver situações novas. De que outra forma iria a mente atuar sobre a matéria?

Seria por isso – me pergunta alguém – que a argila sempre se caracterizou como excelente material plástico? Não seria surpresa para mim descobrir que a massa de argila nas mãos do ceramista não apenas se acomoda a determinadas formas por impulso meramente mecânico, como obedece a comandos mentais do artista, ajustando-se, tanto quanto possível, à imagem mental que ele tem do objeto que pretende criar com o barro.

Da argila, proponho passarmos às plantas.

4. Como conversar com as plantas

Se alguma forma de psiquismo rudimentar começa a ser timidamente identificada nas substâncias minerais, nas plantas essa realidade é qualitativamente mais impressionante e convincente. Pesquisadores que resolveram concentrar sua atenção nelas nos passam, com frequência, a impressão de que desdobriram um novo universo, uma nova dimensão da vida, o que de fato é aquela em que vivem as plantas.

Há muita literatura sobre esse tema fascinante. Eu recomendaria ao leitor interessado *The Secret Life of Plants*, de Peter Tompkins e Christopher Bird, do qual existe tradução brasileira. A crítica americana, usualmente tão sóbria, esgotou o estoque de adjetivos ao referir-se a esse *bestseller:* "De arregalar os olhos!" – escreveu o *Daily News*, de Nova York. "Fascinante" – bradou o *Washington Post*. "Você fica sem fôlego!" – acrescentou o *San Francisco Chronicle*. "Não perca este" – aconselhou o *Library Journal*. "Quase incrível" – opinou *Newsweek*. Para que o leitor tenha alguma ideia do que o espera, os autores dão logo o tom na introdução, convictos de que a força da evidência colhida nas pesquisas "apoia a visão do poeta e a do filósofo de que as plantas são criaturas vivas, que respiram e se comunicam, dotadas de personalidade e dos atributos de uma alma" (p. XV). Culpa não lhes cabe e sim a nós, se, "em nossa cegueira, temos insistido em considerá-las autômatos".

Muita gente sabia que as plantas tinham coisas importantes a contar sobre si mesmas e sobre a vida, como o prof. Bose, já referido, e ao qual voltaremos mais adiante, mas, a partir da década de 60, a documentação começou a surgir com maior frequência e mais convincente. Cleve Backster foi um dos pioneiros. Especialista, a serviço da polícia técnica americana, na operação dos chamados detetores de mentira, ele acabou detetando a verdade das plantas, a partir do momento em que começou a testar as reações dessas curiosas criaturas pensantes.

Certa vez, por exemplo, Backster recebeu em seu laboratório a visita de um fisiologista canadense interessado em conhecer o seu trabalho. Para surpresa e desapontamento seus, a primeira planta ficou "muda", ou seja, não deu, perante o ilustre visitante, o menor sinal de reação aos estímulos habituais. Backster tentou a segunda e a terceira, e nada! Voltou-se para os instrumentos, testou-os cuidadosamente e, convencido de que estava tudo em ordem, passou para a quarta, a quinta. Nada! Na sexta das suas "criaturas", conseguiu, afinal, uma tímida reação, suficiente apenas para demonstrar o fenômeno.

Ainda perplexo, Backster perguntou ao visitante se, de alguma forma, no seu trabalho habitual, ele se ocupava em causar dano às plantas. Era isso! O homem torrava plantas num forno, a fim de verificar que peso residual apresentavam.

Somente quarenta e cinco minutos depois que o canadense foi embora, já a caminho do aeroporto, é que as plantinhas de Backster se sentiram seguras e voltaram a apresentar as respostas habituais aos estímulos. Parece terem desmaiado de tanto medo, na presença do "matador" de plantas.

Muita gente tem estudado as plantas, mas creio ter sido Backster o primeiro a descobrir um jeito de "falar" com elas e obter respostas concretas, pensadas, inteligentes, com um toque de indisfarçável emoção, como alegria, medo, antipatia, amor, confiança. Ele descobriria, ainda, que não apenas parecem pensar, mas as plantas demonstraram ser capazes de ler o pensamento alheio. Numa de suas experiências, Backster determinou, pela leitura dos gráficos do polígrafo, em que ano havia nascido um repórter, entre 1925 e 1931. O dr. Aristide H. Esser, diretor de pesquisa médica de um hospital estadual de Nova York, resolveu conferir, com a ajuda de um assistente, as descobertas de Backster, que certamente lhe pareciam um tanto ou quanto fantásticas. O teste foi feito com um cidadão que cuidava pessoalmente de filodendros. Foi combinado que os pesquisadores fariam a ele uma série de perguntas e que para algumas delas ele daria respostas falsas, tudo isso na presença da planta, ligada ao polígrafo. Não deu outra: o filodendro indicou, honestamente, todas as respostas erradas do seu tratador. O dr. Esser concluiu, elegantemente, ter que engolir suas próprias palavras de crítica a Backster.

Enquanto isso, Backster seguia em frente com suas engenhosas experimentações. Ele queria, agora, saber se as plantas possuíam memória. Convidou seis estudantes, alguns dos quais da polícia, como ele. De olhos vendados, os seis sortearam, de um chapéu contendo papelotes enrolados, o nome de qual deles seria incumbido de arrancar uma plantinha, pisoteá-la e destruí-la por completo, na presença de outra. O "crime" teria de ser cometido em segredo, como todo delito que se preza, ou seja, não haveria testemunhas, senão a outra planta. Foi fácil determinar, posteriormente, qual dos seis havia praticado o "assassinato". A planta sobrevivente nada "disse" quanto a cinco dos experimentadores, mas quando se viu diante do "criminoso" disparou o ponteiro do aparelho, evidenciando que as plantas não apenas se comunicam, mas dispõem de memória.

Consultado a respeito desses e de outros aspectos das pesquisas de Backster, o dr. Howard Miller, de New Jersey, opinou no sentido de que há uma espécie de "consciência celular" comum a todas as manifestações da vida. Rogo ao leitor que se lembre bem desta hipótese, porque a retomaremos mais adiante, tentando demonstrar a realidade desse mecanismo de comunicação universal, que de muitos milênios de milênios antecedeu a invenção da palavra falada, a partir, primeiro de gestos e posturas corporais, e depois, de grunhidos, gemidos, exclamações, para chegar-se ao patamar da palavra falada, e, ainda mais tarde, ao pictograma e, finalmente, à escrita, por meio de uma quarta ou quinta geração de símbolos. Aliás, no próprio livro de Tompkins e Bird (p. 30) damos com um depoimento nesse sentido, de William M. Bondurant, de Winston-Salem, na Carolina do Norte, presidente de uma fundação que concedeu a Backster uma verba de 10 mil dólares para suas pesquisas. Segundo Bondurant, o trabalho de Backster sugere a existência de "uma forma primária de comunicação instantânea entre todas as coisas vivas e que transcende as leis físicas conhecidas".

Mais que isso, porém, Tompkins e Bird (p. 27) acolhem a hipótese de que além de se perceber "uma espécie de memória" em cada célula, é bem possível que o cérebro seja apenas algo como um painel de controle, e "não necessariamente um órgão de memorização". Por mais desvairada que possa parecer, a hipótese me é simpática e não difere substancialmente do conceito formulado pela dra. Annie Besant, como vimos, segundo a qual os eventos, mesmo aqueles que nós próprios vivemos, ficam guardados na memória cósmica e não em nossos arquivos pessoais. Ou seja, nossa história evolutiva se documenta naquela pequena "área" que cada um de nós ocupa na imensidão do universo, ou então estaríamos nós e as nossas lembranças como que fora da memória de Deus, hipótese incoerente com o princípio de que o universo – holográfico, não nos esqueçamos – é um pensamento de Deus.

Marcel Vogel, um químico de grande porte, a serviço dos laboratórios da IBM, em Los Gatos, Califórnia, é outro pesquisador que o livro de Tompkins e Bird traz ao conhecimento do leitor. Vogel partiu de uma indagação preliminar, fácil de expressar, mas difícil de demonstrar, ou seja: como as demais energias existentes no universo, a energia psíquica também deve ser suscetível de ser armazenada, como se faz numa bateria com a eletricidade. Mas, que material, no meio de todos aqueles produtos químicos que ele tinha à sua disposição, no laboratório, serviria para a função de estocar energia psíquica? Se a premissa já era audaciosa para um cientista, o passo seguinte foi ainda mais inusitado. Ele resolveu consultar a amiga Vivian Wiley, dotada de confiáveis faculdades psíquicas ou paranormais. Expôs-lhe a ideia e sugeriu-lhe que ignorasse toda a parafernália científica e seguisse a intuição. De volta à casa, Vivian já sabia como proceder. Apanhou duas folhas de saxífraga e colocou uma na sua mesa de cabeceira, no quarto de dormir, e outra na sala de estar. Todas as manhãs, ao despertar, olharia para a folha ao lado da cama, desejando fortemente que ela continuasse viva, enquanto a outra folha, na sala, seria abandonada à sua própria sorte. Decorrido um mês, ela convidou o amigo cientista para ver e fotografar as folhas. Vogel mal podia acreditar no que via.

A folha do quarto de dormir estava fresquinha e verde, como se acabasse de ser colhida no jardim, ao passo que a outra pendia murcha, amarela em início de decomposição. Um mês depois, a folha do quarto de dormir continuava cheia de vida, ao passo que a da sala, completamente desidratada e pardacenta.

Vogel repetiu, ele próprio, a experiência com outra planta e com o mesmo resultado. Observou mais, que a folha que conseguira manter viva demonstrava ter realizado trabalho semelhante ao da cicatrização no ponto em que fora "ferida" ao ser arrancada da árvore à qual pertencia.

Não só estava demonstrado o poder da mente sobre a planta, mas também a capacidade desta de captar aquela sutil forma de energia e armazená-la em quantidade suficiente para continuar vivendo, mesmo desprendida da árvore. O que, podemos acrescentar, também serve para demonstrar que essa energia que sustenta a vida está por toda parte, e tanto pode ser captada pelas plantas como pelos seres humanos, além de serem armazenáveis e transmissíveis.

E os cristais? – perguntou-se o curioso Vogel. Será que eles também teriam essa faculdade de captar e armazenar energias psíquicas? Tinham. Aliás, ele descobriu que percebia melhor certas sutilezas das estruturas dos cristais com "os olhos de mente" do que com os olhos normais e até melhor do que com seus poderosos microscópios. Confirmou também a antiga informação de que os cristais resultam do que chamou uma "pré-forma", ou seja, um campo magnético invisível que determina a forma que o cristal deverá assumir, ao "materializar-se". Chamou a isso de "imagens-fantasmas de energia pura". Esses mesmos campos ou imagens invisíveis o dr. Harold Saxton Burr iria identificar e mapear com os seus ultrassensíveis galvanômetros. Burr chamou a esses modelos invisíveis de *L-fields*, ou seja, campos vitais, como ficou exposto em seu livro *Blueprint for Immortality*.

Aproveito para dizer que o dr. Burr tornou-se um dos meus cientistas prediletos, não só pela beleza do seu trabalho – e a ciência também pode e deve ser bela –, como por alguns de seus singelos pensamentos tão geniais quanto humildes. Foi ele quem disse que é necessário abordar os enigmas da vida com humildade, de vez que a natureza se mostra relutante em revelar seus segredos ao intelectual arrogante. Ainda no clima da oportunidade criada neste parágrafo, expresso minha admiração e respeito por outro gênio humilde da ciência, o dr. George Washington Carver, que tinha o hábito de orar antes, durante e depois das suas pesquisas. Certa vez, por exemplo, decidido a descobrir os segredos do amendoim, ele parou diante dos seus instrumentos e perguntou a Deus o que Ele havia posto no amendoim. Por mais estranho que pareça, Deus respondeu ao pé da letra, mostrando ao grande cientista negro o que havia no amendoim.

E já que estamos falando de gente desse gabarito, teríamos de incluir também o dr. Edward Bach, o gênio modesto dos florais, que abandonou sua rendosa clínica na famosa Harley Street, em Londres, para procurar nas flores do campo que remédios energéticos poderiam curar ou aliviar algumas das muitas doenças da civilização. Para o dr. Bach, as causas reais das doenças são as seguintes: o desejo de controlar os outros, o medo, a inquietude, a indecisão, a indiferença, a fraqueza de caráter, a dúvida, o excesso de entusiasmo, a ignorância, a impaciência, o terror e a tristeza, como se vê em seus escritos reunidos em *A Terapia Floral*. Eu teria ainda que incluir, pelo menos mais o dr. (e sir) Jagadis Chandra Bose, mas temos de deixá-lo, juntamente com outros, para mais tarde. Não é justo nem seria possível escrever apenas umas poucas linhas sobre cada um deles. Teremos mais a dizer sobre o dr. Edward Bach, alhures, neste livro.

Precisamos, contudo, voltar ao dr. Vogel, dado que ele ainda tem muita coisa para ensinar sobre o psiquismo das plantas. Vimos, ainda há pouco, o "silêncio" delas na presença do cientista canadense, "matador" confesso de plantas. Essas e outras experiências de Vogel respondem a observadores que se vangloriam de que jamais se realizou diante deles uma demonstração convincente porque estão sempre alertados para qualquer tipo de fraude e não se deixam enganar facilmente. Segundo Vogel, "o sentimento de hostilidade e de negativismo" num auditório, por exemplo, inibe totalmente o delicado mecanismo de comunicação em demonstrações públicas. As plantas como que emudecem e a aparelhagem não funciona.

Por isso, acha ele que não é que a planta demonstre uma espécie de inteligência, nas suas respostas, mas que "elas se tornam uma extensão de nós mesmos". Não penso dessa maneira, mesmo porque as experiências de Backster e do próprio Vogel indicam precisamente esse tipo de inteligência – poderíamos dizer *vegetal?* – rudimentar, limitada, mas dotada de capacidade de receber, processar, armazenar e transmitir informações e até de tomar decisões primárias, com o que se documenta das reações a numerosos estímulos, tanto positivos quanto negativos. Acho, portanto, que as experiências demonstram claramente a existência de uma modalidade de inteligência e até de memória, e, portanto, de psiquismo, na planta. Aliás, o capítulo do livro de Tompkins e Bird sobre esse aspecto intitula-se, apropriadamente, *"Plants can read your mind"*, ou seja, as plantas são capazes de ler a sua mente. Como poderia existir um intercâmbio entre duas mentes sem o componente vital da inteligência? Assim como os espíritos, no dizer dos instrutores da codificação espírita, constituem a "individualização do princípio inteligente" e mais, que o efeito inteligente somente pode provir de uma causa inteligente, não há como excluir sumariamente a possibilidade de uma forma primitiva de inteligência nos seres vivos mesmo sem terem alcançado o patamar evolutivo dos humanos. Poderíamos dizer a coisa de outra maneira, ao propor que, mesmo nos seres vivos mais rudimentares como as plantas, funcionam terminais de uma central única de processamento à qual todos têm um nível de acesso compatível com a sua potência mental específica. Há, portanto, em cada célula um programa que lhe permite não apenas trabalhar articuladamente com as demais de qualquer comunidade celular, como acessar o mínimo de informação que lhe permita desempenhar sua tarefa na imensa orquestração cósmica. Voltaremos ao assunto quando cuidarmos do psiquismo animal, no módulo seguinte.

A sensibilidade psíquica da planta me parece suficientemente evidenciada na resposta que ela oferece aos estímulos, como estamos vendo. A própria metodologia da pesquisa, no dizer de Vogel, pressupõe uma abordagem também sensibilizada da parte do pesquisador, que não deve apresentar-se com uma atitude puramente mecânica perante a planta a ser estudada. Para estabelecer um canal de comunicação adequado com elas é necessário "tratá-las como amigas", com a mente aberta, sem preconceitos, disposta, portanto, a aprender com os fatos. Acha mais, que os pesquisadores devem passar por um treinamento prévio e especial, dado que o "desenvolvimento espiritual (deles) é essencial" ao processo. É necessário desenvolver um mecanismo de empatia com as plantas, o que vale dizer que "os experimentadores devem tornar-se parte integrante da experiência", isto é, envolverem-se emocionalmente no projeto, ou estarão fadados ao insucesso.

O advérbio – *emocionalmente* – está aí por minha conta. Não o vejo explicitado no texto de Vogel transcrito por Tompkins e Bird, mas encontro, à página 46, uma observação de Vogel que, praticamente, nos leva ao "amai-vos uns aos outros", que também já andamos lendo alhures, *naquele* livro muito conhecido. Num belíssimo *insight*, Vogel acha que a criança "pode aprender (com as plantas) a arte de *amar*". (O destaque no verbo é dele, as palavras entre parênteses são minhas.) Para isso, seriam criados pequenos *kits*, suficientemente fáceis de operar, com os quais as crianças poderiam observar, pela reação das plantas, que o pensamento "libera tremendo poder ou força no espaço".

Por um mecanismo cibernético, o cientista russo Karamanov "ensinou" a uma planta como conseguir luz e água na medida certa para as suas necessidades. A água, por exemplo, era ministrada em pequenos "goles" de dois minutos a cada hora. O artigo do *Isvestia*, de onde esse informe foi obtido, conclui com uma frase ufanista, ao declarar as excelências de "uma clara demonstração das capacidades técnicas do homem do século XX". Consul-tado a respeito, contudo, o prof. Karamanov foi preciso, modesto e enfático, ao opinar que não havia descoberto nada de novo, dado que o mecanismo da interação das plantas com o ambiente em que vivem é tão velho quando o mundo. Sem isso, acrescentou, "elas teriam perecido inevitavelmente".

Precisaríamos agora de muito mais espaço do que seria razoável ocupar para falar um pouco sobre o dr. Bose. A gente pode até supor que ele seria um gênio, qualquer que fosse a metodologia de sua educação, mas é curioso saber que seu pai, em vez de mandá-lo para as escolas coloniais britânicas, na Índia, despachou-o, aos quatro anos de idade, para uma pequena vila do interior, e mais: carregado aos ombros de um ex-bandido reformado, que ainda resmungava contra o sistema jurídico predominante, mas "tinha a mais profunda veneração pela lei moral natural"(p. 96).

O menino foi, portanto, estudar a vida no livro aberto da natureza, em vez de sujeitar-se à monotonia de uma pedagogia que impunha a "imitação de todas as coisas". Mais tarde, retirou das experiências a que se refere a dra. Besant arrojadas conclusões, expressas em linguagem vazada nos veementes moldes da simplicidade. Ele traçou com equipamentos sofisticados a reação ao estresse, em seres vivos, e naqueles considerados inorgânicos, ou inertes, como minerais e metais. Observou que a assinatura colhida nesses autógrafos era semelhante. Em outras palavras: eram iguais as reações dos seres às dos considerados "inanimados" (= sem alma). "Como traçar uma linha de demarcação – pergunta Bose, *apud* Tompkins e Bird –, e dizer, aqui termina o físico e ali começa o psicológico? Tais barreiras não existem."

Entre plantas e animais, então, a identidade era ainda mais evidente. Ele observou que "todas as características das respostas exibidas pelos tecidos animais são também encontráveis no tecido das plantas".

Por isso tudo, diria dele, mais tarde, o veterano *Times*, de Londres, que, enquanto na Europa ainda predominava um "rude empirismo de vida bárbara", vinha aquele sutil oriental ensinar que o universo é uma síntese e que ele "via a unidade em todas as suas manifestações mutáveis" (p.114). Antecipando de algumas décadas o conceito do universo holográfico, ele insistia em dizer que "toda a natureza é pulsante de vida" e está pronta a revelar incríveis segredos, bastando para isso que o homem aprenda a comunicar-se com as suas inúmeras manifestações. Também ele achava, portanto, que "o que está embaixo é igual ao que está em cima", e que a mais insignificante partícula é um retrato vivo do cosmos, tanto quanto a célula traz em si mesma toda a programação genética do ser cuja manifestação biológica ela integra.

O livro de Tompkins e Bird reserva algum espaço para o dr. George Washington Carver, o homem que conversava com Deus no seu laboratório e, principalmente, no laboratório infinitamente maior e mais rico da própria natureza. Era a natureza sua melhor mestra – dizia ele – e, no seu entender, aprendia "melhor com ela, enquanto os outros estivessem dormindo. Nas horas mortas da noite" – acrescentou – "antes do nascer do sol, Deus me fala dos planos que me caberão executar". Era preciso, portanto, obliterar tanto quanto possível os sentidos para que no silêncio e na meia luz das madrugadas, ele pudesse ouvir o que tinha Deus a lhe dizer na intimidade da sua individualidade, recorrendo à linguagem inarticulada da natureza.

Às vezes nos ocorrem certas ideias estapafúrdias. Devo confessar-lhe uma das minhas nesse ponto. Se houvesse um procedimento semelhante ao da canonização, no âmbito da ciência, o dr. George Washington Carver seria um dos agraciados. Que me perdoe por dizer isso dele. O advogado do diabo perderia todo o seu latim em inconsistentes "acusa-ções" contra o eminente e modestíssimo professor. Quando lhe chamaram a atenção para o rio de dinheiro que estava deixando de ganhar por jamais requerer sequer uma patente para a sua prodigiosa criatividade, ele respondeu com a ênfase da simplicidade: "Deus não me cobrou nada, nem a você por fazer o amendoim. Por que iria eu tirar proveito de seus produtos?" E como conseguia realizar todos aqueles prodígios?, perguntou-lhe alguém que o visitava no seu laboratório, cercado por uma profusão algo caótica de plantas, amostras de solo e insetos. Ele comentou, com irretocável sabedoria, apoiado em incontestável competência: "O segredo está nas plantas. Para consegui-los você tem de amá-las suficientemente." "Mas como é que somente o senhor consegue fazer isso?" – insistiu o visitante. O professor não precisaria pensar muito para responder a mais essa pergunta do perplexo visitante. Segundo ele, toda gente pode fazer a mesma coisa – "Basta crer", concluiu.

Para Louis Kervran, cientista francês, as plantas conhecem os segredos da alquimia, ou seja, a arte de transmutar substâncias, e o fazem regularmente, a cada momento, nos imensos laboratórios da natureza. Pierre Baranger também pensa desse modo, após repetidas experiências, milhares delas, cercadas de todas as cautelas, durante anos. Os resultados que ele estava obtendo, confessa, "eram impossíveis", mas lá estão para quem quiser ver. Em termos de ciência humana, as plantas precisariam de sofisticadíssimos aparelhos, capazes até de desintegrar átomos, mas fazem isso com uma simples (simples?) folha de capim, ou numa flor. Rudolf Hauschka também, segundo Tompkins e Bird, acha que a vida provém não de certos elementos bioquímicos, mas de alguma coisa que a antecede, algo "espiritual" no cosmos e que se "precipitou" por toda parte. Ou seja, o mesmo conceito formulado por Emmanuel, o autor espiritual, não muito diferente do que dizem Teilhard de Chardin, Henri Bergson, ou os instrutores do prof. Rivail. Enquanto a matéria é luz congelada ou coagulada, como vimos, a vida seria energia espiritual igualmente condensada ou "precipitada", como quer Hauschka.

"O germe do psiquismo" – diz *A Grande Síntese* (p.183) – "há descido do céu, como um fulgor, às vísceras da matéria, que o apertou em seu seio, num amplexo profundo, envolvendo-o, dando-lhe, tirado de si mesma, um corpo, uma veste, a forma de sua manifestação concreta."

É o próprio Hauschka quem consolida com um raciocínio simples e irrespondível a força da sua concepção, ao declarar que os elementos básicos com os quais trabalha a ciência são cadáveres, formas residuais de vida, não a vida mesma. Tanto que se pode extrair oxigênio, hidrogênio e carbono de uma planta, mas não se pode fazer uma planta a partir desses elementos. Obviamente, falta um componente de vital importância nesse esquema. Literalmente. Numa frase antológica, Hauschka resume seu pensamento, ao declarar que "tudo quanto vive pode morrer e morre, mas nada é criado morto".

O livro de Tompkins e Bird lembra, ainda, o dr. Wilhelm Reich, que poderia estar na pista da descoberta do século quando percebeu, através do microscópio, corpúsculos vesicais de energia – os bions – que, sem serem coisas vivas, contêm "energia biológica" (p. 295/296). O leitor encontrará referências ao bion em estudos do nosso patrício dr. Hernani Guimarães Andrade.

A Grande Síntese (p.175) coloca a "eletricidade globular" como "primeira organização de um sistema de vórtices, com uma primeira especialização embrionária de funções. Daí" – prossegue – "nascerá a primeira célula".

Para Kervran (*in Alchemy: Dream or Reality?*, Rouen, 1973), os micro-organismos são concentrações de enzimas, perfeitamente competentes na tarefa de transmutar certos elementos nas substâncias necessárias à vida, o que exige "alterações fundamentais nos núcleos atômicos desses elementos". A conversão de potássio em cálcio, por exemplo, se faz com a "adição de um próton de hidrogênio" (p. 296).

O dr. Albert Abrams acena com a possibilidade de substituir os pesticidas químicos por técnicas eletrônicas capazes de reordenarem a disposição molecular das plantas "adoecidas" precisamente porque algum fator adverso alterou o número e a quantidade de elétrons na intimidade de seus átomos.

O mesmo Hauschka, de quem vínhamos falando ainda há pouco, explica o aparente paradoxo da homeopatia, segundo a qual, quanto mais diluídos os elementos básicos utilizados na medicação, mais potente o efeito deles. Isto é coerente com a sua hipótese de que a matéria é uma cristalização ou condensação de energia cósmica e, portanto, quanto mais liberada do seu envolvimento ou aprisionamento nas malhas materiais, mais poderosa se torna (p. 335). Ele vai além disso, ao propor que parte do segredo de Hahnemann com a medicação homeopática estaria no rigoroso processo de manipulação, dado que o ritmo "matemático" da agitação por ele prescrita produziria o mesmo efeito que se observa nos seres humanos que, em danças rítmicas, conseguem liberar o espírito da prisão corporal (p. 335).

Das experiências de Marjorie e George De La Warr emergiu a demonstração de que as plantas se mostram sensíveis ao pensamento. Em outras palavras, se você acredita que uma planta pode crescer mais e produzir melhor, ela responde crescendo e produzindo mais, o que significa dizer, como o fazem Tompkins e Bird, que "o pensamento é um alimento" (p. 359) e pode, portanto, influir na formação das células.

O livro de Tompkins e Bird termina com uma promessa de outra obra ainda mais avançada, sobre o "mundo das plantas e dos homens", situado numa dimensão que escapa aos nossos sentidos habituais. Antes disso, porém, os autores trazem para *The Secret Life of Plants* o depoimento do dr. Aubrey Westlake, colhido em *Pattern of Health*, segundo o qual somos prisioneiros de "um vale de conceitos materialistas" que levam à rejeição de toda a realidade espiritual que nos envolve, em proveito de "explicações científicas muito mais saudáveis" (p. 383).

Temos de abrir espaço, contudo, para o dr. Edward Bach. Sua contribuição à temática que estamos aqui a debater é importante demais para ser ignorada, mais que importante, é da própria essência dos propósitos deste livro. Ora, lemos em Tompkins e Bird (p. 319) que Paracelso talvez tenha sido o médico "mais bem informado sobre o poder curador das plantas" e que esse conhecimento foi adquirido de velhos herbalistas da Europa e de sábios orientais, mas principalmente de suas pesquisas pessoais no livro aberto da natureza. Paracelso, como Hipócrates, antes dele, e como Hahnemann, depois, propunha a doutrina das "semelhanças simpáticas", ou seja, certa sintonia vibracional entre plantas e seres humanos (ou animais) capaz de restabelecer harmonias psicossomáticas e, em consequência, reverter um quadro mórbido em saúde. Hahnemann redescobriu esse mesmo princípio, segundo o qual "o semelhante cura o semelhante". Aliás, em comunicação mediúnica transmitida por intermédio da sra. W. Krell, em Bordeaux, em março de 1875, o criador da homeopatia assinou-se *Hahnemann, autrefois Paracelse*, ou seja, identificou-se, ele próprio, em encarnação precedente, como Paracelso.

Dessa mesma linhagem, senão até o mesmo espírito, foi o dr. Edward Bach (1886-1936). Tal como recomendava Paracelso, Bach também achava que o médico deveria estudar a natureza ao vivo, sentado no campo, para perceber que todo o cosmo era uma só coisa articulada e funcional, das flores às estrelas. Por isso, em 1930, abandonou sua rendosa clínica e seus dois laboratórios em Londres e partiu para buscar na natureza os medicamentos com os quais sonhava. "A homeopatia não estava longe" – escreve Adailton Salvatore Meira, in *A Terapia Floral*, p. 20 – "mas não era exatamente o que procurava". Tinha quarenta e quatro anos e restavam-lhe apenas seis de vida terrena. Foi o suficiente para criar uma alternativa de cura nos seus hoje famosos medicamentos florais. Ele os foi descobrindo, um a um, nas flores, a partir do orvalho matinal que permanecia depositado nas pétalas, enquanto o sol o fecundava com as suas poderosas energias.

Confira-se com *A Grande Síntese*: "O maravilhoso quimismo das folhas verdes iniciou a transformação da matéria morta em matéria viva"(p. 216-217). E, mais especificamente: "a florescência da vida (...) se realiza por meio das radiações solares"(219). E, ainda: "nas plantas temos o primeiro degrau da transformação da energia em vida" (p. 218) e é daí que se alcança o novo patamar, onde a vida se transforma em psiquismo.

Para Edward Bach, a medicina estava na contramão das leis naturais, ao tentar atacar a doença "lidando com os resultados e não com as causas", concentrada no corpo físico, sem cogitar de qualquer conotação espiritual ou psíquica. Invocando testemunhos de Hipócrates, "com seus imensos ideais de cura", de Paracelso, "com sua certeza da divindade no homem", e de Hahnemann, que compreendeu que "a doença se origina num plano superior ao físico", ele começou a reformular a arte de curar.

Alguns dos seus princípios fundamentais estão expostos em *Heal Thyself* (Cure-sea si mesmo), publicado originariamente em 1931. Havia para ele algumas verdades ignoradas, a primeira das quais informa que o ser humano é, essencialmente, uma alma, centelha divina, "invencível e imortal". A segunda, a de que nos apresentamos no mundo como "personalidades, aqui colocadas com o propósito de obter todo o conhecimento e experiência" disponíveis. A terceira verdade é a de que o curto estágio na terra é apenas um período letivo em nossa trajetória evolutiva. O quarto princípio diz respeito à interação individualidade/personalidade. Se a relação for harmoniosa, seremos felizes e, consequentemente, saudáveis; do contrário, cria-se um conflito que suscita a doença. O restabelecimento da saúde, portanto, consiste em realinhar personalidade e individualidade. Outro conceito que, segundo ele, precisamos ter sempre em mente é o da "unidade de todas as coisas" num contexto cósmico em que o amor é o grande e único princípio criador universal.

Suas intermináveis meditações levaram-no à identificação de alguns sentimentos negativos como principais responsáveis pela desarmonia a que costumamos chamar doenças. Um deles, o primeiro, era o orgulho. Seguiam-se a crueldade, o ódio, a ignorância, a instabilidade, a indecisão, a fraqueza de propósito e a ambição. Em muitos desses estados mentais e emocionais, ele identificava uma atitude de "negação da unidade de todas as coisas". Na realidade, a causa básica de todas as doenças era, a seu ver, o egoísmo que, em última análise, iria bater sempre no seu princípio fundamental, o da desarmônica interação personalidade/individualidade. Era preciso, portanto, substituir a lista de impulsos negativos por outra de atitudes positivas vitalizadas pelo amor.

Sintonias com o pensamento de Bach encontramos em *A Grande Síntese* (p. 231). Referindo-se, por exemplo, aos "lugares de dor" (hospitais, quartos de pessoas doentes, etc.), alerta o autor espiritual para o fato de que aí "não está somente o corpo de um animal, mas também a alma de um homem".

E acrescenta: "Há neles (nos lugares de dor) mais necessidade de flores, de música e, sobretudo, de bondade, de palavras afetuosas e sinceras, do que de análises microscópicas e radioscópicas, de esterilizações e de esplendores de ciência."

Nas infecções – adverte – "também o espírito influi e, muitas vezes, mais do que a esterilização do ambiente".

> Lembrai-vos – continua – de que o equilíbrio orgânico mais não é do que consequência do equilíbrio psíquico, com o qual aquele se acha em íntima

relação, porquanto é o estado nervoso que determina e guia as correntes elétricas e são estas que presidem à contínua reconstrução química e energética do organismo. Se elas se dirigirem diversamente, se a corrente positiva, ativa e benéfica, se inverte numa corrente negativa, passiva e maléfica, se um estado psíquico de confiança e de bondade substituirdes por um de depressão e malevolência, então, em vez de saúde, produzir-se-á enfermidade; em vez de desenvolvimento, regressão; em vez de nutrição, intoxicação; em vez de vida, morte.

E mais:

A correção do estado anormal, a retificação do funcionamento arítmico não serão obtidas unicamente por uma atuação do exterior, tentando penetrar no organismo por meios físico-químicos; procurar-se-á penetrar-lhe o transformismo íntimo, secundando os meios naturais do psiquismo dominador das funções.

A perturbação no sistema em equilíbrio suscita, ainda segundo *A Grande Síntese*, "o aparecimento de enfermidades novas" (p. 230), uma trágica realidade contemporânea.

O próximo passo de Bach foi o de descobrir que flores poderiam trabalhar em nossa intimidade com as suas energias potencializadas pelo sol para dissolver os núcleos negativos em nosso psiquismo. "Cada flor" – escreveu – "corresponde a uma qualidade positiva, e seu propósito é fortalecer essa qualidade, de modo que a personalidade possa eliminar a falha, que é a causa particular do bloqueio", que impede a presença da Divindade no universo, e em nós. Sob o estímulo das energias florais, o poder curativo dentro de nós mesmos faria o resto.

Estava criada a medicina floral, com medicamentos perfumados, sutis, captados nos laboratórios vivos da natureza e dirigidos ao componente espiritual da criatura humana, não ao seu conglomerado celular, a não ser indiretamente. Introduzia-se no campo da personalidade elementos harmonizadores, a fim de que a individualidade pudesse encontrar apoios para o seu trabalho silencioso de reeducação visando ao restabelecimento da harmonia que deve e precisa prevalecer no intercâmbio entre uma e outra.

Fico na frustração de ser materialmente impraticável trazer para a nossa discussão, neste livro, depoimentos como os de Lyall Watson, por exemplo, mas creio termos examinado material suficiente para nos convencer de uma realidade psíquica nas plantas. Afinal de contas, elas também integram o universo holográfico, sendo, portanto, miniaturizações do macrocosmos. Temos, contudo, de passar aos animais.

5. O abismo das verdades

Em nossa abordagem aos enigmas dos cavalos de Elberfeld recorremos ao texto que Maurice Maeterlinck escreveu e incluiu no volume intitulado *L'Hôte Inconnu*, que, aliás, examinaremos, com grande proveito, alhures neste livro.

A não ser por uma ou outra obra mais difundida como o seu *bestseller* sobre a vida das abelhas, Maeterlinck é praticamente (e injustamente) desconhecido hoje. No entanto, foi um escritor prodigioso, dotado de grande talento narrativo, senso poético e profundidade filosófica, além de consagrado teatrólogo. Minha edição de 1928, de *L'Hôte Inconnu*, já estava no 33º milheiro, ao passo que *La Vie des Abeilles* exibia a fantástica tiragem de 140 mil exemplares, um prodígio para a época. *La Vie des Termites* não ficava muito atrás com 80 mil exemplares e *La Sagesse et la Destinée*, com 93 mil.

Maurice Maeterlinck nasceu em 29 de agosto de 1862, em Ghent, na Bélgica e morreu em 6 de maio de 1949, nas proximidades de Nice, na França. Foi o ganhador do Prêmio Nobel de Literatura, em 1911. A *Encyclopaedia Britannica* (verbete: *Maurice Maeterlinck*, vol. 14, p.619, edição 1962) considera que a partir do início do século XX, com *La Cathedrale Engloutie* (1902), sua obra assinala marcante afastamento da posição declaradamente mística que até então fora a tônica de seus escritos. Não os conheço com a amplitude e profundidade necessárias para uma discussão; observo, contudo, que *L'Hôte Inconnu* foi escrito em 1913, pouco antes do início da Primeira Grande Guerra. A tradução inglesa foi lançada nos Estados Unidos e na Inglaterra, em 1914. Ao que tudo indica, Maeterlinck continuava interessado na mesma temática de sempre, senão com o colorido místico identificado em seus escritos anteriores, pelo menos ainda envolvido com aspectos mais enigmáticos da vida. Além do estudo sobre o chamado "hóspede desconhecido", examinado alhures, neste livro, essa obra cuida de aparições de vivos e mortos, de psicometria, de precognição e dos cavalos de Elberfeld, que constitui objeto deste capítulo.

Se o leitor procurar pela cidade de Elberfeld, no mapa da Alemanha, não vai encontrá-la. Em 1929, após ter sido anexada ou incorporada a

Barmen, passou a integrar a cidade de Wupertal, perto de Düsseldorf. Quando Maeterlinck foi à Alemanha, contudo, para conhecer de perto os prodigiosos cavalos, Elberfeld era uma cidade industrial independente, na Prússia Renana.

No estudo incluído em *L'Hôte Inconnu,* o autor escreve um resumo do caso para aqueles que, no seu dizer, "ainda ignoravam" os fatos. Ponho-me entre eles e, se o leitor não se ofende, convido-o a ficar ali do lado – não entre os ignorantes, naturalmente – para ouvirmos juntos a história (real, realíssima), contada por Maeterlinck.

Como toda história que se preza, ainda mais de cavalos que pouco faltou para que falassem, começa com o clássico "Era uma vez..."

Há vinte anos (de 1913, claro), ou seja, aí pelo fim do século XIX, havia em Berlim um velho meio excêntrico por nome Wilhelm von Osten. Materlinck explica que ele vivia de rendas, o que hoje chamaríamos de aplicações ou investimentos rentáveis, e era um tanto maníaco na sua fixação em estudar a inteligência dos animais. Para isso, começou a educar seu primeiro cavalo, mas os resultados, no dizer do autor, foram "indecisos". Em 1900, contudo, von Osten adquiriu um garanhão russo, que se tornaria conhecido como Hans. Os progressos intelectuais do animal foram tão notáveis que logo passou a ser chamado de Kluge Hans, algo assim como Hans, o Sábio. Garante-nos Maeterlinck que o título foi inteiramente merecido, dado que Hans iria "desestabilizar toda a psicologia animal e pôr em evidência problemas que se contam entre os mais desprezados e os mais apaixonantes que o homem tem conhecido até hoje".

É uma afirmativa quase hiperbólica essa, mas o famoso escritor belga não estava exagerando.

Ainda que von Osten não fosse um paciente treinador, pelo contrário, consegiu coisas incríveis com Hans. Começou ensinando ao cavalo conceitos simples como direita, esquerda, alto, baixo, etc.; em seguida, partiu para noções elementares de aritmética. Hans ficava diante de uma mesa, sobre a qual von Osten punha uma vareta de madeira, depois duas, três, e assim por diante, ao mesmo tempo em que repetia para Hans os números correspondentes à quantidade de varetas. Hans deveria "responder" batendo com a pata no chão. Em seguida, o velho von Osten passou a escrever os números numa placa negra, creio que a giz. Os resultados foram surpreendentes. O animal não apenas "lia" o número escrito e batia a pata, como resolvia, por sua conta e risco, alguns problemas elementares.

> Mas – transcreve Maeterlinck, de fonte não indicada –, Hans não apenas sabia calcular, era capaz de ler, era músico, distinguia acordes harmoniosos de acordes dissonantes. Demonstrava, ainda, extraordinária memória. Indicava a data de cada dia da semana corrente. Em breve, estava em condições de realizar todas as operações que um bom aluno de quatorze anos fosse capaz de efetuar (p.172).

Como seria de se esperar, Hans, o Sábio, ficou famoso e começou a atrair muita gente para vê-lo demonstrar suas habilidades intelectuais. Duas correntes se estabeleceram entre os perplexos visitantes – a dos que aceitavam a realidade do fenômeno e aqueles para os quais não passava tudo de uma deslavada mistificação. Em 1904 nomeou-se uma comissão para examinar o ilustrado cavalo. Eram professores de psicologia e de fisiologia, um diretor de jardim zoológico e um de circo, além de veterinários e oficiais militares de cavalaria. Era comissão para ninguém botar defeito, mas, ainda que nada fosse descoberto de suspeito nas experiências, o grupo de trabalho não arriscou nenhuma explicação para o fenômeno.

Da segunda comissão fazia parte um cavalheiro por nome Oskar Pfungst, de um laboratório de pesquisas psicológicas de Berlim. Pfungst redigiu um tremendo calhamaço para declarar que não via no animal nenhuma forma de inteligência. Para ele, Hans são sabia ler, nem contar ou calcular, ele apenas "obedecia a sinais imperceptíveis, infinitesimais e inconscientes que seu dono deixava escapar". Acho que o caro Pfungst nem se deu conta de que, a crer-se na sua opinião, Hans não era apenas inteligente, mas um verdadeiro gênio, capaz de traduzir sinais imperceptíveis e inconscientes em respostas aos problemas que lhe eram apresentados.

Estava salva a pátria! A opinião pública respirou aliviada. Afinal de contas, estava tudo "cientificamente" explicado. Da perplexidade passou-se à galhofa, e o pobre von Osten foi levado ao ridículo por causa das suas "maluquices". Morreu abandonado e isolado na sua amargura, em 29 de junho de 1909, aos 71 anos de idade. Mas, como diz Maeterlinck, liquidava-se "um milagre que ameaçara precipitar na perturbação a pequena tropa satisfeita com as verdades adquiridas". Já imaginou que descalabro a gente ter de pensar tudo de novo, depois de estar acomodado a um esquema meio burro, mas confortável?

Alguém, contudo, continuou acreditando em von Osten e decidido a dar prosseguimento às pesquisas sobre a possível inteligência dos animais. Chamava-se Karl Krall esse cavalheiro. Era jovem, rico, inteligente, sensato e paciente. Não só conviveu com o velho von Osten, mas ajudou-o na educação de Hans, que lhe foi dado por herança. De uma família de joalheiros tradicionais, Krall comprou logo dois cavalos árabes, Muhamed e Zarif. Agora, em vez de um velho esquisitão, os descrentes de carteirinha tinham pela frente um jovem dinâmico, "dotado de notável pendor científico, engenhoso, letrado e capaz de se defender", como diz Maeterlinck.

Além disso, ao contrário da impaciência e do mau humor habituais de von Osten, Krall era paciente, carinhoso, adorava seus cavalos e os tratava como gente. "Falava com eles" – lembra Maeterlinck – "longa e ternamente, como um pai falaria a seus filhos e a gente tinha a impressão de que eles o ouviam e compreendiam tudo o que ele lhes dizia" (p.177). Nunca se aborrecia quando os animais demonstravam maior dificuldade em entender as "aulas". Retomava o assunto, decompunha-o, reapresentava-o de outra maneira, com "uma paciência maternal". Logicamente os animais respondiam de maneira ainda mais espantosa a esse tratamento humanizado. Em menos de duas semanas de treinamento, Muhamed já fazia corretamente pequenas somas e subtrações, entendia a função dos sinais de mais e de menos e distinguia números de um dígito e de dois, batendo os primeiros com a pata esquerda e os outros com a direita. Com mais quatro dias, começou a trabalhar com multiplicações e divisões e em poucos meses aprendeu a extrair raízes quadradas e cúbicas. Em seguida, aprendeu a ler e escrever, utilizando-se do alfabeto convencional criado por Krall. Maeterlinck reproduz o esquema, no qual letras e números aparecem distribuídos de certa maneira, num *grid* de 49 posições de sete por sete, com quatro em branco. Confesso-me humildemente incapaz de pô-lo a funcionar como o faziam os brilhantes cavalos de *herr* Krall. É complexo demais para o meu gosto. Além disso, o animais introduziram certas modificações no sistema, desprezando, por exemplo, as vogais, provavelmente por considerá-las dispensáveis, a não ser quando absolutamente necessárias à inteligência do que queriam dizer, como ainda veremos. Por exemplo, era bastante, para eles, escrever Zkr em lugar de *Zucker* (açúcar). Como quem pergunta: – Vocês entenderam? Então não cansem a minha beleza...

É preciso anotar que Maurice Maeterlinck não foi a Elberfeld atraído por uma impostura ou charlatanice, mas pela repercussão internacional que, àquela altura, haviam adquirido as proezas dos cavalos de Karl Krall. Além da leva habitual de curiosos, numerosos cientistas de várias nacionalidades haviam passado por Elberfeld para testar os animais e vê-los desempenharem suas complicadas tarefas intelectuais. Maeterlinck cita mais de uma dúzia deles, verdadeiro "quem é quem" da ciência da época, como o prof. Claparède, da Universidade de Genebra, Roberto Assagioli, conhecido psicólogo de Florença, o dr. Ferrari, de Bologna, o professor Ostwald, de Berlim, e tantos outros. Como material de referência, "a grande obra" do próprio Krall, intitulada *Denkende Tiere*, infelizmente inacessível hoje, pela sua raridade. Entre os pronunciamentos, Maeterlinck destaca o do prof. Claparède que caracterizou o fenômeno dos cavalos como "o mais sensacional que jamais tenha ocorrido no âmbito da psicologia".

Nem eram os cavalos os únicos animais bem sucedidos em tais experimentações. O autor menciona Rolf, um cão de Mannheim, também na Alemanha, que deixava as pessoas perplexas com suas habilidades. Ainda que não muito dado às ciências matemáticas, Rolf sabia fazer corretamente pequenas operações de soma, subtração e multiplicação de até dois dígitos. Lia e escrevia batendo as patinhas, segundo lhe fora ensinado, e também desenvolvera uma técnica própria de simplificar e fonetizar as palavras, para não perder tempo com letras dispensáveis. Era capaz de distinguir as cores, contar o dinheiro contido numa bolsinha, separando os marcos dos *pfennigs*, bem como dizer que palavra correspondia ao objeto que lhe estivesse sendo mostrado. Um buquê de flores num vaso, por exemplo, era descrito por ele, com precisão e propriedade, ou seja, "um vidro com pequenas flores". Numa das "conversações" com Rolf, surgiu inesperadamente a palavra *Herbst* (outono). O prof. William Mackenzie aproveitou a oportunidade para pedir ao cão se ele podia explicar o que significava aquele termo. O animal não hesitou em responder que era "o tempo em que havia frutas". Rolf demonstrava, também, agudo senso de humor. Quando uma senhora lhe perguntou o que desejava que ela fizesse para agradá-lo, ele respondeu, muito sério: – *Wedelen*, ou seja, "sacudir a cauda".

Muitos foram os sábios que pesquisaram e escreveram sobre Rolf, como o já citado prof. Mackenzie e mais o prof. Duchatel.

Foi, portanto, nesse contexto e com respeitáveis apoios científicos que o escritor laureado Maurice Maeterlinck foi entrevistar os famosos cavalos. Conduzido ao recinto das "aulas", Krall, um tanto nervoso, mandou vir Muhamed. É que os animais são um tanto imprevisíveis; qualquer coisa os perturba e às vezes se recusam obstinadamente a exibir seus talentos, o que certamente causa grande frustração ao dono deles. Começada a exibição, Krall, de giz na mão diante do quadro negro, dirige-se a Muhamed, "como a um ser humano", e apresenta o escritor visitante da seguinte maneira:

– Muhamed, atenção! Este aqui é o seu tio – aponta para Maeterlinck – que acaba de fazer uma longa viagem, a fim de honrar-nos com sua visita. Trata-se, pois, de não frustrá-lo. Ele se chama Maeterlinck. (Krall, explica o autor, pronuncia o ditongo *ae* à maneira alemã, ou seja, como um *a* longo.) Você compreendeu? Maeterlinck. Mostre-lhe agora que você conhece as letras e que você sabe como escrever corretamente o nome dele, como um menino inteligente. Vai. Nós esperamos.

Muhamed indica com as patas direita ou esquerda, conforme o caso, as seguintes letras: ADRLINSH que, segundo o autor, representa o seu próprio nome "na fonética e na alma equinas". Krall diz ao animal que há um erro a corrigir. Muhamed substitui o S e o H por um G e, em seguida, o G por um K. Krall deseja que ele substitua também o D por um T, mas, "satisfeito com a sua proeza", Muhamed diz que não com a cabeça.

Será que Krall não estaria secretamente passando para o cavalo um código secreto? Como essa era a objeção costumeira dos descrentes, Krall propôs que o próprio Maeterlinck formulasse suas perguntas, pedindo a Muhamed, por exemplo, que escrevesse qualquer palavra de duas ou três sílabas. Dito isto, retirou-se da "sala de aula", deixando o escritor sozinho com o bicho. Maeterlinck se confessa algo intimidado. Habituado a circular pelas altas rodas intelectuais, sociais e políticas da Europa, sentira-se "mais à vontade na presença dos grandes e dos reis da terra", do que daquele cavalo. Ocorre-lhe dizer o nome do hotel em que se acha hospedado em Elberfeld – o *Weidenhof*. O cavalo não parece muito interessado, como se ignorasse a presença do escritor. Maeterlinck insiste, pronuncia a palavra em vários tons e volume de voz, repetindo-a insistentemente. Faz-se insinuante, ameaçador, suplicante, imperioso, tudo, até que o animal resolve atendê-lo. Enquanto ele indica as letras à sua maneira, Maeterlinck as escreve no quadro negro. Eis o que saiu: WEIDNHOZ, que o autor caracteriza como "magnífico espécime da ortografia equina".

Chamado de volta à cena, Krall encontra o escritor exultante, mas observa que Muhamed cometeu um erro. Docemente reclama do animal: "Que é isso, Muhamed, você tornou a cometer um erro. Não é um Z, mas um F que deve pôr no final da palavra. Quer corrigir isso logo?"

Muhamed admite, docilmente, o erro e bate com as patas o código que indica um F. Apropriadamente, observa Maeterlinck que o animal deixou de indicar, como de hábito, a vogal – supérflua, no seu entender – que deveria ficar ao lado do D, mas colocou uma junto do W, porque aqui ela se tornava indispensável.

Numa clara demonstração de sua competência com as palavras – Prêmio Nobel é coisa séria –, Maeterlinck encerra esse módulo do seu livro com uma observação curiosa:

"Não há nada com o que a gente se acostume mais prontamente do que com o maravilhoso" – escreve –; "só mais tarde, na reflexão, é que nossa inteligência, que não sabe quase nada, se dará conta da enormidade de certos fenômenos."

Em seguida à façanha de reproduzir o nome do hotel, Krall propõe a Muhamed alguns problemas matemáticos. É disso que ele gosta! Extrai raízes quadradas e cúbicas, já que não são mais de seu interesse aquelas antigas operações de soma e subtração, coisa de alunos primários, deveria pensar, "indignas dele", como supõe Maeterlinck. Como a matemática é, precisamente, um ponto fraco na vasta cultura humanística do escritor, ele se confessa não apenas maravilhado com a fantástica capacidade de calculador de Muhamed, como envergonhado de sua própria ignorância, "o vexame" de sua vida, pois não conseguira ir além da divisão. Daí para diante, abrira-se aquele mundo estranho "eriçado de cifras, onde reinam raízes quadradas e cúbicas e não sei que outras potências monstruosas, sem forma e sem face, que me inspiravam incoercível terror" – escreve ele (p. 200).

Seja como for, por sugestão de Krall, a fim de demonstrar que o honesto Muhamed não estava recebendo "cola" de seu dono, é o próprio Maeterlinck incumbido de lhe propor alguns problemas. O escritor rabisca no quadro-negro um número qualquer, para o qual pede uma "raiz enorme e temerária" ao matemático de quatro patas. Krall solicita ao animal que dê a resposta. Obedientemente, Muhamed levanta a pata, mas não bate com ela, deixando-a suspensa, por mais que Krall peça, implore, ameace ou suplique. Vira-se então para o escritor e lhe pergunta se a raiz é exata. Quem se mostra confuso, agora, é o genial ganhador do Prêmio Nobel. "O que quer dizer exata? Há, então, raízes que..." Com um sorriso benevolente (ou é melhor dizer humilhante?) Krall confere e conclui que a raiz é inoperável e que, portanto, o cavalo está certo em se recusar ao seu cálculo.

Muhamed ganha generosa ração de cenouras e dá sua exibição por encerrada. Entra Haenschen, um pônei muito vivo e "esperto como um grande rato", diz o autor. O pônei não é um matemático tão avançado como Muhamed, o que deixa Maeterlinck mais tranquilo. Também ele não passou das primeiras operações, "de sorte que nos compreenderemos melhor" – avalia Maeterlinck – "e nos trataremos de igual para igual" (p.202). A pedido de Krall, o escritor sugere uma multiplicação de 63 por 7. Krall escreve no quadro negro o número 441 e indica uma divisão por 7. Instantaneamente, Haenschen começa a "bater" o resultado, indicando um 3 e, em seguida, o número 60, dado que em alemão não se diz 63, mas 3 e 60. Outras operações faz o pônei, com evidente satisfação, para exibir sua competência.

Em seguida é a vez de Berto, um pesado animal normando. Entra com dignidade, solenemente, calmo. Os grandes olhos negros e brilhantes são mortos; Berto é completamente cego. Tateia, com as patas, até o lugar certo em que deve permanecer para prestar seus exames escolares. Krall lhe fala ternamente, como a um filho muito querido. Quando o animal se demora um pouco mais a entender o que lhe está sendo pedido, Krall escreve os números e os sinais com o dedo, no dorso dele. É uma coisa comovente, assinala Maeterlinck. Berto não é um gênio matemático como Muhamed, mas, para Maeterlinck, demonstra perfeitamente a tese dos sábios que os examinaram de que há um processo de comunicação inconsciente entre seres humanos e animais.

O último "aluno" é Zarif, que se mostra mal-humorado e pouco disposto a cumprir ordens, mas acaba demonstrando suas habilidades ante a promessa de uma boa braçada de cenouras. Krall lamenta que o escritor não tenha encontrado Zarif num dos seus melhores dias. Sabe-se lá o que se passa pela sua cabeça? É que Krall o considera ainda mais inquietante do que Muhamed, por causa de inesperadas atitudes. Certa vez, por exemplo, Zarif chegou à sala de aula e começou logo a bater uma mensagem para o estupefato Krall. Dizia assim: "Albert bateu em Haenschen." Como já vimos, Haenschen é o irriquieto pônei e Albert o empregado que toma conta do estábulo. Haenschen também não era lá essas angelitudes, porque, de outra vez, Zarif o "entregou", dizendo, por escrito, que ele havia dado uma mordida em Kama. Não que Zarif tenha sido um cavalo fofoqueiro, parece que ele queria apenas botar seu dono e mestre a par do que se passava no pequeno mundo da estrebaria. "Fazia" – diz Maeterlinck – "a crônica humilde e ingênua de uma vida humilde e sem aventuras" (p. 207).

Depois do almoço, Krall voltou com Maeterlinck ao estábulo. Quer saber se Muhamed se lembra do visitante da parte da manhã, aquele "tio" que fez uma longa viagem para visitá-lo. Muhamed começa logo a responder. Bate um H. Krall interfere: "Preste atenção! Não é um H, você bem sabe!" Imperturbável, o cavalo bate um E. Krall se impacienta, pede, promete, suplica e até ameaça chamar Albert, sempre incumbido de aplicar algum castigo mais convincente, dado que Krall jamais pune seus "filhos". "Como é" – insiste Krall –, "você quer ou não quer prestar atenção em vez de ficar aí batendo ao acaso?" Muhamed bate um R.

Está explicada a teimosia do animal. Muhamed apenas desejava tratar o seu "tio" de maneira socialmente correta, atribuindo-lhe o titulo HERR (Senhor). O rosto de Krall se ilumina. Era isso! Tinham direito a esse tratamento cerimonioso, no conceito de Muhamed, os homens que usassem chapéus altos ou tipo coco, como os ingleses. Provavelmente Muhamed percebera que Krall tratava o ilustre visitante de herr Maeterlinck. O bom e gentil Krall pede perdão ao cavalo. "Muito bem, Muhamed, meu filho, muito bem! Peço-lhe perdão. Agora, me dê um abraço e continue."

O cavalo se lembra do nome do "tio", mas demonstra alguma dificuldade em ditar as letras para o seu dono, embora acabe conseguindo, após algumas correções.

Mais de uma vez, segundo Krall, os animais demonstram reações tipicamente humanas. Zarif, por exemplo, certa vez parou em plena demonstração e não quis mais prosseguir. Perguntado por que assim procedia, soletrou a óbvia resposta: "Porque estou cansado."

Quanto a Muhamed, sua especialidade era mesmo a matemática. Logo que Maeterlinck deixou Elberfeld, os cavalos foram testados por um dr. Hænel que, entre outras coisas, propôs ao animal a solução de uma raiz quarta para um número de sete dígitos: 7890481. Muhamed respondeu prontamente: 53. Não só Maeterlinck estaria envergonhado, também eu, que só conseguiria realizar essa tarefa hercúlea com uma boa calculadora *made* no Japão ou em Taiwan.

A questão da inteligência dos animais é aspecto da natureza que há muito me interessa. Escrevi, certa vez, um pequeno estudo, intitulado "Os animais, nossos irmãos menores", posteriormente incluído no livro *As Mil Faces da Realidade Espiritual*. Tivemos bichos na família e, desde a infância, gostei de conviver com eles. O saudoso Tupã, da fazenda de meus tios, foi dos primeiros amigos caninos que tive. Mais tarde foram as nossas gatas que por pouco não viraram gente. Uma amiga enriqueceu meu acervo de casos sobre bichos, relatando-me historinhas comovedoras de dedicação, de inteligência e de solidariedade por parte de alguns de seus cães. Ela conversava com eles e se fazia entender perfeitamente, dado que eles também respondiam à sua maneira, por um sistema codificado que eles próprios criavam, como movimento de orelhas, latidos e posturas especiais. Com um deles ela só falava inglês, língua que lecionava. Servia até de exemplo para colocar alunos relapsos em brio, pois se *até um cachorro* podia aprender inglês, por que não um menino ou menina?

Por tudo isso, as conclusões oferecidas por Maurice Maeterlinck, no seu estudo, encontram predisposição de minha parte em aceitá-las, mesmo porque se compatibilizam com alguns dos conceitos que venho tentando desenvolver neste livro. O eminente escritor belga não apenas consumiu anos a estudar as mais sutis manifestações da vida, em leituras e pesquisas pessoais, como tinha o dom mágico da palavra para expor suas ideias a respeito. Com entusiasmo, eu recomendaria os módulos finais do seu estudo acerca dos cavalos de Elberfeld. Como sei, porém, das dificuldades do leitor em obter o livro, proponho-me a uma apresentação tão sumária quanto possível do seu conteúdo.

De início, chama atenção para o fato de que as características principais da inteligência animal são comuns e que raras são as pessoas que não as tenham observado. Habitualmente, contudo, não nos damos conta de que essas "humildes manifestações representam sentimentos, associações de ideias, inferências e deduções, ou seja, todo um esforço intelectual *absolutamente humano*". (O destaque é desta tradução.)

E mais, falta-lhes apenas a palavra, mas esta – prossegue – "é apenas um acidente mecânico que nos revela mais nitidamente as operações do pensamento", com o que também concordamos. Acho, mais ainda, que a palavra articulada é recurso relativamente recente no processo evolutivo e que muito antes dela já os seres se entendiam em nível não-verbal e continuaram a fazê-lo mesmo depois que o ser humano aprendeu a falar. Devo acrescentar que, a meu ver, a invenção da palavra falada e, depois, a escrita contribuiu de maneira decisiva (e talvez de se lamentar) para que o ser humano começasse a distanciar-se de suas origens, ou seja, de um contexto em que toda a natureza, o ser humano inclusive, entendia-se numa espécie de esperanto não-verbal. Entendo, ademais, que tal separação, que levaria o ser humano a certo isolamento, teve início a partir do ponto em que a mente começou a dicotomizar-se, até chegar à funcionalidade dos atuais hemisférios cerebrais. Claro que esse procedimento resulta do próprio mecanismo da evolução e não seria correto pleitearmos uma regressão ao estágio em que todos se entendiam somente pelo pensamento subliminar não-verbal, embora seja esse o processo de comunicação em elevadas dimensões evolutivas, como temos sido informados. O problema é que não soubemos, como personalidades, desenvolver um novo instrumento de comunicação horizontal, sem abandonar o anterior que nos concedia o privilégio de sondar verticalmente os enigmas da vida, em pontos críticos de interesse pessoal..

Maeterlinck menciona os prodígios demonstrados por Muhamed ou Zarif, mas lembra que o nosso cão doméstico ou gato também dispõem de faculdades intelectuais que não chegaram a ser desenvolvidas. "O primeiro milagre de Elberfeld" – opina (p. 237) – "está em que foi possível proporcionar aos animais um meio de exprimir o que pensam e experimentam."

Isto nos leva a supor toda uma estrutura de conhecimento ao qual os animais ditos irracionais têm acesso como nós temos. A dificuldade não estaria tanto em acessar tais conhecimentos, que são universais e se encontram à disposição de todos os seres vivos; o problema reside mais em comunicar aos demais seres aquilo que cada um de nós – plantas, animais ou gente – encontrou nos livros imensos e inscritos da vida cósmica.

Maeterlinck parece pensar de maneira semelhante e o expressa com elegância e precisão invejáveis, ao dizer que os cavalos de Karl Krall se encontram, em relação a outros animais, num plano onde estaria o ser humano que conseguisse viver em nível subliminal elevado. Nesse ponto, prossegue o autor, "a inteligência, que é a nossa letargia e que nos mantém cativos, ao fundo de uma pequena concavidade de tempo e espaço, seria substituída pela intuição ou, antes, por uma espécie de sabedoria imanente que, sem esforço, nos faria partilhar de tudo o que sabe o universo que, talvez, saiba tudo" (p. 241).

Dependesse de mim e se Maeterlinck já não houvesse ganho o Prêmio Nobel de Literatura, eu o teria concedido só por esta frase. Também o autor espiritual de *A Grande Síntese*, de Pietro Ubaldi, preconiza a intuição como a próxima etapa evolutiva da inteligência, dado que o processo indutivo-dedutivo já esgotou suas possibilidades cognitivas. Também a palavra letargia é um bom achado para caracterizar o estado da inteligência enquanto o ser espiritual se encontra acoplado ao corpo físico. Este é, aliás, um conceito eminentemente gnóstico: o estado de torpor, de esquecimento, de embriaguez em que se encontra a centelha divina encarnada. O próprio Maeterlinck, como vimos alhures, propõe a hipótese de que o ser espiritual não mergulha por inteiro na matéria e sim parcialmente. A chamada consciência de vigília seria, portanto, apenas a ponta emergente de um vasto *iceberg* submerso na amplidão cósmica. Belíssima também sua observação de que podemos partilhar da sabedoria universal, que talvez de tudo saiba. Eu somente tiraria daí o talvez.

Para demonstrar que, mesmo descontadas as eventuais e possíveis interferências de memória, instinto, espírito de imitação, obediência e outros impulsos do psiquismo dos animais, resta ainda muito o que pensar sobre a potencialidade da inteligência deles. Na presença do dr. Schœller, Krall resolveu testar a capacidade verbal de Muhamed, verificando se o animal seria capaz de falar. Muhamed tentou bravamente, mas não estava conseguindo grande coisa. Subitamente parou e "escreveu": "*Ig hb kein gud sdim*", ou seja, "Não tenho uma boa voz." Explicaram-lhe os experimentadores que para falar é preciso abrir a boca e se esforçar. Mostraram-lhe um cão e algumas imagens para chamar-lhe a atenção para o mecanismo da fala. Em seguida, perguntaram-lhe: "O que é preciso fazer para falar?" E ele, no seu código de comunicação: "Abrir a boca." A lição estava, portanto, entendida. Mas cabia outra pergunta: "E por que você não a abre?" Resposta simples, direta, correta: "Porque não posso."

Dias depois, perguntam os experimentadores a Muhamed como é que ele fala com Zarif, e ele responde que é com a boca. "Então" – insistem – "por que você não me diz isso com a boca?" "*Weil ig kein stime hbe*", responde o sábio Zarif com sua peculiar sintaxe. Ou seja: "Porque não tenho voz."

Vejamos outro diálogo com Muhamed. Apresentam-lhe uma jovem. Perguntado a respeito, ele responde que se trata de uma moça. Por quê? – é a pergunta seguinte. Simples, para Muhamed: porque ela tem cabelos compridos. E o que não tem ela? Resposta: bigodes. Mostram-lhe a imagem de um homem também sem bigodes e ele responde corretamente, que se trata de um homem. E por quê? "*Weil kurz hr hd*", responde Muhamed imperturbável, ou seja: "Porque tem cabelos curtos." A distinção aqui, portanto, não estava mais no bigode.

Por tudo isso, diz Maeterlinck que o aspecto mais "miraculoso que aproxima o animal do homem, nestes exemplos, é bem mais do que a expressão do pensamento, mas o próprio pensamento". Realmente, podemos nos deixar fascinar pelo esforço que faz o animal para usar a linguagem humana, esquecidos de que muito mais importante e dramático que isso é observar que o animal pensa. E mais: ele parece ter mesmo acesso a um reservatório inesgotável de conhecimento. Reitero, pois: sua dificuldade não estaria tanto no acesso ao vastíssimo saber cósmico, mas apenas em transmitir a outros seres aquilo que ele observou na dimensão das ideias e conhecimentos. Teria razão, afinal, o dr. Carl Jung quando propôs a hipótese de um inconsciente coletivo? Estariam certos os místicos de todos os tempos quando falavam sobre os registros acásicos?

Outro exemplo, colhido ainda em Materlinck (p. 247). A Muhamed foi ensinado apenas a extrair a raiz quadrada de 144; daí em diante ele foi sozinho, na descoberta de calcular as demais raízes. Não é sem razão, portanto, que Maeterlinck adverte que coisas como essa desarrumam a mente de qualquer pessoa, ao questionarem "profundamente a maior parte das certezas sobre as quais se assenta a vida". O caso é que ninguém gosta muito de verificar que o chão lhe falta sob os pés. De qualquer forma, conclui Maeterlinck, não há como deixar de admitir que você sai de experiências, como aquelas com os cavalos de Krall, "convencido de ter estado durante alguns minutos na presença de um dos maiores e mais estranhos enigmas que possam sacudir a alma humana. É sempre bom e salutar experimentar emoções desse tipo"(p. 248).

A despeito de uma ou outra rejeição mais explícita à realidade espiritual, Maeterlinck é inteligente demais para deixar de perceber que vivemos todos, plantas, animais e seres humanos, mergulhados naquilo que ele considera como "substância psíquica do universo", à qual todos temos acesso não por meio de canais "isolados e especiais" reservados com exclusividade ao ser humano, mas algo "esparso, multiforme e talvez, se pudermos rastreá-lo, igual em tudo quanto existe" (p. 250), um autêntico "reservatório cósmico, onde dormem as respostas a todas as perguntas", como dirá pouco adiante (p. 262). Ao retomar esse conceito à página 276, Maeterlinck parece expor outro *fiat* da sua intuição, dizendo que, ao que tudo indica, o cavalo e o cão talvez tenham acesso mais fácil e mais direto a esses "imensos reservatórios". De minha parte, se dispusesse de autoridade para tanto, subscreveria convictamente esse conceito. Acesso todos temos à incalculável massa de sabedoria cósmica, plantas, animais e seres humanos. No caso dos animais, a conexão pode ser mesmo mais fácil porque eles não estão bloqueados pela atenta vigilância crítica do consciente, como o ser humano. Por isso, a psicóloga americana dra. Helen Wambach pedia aos seus pacientes, em transe regressivo, que acolhessem os primeiros *flashes* intuitivos, quando perguntados a respeito das suas percepções naquele momento. Com um pouco mais de tempo e espaço mental para pensar, eles tenderiam a produzir uma versão processada na pasteurização consciente, em vez de simplesmente transmitir *in natura* o que estavam recebendo dos dispositivos inconscientes, ou seja, da individualidade.

Maeterlinck acha mesmo que a fantástica capacidade matemática demonstrada pelos cavalos de Elberfeld "não depende exclusivamente do cérebro, mas de alguma outra faculdade ou potência espiritual" imanente (p. 263). Eu diria, de modo diverso, que essa faculdade ou potência oculta é função da individualidade, permanentemente conectada com o psiquismo cósmico. Estou propondo, neste estudo, que o apoio biológico da individualidade seja o hemisfério direito, através do qual a personalidade encarnada, sediada à esquerda do cérebro, está a um passo ou dois do reservatório de sabedoria que Maeterlinck e outros vêm consistentemente identificando no cosmos, que seria, em última análise, o pensamento de Deus, como dizem os místicos e *A Grande Síntese*. Como ficou dito em *A Memória e o Tempo*, a tarefa da consciência, portanto, seria mesmo a de ler esse pensamento, com o seu cabeçote de leitura/gravação. O grande problema, contudo, é que ela se ocupa mais das tarefas terrenas, materiais, do que daquilo que o Cristo caracterizou, aos doze anos, como "as coisas de meu Pai".

Ao comparar os animais com certos prodígios calculadores humanos, Maeterlinck, sempre brilhante, supõe um processo intuitivo que dispensa a rotina mesma do cálculo, indo direto às respostas, dado que "as cifras guardam muito mal seus próprios segredos". É o próprio problema que fala, que se explica, que se apresenta já solucionado, escreve ele mais adiante (p. 273), "o cavalo se limita a repetir o sinal que percebe a sussurrar (adorei este verbo!) no seio da misteriosa vida dos números ou no fundo do abismo onde imperam as verdades". (Que beleza! Gênio é para essas coisas...)

Para o laureado autor, o cavalo "nada compreende, nem precisa compreender, ele é apenas o instrumento consciente que empresta sua voz ou seus membros ao espírito que o anima". Ou seja, pelas patas do animal, manifesta-se a sabedoria cósmica. O representante de tal sabedoria em nós é, para Maeterlinck, a misteriosa entidade que ele caracterizou como o nosso "hóspede desconhecido". Há quem prefira rotular essa enigmática imagem de ser superior, eu superior, individualidade, espírito, ISH (*inner self helper*). Não importa muito com que palavras a designamos, o que vale é saber que se trata daquela porção maior de nosso próprio ser, que se conserva mergulhada na sabedoria cósmica, com suas terminais no hemisfério cerebral direito, enquanto a personalidade parece operar um teclado de computador localizado no hemisfério esquerdo, programado para os negócios miúdos da terra. Voltamos, pois, ao conceito básico de que o espírito é a individualização do princípio inteligente, ao passo que alma é o espírito encarnado, ou seja, acoplado a um corpo físico e, portanto, voltado para o âmbito restrito da matéria densa, "concavidade de tempo e de espaço", como sugere Maeterlinck, e, por isso, limitado. O grande problema da civilização contemporânea está em que a personalidade tomou o freio nos dentes e, em vez de se deixar conduzir pelo "hóspede desconhecido", prefere ignorá-lo, quando não dominá-lo e levá-lo a reboque.

IV. Cérebro e mente

1. O cérebro pensa?

"Aí por volta de 1984"– escreveu lord Brain, em 1964, *apud* Anthony Smith – "deveremos entender o que faz o cérebro quando pensamos."

Estou escrevendo estas linhas a meio caminho em 1993, e não vejo realizada a previsão do *lorde,* que, aliás, se chamava Cérebro (Brain). Acho que Smith também pensava assim, ao publicar seu magnífico livro, em 1984, porque, logo em seguida à citação de lord Brain, ele reproduziu outra, atribuída a um anônimo porta-voz chinês, que dizia assim, em 1981: "Não sei se a Revolução Francesa foi uma boa coisa; é muito cedo para dizê-lo."

A tarefa da ciência é a de enfrentar desafios e decifrar enigmas. E olhe que nunca lhe faltará o que fazer! O cérebro tem sido um dos mais persistentes desafios, talvez por ser, simultaneamente, um dos mais densos enigmas dos muitos que dizem respeito à natureza humana. E, por certo, aquele cuja decifração se coloca entre as de elevado índice de urgência, dado que numerosas decisões importantes continuam na expectativa de definições sobre o que é, o que faz e como funciona a poderosa unidade central de processamento que o ser humano possui no alto da torre biológica em que vive. Acho mesmo que já poderíamos estar sabendo bem mais acerca do cérebro, como esperava lord Brain. Por um problema de refração na minha própria ótica intelectual – que o leitor fica com todo o direito de rotular de deformação ideológica –, insisto em dizer que a ciência ainda não está sabendo (ou querendo) formular suas perguntas, e, mais grave, continua procurando acessos nos lugares onde eles não se encontram.

Um amigo cientista se queixa, em carta pessoal, que meus escritos costumam ser um tanto severos na crítica à ciência. De certa forma, ele tem razão, e eu tenho procurado pregar, ultimamente, um pouco de "paciência com a ciência". Tomemos o problema que nos ocupa nestas páginas. O cérebro é um mecanismo biológico de apoio à função de pensar. Estamos de acordo nisso? Provavelmente não, mas prossigamos. Na minha ótica, o pensamento não é gerado no cérebro e pelo cérebro, apenas percorre seus circuitos a velocidades ultraluminosas, ou seja, praticamente instantâneas. Mesmo que o pensamento fosse produzido pelo cérebro, ainda teríamos que distinguir a função e o órgão e não nos limitarmos a atribuir ao cérebro, como ainda pensa muita gente, a generalização do que ocorre com outros mecanismos corporais. A aceitarmos o que dizem esses respeitáveis pesquisadores, o cérebro segregaria ideias da mesma forma que o fígado secreta bile, ou o rim produz urina. A questão, contudo, está em que a bile ou a urina são produtos bioquímicos elaborados a partir de outras substâncias previamente introduzidas no corpo e que precisam ser processadas, redirecionadas ou eliminadas, de acordo com as necessidades da economia interna do organismo. O cérebro, contudo, não trabalha com substâncias materiais e sim com impulsos de energia. Ele pode até expedir comandos para que se produzam tais ou quais substâncias exigidas pela tarefa de viver, seja no seu próprio âmbito, seja em glândulas espalhadas pelo corpo, mas sua tarefa não se reduz à de um pequeno e complexo laboratório químico.

Acontece que, ao examiná-lo, no elogiável esforço de deslindar seus mistérios, a ciência se põe do lado da matéria, tentando espiar o que se passa no que poderíamos chamar de "lado de lá", onde imperam impulsos energéticos. Diziam os instrutores do prof. Rivail que o efeito inteligente tem de provir, necessariamente, de uma causa inteligente. Teriam os elementos bioquímicos que operam no âmbito do corpo humano essa condição? Seriam inteligentes? Saberiam fazer escolhas, por si mesmos? Tomar decisões? Promover modificações de comportamento e de atitude? Se não têm eles essa autonomia, de onde vêm os impulsos inteligentes que os põem em ação?

Seja como for, teríamos que separar, para fins didáticos e de pesquisa, a estrutura biológica do pensamento, isto é, o mecanismo que processa e despacha as ordens da dinâmica mesma de pensar. É certo que a gente encontra nos livros e papéis escritos sobre o assunto as palavras *cérebro* e *mente*, mas logo se percebe que são utilizadas praticamente como sinônimas, quando, em realidade, nas suas funções específicas deveriam caracterizar com nitidez a interface matéria/ espírito, como desejava Teilhard de Chardin. Se nos reportarmos ao texto do sábio francês, nos lembraremos de que ele não via espaço para novas conquistas nesse setor senão à custa de uma abertura para a realidade espiritual, e que, na sua terminologia, consideraria separadamente, ainda que articulados, os conceitos que ele tinha como "o dentro e o fora das coisas". Por enquanto e por um tempo que ainda não podemos estimar, as pesquisas continuam centradas no "fora", ignorando, *provisoriamente*, o "dentro" das coisas e dos seres. Nada a estranhar, portanto, que a realidade global continue despercebida, porque observada apenas de um lado, o menos expressivo e revelador, aliás.

Tais reflexões ocorrem ao tomarmos para exame o livro de Anthony Smith, intitulado *The Mind* (*A Mente*), quando, em realidade, o livro cuida do cérebro, ainda que, obviamente, de suas funções. Não me interpretem mal, por favor. *The Mind* é livro que qualquer escritor gostaria de ter escrito, mesmo porque repetiu o sucesso de outro estudo do mesmo autor que se tornou um clássico – *The Body* (*O Corpo*), publicado em 1968. Entre mais de uma dúzia de obras desse nível, o premiado Anthony Smith se fez particularmente caro aos brasileiros com o seu livro *Mato Grosso*. Além de tudo, Smith revela irretocável competência e sensibilidade para escolher citações, que espalha pelo livro afora, como inteligentes vinhetas que, por si só, poderiam ser objeto de longo e proveitoso comentário. Esta, por exemplo, de Alfred Russel Wallace, que identifica o cérebro como instrumento que teria sido desenvolvido acima das necessidades do seu dono. O que, aliás, não creio seja o caso, dado que nem sabemos ainda que funções exercem certas áreas consideradas silenciosas do cérebro, ou que tarefas lhes estariam sendo atribuídas no futuro, ou lhes foram determinadas no passado..

Sem nenhuma intenção crítica, estou apenas manifestando o desejo de que a dicotomia *mind/brain,* ou mente/cérebro fosse explicitada com maior nitidez nos estudos correspondentes, como também propunha Teilhard de Chardin. Estou convencido de que examinando a interface cérebro/mente do ângulo espiritual seria mais fácil descobrir como, por que e para que foram criados, no cérebro, do lado material do binômio, tais ou quais dispositivos operacionais, em vez de tentar inferir o que se passa no campo do pensamento, a partir da observação dos componentes materiais do instrumento por onde circula o pensamento. Retificando o que disse: não é que seria mais fácil chegar mais rápido ao desejável nível de conhecimento sobre as funções cerebrais, entendo ser esse o único meio de chegarmos lá algum dia.

Bem, temos de resistir, aqui, à tentação de mergulhar mais fundo nos comentários ao brilhante livro de Smith, um desses escritores privilegiados que esbanja o dom de se comunicar bem com o leitor de suas páginas. Precisamos ficar somente no objeto de nossas especulações neste ponto do livro, ou seja, o que tem ele a dizer acerca do que fazem, separadamente e em conjunto, os dois hemisférios cerebrais.

Já disse que o livro de Smith é de 1984. Percebo, após percorrer alguma literatura a respeito, produzida antes e depois daquela data, que ainda não se sabe muito do assunto, mas o que se conhece dele é suficiente para criar na imaginação do leitor um saudável clima de expectativa, como se a intuição nos segredasse que se encontram por ali algumas das mais procuradas chaves para o entendimento de aspectos vitais da natureza humana.

Vamos, pois, saltar por cima de toda a matéria que compõe as partes um e dois do livro, a fim de baixar diretamente com o nosso paraquedas sobre o território específico onde o tema é apresentado sob o título *Right side, left side* (Lado direito, lado esquerdo), às páginas 113-116.

Smith adverte para uma (qualificada) simetria na forma do cérebro, conjugada com uma assimetria de suas funções. Mais um aspecto para robustecer em mim a teimosa postura de que o cérebro se contenta em ser um circuito, complexo e sofisticado, destinado ao intenso tráfego das ideias que recebe, interpreta, processa e despacha, sendo-lhe, por isso, praticamente indiferente que elas transitem por este ou por aquele hemisfério. Isso se confirma com o caso dos canhotos, por exemplo, nos quais as funções específicas de cada hemisfério acham-se invertidas. Mais ainda: se um dos hemisférios se danifica, por alguma razão, o outro pode assumir tarefas para as quais, em princípio, não estaria programado.

O hemisfério esquerdo controla o lado direito do corpo e dele recebe as sensações correspondentes, ao passo que o lado direito do cérebro comanda o lado esquerdo do corpo. Já a fala e o pensamento espacial constituem atribuições praticamente exclusivas do hemisfério esquerdo. A exceção ocorre nos canhotos, nos quais as tarefas cerebrais são invertidas em relação aos dextrogiros. Há coisas curiosas, contudo, a observar. Um dano aparentemente irrelevante ao cérebro pode causar um verdadeiro estrago ao processo de pensar; no entanto, se um derrame destruir o hemisfério não-dominante nem tudo estará perdido. Como explica Smith, é vital o sistema de comunicação intracerebral entre um hemisfério e outro, mas, paradoxalmente, "o ponto de união entre eles pode ser cortado sem consequências fatais". Acresce que, embora certas funções estejam programadas no lado esquerdo, poderão ser executadas satisfatoriamente pelo direito, caso o dano causado ao hemisfério esquerdo tenha ocorrido suficientemente cedo, na vida do paciente.

Em matéria identificada por Smith como de natureza "mais cognitiva" a assimetria cerebral é considerável. "O córtex direito, por exemplo," – ensina – "é dominante para vários aspectos de música, para reconhecimento de difíceis imagens visuais, para a expressão e recepção de emoções."

"Na verdade" – prossegue o autor – "esse é *o hemisfério* para, virtualmente, toda forma de função espacial." Depois de esclarecer, a seguir, que, quanto mais elementar a função, "mais precisamente está localizada no lado direito do cérebro", ele coloca a relevante informação de que "a especialidade do hemisfério direito é tudo quanto seja *não-verbal*" (destaque meu), ao passo que o esquerdo é o processador por excelência da palavra. Smith declara que até a consciência é considerada, por alguns, assimétrica, "cabendo ao hemisfério esquerdo o papel mais importante".

O pensamento consciente costuma ser predominantemente verbal, como sabe muito bem aquele que se exercita em fazer parar a maquininha de pensar, segundo recomendam os gurus da meditação transcendental. Veremos adiante, neste livro, que o prof. Julian Jaynes considera mesmo que a consciência somente teria eclodido no ser humano depois da "invenção" da linguagem. Por outro lado, informes, intuições, instruções e até reprimendas ou o que se poderia tomar por elogios perante esta ou aquela atitude nossa provêm, nitidamente, de uma região não-verbal de nós mesmos, dado que nos chegam sensações, às vezes difíceis de se traduzir em linguagem acessível.

Isso parece indicar que o hemisfério esquerdo, verbal, consciente, é território onde se implantam as raízes da personalidade, dotada pelos mecanismos da evolução para lidar com os problemas do dia-a-dia no lado material da vida, entre os quais avulta, certamente, o da comunicação verbal com os demais seres no ambiente em que vive. Ficaria, pois, o lado direito, não-verbal, espacial, dotado de condições para apreciação de aspectos imateriais como a música e reservado para as tomadas da individualidade que, pela outra ponta, estaria conectada com a realidade invisível, à qual tem acesso, como se demonstra com as experiências de visão cósmica. Considero incorreto, não obstante, catalogar a atividade desenvolvida com apoio no lado direito como inconsciente. Ela é tão consciente (ou mais) do que a que se desenrola à esquerda; o acesso do pensamento dito consciente a ela é que é difícil. Não há dúvida, porém, de que constituem as duas um todo operativo, entregues a uma interação que pode não ser claramente percebida pela chamada consciência de vigília, mas que ali está presente, atuante, consciente e responsável. Uma delas – a esquerda – se ocupa do imediato, das coisas do mundo, da sobrevivência física do ser, ao passo que a outra – a direita – está programada para as tarefas que promovem, a longuíssimo prazo, os objetivos finais do processo evolutivo. Uma, portanto, dedica-se à transitoriedade e outra à permanência, uma ao estar, a outra ao ser, uma constitui o ambiente do que os instrutores do prof. Kardec caracterizaram como o *espírito*; a outra é território da *alma*, ou seja, o ser encarnado. Aquela continua como que pairando sobre a matéria, mergulhando nela apenas alguns sensores instalados no corpo espiritual e, por conseguinte, no corpo físico. Isso parece reiterar, com um toque de confirmação, a inteligente observação de Maurice Maeterlinck de que o ser, como entidade espiritual, não se encarna a não ser parcialmente. Coisa semelhante costumava dizer Silver Birch, a sábia entidade que desempenhava, junto do jornalista britânico Maurice Barbanell, a delicada tarefa de seu guia ou espírito familiar. (Curioso que o mesmo conceito tenha reunido [por acaso, dizem...] dois Maurices!)

Devemos ainda lembrar que a ideia de espírito, em contraste com a de alma encarnada, é entendida sob muitos rótulos diferentes, mantendo, contudo, as características essenciais que estamos alinhando aqui. Servem como rótulos para essa mesma realidade essencial termos e expressões como *overself, higher self,* Cristo interior, hóspede desconhecido, ego superior, inconsciente, individualidade e outras. Predomina em toda essa terminologia o conceito básico de que se trata de uma área do ser que se mantém acoplada ao cosmos e, por isso, a todos os demais seres que povoam o universo. O fenômeno conhecido como de visão ou integração cósmica seria, portanto, uma evidência a mais da participação de cada individualidade no todo, não apenas com acesso – difícil, mas possível – ao todo, do qual nunca se desliga. Podemos, ainda, encontrar aqui a gênese do brilhante achado que o dr. Carl G. Jung identificou como inconsciente coletivo, perdoável erro de rotulagem, mas, ainda assim, uma ideia genial, por conceber o psiquismo de cada ser vivo como partícula da Inteligência Cósmica, que também figura no pensamento humano com numerosas expressões que querem dizer a mesma coisa. Disse, porém, que houve da parte do dr. Jung um perdoável erro de rotulagem. Explico-me, com o devido respeito pelo eminente sábio suíço. Vejo o chamado *inconsciente* coletivo precisamente ao reverso, como *consciente* coletivo ou cósmico. Só a personalidade – espírito encarnado – é que não tem consciência dessa realidade, a não ser episodicamente e sob condições especiais de sintonização com ele. Na verdade, todo o conhecimento e toda a memória do universo estão lá, são da essência mesma da consciência cósmica, que *A Grande Síntese* considera "pensamento de Deus".

Annie Besant acha que tudo quanto fazemos, dizemos e pensamos grava-se no cosmos e não especificamente em nós, numa espécie de compartimento cósmico reservado para uso pessoal de cada ser vivo, como esses armários coletivos de ginásios esportivos e colégios, do qual cada um tem o seu espaço e a chave. Ao que tudo indica, tal armário cósmico seria, contudo, estruturado em matéria imponderável ou, para dizer a mesma coisa de outra maneira, em campos energéticos. Imagino isso a fim de conseguir encaixar nessa realidade o enigmático conceito dos registros acásicos de que nos falam tantos autores e instrutores espirituais. É nesses registros que estariam documentados atos, pensamentos e até intenções de toda a humanidade em todos os tempos, aspecto que se pode documentar com a realidade da psicometria, por exemplo. Edgar Cayce, e outros sensitivos o têm igualmente demonstrado, parecia ter à sua disposição não apenas os arquivos individuais de seus consulentes, como os da história, dos povos, das raças, do mundo, enfim. Recebida a instrução de procurar os registros de determinada pessoa, ele ficava por momentos em silêncio, a consultar algum terminal do imenso computador cósmico e, de repente, dizia: "– *Yes, we have the body*", ou seja, "– Sim, aqui temos o corpo." (*Body* era o seu termo para entidade, ser humano, pessoa.) Daí partia para as "leituras", nas quais colhia os elementos necessários à sua avaliação dos problemas pessoais do consulente, seguida de uma proposta terapêutica, orgânica, psíquica ou, mais frequentemente, psicofísica, dado que o corpo deve ser tratado juntamente com o psiquismo.

Ele tinha, portanto, acesso aos dados pessoais de qualquer pessoa que lhe fosse indicada. O que demonstra, em tese, que, sob condições especiais, nossos arquivos cósmicos podem ser consultados por outrem. Isso parece igualmente confirmado por testemunhos de seres espirituais que nos garantem a impraticabilidade de esconder suas próprias mazelas espirituais, seus crimes e desacertos, em suma, seu nível ético e grau na escala evolutiva. O "falecido" coronel T. E. Lawrence – o lendário Lawrence da Arábia – dá-nos um dramático depoimento desses através da médium inglesa Jane Sherwood, no livro intitulado *Post-mortem Journal*. Pode-se observar, nesse documento, que a entidade espiritual que, em vida, fora Lawrence da Arábia ali estava, no mundo póstumo, exposta por inteiro, tanto em sua história pregressa, quanto no atual estado de seu ser, suas decepções, surpresas, perplexidades, intenções e até nos mais secretos propósitos. Nada parecia oculto ou ocultável à entidade que se apresentou para ajudá-lo na sua dramática situação de desarmonia.

Os misteriosos mecanismos da psicometria também demonstram a existência de indivíduos dotados de certos sensores psíquicos que lhes proporcionam acesso àqueles registros que parecem abrir-se por inteiro ao exame dessas pessoas. O leitor interessado pode conferir isso na obra *Enigmas da Psicometria*, do pesquisador italiano Ernesto Bozzano e, se tiver bastante sorte e persistência, talvez tenha acesso a dois raríssimos livros de pesquisa, publicados no século passado, nos Estados Unidos, por Rhodes Buchanan, *Manual of Psychometry*, em 1885, e por William Denton, *The Soul of Things*, em 1873. Eu disse sorte e persistência e repito. Como tive apenas a sorte, consegui ler um deles, em 1986, encontrado na coleção de obras raras da Duke Univerdity, na Carolina do Norte. Valeu a pena, posso garantir.

Daí por que proponho cortar o prefixo negativo *in*, na expressão inconsciente coletivo, cunhada pelo dr. Jung. O campo magnético supersensível que registra, em suas últimas minúcias, tudo o que se passa naquilo a que chamei, em *A Memória e o Tempo*, a *memória de Deus* não deve ficar rotulado como inconsciente.

Precisamos, contudo, retomar o aspecto particular da interface dos hemisférios cerebrais. Para não alongar demais este módulo, proponho encerrarmos este capítulo e continuar a conversa no seguinte. Combinado?

2. A mansão no alto do penhasco

De volta à temática dos dois hemisférios, devo referir ao leitor uma curiosa experiência pessoal minha. Em plena faina de pesquisar tudo quanto me fosse possível sobre a questão, fui agraciado com um *insight* onírico que me pareceu bastante didático no seu simbolismo.

Via-me no alto de um penhasco elevado mas dotado de exíguo espaço horizontal. Havia, lá em cima, duas casas aparentemente construídas de mármore branco. Uma delas afigurava-se verdadeira mansão, muito ampla, bonita e sofisticada, toda polida e brilhante. De alguma forma, eu sabia que era dificílimo o acesso à imponente construção, mas também sabia (e não me perguntem como) que já vivera ali, utilizando-me de todos os seus confortos e mordomias. Em verdade, me sentia como um exilado, do lado de fora, apenas a contemplá-la a distância. Era uma distância espacialmente curta essa, mas, paradoxal e simultaneamente, muito grande do ponto de vista real. Conheço-a bem, portanto, e me ocorre a nítida sensação de que há gente lá dentro, apesar do silêncio, pois a mansão ou palácio não parece abandonado. É como se seus donos ou moradores não desejassem expor-se.

A outra casa, em plano inferior, mas no mesmo patamar, lá em cima do penhasco, é bem mais modesta, mas, ainda assim, uma boa residência. De alguma forma que não percebo, mas sinto, elas se comunicam, ou seja, há uma passagem secreta que liga uma à outra. Sei que não é fácil o acesso a essa passagem e me parece até arriscado usá-la para chegar à imponente mansão ao lado. Há risco evidente de se cair lá embaixo. Não obstante não ter consciência de como consegui fazer essa passagem acrobática, me vejo, de repente, no escasso terreno ajardinado que cerca a casa grande. Encontro-me diante dela e ando à sua volta, como que em busca de acesso ao seu interior.

Por mais de uma vez, ao tentar voltar para a casa II, a mais modesta, onde vivo, tomo um estreito corredor externo, pendurado sobre o abismo. Estranho como pareça, contudo, esse arriscado exercício de montanhismo, com a intenção de voltar para a casa II, me leva de volta ao ambiente da casa I e novamente me ponho a contemplá-la e a estudá-la. Sei que ainda não posso me reestabelecer na casa I que, no entanto, continua sendo minha e está à minha espera.

O simbolismo do sonho é de cristalina transparência e me transmite uma mensagem que, por suas características não-verbais, identifica suas origens na individualidade, na essência espiritual, funcionando, como de hábito, no hemisfério cerebral direito. Os dois hemisférios, aliás, estão figurados com nitidez na imagem onírica, como duas casas de mármore *branco* – matéria cerebral –, contíguas, em níveis diferentes, de dimensões também diferentes. Uma delas, utilizada como residência da individualidade, é não apenas mais ampla, mas, ainda, imponente, com arquitetura e beleza. É polida, luminosa, brilhante. Junto dela, a outra parece modesta, apesar de também ser uma boa casa. Ficou bem figurada, ainda, a dificuldade de acesso ao hemisfério direito e a tudo o que ele representa, como também as conexões que ligam um ao outro. No sonho, a mansão imponente ficava à minha direita e a menor, à esquerda. Mais uma observação precisa ser referida: o fato de que as duas casas estavam construídas no topo de um penhasco – a cabeça – em espaço exíguo, mas suficiente para ambas – a caixa craniana. A perigosa e misteriosa ligação entre elas constitui outro dado importante que se torna necessário comentar. Entendo a sensação de risco ou perigo como uma advertência sobre o inconveniente de se ter acesso indiscriminado e inoportuno às lembranças documentadas na individualidade que, despejadas de um só jato nos estreitos limites da consciência de vigília da personalidade, podem causar considerável transtorno ao projeto evolutivo do ser, que talvez não se encontre ainda em condições de receber tais informações, com toda a sua carga de emotividade e perplexidade. Outra coisa: a sensação de que a casa grande está ocupada por gente que não deseja expor-se constitui também uma mensagem cifrada, dado que se refere, obviamente, às numerosas personalidades (leia-se reencarnações) já animadas por mim nas lonjuras do passado.

Precisamos, neste ponto, regressar ao texto de Anthony Smith, o que já estava tardando, para obter algumas informações acerca da ligação entre as duas "casas". De tanto discutir e comparar simetrias e assimetrias estruturais ou funcionais, Smith revela um momento de *despair*, isto é, certo desânimo, para não dizer desesperança, em caracterizar os hemisférios como "dois órgãos distintos unidos apenas pela similitude aparente". Mas não é bem isso. Melhor do que ninguém, ele entende que é precisamente do exame das sutis diferenças, tanto quanto das semelhanças, que podemos extrair algum conhecimento a respeito do complexo computador vivo. Quanto mais se descobre acerca dos papéis que desempenham, menos uniformes parecem os dois hemisférios. Eles se ligam, contudo, pelo *corpus callosum,* um compacto conjunto de fibras – o mais volumoso da espécie no âmbito do sistema nervoso central –, medindo três polegadas e meia de comprimento por uma de espessura. Para surpresa dos médicos que realizaram as primeiras cirurgias em casos graves de epilepsia, com o objetivo de separar um hemisfério do outro, o dano causado aos pacientes não foi arrasador, como era de esperar-se. Afinal de contas, como assinala Smith, estava sendo cortada a ponte que liga os dois hemisférios. A coordenação muscular, contudo, não sofreu alteração relevante e continuava operativa como se nada de importante houvesse acontecido. "Já em nível mais elevado, no entanto" – ensina Smith (p. 118) –, "desencadeia-se considerável confusão", surgindo o que o autor identifica como "mentalidade siamesa", como se duas pessoas distintas partilhassem do mesmo corpo, "duas mentes numa só cabeça", cada uma delas como que vivendo separadamente sua vida. Inegavelmente criam-se com isso algumas singularidades, digamos, operacionais, mas no fundo, as coisas se passam como escreveu Michael S. Gazzaniga, em *The Bisected Brain, apud* Smith, ou seja: "Aparentemente, sente-se mais a partida de um bom amigo, do que o hemisfério esquerdo quando perde o direito."

Para que serve, então, o *corpus callosum*, se tão pouca falta parece fazer que praticamente não se percebe que ele já não liga um hemisfério ao outro? Eis a questão que ainda não está satisfatoriamente respondida. Na década de 40, conta Smith, uma piada entre os entendidos no assunto "esclarecia" que ele servia "para transmitir os ataques epilépticos de um hemisfério para o outro". Como muitas piadas, esta pode até ser engraçada, mesmo no seu humor negro, mas não passa de uma brincadeira. Há alterações de comportamento, exatamente porque, funcionando independentemente, os dois hemisférios despacham ordens que costumam se contradizer. Como aquele paciente que, com uma das mãos, puxava as calças para baixo e com outra tentava levantá-las. Ou o que sacudia a esposa com uma, enquanto a protegia com a outra.

Há enigmas paralelos que nada contribuem, por enquanto, para elucidar a operacionalidade do cérebro. Um desses intrigantes aspectos está em que há crescente evidência, segundo Smith, de que nos bebês o cérebro funciona como um todo, ou seja, simultaneamente, dois lados, ainda sem as especializações funcionais posteriores. A linguagem é exemplo típico, ao demonstrar-se em desenvolvimento em ambos os hemisférios simultaneamente. A partir dos dois anos, não obstante, já o lado esquerdo começa a assumir sozinho as responsabilidades da fala, com o que começa a caracterizar-se como hemisfério dominante.

Como nas disputas de voleibol, peço tempo ao leitor para algumas considerações pessoais.

Primeiro, não gosto muito da palavra *dominante*, neste contexto. Não estou certo de que um hemisfério domine o outro. Se a um deles tivesse de ser atribuída essa rotulagem, eu a poria no direito e não no esquerdo. Tanto quanto posso ver dessas leituras, acham-se nele apenas os dispositivos criados para vivermos na terra, entre os quais avulta o mecanismo da comunicação verbal. Se meu sonho está certo na sua mensagem cifrada, dominante mesmo é o hemisfério direito, que supervisiona tudo e parece cuidar dos arquivos imperecíveis do ser, não apenas os da existência presente, como os das passadas. Informa Smith que na idade adulta o lado esquerdo cresce em importância na economia corporal, ao passo que o direito como que se retira da cena para uma posição aparentemente secundária. Ficamos, aí, com uma instigante pergunta que Smith formula da seguinte maneira: "por que metade do cérebro (obviamente o lobo direito) é relegada a uma condição tão inexpressiva? Ela poderá até ser destruída por um acidente vascular, sem acarretar grandes danos à pessoa" (p. 120), como tem sido repetidamente observado. É bem verdade, lembra Smith, que o lado direito parece dispor de poucos recursos utilizáveis no dia-a-dia, a começar pela sua relutância em recorrer à linguagem falada, ainda que possa fazê-lo. De pouca serventia terá para a vida terrena sua habilidade espacial, sua percepção musical ou a condição de reconhecimento facial, por exemplo, tudo fora do âmbito vital da linguagem. Para que serve, de fato, esse lado silencioso, enigmático do ser que, aparentemente, não se envolve com o processo mesmo de viver?

Mais intrigante, ainda, é a informação de que o lado direito exibe um desperdício de capacidade instalada, como se diz das indústrias. "A fantástica quantidade de tecido neural do lado direito" – escreve Smith – "é relativamente ociosa, quando comparada com a do lado esquerdo." Ademais, como o controle das tarefas habituais da vida de relação permanece concentrado no hemisfério esquerdo, o direito parece merecer o qualificativo que Smith lhe atribui de redundante, praticamente dispensável.

Bem, eu disse que minha primeira observação consistia em questionar a atribuição de um papel dominante ao hemisfério esquerdo somente porque ele é o porta-voz do sistema, ao passo que o outro guarda-se num silêncio mortal. Devo reiterar a hipótese esboçada algumas páginas atrás, para observar como ela se encaixa na situação que estamos examinando, tanto quanto na mensagem contida no meu sonho.

Insisto em ver o hemisfério cerebral esquerdo como unidade central processadora da personalidade, ao passo que o direito fica reservado à individualidade. Para refrescar a memória, devo lembrar que o termo *personalidade* pode ser tido como sinônimo de *alma* e que *alma* deve ser entendida como *espírito encarnado*. Para ser mais preciso, poderemos admitir que a alma é a "área" da entidade espiritual que se encontra mergulhada na carne, ao passo que a porção mais nobre, se assim podemos nos expressar, ou seja, a individualidade, permanece, como temos insistido, ligada às suas origens e ao seu ambiente cósmico, em relativa liberdade.

Nos estágios iniciais de uma reencarnação – outro *insight* de que necessitamos neste ponto – as coisas são arranjadas de maneira que não haja obstáculo algum no mecanismo de interação dos hemisférios. Não estou esquecido do fato de que, para Smith, o bebê parece ter o cérebro separado em dois, mas logo acrescenta, no mesmo parágrafo, à página 120, que o cérebro muito novo, ainda em formação, funciona como que nos dois hemisférios simultaneamente. Há, a respeito, a eloquente evidência de que o mecanismo da linguagem, por exemplo, está presente e operativo em ambos os hemisférios e que, somente a partir dos dois anos de idade, os caminhos de ambos começam a se separar, cabendo ao esquerdo prosseguir sozinho na tarefa de aperfeiçoamento da linguagem, enquanto o direito como que retorna ao silêncio, sua condição habitual.

Isso quer dizer que a individualidade, implantada no lado direito, utiliza-se dessa convivência temporária e mais estreita com a personalidade – localizada no esquerdo – para *ensiná-la* a viver. Ou, para usar terminologia suprida pela informática, podemos dizer que ela transfere para a memória da personalidade os programas de que esta irá necessitar para rodar seus sistemas operacionais, na sua interface com a programação do meio ambiente no qual veio realizar suas experimentrações com a vida.

Ao escrever seu livro (em 1984, como vimos), Smith ainda não dispunha de respostas para alguns desses enigmas, mas já suspeitava de que, longe de parecer um desperdício de capacidade processadora, o hemisfério direito estaria, em verdade, credenciado para situar-se numa posição bem mais elevada do que até então se supunha. Essa conclusão preliminar decorreu de observações com pessoas que, por uma razão ou outra, tiveram prejudicada a funcionalidade do hemisfério esquerdo, dado que o direito parece, em situações emergenciais, suprir deficiências operacionais próprias do esquerdo, assumindo tarefas que usualmente seriam exclusivas do outro. Acha mesmo o autor ser de justiça reconhecer que o lado direito não apenas revela discretamente uma capacidade intelectual muito maior do que se imaginava, como também vai-se tornando aceitável o conceito de que há, a rigor, "duas mentes na mesma cabeça".

Mais do que isso, ainda, recentes especulações sobre os enigmas da função cerebral pareciam autorizar a ideia de que o lado direito funciona como "uma câmara de eco" para o esquerdo, ou, mais especificamente, como um supervisor, dado que atua, no dizer de Smith, como "um modificador ou qualificador para a personalidade esquerda". De minha parte, acho que o autor empregou com propriedade o termo *personalidade*, localizando-a à esquerda. Eu apenas acrescentaria que, em lugar de outra personalidade à direita, o que temos aqui é a individualidade, ou seja, o ser total, a entidade cósmica, o espírito.

A hipótese oferece, ainda, um bônus adicional, ao abrir espaço para os conceitos freudianos de ego e superego, cabendo a este, como expressão da individualidade, implantado do lado direito do cérebro, a função controladora ou, pelo menos, crítica, sobre o ego (personalidade), sediado à esquerda, dado que, de volta a Anthony Smith, encontramos o que ele chama de "metáfora médica", segundo a qual "é o lado direito que gera uma segunda opinião", certamente revisionista, quando discordante. Isso faz sentido sob mais de um aspecto, dado que a personalidade, operando à esquerda do sistema biológico, tem sua experiência como que limitada ao contexto em que vive, ao passo que a individualidade não apenas está com suas tomadas na amplidão cósmica, como tem à disposição todos os arquivos de suas vivências anteriores. Nem aquela tem condições para lidar com as vastas questões transcendentais, nem esta precisa envolver-se no varejo do dia-a-dia.

Smith encerra esse módulo do seu livro com um comentário que precisa ser traduzido como está em inglês:

> Sempre constituiu um enigma o fato de que tal massa de tecido neural, no hemisfério direito desempenhe, aparentemente, tão irrelevante função. Não é de admirar-se seja chamado de menor, não-dominante, subserviente. "Sinto-me algo dividido para fazer isto ou aquilo", diríamos nós, como que repercutindo a crença em um cérebro pela metade. Contudo, sabíamos possuir uma mente integral – em algum lugar , e, finalmente, direito e esquerdo começam a aparecer juntos. A pergunta que se formula agora é a de que se todos os mecanismos são comuns, de alguma forma, a ambos os lados e se temos necessidade de duas mentes para contar com uma que realmente funcione.

A hipótese personalidade/individualidade nos propõe uma reciclagem nesses enigmas. Não há dois seres distintos em nós, mas não podemos deixar de reconhecer que suas dissemelhanças apresentam-se tão veementes que não podemos culpar aqueles que pensam ser dois dentro do contexto mente/corpo. O dr. Carl G. Jung é um desses. Como é digno de todo o nosso respeito, creio que vale a pena dar uma leitura meio diagonal sobre suas observações a respeito. Se me fosse, contudo, proporcionada a oportunidade de responder, tentativamente, às perguntas formuladas por Anthony Smith, eu concordaria plenamente com ele ao retirar do hemisfério direito a pecha de "menor, não-dominante, subserviente", só porque não fala e não se envolve nas tarefas do dia-a-dia. Não é mesmo nada disso; ao contrário, é o mais importante, infinitamente mais rico em conhecimentos, em experiências e, portanto, em sabedoria. Não diria, por outro lado, que eles começam agora a aparecer juntos; juntos eles sempre estiveram; nós é que não estávamos percebendo como eles interagem. Não me arriscaria a dizer que todos os mecanismos operacionais de que necessita o ser encarnado sejam comuns a ambos os hemisférios, mas é de supor-se que, numa emergência, o direito possa assumir tarefas que não lhe dizem respeito especificamente para suprir deficiências operacionais do esquerdo. Afinal, quem pode o mais, pode o menos e foi ele que passou ao outro a programação a ser utilizada no desenvolvimento do projeto de viver acoplado a um corpo material, num contexto material. Por fim, temos, obviamente, necessidade não de duas mentes para gerir a vida, mas de uma só mente, com programações diferenciadas, uma para cuidar das coisas terrenas, outra para manter-se sintonizada com a realidade cósmica; uma envolvida com o transitório, outra com as mutações no permanente; se me permitem o paradoxo, esta com o *ser*; aquela com o *estar*.

Teremos oportunidade de ver com o dr. Gustave Geley que, a despeito dessa aparência de dualidade, não há duas pessoas em nós, uma para uso, digamos, externo, outra internamente. Em Annie Besant encontramos a mesma advertência, no capítulo XII, no qual estuda a natureza da memória. "Temos de ter sempre em mente o fato de que nossa consciência é uma unidade, e que essa unidade de consciência opera em vários níveis, o que lhe confere uma falsa aparência de multiplicidade."

Depois de lembrar que o Ser é um "fragmento do Universo", a dra. Besant descreve com sua característica clareza que, ao chegar ao plano da matéria, a consciência tem que se entregar às limitações impostas pelo corpo físico, ao qual as informações e os estímulos do ambiente em que vive chegam-lhe pelo sistema sensorial, ou seja, olhos, ouvidos, tato, paladar e olfato. Claro que um vetor da consciência precisa estar permanentemente atento a esses aspectos, mesmo porque não seria inteligente ocupar a consciência global nessa tarefa limitadora.

Esse é o momento em que a autora vai buscar em Paulo de Tarso a imagem literária de que necessita para marcar sua visão do fenômeno.

> Não há memória – ensina – a não ser a permanente consciência do Logos, no qual, literalmente, vivemos e nos movemos e temos o nosso ser. Nossa memória – prossegue – se limita a colocar-nos em contacto com aquelas áreas da consciência d'Ele, das quais tenhamos anteriormente partilhado (p. 217).

Sinto-me tentado a dizer que temos aqui uma das mais importantes convergências conceptuais acerca dos mecanismos da memória cósmica, uma visão do psiquismo que poderia, ao mesmo tempo, acomodar tanto o inconsciente coletivo de Jung, quanto os registros acásicos de que nos vêm falando os místicos. É como se cada um de nós, seres vivos, confiássemos à memória cósmica as lembranças de tudo aquilo que pensamos, dissemos e fizemos. Aliás, é precisamente o que a autora diz duas páginas adiante, ao declarar que "os eventos pelos quais passamos não são nossos, mas fazem parte do conteúdo da consciência d'Ele". Outra maneira de dizer a mesma coisa seria mais ou menos assim: cada um de nós é um disquete de computador na memória/consciência divina. Algo parecido eu havia intuído em *A Memória e o Tempo*, escrito em meados da década de 70, ao comparar o consciente com um cabeçote de leitura/gravação, com o qual lemos a memória de Deus. Nesse mesmo conceito se encaixaria a costumeira observação de Edgar Cayce, ao chamar para a telinha do seu computador pessoal os registros de seu consulente: "*Yes, we have the body*" – dizia ele, como quem acaba de ter acesso à gravação acásica daquela pessoa específica. O que vale dizer que estamos lá, na memória de Deus (ou do Logos, como quer Besant), somos parte integrante dela, mas, de alguma forma bem nítida, conservamos nossa identidade pessoal. O que também confere com o pensamento de Paulo de Tarso, como também nos leva a entender melhor o fenômeno da visão cósmica, que algumas pessoas experimentam em estado de êxtase.

É o que poderemos examinar, a seguir.

3. Ensaio geral para a morte

Paradoxalmente, às vezes precisamos recorrer à morte para entender a vida. A apreciação do fenômeno da consciência cósmica constitui uma dessas oportunidades. Não o faremos do ponto de vista místico – que continua, lamentavelmente, tisnado de suspeição para a ignorância erudita –, mas, em busca de informações que ilustrem e sirvam de apoio aos textos que estamos encontrando hoje em vários depoimentos científicos importantes.

O primeiro deles, evidentemente, é o do dr. Raymond Moody Jr., em *Life After Life* e, em seguida, em *Reflections on Life After Life*, sendo aquele prefaciado pela dra. Elisabeth Kübler-Ross. Sem que um soubesse do trabalho do outro, estavam ambos explorando o mesmo território da morte, refazendo, em alguns aspectos, caminhos anteriormente explorados pelo cientista francês Camille Flammarion e pelo pesquisador italiano Ernesto Bozzano, entre o final do século XIX e o início deste. Caracteristicamente, Kübler-Ross louva, no seu texto, a "coragem" do jovem doutor Moody em enfrentar o *establishment* com a publicação de suas insólitas reflexões acerca de uma possível continuação da vida depois da morte. Não deixava ela de ter suas razões, porque os achados de Moody seriam contestados por alguns ao entenderem que os fenômenos relatados não eram suficientes para garantir a hipótese da sobrevivência do ser. Segundo esses críticos, a morte não se consumara, dado que a pessoa voltara ao corpo e reassumira suas funções, depois de momentaneamente interrompidas. Apesar da decantada coragem, porém, Moody revelou-se bastante cauteloso nas suas conclusões, cuidando de deixar espaço para alguma reformulação posterior, como se pode observar em seu capítulo final, apropriadamente intitulado "Impressões".

"Fico assim" – depõe – "não com conclusões, evidências ou provas, mas com algo muito menos definitivo – sensações, perguntas, analogias, fatos surpreendentes a serem explicados" (p.183).

Não importa. Seu depoimento, mesmo inconclusivo, como ele decidiu, arrola fatos, experiências pessoais e bem documentadas com a morte, fenômeno para o qual foi cunhada a sigla NDE (*near death experiences* – experiências de morte iminente que, em texto de minha autoria, propus chamar de "morte provisória"). Em alguns desses casos, a pessoa vive o intenso episódio da integração no cosmos, ou melhor, toma conhecimento de que é parte integrante de tudo aquilo que a cerca, não apenas o que vê e percebe, mas também o que sente. O magno problema aqui está em relatar posteriormente a experiência. A pessoa fica como que a tatear no vazio por palavras e expressões que traduzam razoavelmente as sensações que viveu naqueles breves momentos de eternidade.

Um dos depoentes do dr. Moody tenta justificar sua dificuldade descritiva a partir do fato de que vivemos num mundo tridimensional. Como poderá ele contar o que se passou numa realidade adimensional, da qual não apenas tempo e espaço parecem excluídos, mas também a palavra? "Tenho que descrever isto para você – explica – em palavras tridimensionais. É o melhor que posso fazer, mas isto não é realmente adequado. Não posso, de forma alguma, desenhar-lhe um quadro completo."

Muitos desses pacientes são atendidos nessa dimensão por entidades que parecem assumir as características e até a aparência dos arquétipos pessoais de cada um, como vimos alhures, das experiências da dra. Helen Wambach. Pergunto-me se isso tem algo a ver com um simbólico e dramático encontro com a própria individualidade e uma espécie de mergulho nela. A imagem que prevalece na mente consciente da pessoa, ao retornar ao corpo físico, é a de um ser superior, sábio, sereno, angelical, que muitos identificam com o

Cristo ou com outras figuras venerandas de suas respectivas crenças. Seria esse o eu superior, de que nos vêm falando os místicos desde milênios? Sei de experiência pessoal de pessoa ligada à minha família que, de certa forma, parece confirmar a hipótese. Tal pessoa, um homem idoso e com doenças terminais, viu-se, de repente, arrebatado *ao encontro de si mesmo*, segundo seu depoimento posterior, e nessa entidade integrou-se, como que abraçado, absorvido por uma desconhecida parte de si mesmo.

Pergunto-me, ainda, se este não seria aquele momento em que a personalidade *se transcreve* na individualidade, com todos os seus programas e arquivos e nela se integra, após cumprida a missão terrena no corpo físico que acaba de morrer.

Em *Return from Death – an exploration of near-death experience*, Margot Grey menciona a "teoria da despersonalização", proposta pelo dr. Koyes, segundo a qual o impacto emocional gerado pela perspectiva de morte acidental iminente criaria um mecanismo de defesa caracterizado pela "despersonalização", uma espécie de anulação da personalidade (perda de consciência?). Simpatizo com a teoria do dr. Koyes, ainda que por motivos diversos dos seus. A motivação me parece corretamente identificada por ele: a de que o mecanismo protege a pessoa de um choque maior, ao produzir o que ele caracteriza como "sensação de desligamento e transcendência", que, por sua vez, suscita uma espécie de "desinsensibilização" perante o "insuportável impacto" da morte (p.14). Vejo o processo de outro ângulo. Para mim, tanto na morte iminente, da qual o paciente se recupera, quanto na definitiva, a personalidade como que *salta* para dentro da individualidade e nela é absorvida, dado que, cessando a vida terrena, ela se torna dispensável. Sua programação era necessária para lidar com as vivências na dimensão material. Acontece que, contempladas do lado da individualidade, as coisas se colocam em perspectiva inteiramente diversa. A morte não é mais um impacto insuportável, apenas uma mudança de dimensão; na verdade, uma libertação, uma passagem para o que, do lado de cá da vida, se nos afigura transcendência. "Morte, sinônimo de renovação" – diz *A Grande Síntese* (p.168). Ela é fenômeno natural, conhecido, já muito experimentado em existências passadas e até secretamente desejado, às vezes, ainda que nunca deva ser provocado. Daí o que o dr. Koyes identifica como "desligamento". Por que e para que apavorar-se? Ao contrário, o que ocorre é uma indescritível sensação de euforia, de paz, de plenitude, de luminosidade, como se a criatura mergulhasse, de repente, numa insuspeitada dimensão, cuja substância básica parece ser o amor e a sabedoria, em toda a sua pureza.

É de notar-se, ainda, que as "presenças" que as pessoas envolvidas em experiências de NDE percebem na dimensão que poderíamos considerar "póstuma" são às vezes interpretadas como sendo a do próprio Deus, a de Jesus, de algum santo ou guru, segundo a crença de cada um, mas há também casos em que a pessoa tem a nítida sensação de ter ido ao encontro de si mesma, ou melhor, do seu próprio *higher self* que, na terminologia aqui proposta, seria a individualidade.

Alguém que passou por uma NDE, após certa operação, descreveu da seguinte maneira sua experiência, segundo relato de Margot Grey: "É indescritível! Eu me tornei um com a pura luz e com o amor. Eu era um com Deus e ao mesmo tempo com tudo o mais" (p. 33).

Alguém que sofreu um esmagamento debaixo de um caminhão conseguiu explicitar melhor o que experimentou:

> Outra coisa que você percebe quando se vê na presença da luz – depõe ele – é que você se encontra subitamente em comunicação com o conhecimento absoluto. É difícil descrever, mas o melhor que posso fazer é dizer que você pensa numa pergunta e a resposta vem imediatamente. É simplesmente isso. Pode ser a respeito de qualquer coisa, mesmo sobre assunto do qual você não saiba nada. É possível que você nem entenda a informação recebida, mas a resposta é instantânea e você perceberá imediatamente o significado dela. Basta formular uma ideia acerca do que você quer saber que a resposta correta será prontamente recebida. É tão estranho que somente posso compará-lo ao fato de você ligar-se num computador e receber, em segundos, a resposta correta. Muitas das minhas perguntas foram respondidas, algumas de natureza estritamente pessoal, algumas que têm a ver com a maneira segundo a qual a pessoa vive sua vida e suas consequências, algumas sobre aspectos religiosos, tanto quanto certos detalhes sobre eventos futuros (p.118-119).

Margot Grey entende ser necessário, para essa penetração no futuro, que a pessoa esteja em "estado de consciência que lhe faculte acesso ao conhecimento total". Não é que as pessoas adquiram subitamente esse conhecimento naquele momento em que experimentam a NDE – previne a pesquisadora –, mas elas descobrem que, de repente, "estão na posse de todo o conhecimento". Na realidade, "elas são aquele conhecimento" (p.124).

A ideia da repentina posse do conhecimento total precisa de algumas reflexões adicionais. Isso porque, se já está em nós toda a sabedoria cósmica, então como ficaria o processo do aprendizado, da experimentação com a vida, da evolução, enfim? Seríamos seres já prontos e acabados, criados perfeitos e sábios, desde desconhecidas origens? De onde vem, como se instala e como se explica, no fugaz momento intemporal da visão cósmica, a sensação de onisciência e onipotência? Não somos, afinal, criados "simples e ignorantes", como ensinaram os instrutores espirituais do prof. Rivail, e logo encaminhados para um longuíssimo roteiro de aprendizado e maturação espiritual?

Não há como negar que temos à nossa disposição toda a "biblioteca" viva da universidade cósmica, mas é preciso entender que nada nos livra do trabalho de estudar meticulosamente as lições até aprendê-las e, mais do que isso, saber como utilizar, de modo ético, o conhecimento adquirido. Em outras palavras, temos de alcançar elevado pique de conhecimento e moral, sem o que não teríamos condição de consultar e entender o imenso depósito de sabedoria cósmica.

Somos viajantes do tempo, expostos a um processo de contínua expansão da consciência, dado que é precisamente com ela que vamos decifrando o pensamento de Deus, expresso nas leis que governam o mecanismo da vida, em todas as suas manifestações.

Estávamos com esses questionamentos a rondar-nos a mente, quando uma entidade de elevada condição nos transmitiu, por via mediúnica, alguns esclarecimentos que procuramos repassar, a seguir.

"A individualidade" – começa o texto – "não é perfeita, pronta e acabada", apenas dotada, por suas origens divinas, de "perfeição latente", ou seja, potencial. A personalidade, a seu turno, habituada a um contexto limitado para o qual foi programada, tem, na experiência de visão cósmica ou êxtase, a impactante sensação de estar, de repente, na posse de conhecimento ilimitado. De fato, o conhecimento da individualidade, incomparavelmente mais amplo, pode até causar tal impressão à personalidade, que praticamente ignora o que se passa no contexto da individualidade. Mesmo porque, esta projeta, ao reencarnar-se, apenas diminuta fração de si mesma, se é que assim se pode dizer. Daí ficar incapacitada de expressar, através da personalidade, todo o seu potencial, em vista das limitações impostas pelo condicionamento desta ao corpo físico ao qual se acha acoplada.

Nas experiências de visão cósmica, a personalidade se vê, de repente, diante de um insuspeitado saber ao qual jamais teria acesso em sua condição normal. A individualidade, por sua vez, pela sua origem divina, participa de todo o conhecimento, mas a ele vai acessando gradativamente, segundo seu grau de adiantamento evolutivo, nunca atingindo, contudo, o conhecimento total, infinito, que só a Divindade possui.

Pelo mecanismo da reencarnação, a individualidade vai aprendendo a vencer as limitações da matéria e a dominá-la, sendo cada vez mais ela própria, até que a personalidade não lhe constitua empecilho à sua manifestação.

Se assim não fosse, não haveria etapas evolutivas a vencer e o próprio conceito de evolução não faria sentido. A individualidade evolui; a personalidade, não – ela apenas revela parcialmente o grau evolutivo daquela. Quando uma individualidade atinge o nível evolutivo do Cristo, por exemplo, a matéria na qual se acha mergulhada a personalidade não oferece mais nenhum obstáculo à expressão da individualidade – não representará mais qualquer limitação. Nesse ponto, a individualidade terá atingido a perfeita união com a Divindade. Ao declarar que era um com o Pai, o Cristo caracterizou sutil modalidade de relacionamento: *estar em, sem ser*, Deus.

Assim como a individualidade está na personalidade sem ser a personalidade, a individualidade está em Deus sem ser Deus. Pode-se dizer, portanto, que as individualidades são formas de expressão da Divindade.

Observações de Chet B. Snow, em *Mass Dreams of the Future*, revelam-se compatíveis com as de Grey, no sentido de que, uma vez desembaraçada das limitações de espaço e tempo, a mente "flutua numa felicidade puramente não-material, além de qualquer fronteira física ou temporal" (p. 240).

Snow não recorre ao termo despersonalização, mas sua concepção não diverge fundamentalmente do que imagina o dr. Koyes, ao explicar que em estado alterado de consciência, "conexões e intereses lógicos habituais tornam-se usualmente irrelevantes". Sugere mesmo – com o que estamos de pleno acordo – que, em tais situações, o comando passa para o hemisfério cerebral direito, que "opera mais através de imagens e conexões *gestalt* do que com conceitos intelectuais", ao passo que o lobo esquerdo está programado para operar analiticamente, dentro de sua própria lógica, necessariamente limitada. Isto faz sentido quando nos lembramos de que a personalidade é a área do ser total programada para funcionar dessa maneira, enquanto a entidade espiritual estiver acoplada a um corpo físico, ou seja, encarnada. O instrumental consciente serve, portanto, para analisar o passado, mas, quando posto diante de alguma categoria futura, "a ser determinada randomicamente", como diz Snow, deixa a pessoa desancorada de toda e qualquer "estratégia analítica". Do que se depreende que, em situações como essa, retido pelas limitações da lógica e de sua capacidade de análise, o consciente (leia-se: personalidade) tem de ceder lugar ao procedimento intuitivo e não-verbal sediado no hesmifério direito, de onde opera a individualidade.

> Nossa mente consciente – ensina Snow – e sua maneira lógica e analítica de pensar, aparentemente filtrada através do hemisfério esquerdo do córtex cerebral, naturalmente resiste à intrusão do tempo não-linear ou da intemporalidade em nossa percepção mental. Não obstante, tais conceitos, facilmente aceitáveis como "reais", parecem constituir condição normal de operação para outros níveis mentais – ou acessíveis através do hemisfério cerebral direito, quando experimentamos os chamados estados alterados de consciência (p.5).

Acha mesmo Snow, como vimos, que tendemos a aceitar melhor o processo de reavaliação do passado porque "acreditamos que ele `já aconteceu'". O dr. Snow considera inexistente a categoria tempo linear, ou seja, não há passado, presente e futuro, mas uma só realidade atemporal. Dentro dessa mesma conceituação, entendemos por que Larry Dossey (*in Reencontro com a Alma*) insiste, e amplia sua concepção de que a mente é uma categoria "não localizada", além de tempo e espaço. Aproveito a oportunidade para propor uma correção, mais de forma do que de fundo nessa observação: não-localizada, sim, mas em termos espirituais, dado que a função mental correspondente está sediada no hemisfério direito, a cargo da individualidade. A personalidade, contudo, com suas raízes e sensores no hemisfério esquerdo, precisa estar ancorada nas categorias de tempo linear, espaço, lógica e limitações linguísticas, sem o que não poderia cumprir as tarefas para as quais é programada em cada existência do lado de cá da vida. Talvez por isso tenha dito Meister Eckhart, *apud* Dossey, que "não há maior obstáculo à união com Deus do que o tempo".

Isso tudo faz sentido quando percebemos o impacto da surpresa, do inesperado, quando examinamos depoimentos de pessoas que conseguiram fazer filtrar para a consciência de vigília no hemisfério esquerdo o que foi percebido em planos atemporais e adimensionais. A personalidade se mostra perplexa e até sem condições de exprimir verbalmente o que se passou, mas para a individualidade a realidade II é a rotina, o seu ambiente natural. Margot Grey (p. 48-49) classifica a visão cósmica como quinta fase do processo, uma espécie de penetração no "mundo interior". Talvez fosse mais correto dizer que essa é, em verdade, a parte do mundo exterior cósmico na qual temos cada um de nós a nossa partícula pessoal. Seja como for, ela informa que, nessa fase, as pessoas se dizem "entrando num `mundo' no qual *a luz parece ter sua origem*".

Esse 'mundo interior'" – continua ela – "é de inexcedível beleza". Destaquei para lembrar que exatamente assim falavam os gnósticos, ou seja, que viemos de "lá, onde a luz nasce de si mesma" e para lá voltaremos.

Segundo Margot Grey, fenômenos semelhantes a esses ocorrem nas experiências de "isolamento sensorial" com "perda rápida do senso de realidade" devido ao bloqueio de estímulos sensoriais que deixam de atingir o cérebro. Sobre este aspecto em especial, teríamos de recorrer aqui ao dr. John Lilly, em *The Center of the Cyclone* e *The Dyadic Cyclone*, mas seria estender o tema além das necessidades expositivas do nosso livro. Tanto quanto os posso avaliar, os experimentos e achados de Lilly sugerem que a sua técnica de isolamento faz calar a personalidade por absoluta falta de estímulo sensorial, com o que fica liberado o acesso à individualidade. Ou, para dizer a mesma coisa de outra maneira: silenciada a personalidade, a individualidade ocupa o espaço mental liberado. O que se passa, portanto, não seria bem uma "perda do senso de realidade", como diz Grey, mas o redirecionamento dos sensores mentais para outra dimensão da realidade, usualmente fora do nosso alcance porque para se chegar a ela precisamos do enigmático e silencioso hemisfério cerebral direito, cabine de comando da individualidade e do inconsciente. Não há, por outro lado, a *ego death* (morte do ego), mencionada pela dra. Grey e sim momentânea predominância do pensamento não-verbal, enquanto a personalidade fica como que anestesiada, ou pelo menos se retira para os bastidores. Lemos em Grey que, ao expor o assunto em seu livro *The Human Encounter with Death*, o psicanalista tcheco Stanislav Grof entende que a anulação temporária da personalidade é condição essencial à experiência mística de transcendência. Aproveito o ensejo para reiterar que o termo *ego*, utilizado por Grey e Grof, pode ser substituído vantajosamente por *alma* na terminologia proposta pelos amigos espirituais do prof. Rivail, que corresponde, como vimos, ao espírito na sua condição de encarnado. Para a entidade desencarnada, o espírito em si, creio podermos encontrar sinônimos em termos como *overself* ou *higher self*. Em suma, *ego* = alma = personalidade = consciente, com a respectiva cabine de controle localizada no hemisfério cerebral esquerdo, ao passo que espírito = individualidade = *overself* = *higher self* = inconsciente, funcionam, no plano físico, com suas terminais implantadas no hemisfério direito. Quando os sensores pessoais estão "lendo" a instrumentação da alma, o pensamento é verbal, temporal, espacial e, por isso, limitado e emocional, ao passo que, transferindo-se os sensores para os dispositivos do espírito, muda-se drasticamente a metodologia no processamento das informações. Parece abrir-se, então, insuspeitado espaço mental, do qual a vida é contemplada na sua perspectiva mais ampla e profunda, no contexto do permanente, do eterno, do infinito, do cósmico. Isto explicaria por que a pessoa que passa por esse tipo de experiência, espontânea ou induzida, retorna à consciência de vigília com uma visão totalmente reformulada acerca da realidade da morte, a ser considerada, daí em diante, sem emocionalismos e temores, como uma dramática mas não assustadora mudança de ambiente, e, definitivamente, não como cessação da vida.

Na verdade, parece mais adequado dizer-se não que se desencadeie uma ausência de emocionalismo, e sim um emocionalismo racional, dirigido, consciente de uma diferente hierarquia de valores, dentro da qual os problemas da vida diária, as lutas, as decepções, a própria morte são avaliados na perspectiva da eternidade, do permanente, e não no contexto do limitado imediatismo da personalidade encarnada. Algo assim como "Que me importam esses probleminhas miúdos da vida lá embaixo, se eu sou imortal e indestrutível e estou ligado na consciência cósmica?" Daí ser constante nos depoimentos recolhidos a observação de que teria sido preferível ficar por lá mesmo, em vez de voltar para os estreitos limites da vida terrena e mergulhar de novo no corpo físico.

Pode ocorrer, ainda, como ficou referido em meus livros *Diversidade dos Carismas* e *A Memória e o Tempo*, uma fase no desenrolar do processo em que a consciência parece dividida, simultaneamente em duas dimensões paralelas. Pelo que me foi dado observar, na primeira fase, a consciência contempla, do corpo físico, o corpo energético ou perispiritual desdobrado; na fase intermediária, revela estar consciente do que se passa no plano material tanto quanto do que acontece na dimensão espiritual; enquanto que, na fase final, a consciência emigra para a forma etérica desdobrada e contempla, de lá, o corpo físico, usualmente em repouso, e transfere seus sensores para aquilo a que costumo chamar de realidade II. É bom saber que Margot Grey também menciona essa simultaneidade que ela identifica como "*a state of dual awareness*", ou seja, um estado de dupla percepção. Acrescenta essa autora (p. 88) que a experiência aguça a faculdade intelectual, suscitando "uma percepção mais clara e nítida" das coisas, acessando a uma realidade na qual tempo e espaço se tornam, mais que irrelevantes, inexistentes, o que vai dar na *mente não-localizada* do dr. Dossey.

Ocorre-me sugerir que nas experiências de NDE (morte iminente seguida de ressuscitação), a sensação de dualidade pode ser devida ao fato de que ainda não se deu a transcrição dos arquivos da personalidade para os da individualidade. Uma analogia para isto seria a de um computador no ato mesmo de transferir um texto ou um programa de um disquete para a sua memória operacional. Em termos de fisiologia, creio legítimo supor que o material com o qual trabalha o hemisfério esquerdo está sendo examinado em conjunto com aquele que normalmente se situa no lobo direito, como se um nível mais elevado do ser pudesse examinar simultaneamente um e outro. Esta hipótese encontraria até certas acomodações na concepção freudiana de *id, ego* e *superego*, se concordarmos em atribuir ao superego mais do que uma tarefa de censor ético, uma postura intemporal de serena análise dos fatos que estão ocorrendo, inclusive, e basicamente, do ponto de vista ético.

Pelo que ficou dito até aqui, continuo entendendo como válida a proposta de caracterização da mente, *in A Memória e o Tempo*, para fins meramente didáticos, em três áreas distintas: *consciente* (personalidade, lobo esquerdo) como um sistema de passagem, *input/output*, gravação/reprodução; *subconsciente*, material da presente existência recolhido a uma espécie de arquivo provisório ou temporário; e, finalmente, o *inconsciente* (individualidade, lobo direito), material esquecido, de vidas anteriores e que pode ser recuperado por alguns procedimentos psicológicos, como o do sonho e o da regressão de memória. Percebo agora, a possibilidade de certa forma de diálogo entre consciente e inconsciente, através do subconsciente, de vez que este parece possuir algo em comum com ambos. Por outro lado, por ser não-verbal, o inconsciente se comunica por meio de símbolos, usualmente, mas não necessariamente, através do sonho. Se Annie Besant está certa, (in *Study in Counsciousness*), a gravação dos eventos se faz no ambiente acásico, incorporando-se de certa forma à memória de Deus, do que resulta, como ficou sugerido em *A Memória e o Tempo*, que a tarefa magna de nossa própria mente consiste em ler a memória de Deus, já que o universo é um pensamento d'Ele. Dentro dessa especulação, o processo de *replay* da vida, uma constante nas experiências de NDE, poderia ser, de fato, uma transcrição dos arquivos da personalidade para os da individualidade, ou, melhor ainda, para o espaço cósmico em que se movimenta a nossa individualidade. Mais: os arquivos subconscientes seriam acessados, quando consultados, por intermédio dos terminais do hemisfério cerebral esquerdo, onde de certa maneira estão localizados. Já os do inconsciente, embora eventualmente tenham de transitar pelo hemisfério esquerdo a fim de alcançar a consciência, têm como suporte material (*hardware*) o hesmisfério direito. Daí a maior dificuldade em acessá-lo. Essa hipótese nos ajudaria a compreender melhor o fenômeno da duplicidade referido há pouco. No processo de migração dos sensores da mente do consciente para o inconsciente (da personalidade para a individualidade), há um momento, ainda que breve, em que tais sensores se encontram como que "a meio caminho" entre um e outro, nos circuitos do corpo caloso ou em alguma "passagem secreta" entre os dois lobos.

4. Esquerdo e direito: dificuldades do diálogo

Após essa incursão pelo cosmos, precisamos dar prosseguimento às reflexões em torno da dicotomia paralela no campo biológico, constituída pelos dois hemisférios cerebrais. Não nos queixaremos de falta de material com o qual estimular a busca. Em verdade, já há cerca de duas décadas e, mais intensamente, na de 80, tem sido crescente o interesse de cientistas, pesquisadores e escritores empenhados em decifrar os enigmas básicos do hemisfério direito a fim de induzi-lo a "falar", mesmo na sua linguagem inarticulada não-verbal, ou, pelo menos, em treinar o esquerdo para entendê-lo.

Um dos pioneiros de tais especulações, aliás, pioneira, foi a dra. Helen Wambach, especialmente em *Life Before Life*, livro de 1979, com o qual abriu portas de acesso a outros tantos espaços secretos do psiquismo humano, na ala desconhecida do inconsciente. O leitor que, de certa forma, acompanha meus escritos sabe que tenho pela doutora um grande respeito e não menor admiração pelos apoios que, nos seus textos, ela oferece a especulações que sempre estiveram entre minhas prioridades. Foi, aliás, um exemplar meu que serviu ao tradutor da edição brasileira, *Vida Antes da Vida*.

A dra. Wambach dedicou-se à tarefa da regressão de memória, que explorou em vários aspectos, mas interessada, basicamente, em levar seus pacientes ao dramático episódio do nascimento e, ocasionalmente, ao período em que o ser vive um estágio intermediário entre uma existência na carne e a seguinte. Com ela, iniciou-se o ciclo de estudos sobre a vida antes da vida, passando por vida depois da vida (dr. Raymond Moody Jr., dr. Michael B. Sabom e outros), para chegar-se à natural descoberta de vida entre vidas, como se lê nos estudos do dr. Joel L. Whitton e de Margot Grey. Aos poucos e vencendo algumas teimosas resistências, a pesquisa acabou descobrindo o que está exposto em milenar literatura dita ocultista e, mais recentemente, explicitada de maneira ordenada em *O Livro dos Espíritos*, compilado e comentado pelo prof. Denizard Rivail sob o pseudônimo Allan Kardec.

Uma vez alcançado o nível desejável de relaxamento – não necessariamente o de hipnose profunda – a dra. Wambach sugere aos seus pacientes que eles próprios se ponham em estado alfa, autoinduzindo-se um ritmo de cinco ciclos por segundo na atividade cerebral. Vejamos como ela descreve o que ocorre, nesse ponto:

> Quando as mandíbulas se relaxam, o aparelho fonador também se relaxa. Com os centros da fala relaxados, meus pacientes parecem transferir-se dos centros cerebrais da fala – o lobo temporal, à esquerda do cérebro – para outras áreas de interesse, deslocando-se para o hemisfério direito, onde sonhos, aspirações artísticas e intuições científicas frequentemente parecem ter suas origens.

Ante o silêncio temporário do hemisfério esquerdo, o direito assume o controle ou, pelo menos, consegue entender-se melhor com a parte do ser que se encontra implantada à esquerda. É o momento a partir do qual a doutora começa a formular suas perguntas. Caracteristicamente, ela não concede muito tempo para a resposta, porque descobriu, logo cedo nas suas pesquisas, que, dispondo de mais tempo, o consciente (que está em recesso, mas não apagado) interfere e modifica as revelações que riscam a mente, como um breve clarão. A doutora está convencida de que as respostas surgidas mais prontamente "parecem provir do cérebro (hemisfério) direito", que ela identifica como subconsciente. A terminologia aqui não é obstrutiva e creio não trair o pensamento da eminente psicóloga, entendendo seu termo subconsciente no sentido de inconsciente, isto é, algo que não está do lado consciente do ser.

Seja como for, ela acha que quando as respostas se demoram um pouco mais, como verificou em numerosas situações, é porque o consciente interferiu para "corrigir", modificar ou adaptar os conceitos emitidos intuitivamente que, assim, *in natura*, pareciam por demais extravagantes às estruturas culturais do paciente em estado de vigília. Como sabemos, aliás, o lado esquerdo é incumbido dos processos de racionalização. O problema é que a pesquisadora estava, precisamente, à procura de material inconsciente, não "contaminado" pelos preconceitos culturais do paciente como ser humano comum. Por isso lhes dava, a todos, o mínimo espaço de tempo para as respostas, e muitos confessavam posteriormente que a resposta que lhes ocorrera era incompatível com suas ideias habituais, mas que não havia tempo para submetê-las à usual metodologia da racionalização. Era precisamente isso que a doutora queria, ou seja, explorar a área da mente que, a seu ver, opera do lado direito do cérebro.

Há, portanto, à direita, um diferente conceito de racionalidade e não um estado de irracionalidade, simplesmente porque as coisas se passam numa área psíquica fora do alcance da consciência de vigília.

Com uma das perguntas do seu roteiro, por exemplo, a pesquisadora queria saber se havia alguma razão especial na escolha do século XX para a presente existência. A muitos dos pacientes – 41% – não ocorreu resposta alguma, ou simplesmente disseram não haver nada de especial na decisão. Como a doutora não antecipara nenhum tipo de resposta, esse volume expressivo de negativas a surpreendeu. Talvez, pensou, fossem devidas a diferenças na maneira de conceituar o tempo em si, dado que, espaço e tempo no sonho, por exemplo, diferem substancialmente do conceito que deles formulamos conscientemente. Para dizer a mesma coisa de outra maneira – e aqui vai por minha conta: o hemisfério esquerdo concebe tempo e espaço de certa maneira, enquanto o direito o vê de modo diverso, de vez que o esquerdo cuida da temporalidade, do transitório, ao passo que o outro está ligado ao contexto da intemporalidade, do permanente, do eterno. A doutora lembra que na pessoa drogada pela maconha o tempo flui mais lento, enquanto o pensamento é elaborado à direita do cérebro. Daí porque as expressões que se refiram a determinados períodos de tempo, adverte a autora, não fazem muito sentido para o hemisfério direito. De qualquer modo, sem estar ainda afirmando categoricamente, ela supõe que nossas memórias de vidas anteriores ficariam arquivadas do lado direito, o que me parece correto, mesmo porque são gerenciadas pela individualidade.

Por outro lado, lembra a doutora, com a sua habitual acuidade intuitiva, que o conhecimento linguístico, do qual tanto nos orgulhamos na existência terrena, "pode ser o menos significativo para nossa alma ou entidade".

Eu gostaria de introduzir logo aqui um aspecto paralelo programado para exploração ainda neste livro, mas receio prejudicar o fluxo do relato. Contentemo-nos, no momento, a uma breve referência, que diz respeito ao exercício de faculdades mediúnicas, ou seja, a interface do ser encarnado com entidades desencarnadas, situadas entre uma existência na carne e a seguinte. Penso que o ambiente onde a mente encarnada se entende com a desencarnada é também o dos hemisférios cerebrais, mas isso, como disse, fica para mais adiante, neste livro.

Também o dr. Jung experimentou pessoalmente a intemporalidade, num dos seus mais dramáticos e impactantes desdobramentos. "Teme-se usar a expressão 'eterno'" – comenta –; "não posso, entretanto, descrever o que vivi senão como a beatitude de um estado intemporal, no qual presente, passado e futuro são um só. Tudo o que ocorre no tempo concentrava-se numa totalidade objetiva. Nada estava cindido no tempo e nem podia ser medido por conceitos temporais." Como explicar que ele vivera, simultaneamente, o ontem, o hoje e o amanhã, se não temos linguagem para isso? (*Memórias, Sonhos, Reflexões*, p. 258.)

Conceito semelhante formula o dr. Chet B. Snow, em *Mass Dreams of the Future*, ao discorrer sobre o possível mecanismo da profecia ou, menos pomposamente, do preconhecimento. E conclui (p. 240):

"Na verdade, como os místicos têm atestado durante milênios, nos seus mais profundos níveis, a mente perde contacto com a realidade espaço/tempo e flutua em estado de pura felicidade não-material, além de quaisquer limitações físicas ou temporais."

Também o dr. Snow chama a atenção para a resistência que a área analítica da mente – implantada à esquerda do cérebro – oferece ao que ele caracteriza como "intrusão do tempo não-linear ou intemporalidade em nossa percepção mental". Não obstante, essa intemporalidade ou, talvez melhor, atemporalidade, constituiria "normalidade operacional" em outros planos mentais somente acessíveis ao hemisfério direito. Acha, ainda, o dr. Snow que esse mecanismo funciona tanto nos processos de regressão de memória (ida ao passado), como nos de progressão (ida ao futuro).

Isto nos remete de volta a Annie Besant, ao ensinar, em *A Study in Counsciousness* (p.227), que o problema não reside na onipresença e imutabilidade da vida, mas "em nossos veículos" de manifestação.

Daí a proposta de Snow, segundo a qual a mente consciente consegue "aceitar mais facilmente a ideia de relembrar o passado porque acreditamos que ele 'já aconteceu'."

É o que realmente parece ocorrer. Como contornar o "racionalismo" do ser consciente, ancorado no hemisfério esquerdo, quando, para o direito, passado, presente e futuro parecem constituir uma só e simultânea realidade? Ainda há pouco considerávamos a perplexidade do dr. Jung com a impactante ideia da atemporalidade. "Como representar" – pergunta-se Jung, no seu texto – "que vivi simultaneamente o ontem, o hoje e o amanhã?" Não há para instrumentalizar essa realidade II estruturas apropriadas de pensamento no hemisfério esquerdo, o "realista" por excelência. A personalidade vive no ambiente de uma lógica específica, modificada, restrita, adaptada às suas necessidades e limitações, operando, portanto, diferente da que se contempla do posto de observação localizado à direita do cérebro.

Snow percebe um componente histórico, ou melhor, evolutivo, nesse intrigante contexto especulativo, ao propor que certo interesse pelo futuro encontra-se "construído nas vastas experiências de nossa mente através de tempo e espaço"(pp. 33 e 34). Daí o fascínio do ser humano em tentar decifrar o futuro pela predição. Além disso – prossegue –, em razão da especialização funcional da mente em hemisférios com diferentes concepções e tarefas, "dispomos de duas maneiras fundamentalmente diferentes de expressar conscientemente o que a nossa mente sabe". O que ele diz a seguir me parece importante demais para ser apenas parafraseado. É imperioso traduzir o trecho:

> Assim, ou desenvolvemos os sistemas imaginativo e profético no cérebro direito para nos dizer o que nos reserva o futuro, ou instalamos um processo "esquerdo" de coletar, organizar e comparar tantas informações sensoriais passadas e presentes quanto possíveis, a fim de tentar predizer os eventos a partir de uma correlação de dados. Chamamos, hoje, a primeira delas de predição "psíquica" (ou seja, mediúnica) e a segunda, "projeção" (*forecasting*). Elas têm tido diferentes nomes no passado, mas tudo se reduz a uma diferença básica, ou seja, a que parte do cérebro estamos primariamente recorrendo em busca de respostas (p. 34).

Observo da análise de todo o material especulativo colhido em numerosos textos publicados que é ainda recente e até algo tímida, mas florescente, a convicção de que um dos mais dramáticos avanços na decifração de certos enigmas do psiquismo humano esteja precisamente na interação dos hemisférios cerebrais, ou, mais objetivamente, da realidade invisível que os programa e com eles trabalha.

A dra. Wambach, por exemplo, inferiu de suas pesquisas que, de certa forma, o hemisfério direito, por mais silencioso e desligado que pareça da realidade ambiental do ser encarnado, revela insuspeitada liderança e exerce nítida autoridade sobre o esquerdo. O que nada tem de surpreendente, aliás, porque a individualidade realmente supervisiona a distância – não muito distante! – tudo o que se passa na personalidade. Como diz o dr. Jung, o inconsciente é muitíssimo mais amplo, sábio e rico de informações do que o consciente, que se restringe aos dispositivos estritamente necessários para gerenciar a vida terrena.

Ao meditar sobre frequentes atitudes de reserva da parte de seus pacientes, ela descobriu que precisava "negociar" com eles a situação. Daí perguntas como "você está preparado para revelar suas experiências pré-natais?" Depoimento semelhante encontramos nos escritos da dra. Edith Fiore (*You Have Been Here Before*), segundo os quais, ao topar com resistências e temores da parte do paciente em revelar aspectos mais traumáticos das vivências passadas, prefere aguardar melhor oportunidade ou desistir de tocar aquele ponto mais sensível. Fiore criou um sistema de sinalização pelo qual o paciente informa à terapeuta se está ou não preparado para mergulhar em certas áreas mais angustiantes de suas experiências pregressas. Se o sinal é negativo, Fiore retira-se discretamente, enquanto prepara psicologicamente a pessoa a fim de fortalecê-la para enfrentar a crise da revelação. Esse preparo costuma ser feito em sugestões apropriadas previamente gravadas em fita magnética que o paciente leva para casa para ouvir repetidamente.

Só depois de recebido o sinal liberador convencionado é que a psicóloga insiste em desvelar o núcleo traumático mergulhado no inconsciente. Isto quer dizer que o inconsciente sabe do que se passa e decide sobre o momento apropriado para que a personalidade se inteire do problema. É, portanto, no hemisfério direito, sob o comando da individualidade, que se decide a questão da oportunidade ou não da revelação. Este mecanismo explica, ainda, por que nossa memória como que se apaga, ou melhor, se recolhe a um arquivo secreto antes de reencarnarmos. O psiquismo que se instala no lado esquerdo do cérebro constitui ambiente específico no qual opera a personalidade. Quase ia dizendo que, além de específico, ele é privativo ou inviolável, mas não é o que ocorre, porque, como temos visto, a individualidade pode interferir e o faz, quando necessário, a seu critério exclusivo e sempre com o devido respeito pelo livre-arbítrio da personalidade, que precisa tomar as decisões com as quais vai montando sua estrututa de aprendizado.

Por isso, Wambach recolhe respostas negativas, ambíguas ou francamente positivas quando pergunta a cada um se está ou não em condições de abrir a caixa preta dos segredos cármicos. À vista de tais experiências, a doutora conclui que aqueles que decidem revelar a mais profunda intimidade da memória oculta é porque, "de alguma forma, tiveram permissão de suas mentes subconscientes para fazê-lo" (p. 185).

Eu gostaria de comentar, ainda, a notável experiência que a própria dra. Wambach teve numa espécie de "encontro" consigo mesma, ou melhor, com a sua individualidade. A narrativa, contudo, nos tomaria mais espaço do que teríamos à nossa disposição. Estou supondo que, como eu, o leitor também não deseja um livro grande demais. Por isso, vamos negociar apenas um resumo do relato que, no original inglês, ocupa cerca de seis páginas. Se não dispuser do original, o leitor deverá recorrer, para maiores detalhes, à tradução brasileira, incluída na bibliografia ao final desta obra.

Em episódio que Wambach identifica como sonho (a mim parece desdobramento...) ela se encontra na presença de uma entidade que, a princípio, toma como seu guia espiritual, mas que se declara parte integrante dela própria, que "sabe mais do que a porção da sua consciência que pensa viver naquele corpo (adormecido) lá embaixo". Talvez o leitor ache, como eu, algo surrealista o diálogo que então se desenrola, mas ele é iluminativo em muitos aspectos e termina de maneira antológica. A Wambach/personalidade demonstra haver entendido bem aquela espécie de duplicidade, tanto que reconhece que melhor seria deixar-se guiar pela sabedoria intemporal da parte nobre de seu próprio eu, mas admite que, ao retornar às dimensões terrenas de personalidade encarnada, continuará sentindo-se "desagradável e mesquinha", e a disputar com as pessoas de cujas ideias ela discorde. Mesmo assim, nutre a esperança de que, se o "guia" a ajudar, ela talvez consiga colocar-se acima das disputas para "ver, amar e compreender" a todas as pessoas com as quais ainda terá de conviver pelo restante de sua vida. A observação do "guia" é reveladora e poderia constituir mais uma das vinhetas dignas de destaque em nosso estoque de pensamentos prioritários.

"Muito bem" – diz o outro –, "tudo o que você poderá fazer é tentar. Afinal de contas" – acrescentou com um sorriso –, "você poderá precisar de muitas vidas antes de, finalmente, aprender isto, a mais importante lição: somos todos um só."

Poderíamos colocar aqui um ponto final e passar a outro aspecto, dentro da mesma temática, ou seja, a interação personalidade/individualidade ou consciente/inconsciente. Acho, porém, que temos ainda algo a dizer sobre o papel dos hemisférios cerebrais nesse (ainda) misterioso relacionamento de cada um de nós consigo mesmo. Ou, como diria Maurice Maeterlinck, com o nosso "hóspede desconhecido". Vamos combinar uma coisa. A gente encerra este capítulo e abre outro, com espaço para mais algumas especulações em torno das duas mansões de mármore branco que eu vi lá no alto daquele penhasco.

5. Ser e fazer.

Para aprendermos algo mais do (pouco) que já se sabe acerca do diálogo mudo entre os dois hemisférios cerebrais, vamos dar uma espiada em *The Global*

Brain, de Peter Russell. É uma pena recorrer a essa obra apenas para saber o que diz o autor sobre o nosso particular interesse aqui, pois o livro merece leitura mais extensa e reflexões mais amplas, mas, que fazer? temos de nos submeter à ditadura do espaço já que a esse parâmetro estamos sujeitos, como também ao seu outro aspecto, o tempo. O próprio Russell, aliás, dedica apenas duas páginas (210-211) e mais um comentário breve na página 217 à dicotomia cerebral direita/esquerda.

Colhemos aí a informação de que, desde a metade da década de 60, a psicologia vem demonstrando que cada hemisfério tem sua tarefa específica. Como já sabemos de outras fontes, o esquerdo "*parece* mais interessado do que o direito no pensamento racional e sequencial e nas faculdades linguísticas" (ler, escrever e falar), ao passo que o direito especializa-se em "funções viso-espaciais, apreciação estética e emocional e, *talvez*, no pensamento intuitivo". Os destaques são meus e visam a chamar a atenção do leitor para a atitude cautelosa, resguardada na condição de hipótese, que se abstém de posturas conclusivas, para não dizer dogmáticas. Nada tenho contra isso; pelo contrário, é o procedimento desejável para aquele que ainda não dispõe de dados conclusivos sobre o que expõe. Isso quer dizer que, a despeito de três décadas de pesquisas, as tarefas de cada hemisfério e o intercâmbio entre eles ainda estão à espera de definições preliminares, para não falarmos de outras complexidades. Particularmente, acho eu que o tema está necessitando de um impulso criativo, para o qual a língua inglesa possui um termo específico, de imperfeita tradução em português – o *breakthrough*, algo que irrompe subitamente com um poder irresistível de renovação. Depois de um *breakthrough*, as coisas não serão as mesmas. Para mim, esse impulso revolucionário está potencialmente na realidade espiritual, conceito que a ciência continua a rejeitar.

Seja como for, Russell considera o hemisfério esquerdo "mais analítico" e caracterizado por um desempenho modular, tipo passo-a-passo, "enquanto o direito é mais sintético" e opera "holisticamente". Isto vale dizer que o direito tem uma visão de conjunto, ampla e de cima, ao passo que o esquerdo é o detalhista, mergulhado no seu limitado contexto pessoal. O esquerdo estaria, portanto, ocupado em "fazer", ao passo que o direito, receptivo, em "deixar as coisas acontecerem". Por isso, entende Russell que o hemisfério esquerdo como que assume uma postura masculina, ao passo que o direito se mostra algo feminino. Não posso saber o que pensará disto o leitor, mas ele tem o direito de saber o que penso eu. Não me parece correta a proposta de Russell, ainda que figurativa, como ele ressalva. Pelo que estamos vendo, o hemisfério esquerdo – ou melhor, o aspecto do ser humano (encarnado) que ali tem sua cabine de comando – é o que se mostra e se comunica com o meio ambiente, mesmo porque, aparentemente, é o único que fala, lê e escreve, sendo, além disso, racional e consciente. Exatamente por essas faculdades costuma ser tido como o hemisfério *dominante*, como vimos alhures. Sem dúvida que ele é o instrumento com o qual a individualidade se apresenta para viver na terra. Tanto precisa dessa instrumentação, que a prepara para a sua função, antes de se retirar para os bastidores, de onde não apenas monitora o que a personalidade faz, como interfere e a comanda, ainda que de maneira discretíssima e sutil, como também temos observado. Caracteristicamente, a entidade que a dra. Wambach identifica como seu "guia" pessoal diz-lhe, a certa altura, que ali está, na presença dela, "para confortar, consolar, guiar e dirigir você, naquela pequena peça teatral que você chama de *Ser Alice na Terra*".

A imagem da máscara (persona) é, pois, de uma precisão irretocável. A individualide a põe para representar o papel que lhe cabe na vida, tal como os antigos atores a colocavam para viver as personagens que lhes eram atribuídas. Num caso como no outro, a personalidade é uma condição transitória, quase diria postiça, ao passo que, mesmo mascarada, a individualidade preserva-se na permanência, no eterno e, certamente, no comando, na liderança. Uma *é*, a outra *está*, e, por algum tempo, a que está no palco se mantém consciente e gesticula, e fala, e ri, e chora, tudo dentro do papel que lhe é atribuído.

A tendência a emprestar ao hemisfério esquerdo e, portanto, à personalidade, uma função dominante – e aqui concordamos com Russell – parece decorrer do sistema educacional vigente. Como lembra esse autor, a sociedade valoriza o indivíduo que "pensa logicamente, raciocina bem e se expressa com clareza", faculdades nitidamente controladas pelo cérebro esquerdo. Acrescente-se a isso a condição dita "masculina" dessa pessoa que lhe confere dinamismo, ambição e até certa agressividade considerada virtude desejável para aquele que se atira à luta pela vida, no competitivo ambiente da sociedade em que vivemos. No entanto, continuo a não gostar da dicotomia masculino/feminino aplicada neste contexto, mesmo porque poderia gerar a falsa impressão de que a mulher não poderia dispor desses recursos ditos "masculinos" necessários à disputa de um lugar ao sol. A mulher também pode ser tão dinâmica, criativa e, no sentido "comercial", ambiciosa e agressiva, como se lê nos anúncios de oferta e procura de empregos.

É correta, entretanto, a avaliação de Russell, que vê na sistemática da educação contemporânea uma priorização do objetivo de desenvolver as qualidades intelectuais que fazem do jovem ou da jovem um profissional competidor. Não há dúvida, porém, de que esse tipo de formação cultural tende a envolver cada vez mais as pessoas nos problemas miúdos do plano material, em prejuízo dos aspectos transcendentais da realidade espiritual, representada pela individualidade. Não que uma dimensão da vida esteja, necessariamente, em conflito com a outra, dado que ambas se completam e interagem, mas o desejável é que funcionem harmonicamente, uma consciente da outra e ambas atentas aos respectivos problemas, que, em última análise, são comuns porque dizem respeito às metas evolutivas do ser.

Não é ao que estamos assistindo enquanto escrevo isto. Tanto se priorizou e estimulou o desenvolvimento das faculdades ancoradas no hemisfério esquerdo que a própria comunidade e, em consequência, a civilização contemporânea como que *viraram à esquerda* nas suas trajetórias. O resultado tem sido desastroso em termos evolutivos.

De alguma forma, a dicotomia personalidade/individualidade parece ter sido tratada separadamente a fim de, eventualmente, ocorrer entre elas uma fertilização cruzada. Digo isto porque vejo, historicamente, os aspectos hoje atribuídos ao hemisfério direito – intuição, estética, emoção, pensamento não–verbal – como características predominantes nos povos orientais, ao passo que faculdades identificadas com o lobo esquerdo – pensamento racional, sequencial, matemático e linguistico – têm sido mais valorizadas e cultivadas no Ocidente. Isto explicaria por que razão o Oriente tanto realizou em termos espirituais e especulações tidas como místicas – hoje consideradas com mais respeito e melhor entendimento –, enquanto o Ocidente concentrou-se no desenvolvimento de aspectos mais imediatos, materiais e tecnológicos. Acho mesmo que o processo que teria sido imaginado e implementado (por quem?) para eventual fusão exarcebou-se de ambos os lados. No Oriente, a tendência a valorizar mais os aspectos transcendentais da vida gerou um modelo de civilização mais apassivada, como que acomodada aos desconfortos da vida material, se me autorizam o paradoxo, ou se recorrermos à terminologia de Peter Russell, um modelo feminino de civilização. Sacrificou-se ou ignorou-se, portanto, o transitório em proveito do permanente, do eterno, da transcendência. Já o Ocidente priorizou as conquistas materiais, a sofisticação do conforto físico, o culto do dinheiro, conquistas essas que exigem, senão uma ignorância total da realidade espiritual, pelo menos certa indiferença por ela. Aqui, o transitório dominou o permanente, a personalidade impôs seus termos, numa postura que Russell, certamente, qualificaria de masculina.

Oriente e Ocidente seriam, respectivamente, o hemisfério esquerdo e o direito do "cérebro da terra", se é que me permitem a imagem arrojada. E assim, como já se começa a suspeitar que o desentendimento entre os hemisférios cerebrais humanos está retardando o processo evolutivo das criaturas encarnadas, também um melhor entrosamento entre Oriente e Ocidente resultaria em inestimável benefício para toda a civilização planetária. Isso porque o Oriente tem o que aprender com o Ocidente em termos de conquistas materiais e tecnológicas, ao passo que o Ocidente tem muito a aprender com o Oriente, em aspectos espirituais da vida. Reiteramos que eles não se chocam, nem se excluem ou sequer se hostilizam, mas se completam e continuam programados para funcionar harmonicamente, porque assim o exige o processo evolutivo do ser global e não apenas em seu aspecto terreno.

"Opero a fusão entre as duas metades do pensamento humano" – lê-se em *A Grande Síntese* (p. 113) –, "até agora separadas e inimigas, entre o oriente, sintético, simbólico e sonhador, e o ocidente, analítico e realista."

E, mais adiante (p. 116): "Fé e ciência, intuição e razão, oriente e ocidente, se completam, quais termos complementares, quais duas metades do pensamento humano."

Peter Russell revela-se atento a essa dicotomia ao mencionar que enfatizamos, no Ocidente, o *fazer*, em lugar de *ser*. É verdade isso, dado que estamos estimulando o desenvolvimento assimétrico dos aspectos que incumbem ao hemisfério esquerdo, despreocupados de valores nobres como intuição e visão holística da vida, quando tudo isso precisa coexistir funcionalmente em proveito de todos e, em última análise, da própria civilização e do processo evolutivo. Para Russell, essa integração de um modelo no outro equivaleria a uma harmonização da dicotomia masculino/feminino numa espécie figurativa de androginia. Entendo a imagem e até a admito, em princípio, como imagem, mas não vejo nesse processo aspectos masculinos ou femininos e muito menos androginia.

Uma curiosidade deve ser, contudo, anotada aqui. Os gnósticos também falavam de uma dicotomia masculino/feminino que, no episódio mítico de Adão e Eva, separou-se. Mencionavam, ainda, o arquétipo da câmara nupcial, onde os dois se fariam um novamente. São recorrentes, nos seus textos, por outro lado, as menções à androginia. Estariam os gnósticos pensando, ao ensinar tais coisas, no desdobramento entre espírito e alma a partir do momento em que começa (ou recomeça) a vida na carne? Neste caso, a câmara nupcial seria um espaço mental metafórico para acomodar a metáfora da perfeição, quando o ser não necessita mais submeter-se ao jugo da matéria densa. Nesse ponto, os dois (alma e espírito) voltam a ser um, em coexistência que, de certa forma, sugere o estado de androginia. Se é esta a interpretação, Russell parece um gnóstico moderno.

Não está nada compatível com a minha maneira de pensar a ideia de Russell, segundo a qual o hemisfério direito seja "subutilizado", dado que ainda não sabemos precisamente como e com o que ele se ocupa. Há, contudo, uma indicação preciosa nas escassas descobertas até agora realizadas em torno dos enigmas postos pelos hemisférios – é o de que o cérebro humano tem revelado uma capacidade prodigiosa de crescimento, como "em nenhum outro órgão, em nenhum outro animal". Isso está em Lyall Watson, como veremos daqui mais um pouco, mas não apenas nele, dado que Russell também chama a atenção para o que caracteriza como "explosivo crescimento" do cérebro, além de "uma das mais rápidas e dramáticas mudanças na história da evolução" (p.48). Ele tem uma quantificação para mostrar: se tomarmos o número 1 para a relação-peso entre o cérebro e o corpo de minhocas e insetos, o estenonicosauro, "um dos mais inteligentes dinossauros, que viveu há cerca de 75 milhões de anos", ficaria com 20, ao passo que no ser humano esse índice sobe para 350. Essa elevada taxa de expansão cerebral deve estar, necessariamente, conjugada às necessidades de armazenar crescente volume de informações, dado que em cada etapa de vida, aqui ou na dimensão póstuma, recebemos espantosa carga de conhecimentos novos e ainda temos de acomodar novas combinações entre aqueles de que já dispomos em nossos indimensionáveis espaços interiores. Mais um exemplo a atestar a teoria larmarquiana de que a função (mental) cria o órgão (físico), ao que *A Grande Síntese* acrescenta que cada um desses aspectos interage e reage sobre o outro.

Se, por acaso, o leitor achar que não leu direito, devo confirmar: sim, há um cérebro digamos imaterial, num corpo igualmente energético, que serve de veículo ao ser pensante enquanto encarnado e, logicamente, quando desencarnado, entre uma existência e a outra. Já nos referimos aqui à vida antes da vida (Wambach), à vida depois da vida (Moody) e à vida entre vidas (Whitton e Fisher). A ciência está chegando por etapas ao conhecimento de que a vida é ininterrupta, depois de acreditar, por muito tempo, que só existia vida *durante* a vida (terrena).

Antes de nos despedirmos de Russell, porém, a fim de passar adiante em nossas especulações, é necessário acrescentar que ele identifica, em transparente intuição, a presença do hemisfério direito na atividade extrassensorial, e não na do "verbal-analítico" esquerdo. Não que ele dê o assunto como decidido, naturalmente, porque também aqui, como convém ao cientista, cautela constitui boa companhia.

Fica só o lembrete, porque retomaremos o tema alhures, neste livro.

De todo esse material que estamos consultando aqui, o livro de Lyall Watson – *Beyond Supernature* – é dos mais recentes (1988) e é de nosso interesse conhecer o que tem ele a dizer acerca do objeto destas especulações. Não apenas tem, mas está revestido da autoridade competente para dizê-lo, como o tem demonstrado numa brilhante série de livros.

Ao comentar a *biofeedback*, em conexão com o fenômeno a que chama de transcendência – outro nome para visão cósmica –, lembra, primeiro, que essa não é, necessariamente, uma experiência religiosa, no sentido habitual do termo, parecendo "ter mais a ver com a nossa fisiologia do que com nossas expectativas culturais".

Podemos até concordar com ele, em princípio, no sentido de que o fenômeno pode ocorrer com quem não ofereça qualquer predisposição à religiosidade ou misticismo, ao passo que, mesmo nos místicos, pode ser considerado um fenômeno não-religioso somente porque é transcendental, ou seja, foge à moldura habitual da vida na terra. A questão está em que, para mim, a vida é um fenômeno transcendente, temporariamente acomodado a um processo rotineiro, do qual conseguimos escapar de vez em quando e por breves instantes para contemplá-la em todo o seu transcendentalismo. Para isso dispomos de instrumentação biológica apropriada, ainda que a programação do sistema cerebral tenha suas prioridades situadas no gerenciamento da vida na matéria. O leitor talvez me ponha na categoria dos místicos ao dizer, com toda a honestidade, que entendo a vida como um processo religioso em si mesmo. Há em nosso viver uma interface inevitável com a inteligência cósmica, seja qual for o nome com o qual você queira caracterizá-la ou identificá-la. Não há vida senão nesse ambiente cósmico e não há criação sem criador.

Paul Brunton diz que a individualidade é o ponto de encontro entre o ser e o cosmos.

Watson lembra que o psiquiatra Eugene d'Aquili, da Faculdade de Medicina da Pensilvânia, consumiu anos a pesquisar a transcendência, em seus reflexos neurobiológicos, chegando ao que Watson considera uma "suspeita" de que isso "tenha algo a ver com a cisão dos hemisférios cerebrais" (p. 111). Além de pesquisador com autonomia de voo, Watson é um prodigioso leitor; seu livro exibe nada menos que 424 títulos bibliográficos de apoio. Por isso, quando nos diz que muita coisa tem sido escrita recentemente acerca dos hemisférios, convém prestar atenção ao que ele tem a informar. Ele acha que as metades cerebrais "tendem a especializar-se", cabendo ao lado esquerdo funções "analíticas e lógicas" e ao direito tarefas de natureza artística. Entendo o esquerdo como cabine de controle da nossa inserção no ambiente dito objetivo, material, terreno, ao passo que o direito tem a seu cargo as responsabilidades de nossas ligações com os aspectos transcendentes da vida. Com isto, continuaríamos dentro da proposta de que fica naquele o assento da personalidade e, neste último, o gabinete terreno da individualidade.

Mais do que isso, contudo, encontro na informação de Watson algo que confere com um pequeno mas importante detalhe do meu sonho acerca das mansões de mármore branco no alto do penhasco. É que os hemisférios se comunicam através do corpo caloso, como já vimos, mas Watson acrescenta que, "sob certas condições, as mensagens são redirecionadas pelo lobo inferior do cérebro direito, através do 'sistema límbico'" (p. 111). O leitor deve estar lembrado de que, no sonho, eu sabia intuitivamente de uma passagem secreta entre as duas "casas", mas não conseguia localizá-la, embora, sem perceber como nem por quê, de repente me encontrava de um lado ou do outro.

Nesse ponto da sua exposição, Watson nos passa uma preciosa informação do dr. d'Aquili que se encaixa no que estamos aqui a debater. É o seguinte: como cada hemisfério tem sua própria maneira de se expressar, as mensagens do direito para o esquerdo têm de passar por um processo de *tradução*, ou melhor, de *verbalização*. Num caso típico de comunicação por meio do corpo caloso, o direito, no exemplo sugerido por d'Aquili, vê a presença de Deus num belo pôr de sol, mas a ideia é "muito vaga e metafísica" para o gosto do esquerdo, que se limita, algo desajeitado, a comentar as cores pintadas no horizonte. Quando, porém, entra em ação o componente emocional, a comunicação entre os dois hemisférios parece ignorar a ligação habitual e se utiliza do sistema límbico (a passagem secreta do sonho) e vai direto ao lado esquerdo, produzindo a experiência transcendente (p. 112). Watson traz para o âmbito da discussão o dr. Andre Weil, caracterizado como "um médico livre-pensador" que considera esse tipo de *bypass* essencial à visão do "mundo sem os filtros nos seus lugares habituais". Acha mesmo o dr. Weil, segundo Watson, que, se jamais conseguirmos "abrir os canais" para essas experiências, "condenamo-nos à doença". Mas como abrir os canais? Segundo o dr. Weil, isto se faz "desligando nossa mente da consciência comum". Minha redação seria, naturalmente, diversa, mas a ideia fundamental é a mesma. Eu diria que o estado de percepção transcendental se torna viável quando conseguimos separar personalidade de individualidade, ou melhor, fazemos silenciar o lado esquerdo, na sua infatigável tagarelice, a fim de poder "ouvir" a linguagem silenciosa e não verbal que circula pelo hemisfério direito. Daí porque todo processo de meditação que se preze começa com o exercício de "esvaziar" a mente, ou seja, fazer calar o pensamento consciente e os sentidos. Não é que se interrompa a comunicação entre um hemisfério e outro; o que acontece é que personalidade e individualidade se entendem, em tais circunstâncias, não mais pelo corpo caloso, mas pela conexão límbica, que funcionaria como uma passagem secreta através da qual o ser humano como que se encontra consigo mesmo, integrando personalidade e individualidade.

Poderia ser esse o mecanismo mesmo da intuição, tanto quanto o da comunicação mediúnica e da anímica. Devo acrescentar aqui, em benefício dos leitores não familiarizados com essa terminologia, que é mediúnico o intercâmbio com entidades desencarnadas (espíritos), ou seja, seres que se encontram na dimensão póstuma, no período que os pesquisadores, como o dr. Whitton, estão chamando de "vida entre vidas". Já a comunicação anímica é a que provém da entidade espiritual encarnada através de seu próprio corpo físico. Está neste caso a chamada escrita automática, frequentemente confundida com a psicografia. Na escrita automática a individualidade assume os controles da personalidade e, utilizando-se dos recursos que ali encontra, consegue fazer converter suas imagens abstratas em conceitos verbalizados. Na psicografia o processo é idêntico, mas o agente, ou seja, a individualidade atuante sobre o psiquismo do ser encarnado é uma entidade desencarnada.

Weil está correto, pois, na sua observação de que é preciso retirar os filtros de posição, ou melhor, fazer sobre eles um *bypass* a fim de que possamos tomar conhecimento da transcendência de outras dimensões. Está certo, ainda, quando pressupõe, para funcionamento desse sistema, um desligamento entre personalidade e individualidade ou, para nos mantermos fiéis à sua terminologia, entre "a mente e a consciência habitual". É, literalmente, o que acontece, dado que o corpo energético se desdobra, desprende-se ou afasta-se do corpo físico a fim de que a individualidade tenha acesso aos seus mecanismos verbais de expressão. Há uma hipótese alternativa, talvez mais sedutora: a de que, em tais situações, em vez de "desligar-se" da individualidade, a personalidade, ao contrário, liga-se mais intimamente à sua matriz, saltando para dentro dela, como a criança que busca o aconchego do colo materno. Acredito que nesses momentos a individualidade manifestante – própria ou alheia – se utilize dos circuitos límbicos, enquanto o corpo caloso continua em atividade reduzida, apenas ocupado da manutenção da máquina biológica e pronto para entrar em ação a qualquer momento em que for exigida uma providência mais enérgica na área da personalidade.

Ao aspecto específico da mediunidade retornaremos mais adiante, neste livro.

6. Os "exageros" do cérebro

Duas ideias temos ainda de explorar um pouco mais em relação ao cérebro a fim de contar com elementos informativos que nos habilitem a uma avaliação mais correta da interação consciente/inconsciente ou personalidade/individualidade: uma delas é a de que, diante de mecanismo tão complexo, a ciência considere o cérebro como uma espécie de exagero da natureza – o que, aliás, não é a minha ignara opinião; a outra ideia é a de que não estamos simplesmente ligados à consciência cósmica, somos parte integrante e inalienável dela.

Em *A Memória e o Tempo,* mencionei um estudo, na revista francesa *Science et Vie,* de 1980, no qual a dra. Jacqueline Renaud considerava o cérebro, especialmente a área pré-frontal, como "capaz de todas as aprendizagens". E exclamava com incomum entusiasmo em cientistas: "É o luxo supremo da humanidade!"

Vejo, num dos numerosos achados que Anthony Smith incluiu no seu tratado sobre a mente, uma observação de Alfred Russel Wallace ao caracterizar o cérebro como instrumento que teria sido desenvolvido com capacidade "muito acima das necessidades do seu possuidor". Em outra citação, na entrada do primeiro capítulo de seu livro, Smith nos transmite o pensamento de Arthur Koestler, segundo o qual o cérebro constituiria o único exemplo no qual o processo evolutivo teria produzido um "órgão que não sabe como utilizar". E repete a expressão da dra. Renaud, considerando o cérebro "um luxo" que vamos levar "milhares de anos para aprender a usar, se é que o aprenderemos". Pouco adiante, no capítulo terceiro, a perplexa observação é de dois cientistas do cérebro – Stephen W. Kuffler e John G. Nicholls, *in From Neuron to Brain,* 1976, *apud* Smith – que manifestam honestamente certa desconfiança de que não se esteja entendendo bem as coisas que dizem respeito ao cérebro, de vez que se afiguram incompatíveis suas "extraordinárias propriedades" com o que se poderia esperar da "montagem de suas peças". Essa visão materialista da questão faz lembrar perplexidade semelhante de seres primitivos perante as primeiras "máquinas falantes". Como é que um objeto daqueles podia falar se era apenas um conjunto de peças articuladas umas às outras? Não estaria faltando aqui uma visão alquímica da mente?

Felizmente, encontramos no capítulo 4, sobre a anatomia cerebral, uma observação de Robert Boyle, a admitir, modestamente, ser "altamente desonroso" para a alma viver numa casa como o corpo, que nem conhece direito. Uma boa e sensata advertência, esta, que poderá induzir-nos a uma atitude mais humilde de busca e aprendizado em relação ao que ainda não estamos entendendo, em vez de achar que a natureza tenha cometido algum erro em criar um instrumento de trabalho muito acima de nossas necessidades e até da capacidade de operação.

Às vezes é o humorista, em lugar do poeta, que ilumina certas coisas para a gente. Swift, por exemplo, *apud* Smith, que escreveu esta pérola: "O homem não é animal razoável, mas apenas dotado de razão." Nesta competição para entender o ininteligível, também os artistas entram com sua contribuição. Louis Armstrong, o gênio do *jazz* que, talvez desanimado de explicar a alguém o que para ele era óbvio por si mesmo – isto é, o *jazz* –, saiu-se com este primoroso e inteligente comentário: "A não ser que você saiba o que é isso, nunca terei condições de explicá-lo pra você." É verdade. Como tentar explicar um fator espiritual no ser humano, se o interlocutor não tem a menor ideia do que seja a realidade espiritual?

Dessa amostragem, podemos depreender certa unanimidade – a de que o cérebro é um prodigioso e ainda enigmático mecanismo –, bem como duas posturas críticas extremadas – a primeira, colorida de preconceitos materialistas, que considera desperdício criar-se um instrumento tão fantástico com tamanha capacidade ociosa; e a outra, mais humilde, perplexa diante da maravilhosa máquina processadora do pensamento, mas disposta a aprender com ela o que ela tem a dizer de si mesma. Ficamos com esta última corrente, a única que oferece espaço para a criatividade do aprendizado.

Mesmo a avaliação, às vezes controvertida, mas sempre brilhante de Lyall Watson, parece indiferente aos aspectos extramateriais das funções cerebrais. Encontramo-lo atento às estruturas e aos mecanismos biológicos do cérebro e aos mensageiros bioquímicos dos comandos mentais, mas como se todo esse prodigioso computador estivesse programado exclusivamente para levar a bom termo as tarefas necessárias à sobrevivência física do ser. Com o que se evidencia para ele o excesso de capacidade instalada no cérebro, óbvio "exagero evolutivo". Partindo do conceito de Szent-Gyorgyi, bioquímico húngaro, segundo o qual a biologia "é a ciência do improvável", Watson pensa que nada é tão dramático, entre as diversas improbabilidades biológicas, quanto a exagerada capacidade cerebral, que ele considera muito acima de nossas necessidades, como também entendia Arthur Koestler, para o qual o processo evolutivo "deu um tiro muito além da marca" ao criar o cérebro.

Lembra o autor, neste ponto, inexplicáveis faculdades demonstradas por A. C. Aitken, professor de matemática na Universidade de Edimburgo. Solicitado a transformar a fração 4/47 em uma decimal, respondeu, em vinte e quatro segundos, com vinte e seis dígitos, a começar de .085. Deu uma parada para pensar, e acrescentou outros vinte dígitos, informando, a seguir, que, ao cabo desses quarenta e seis dígitos, a periódica se repetia, a começar novamente com o .085 inicial!

Mais do que a demonstração da incompreensível capacidade ociosa do cérebro, Watson se pergunta o porquê de uma faculdade dessas no contexto humano sem qualquer valor na luta pela sobrevivência. Parece que nem passa pela cabeça de Watson que talvez essa faculdade esteja apenas fazendo lembrar, com a sutileza própria da vida, a sobrevivência do espírito, não a do corpo físico, ou seja, ela opera do lado da permanência, do eterno, da individualidade, ao passo que os mecanismos biológicos se ocupam prioritariamente do transitório, no interesse da personalidade.

Com todo o devido e merecido respeito por opiniões como essas, submeto a minha ao tiroteio da discordância, apoiada no que se sabe até agora do cérebro e de suas funções. Considero, no mínimo, prematuro atribuir-se a um erro no processo evolutivo a "exagerada" capacidade instalada do cérebro. Que, pelo menos, nos sirva na cautelosa avaliação desse fato o exemplo de todos os demais instrumentos criados para manifestação da vida na terra – nenhum deles apresenta qualquer erro de projeto ou de execução, como nos asseguram os pesquisadores. Ao contrário, quando qualquer dispositivo biológico entra em desuso, tende a atrofiar-se e, eventualmente, a excluir-se do contexto, como a cauda, que sobrevive no ser humano apenas com algumas pequenas vértebras residuais, no cóccix. E quando a mente precisa de algum dispositivo que ainda não existe, cuida de criá-lo, nem que para isso consuma alguns milhões de anos. Se a estrutura cerebral fosse excessiva e, portanto, ociosa e desnecessária, ela própria estaria condenada a minguar e não a expandir-se em ritmo que nenhum outro dispositivo biológico consegue imitar. Penso, ainda, que o mínimo que se tem aqui a fazer é adotar uma atitude de expectativa, enquanto não se sabe – confessadamente, como vimos – o que é, afinal, e como funciona o cérebro, em lugar de partir para a opção de que, se não o entendemos, é porque ele constitui um erro da natureza. Não seremos nós os errados, que continuamos a explorar abordagens improdutivas ao enigma? Na realidade, o que me parece é que estamos avaliando o cérebro como um todo apenas pela utilização que lhe dá a personalidade, esta sim, interessada nos mecanismos de sobrevivência física. Continuamos a ignorar como a individualidade opera a parte que lhe toca e que "espaço" ocupa no edifício cerebral. Se a hipótese das vidas sucessivas é uma realidade – e não dá mais para ignorá-la –, os arquivos das vivências passadas também precisam de instalações compatíveis no sistema biológico, dado que todo o conhecimento adquirido ao longo dos milênios tem que estar envolvido no processo de tomada de decisão resultante da interação mente/corpo, personalidade/individualidade, consciente/inconsciente, transitório/permanente. As extraordinárias amplitudes do inconsciente, em confronto com as exíguas "dimensões" e capacidades conscientes, estão a indicar, por si mesmas, a razão da constante expansão cerebral, de vez que a cada existência terrena que se encerra todo o material acumulado passará automaticamene para o inconsciente na existência subsequente a fim de abrir espaço para as novas experiências. Aí está uma razão a mais, no meu entender, a justificar e até a exigir uma visão alquímica para a mente, que tem demonstrado sobejamente ser maior que os componentes meramente biológicos com os quais opera e que, mesmo assim, o cérebro continua sendo considerado um exagero.

Bem, ficou dito no início deste módulo do livro que tínhamos duas ideias a analisar antes de passar adiante. A primeira diz respeito à capacidade instalada do cérebro, o que acabamos de examinar. A segunda tem a ver com a nossa participação ou integração no ambiente cósmico.

Quando o prof. Rivail (Allan Kardec) perguntou aos seus instrutores se se poderia considerar os espíritos como "formados do elemento inteligente, como os corpos inertes o são do elemento material" (I, questão número 79), a resposta foi de uma clareza indisputável e de considerável importância. "Evidentemente", disseram. "Os Espíritos são a individualização do princípio inteligente."

Vamos repetir: *individualização do princípio inteligente*. É certo que não havia, à época, condições culturais e científicas de desdobrar e ampliar esse aspecto a fim de melhor explicitar-se o fato de que o cosmos é pensamento divino e, portanto, coisa viva, inteligente, consciente, e que, dentro desse contexto de inteligência no qual tudo vive e se movimenta, surgem pequenos núcleos individualizados a que chamamos espíritos ou entidades espirituais. Podemos acrescentar que essas individualidades mergulham no campo mais denso da matéria a fim de *pensá-la*, no dizer de Bergson, ou *intelectualizá-la*, como preferiram os instrutores que se colocaram à disposição do prof. Rivail. Ou, ainda, como escreveu Chardin, o psiquismo mergulha na forma, em busca de si mesmo. Por que isso? Como funciona? Com que finalidade? Até quando? São questões que deveremos considerar ainda por um tempo inavaliável, com respeito, dignidade e humildade. Poderíamos sugerir que, uma vez individualizado, o princípio inteligente vai em busca de numerosas outras partículas de psiquismo disseminadas por todo o cosmos a fim de incorporá-las a si mesmo e, com isso, enriquecer-se espiritualmente. Isso estaria compatível com a ideia de que a evolução é um processo de progressiva conscientização, como também compatível com o *insight* do autor espiritual Emmanuel, segundo o qual a inteligência dorme na pedra, sente na planta, sonha no animal e desperta no ser humano. Há, portanto, no entender desse autor, um psiquismo latente, ainda inconsciente de si mesmo, no âmago da matéria densa. Vimos isto confirmado pelo autor de *A Grande Síntese,* ao referir-se aos cristais.

Seria impraticável resumir aquilo a que *A Grande Síntese* conceituou como "a teoria cinética da origem da vida". É preciso recorrer ao livro em si para apreciá-lo, como merece, em todas as suas amplitudes e profundezas. Há, contudo, referências explícitas a um princípio psíquico, inicialmente inconsciente, mesmo na matéria inerte, como vimos. À página 181 dessa obra, encontramos referência ao conceito de "matéria memoriada".

Por sua vez, a matéria também "nasce, vive e morre, para renascer, reviver e tornar a morrer, eternamente, como o homem"(p. 42).

"No princípio, havia o movimento (p. 139) e o movimento se concentrou na matéria; da matéria nasceu a energia, da energia, emergirá o espírito."

"Um germe de psiquismo (p.197) já existe, conforme vimos, na complexa estrutura cinética dos motos vorticosos."

Seja como for, a especulação é ociosa e extemporânea, logo inútil, mas é importante saber que somos todos estruturados com a mesma energia de que é feita o cosmos. Por isso diz o Evangelho gnóstico de Tomé que viemos da luz, "lá onde ela nasce de si mesma", ou seja, é incriada. Talvez a tarefa de cada ser inteligente, na sua condição de co-criador, seja a de vir para esta dimensão a fim de recolher tantas partículas de inteligência quanto possíveis de toda essa incalculável quantidade delas que ainda estão adormecidas na matéria, à espera de que alguém venha buscá-las para a glória suprema da consciência. Estavam certos, portanto, os gnósticos que consideravam a vida na carne como exílio, esquecimento, estado de embriaguez semelhante ao da morte. Vivo era o ser redimido, reintegrado não propriamente em Deus, dado que nunca nos desligamos totalmente dele. Por mais estranho que possa isto parecer, o que nos separa de Deus não é o estado de inconsciência que atribuímos a tudo quanto se passa no âmbito da individualidade, e que, no corpo físico, localiza-se no hemisfério direito; ao contrário, é precisamente aquilo a que chamamos de consciência, ou seja, o polo do ser que se acha restrito à personalidade e, portanto, ao hemisfério esquerdo, que nos limita de tal maneira a visão cósmica que nos põe como que separados de Deus.

Isto porque, mesmo aparentemente separados, dois com Deus, como diziam os gnósticos, continuamos n'Ele e nem poderia ser de outra forma, dado que nada existe senão n'Ele, que Ele tenha criado e sustente com o poder da sua vontade consciente e inteligente. De qualquer ponto de vista em que nos situemos, percebemos a mesma realidade, ou seja, a de que vivemos e nos movemos n'Ele, como tão bem expressou a intuição de Paulo de Tarso.

Em *Space, Time and Medicine*, o dr. Larry Dossey propõe a hipótese de que o cérebro seja um holograma, partícula do holoverso, ou seja, do holograma cósmico, ou universal, ideia que ele foi colher em uma entrevista concedida por Karl Pribram a Daniel Coleman, na publicação *Psychology Today* de fevereiro/1979, às páginas 71-84. Como sabe o leitor, por mais diminuta que seja a partícula de um holograma, ela é sempre uma integral réplica do todo. Isto quer dizer que cada um de nós, como "princípio inteligente individualizado", é um microcosmos integrado no macrocosmos, ao mesmo tempo em que preservamos nossa condição de indivíduos. Mais: esse paradoxal conceito revela que somos, ao mesmo tempo, a partícula e o todo.

Aliás, o módulo do livro em que Dossey trata desse aspecto abre com uma citação de David Bohm, segundo o qual "todo o universo" (com todas as suas "partículas", inclusive as que constituem os seres humanos, seus laboratórios, instrumentos de observação, etc.) "tem de ser entendido como um único todo individido". Estudá-lo analiticamente em suas pretensas partes não faz sentido. Portanto, mesmo ao tomarmos a partícula holográfica do ser humano, temos de estar conscientes de que estamos diante do cosmos, do todo, do indivisível. A antiga sabedoria ocultista dizia isso mesmo, ensinando: "o que está em cima está também embaixo". Em outras palavras, disse o Cristo que a vontade de Deus é para ser feita "assim na terra como nos céus", ou seja, por toda parte, dado que o universo é um só pensamento e a lei cósmica uma só, para tudo e todos.

Não faltam, aliás, advertências no sentido de que temos de observar o universo como um todo, em atitude de humildade intelectual – como ensina Saxton Burr –, com a visão interior – os olhos de ver de que falou o Cristo – e sem tentar abstrair os aspectos éticos implícitos em tudo isso. Para todas essas posturas há apoios, cujas origens surpreenderiam a muitos. Alguns exemplos? ..."a natureza revela pouco de seus segredos – escreve Evelyn Underhill, *apud* Larry Dossey (II, p. 190) – àqueles que somente olham e escutam com o ouvido ou o olho externos". "Sente-se diante do fato" – propõe T. H. Huxley (Dossey, II, p. 225) – "como uma criança e esteja preparado para abrir mão de qualquer noção preconcebida; siga humildemente para qualquer abismo a que a natureza o conduzir, ou você não aprenderá coisa alguma." Já David Bohm (Dossey, II, p. 206) observa que "a ciência tem-se deixado influenciar pela postura de que se deve tentar ignorar o julgamento de valor", o que, no dizer de Bohm, constitui mero preconceito.

Por essas e outras, Larry Dossey desenvolveu em outro livro seu – *Reencontro com a Alma* – o conceito esboçado em seu livro anterior, segundo o qual a mente é uma realidade "não localizada", incapaz, temporariamente aprisionada nas malhas de tempo e espaço, mas que transcende a ambos. Daí recorrer Dossey a uma citação de Pir Vilayat Khan, logo na abertura do primeiro capítulo do livro. "Nossa grande limitação" – ensina Khan – "consiste em supor que somos indivíduos." Eu modificaria algo na frase para dizer que isso é verdadeiro para a personalidade que fica a passear de lá para cá nos estreitos limites do que chamamos consciência, desatenta das suas ligações com a consciência cósmica, através da individualidade. Seja como for, a ideia fundamental é válida, no sentido de que, como entidades espirituais acopladas a um corpo físico, não apenas participamos daquela consciência, como somos ela própria, no diminuto fragmento de holograma em que estamos situados.

Exemplo dramático desse autoenclausuramento nos acanhados limites da personalidade é denunciado por Paul Davies, (*apud* Dossey, I, p. 37), segundo o qual não tem o menor sentido perguntar (arrogantemente, acho eu) "de que material é feita a alma?" Para o eminente físico e pensador, é o mesmo que se perguntar de que material "é feita a cidadania ou as quartas-feiras".

Quanto à integração da mente humana no cosmos, melhor é ler toda a parte II do livro de Dossey, que começa com citações de Arthur Eddington e James Jeans, o primeiro deles considerando o conceito de "mente universal" compatível com as posturas da ciência contemporânea. Jeans observa que, no âmbito de nossa personalidade, contida em tempo e espaço, nos julgamos "entidades separadas dentro de um quadro multifacetado". Uma vez, porém, ultrapassadas tais limitações, as coisas se parecem com "um único fluxo de vida", o que leva à ideia de que "seríamos todos membros de um só corpo". Ou, como diria Schrödinger (*apud* Dossey, I, p. 117), "... o número total das mentes é um". Einstein demonstrou, repetidamente, consciência pessoal de sua participação na totalidade. Dossey recolheu dele, em carta a Max Born, um pensamento revelador. Perguntado, quando seriamente doente, se tinha medo da morte, o formulador da teoria da relatividade respondeu que experimentava "uma sensação de solidariedade com todos os seres vivos" e que, por isso, não se importava em saber "onde o indivíduo começa e onde termina"(-Dossey, I, p. 135). Em um papel de H. Bloomfield, Dossey obteve declaração não menos importante de Einstein sobre como via o ser humano no universo:

> Um ser humano – disse – é parte limitada no tempo e no espaço de um todo por nós chamado de "universo". Ele tem pensamentos e sentimentos como algo separado do restante – uma espécie de ilusão ótica da consciência. Essa ilusão é como uma prisão para nós, restringindo-nos a decisões pessoais e ao afeto por algumas pessoas mais próximas. A tarefa que nos cabe é libertar a nós mesmos dessa prisão, ampliando nosso círculo de compaixão para abraçar todas as criaturas e toda a natureza em sua beleza.

Esses mesmos pensamenos de Einstein encontramos no livro *The Global Brain*, de Peter Russell, sobre ao qual temos também recorrido aqui.

"Ilusão ótica da consciência"– disse ele e repito para destacar. E ainda achamos que é com essa consciência limitada da personalidade que podemos avaliar a realidade cósmica, ao passo que a instrumentação adequada para essa avaliação se encontra no que até aqui tem sido considerado como inconsciente. Quanto ao mais, o que aí lemos é o parecer de um gigante intelectual – judeu, acrescente-se, com respeito – sobre alguns conceitos fundamentais emitidos pelo Cristo, como "Eu e o Pai somos um", "Quem é minha mãe, quem são meus irmãos...", "Amai-vos uns aos outros..."

São esses alguns pronunciamentos acerca de nossa integração no todo. Seria mera especulação de místicos, filósofos, poetas, pensadores e cientistas?

Veremos esse aspecto a seguir.

7. Inteligência e instinto

Para melhor entendimento de algumas reflexões que tenho a expor, proponho voltarmos ao competente estudo de Anthony Smith acerca do cérebro, ou, mais precisamente, às informações e ensinamentos que ele oferece a respeito dos animais ditos irracionais. Smith é o primeiro a reconhecer as limitações a que ainda estamos sujeitos nesse e em numerosos outros aspectos da vida. Perguntou-se, por exemplo, a Richard Leakey, um antropólogo de categoria internacional, como foi que o macaco bípede, menos peludo do que os outros – Desmond Morris chama-o "o macaco nu"–, adquiriu esse incrível instrumento de pensar e o passou a nós, por hereditariedade. Leakey declarou, honesta e modestamente, que não tinha a mínima ideia, o que é muito bom de se ouvir de um cientista do seu nível, que demonstra o desejo de aprender com os fatos em vez de impor-lhes premissas teóricas. O certo é que, a partir de determinado ponto na trajetória evolutiva, aquele ser, meio bicho, meio homem, começou a inchar na cabeça, onde precisava de espaço para acomodar volumes cada vez maiores de massa encefálica. E com urgência, se é que podemos pensar dessa maneira quando nos referimos a um período de três milhões de anos, um minuto na eternidade. Acho que podemos. Nas estimativas de Smith, de cerca de quinhentos centímetros cúbicos – o cérebro de um gorila – o homem aparece com uma caixa craniana com capacidade para mil e quatrocentos centímetros cúbicos em *apenas* três milhões de anos. Isso daria, ainda segundo cálculos de Smith, um acréscimo de nove bilhões de células durante aquele espaço de tempo, o que corresponde a cento e cinquenta mil células a cada geração. É preciso chamar a atenção para o fato de que esse incremento celular se dá na simples transição biológica de pais para filhos, o que produz um número impressionante de novas células de uma geração em relação à anterior, quando sabemos que em cada centímetro cúbico de massa cerebral há cerca de dez milhões de células. Smith oferece algumas especulações adicionais para dizer que, se o corpo físico dos animais crescesse na mesma proporção, um elefante precisaria de 400 milhões de gerações, ou seja, oito bilhões de anos para aumentar seu peso de uma tonelada para sete.

Muito temos ainda a aprender com relação a esse passado, a partir do estágio em que nosso remoto ancestral começou a se pôr de pé. Foi ali que aquela rude criatura liberou os membros anteriores que evoluiriam para a extraordinária flexibilidade das mãos, que mais se libertavam à medida em que o antigo bicho aprendia a fazer instrumentos. Paralelamente, crescia o cérebro. Smith tem alguns números para mostrar: 400 centímetros cúbicos de volume cerebral para o chipanzé e 500 para o gorila e para o *Australopi-thecus robustus*. A primeira dessas criaturas a produzir rudimentares instrumentos tinha uma capacidade craniana de 750 centímetros cúbicos. Um milhão e meio de anos depois, o *Homo erectus*, conhecia o fogo, além de saber fazer alguns instrumentos. Em compensação, seu volume cerebral crescera para 900 a 1.100 centímetros cúbicos. Com outro pulo, chegamos ao muito conhecido megabisavô nosso, o homem de Neanderthal, cujo cérebro abrigava-se em confortável espaço de 1.500 centímetros cúbicos (p. 8-9).

Estranho como possa parecer, contudo, o cérebro humano disparou em volume, enquanto o dos animais parece praticamente estabilizado, muito embora não se possa afirmar dogmaticamente que a capacidade de pensar esteja implacavelmente condicionada ao volume cerebral.

Seja como for, um vermezinho intestinal – me lembro dele de remotas referências de minha infância –, o *Áscaris*, tem exatamente 162 células no cérebro, em confronto com as nossas 15 bilhões. Para que a gente não olhe esse bichinho (em algum microscópio, naturalmente) com orgulho e desprezo, Smith adverte logo que ele se sai muito bem, obrigado, com as suas 162 células. A abelha, muito admirada e respeitada pela sua competência em administrar a indústria do mel, dispõe de 7 mil neurônios, enquanto nós contamos com 2 milhões de vezes mais que isso. Para colocar as coisas no seu devido lugar, Smith relaciona mais de uma dúzia de tarefas relevantes que a abelha desempenha com irretocável precisão, como distinguir as cores, do violeta ao amarelo, calcular a inclinação dos raios solares, com um erro de 2 a 3 graus, percorrer sem falha o caminho de volta à colmeia, e outras tantas proezas, além dos trabalhos, digamos, de rotina, como construir o primoroso e elegante silo dos favos para guardar o mel, cuidar da rainha-mãe, limpar, ventilar, vedar e fazer pequenos reparos de manutenção na habitação coletiva e comunicar-se com as companheiras. O cérebro delas? Apenas 0,74 milímetros cúbicos. Curiosamente, o da rainha é ainda menor, ou seja, 0,71 mm^3, ao passo que o zangão é um prodígio cerebral, com 1,175 mm^3. Talvez, supõe Smith, por causa dos olhos grandes de que ele necessita para localizar a futura rainha, no voo nupcial – é a sua única chance na vida...

As observações de Smith nos levam a concluir que os cientistas da década de 80 – e acho que podemos acrescentar os da década de 90 – continuam tão fascinados pelo engenhoso computador biológico do cérebro, quanto seus colegas de décadas anteriores. É fantástica a capacidade demonstrada pelo ser humano de aprender e memorizar, mas, como lembra Smith, são muitos os animais que também aprendem e se lembram "com muito menos equipamento" (p. 25), ou seja, em vez de trabalharem com alguns milhões de neurônios, eles realizam proezas semelhantes com alguns milhares deles.

Se a gente cotejar essa informação com a de que o ritmo de crescimento do cérebro, como vimos, ultrapassa de muito o do crescimento do restante do corpo físico, creio admissível supor um impulso extrabiológico, exógeno, energético, de iniciativa espiritual ou, pelo menos, de uma fonte que não está nas células. Acho que Smith também pensa dessa maneira, ainda que não o expresse com as mesmas palavras. Ele discorre sobre o processo que vai do aparecimento das primeiras redes nervosas primitivas, passa pelos gânglios e acaba no cérebro, com as seguintes escaladas: peixes, anfíbios, répteis, mamíferos, homem. Há uma lógica tão óbvia nesse processo evolutivo que a coisa "parece preordenada" – ensina (p. 29) –, ou seja, não acontece por acaso, mas segundo um plano preestabelecido. E mais: aqui também, como em tantos outros aspectos da natureza, tamanho não é documento. O cérebro do elefante é três ou quatro vezes maior que o do ser humano, ao passo que o da baleia pode ser seis vezes mais pesado e, no entanto, nenhum deles é mais competente para administrar o pensamento do que o cérebro humano.

Como a ignorância também tem seus direitos, eu diria que o cérebro dos animais alcança todo esse nível de eficácia porque se mantém na área a que chamaríamos inconsciente, sem interferências, às vezes desastrosas, do consciente. Estaria localizado no inconsciente, tanto em animais como em seres humanos, o núcleo primitivo dos instintos, ou seja, o arquivo dos procedimentos adquiridos que têm para todos nós aquilo que Lyall Watson e outros chamam de *survival value*, isto é, são relevantes ao processo da sobrevivência do ser, e, consequentemente, da espécie.

A propósito disto, os instrutores espirituais do prof. Rivail disseram que o instinto é também uma forma de inteligência, cuja fonte, aliás, foi por eles identificada como sendo "a inteligência universal" e que "nunca se transvia", ou seja, não erra, mesmo porque já passou pelo teste dos milênios, na busca de mecanismos de sobrevivência física. Acrescentaram que "a inteligência é uma faculdade própria de cada ser e constitui a sua *individualidade moral*". (O destaque é meu.) Explicaram ainda que esse mecanismo instintivo "existe sempre, mas o homem o despreza", apelando para o que entendemos por razão. É esta que "permite a escolha" e leva ao livre-arbítrio. Afinal de contas, o ser em evolução precisa demonstrar, mais cedo ou mais tarde, que está aprendendo a fazer escolhas corretas.

Há, ainda, em Smith, um aspecto de particular interesse para o nosso estudo. Diz ele (p. 28) que "a mais destacada diferença" entre os répteis e os mamíferos está no dramático desenvolvimento do cérebro. Transcreve, a seguir, a opinião de Alfred S. Romer, da Universidade de Harvard, para o qual "a evolução dos hemisférios cerebrais constitui o aspecto mais espetacular na história da anatomia comparada". Para um cientista tido por Smith como o "papa" dos autores de livros sobre vertebrados, a linguagem é de inesperada veemência.

Ainda no exercício dos supraditos direitos da ignorância, arrisco-me a propor que começa nos mamíferos o processo de dicotomização psicológica, que se desenvolve e aprofunda à medida em que a personalidade vai adquirindo autonomia. Enquanto isso, a individualidade permanece silenciosa, nos bastidores, ancorada no hemisfério direito, uma tida por consciente e outra, inconsciente. Continuo achando inadequado tomar o pensar à esquerda como racional e consciente, ao passo que o da direita seria irracional e inconsciente. Entendo-os como subordinados a uma só unidade processadora que se desdobra em duas fases, com tarefas diversificadas. É igualmente injusto, a meu ver, rotular o hemisfério esquerdo como dominante, só porque dele temos conhecimento direto e acesso facilitado. Ao contrário, a mim parece que ele opera em faixa nitidamente inferior de alcance, como instrumento necessário à tarefa específica de viver no âmbito limitado e limitador da matéria densa. Ademais, o lado esquerdo só tem consciência de si mesmo e do que se passa à sua volta, sem acesso livre ao que se passa no direito, ao passo que este, ao que tudo indica, não apenas sabe de si e do cosmos, como do que transita pelos circuitos da metade esquerda.

Se, porém, consideramos o hemisfério direito como irracional e inconsciente, e também os animais como irracionais e inconscientes, ou seja, não dotados de consciência de si mesmos, creio autorizada a conclusão preliminar de que a memória dos instintos, acrescida aos arquivos gerais de toda a trajetória do ser ao longo de suas inúmeras existências, teria sido recolhida pelo lado silencioso da mente, cuja cabine de controle se localiza no hemisfério direito. Isto nos leva a um melhor entendimento do que quiseram dizer os espíritos quando ensinaram que o instinto é uma espécie de inteligência (parcela da "inteligência universal"), permanente ("existe sempre", mesmo no ser humano), infalível ("nunca se transvia") e, finalmente, estrutura de apoio indispensável para que se desenvolva a capacidade de escolha, com a qual se exercita o livre-arbitrio que, por sua vez, se arma como mecanismo de teste evolutivo. Mais ainda, o ser espiritual, como "individualização do princípio inteligente", aloja-se, enquanto acoplado ao corpo físico, na metade direita do cérebro, ligado, por um lado, com a personalidade (à esquerda) e, pelo outro, à inteligência cósmica, da qual constitui parcela viva.

Isto nos leva a admitir, ainda, que, desde o mais insignificante ser vivo, não apenas com as suas modestíssimas 162 células nervosas, como o *Áscaris*, mas o ser humano, com 12 ou 15 bilhões, estão igualmente conectados com a inteligência cósmica e, portanto, todos ligados entre si. É o que ensinam, coerentemente, remotos místicos, antigos e recentes poetas e modernos cientistas quânticos. Acho mesmo que estamos autorizados a recuar um passo ou dois, nesta especulação, para admitir que as plantas também participam dessa família universal, segundo, aliás, ensina o dr. Harold Saxton Burr e o demonstraram Peter Tompkins e Christopher Bird no livro que também examinamos. Falei, contudo, em um ou *dois* passos. Com dois passos podemos incluir aquilo que aprendemos a considerar matéria inorgânica, ou seja, minerais e metais. Se os cristais resultam de matrizes invisíveis e se os metais apresentam as reações que o prof. Bose denominou "assinaturas", então também a matéria dita inerte é dotada de uma forma qualquer de psiquismo rudimentar, ou um precursor do psiquismo, constituído por um campo magnético que também interage com o ambiente cósmico.

Recorrendo à terminologia filosófica, podemos dizer que, ontologicamente, tudo o que existe tem as mesmas origens, está interligado e interage com o cosmos. Foi o que escreveu Francis Thompson ao dizer que "não se pode tocar uma flor sem incomodar uma estrela". As reações ao estímulo dessas partículas ou parcelas cósmicas são, portanto, diretamente proporcionais ao conteúdo psíquico de cada uma delas; no entanto, todas se acham conectadas com o imenso reservatório psíquico dentro do qual "vivemos e nos movemos", no dizer do apóstolo Paulo, ou como "peixes num oceano", no dizer do autor espiritual André Luiz.

É hora de retomarmos o livro *De l'Inconscient au Conscient*, do dr. Gustave Geley, para conferir algumas dessas hipóteses. Vamos recorrer, especificamente, ao texto em que o autor oferece algumas objeções à proposta filosófica de Henri Bergson. Anotemos, de início, que o livro de Geley é de 1921 e que ele é o primeiro a destacar o fato de que a psicologia ainda estava *"trop peu avancée"*, ou seja, ainda engatinhava.

Lembra, de início, o automatismo das principais funções vitais e, portanto, instintivas, tanto no homem como no animal, como já haviam assinalado os espíritos, e prossegue: (I, p.190)

> A psicologia subconsciente domina a vida animal como também a vida humana. A consciência não aparece senão como aquisição, que se realiza no decorrer da própria evolução e *proporcionalmente ao nível alcançado por essa evolução*. Não há, pois, diferença de natureza entre o animal e o homem – ambos são regidos, do ponto de vista psíquico, pelo inconsciente. Não há entre eles, senão uma diferença de grau, marcada pelo nível de realização consciencial. (O destaque é desta tradução.)

Para explicitar melhor seu pensamento, nesse ponto que acredita "capital", na demonstração do que considera uma falha nos principais ensinos de Bergson, Geley distribui o assunto em três itens:

a) o instinto animal constitui manifestação primária, de ordem inferior, do psiquismo inconsciente; b) a subconsciência humana resulta do desenvolvimento, expansão e enriquecimento, pela evolução progressiva, do instinto animal; e c) o grau de realização no animal e no homem é, pura e simplesmente, função do nível evolutivo.

Isso porque, no seu entender, "o instinto não obedece, na maior parte das vezes, nem à lógica, nem à reflexão consciente, nem à vontade". Embora concordando, em princípio, com essas observações, eu as poria de outra maneira, por entender, como temos visto aqui, que as reações instintivas aos inúmeros estímulos que a vida proporciona não são, exatamente, ilógicas, nem inconscientes e nem involuntárias; elas apenas se apresentam a nós como tais, mas têm também a sua lógica específica, tanto quanto são comandadas por uma vontade consciente, ainda que provinda de uma parte do psiquismo que se situa fora do alcance da consciência de vigília. Continuo entendendo o consciente como mero instrumento de leitura pelo qual passam os *inputs* e os *outputs* informativos, ou seja, os que vêm do ambiente em que vivemos e os que vêm de dentro de nós próprios.

Seja como for, Geley reconhece "os resultados maravilhosos, frequentemente superiores", obtidos pelo instinto em confronto com os que se consegue pela "reflexão voluntária e consciente", como também já haviam assinalado os espíritos. Certamente por essa razão, o autor francês caracteriza o instinto como "misterioso na sua essência". Comentando esse aspecto, ele introduz o conceito de um subconsciente supranormal em paralelo ou contíguo ao subsconsciente instintivo.

Ele dispõe de alguns exemplos para demonstrar a surpreendente capacidade do instinto em alcançar, sob determinadas condições, níveis absolutamente inesperados de realização.

Um gato atravessa a cidade de Avignon, de uma extremidade à outra, de volta à sua antiga residência, após percorrer um emaranhado de ruas, evitando a perseguição dos cães e das crianças, superando dificuldades como a do rio Sorgue, que ele teve de atravessar a nado. "Agiu – escreve Geley – como se estivesse em estado sonambúlico."

Outro gato foi levado de trem de Orange a Sérigan, a 7 quilômetros de distância. Depois de aparentemente acostumado à sua nova residência, de repente, desapareceu e voltou "para casa", em linha tão reta quanto possível. Este também teve de atravessar um rio a nado, o Aygues.

Em *Beyond Supernature*, Lyall Watson apresenta casos ainda mais surpreendentes e bem documentados para demonstrar sua tese habitual de que "todas as coisas vivas são parte de um processo mais amplo(I, p. 79).

Um cidadão inglês, por nome James Brown, de Staffordshire, na Inglaterra, foi convocado e enviado, em agosto de 1914, para a França com o seu regimento. Em 27 de setembro recebeu carta da esposa dizendo que tinha más notícias para lhe dar: Prince, o cão predileto dele, havia desaparecido e não fora possível encontrá-lo. Brown respondeu dizendo que nem poderia tê-lo achado, pois o cão estava com ele, na França! De alguma forma que nem se pode imaginar, Prince havia percorrido mais de 300 quilômetros pelo sul da Inglaterra, atravessou o Canal da Mancha (dez quilômetros na sua faixa mais estreita), viajou mais cerca de 100 quilômetros pelo interior da França, em plena guerra, até descobrir seu amado senhor num grupo de trincheiras, nas vizinhanças de Armentières.

Casos como esse são mais frequentes do que se imagina. Watson lembra a histórica proeza de um gato, no final do século XVI. Em 1600 várias pessoas foram presas e enviadas para a temível Torre de Londres, sob a acusação de estarem conspirando contra a rainha Elizabeth. Entre eles, Robert Devereaux e Henry Wriosthesley, terceiro conde de Southampton. Dentro de uma semana, o gato do conde foi fazer-lhe companhia. Era um inconfundível bichano branco dotado de uma espécie de colarinho de manchas pretas. Não apenas viajara cerca de 160 quilômetros como, de alguma forma, conseguira descer por uma chaminé para ir ao encontro do seu dono, em sua masmorra secreta da torre. Watson nos assegura que ainda existe um belo retrato do conde com o seu fiel gato, na coleção do duque de Buccleuch, capitão da guarda da segunda Elizabeth.

Como é importante que esses animais tenham, como o gato do conde, características identificadoras, Watson conta que o psicólogo Michael Fox, da Universidade de Washington, menciona dois exemplos típicos. Em um deles, um veterinário deixou seu gato em Nova York, ao mudar-se para a Califórnia, a cerca de 4 mil quilômetros de distância. Alguns meses depois, ele viu o gato entrando em sua nova residência. Vinha até com uma espécie de "carteirinha de identidade", dado que tinha uma deformação na quarta vértebra do rabo, da qual o próprio veterinário havia tratado quando o bichano, ainda um bebê, fora mordido por um cão. O segundo caso é o de Smoky, um persa, conhecido por um tufo de pelos avermelhados no queixo. A família estava de mudança e o gato escapou, pulando da janela do carro. Os vizinhos diriam, mais tarde, que Smoky ficara por ali durante alguns dias a perambular em torno da casa dos seus donos, em Oklahoma, mas, um ano depois, ele chegou à nova residência da sua "família" humana, no Tennessee, a quase 500 quilômetros de distância.

Watson não tem explicações a oferecer para esses casos. Lembra que o dr. J. B. Rhine, da Universidade de Duke, na Carolina do Norte, estudou também essa peculiaridade do psiquismo animal e cunhou uma expressão que, sem explicar, pelo menos rotula o fenômeno: *psi-trailing*, algo assim como faro psíquico, ou mediúnico, sem nenhuma ajuda sensorial aparente. Ainda que sem penetrar a intimidade do enigma, as conclusões de Rhine a respeito desse problema são dignas da melhor atenção. Num teste criado por ele e sua equipe, os cães descobriam, com elevada taxa de acerto, onde estariam determinadas caixas previamente enterradas na areia da praia e, em seguida, cobertas pela maré. Para realizarem essa proeza, verificou Rhine, ser necessário que alguém que houvesse manipulado as caixas permanecesse a distância, fora do alcance da visão ou da audição dos cães, mas acompanhando o processo por meio de um mapa que indicava quando os animais se aproximavam do local exato onde as caixas estivessem. Rhine declarou haver "uma espécie de fusão entre os dois", ou seja, entre o animal e a pessoa. Como exímio criador de expressões, o eminente pesquisador botou logo um rótulo no fenômeno, ao considerá-lo como "integração funcional entre as mentes do ser humano e a do cão" (I, p.81). Watson promete aprofundar mais essas conexões e o faz na segunda parte do seu livro. Botou-lhe o título seco e expressivo de *Mind*

(Mente) e o abriu com uma citação do místico-poeta-filósofo William Blake que diz assim: "One thougth fills immensity", ou seja, "Um só pensamento preenche a imensidão".

De volta ao dr. Gustave Geley, encontramos relato de uma experiência pessoal. Como médico, ele cuidava de uma jovem que, algumas horas antes, gozava de plena saúde e, de repente, fora atingida por um mal súbito ("*foudroyant*", diz ele, ou seja, fulminante), que a pôs em estado terminal. Geley e a família, silenciosa e desolada, velavam pela doente. Lá pela uma hora da madrugada, ouviram-se os "ganidos da morte" do cão doméstico. "Era uma queixa longa, lúgubre, de uma só nota" – escreve Geley – "que começava em tom elevado e ia decrescendo, até extinguir-se, doce e muito lentamente."

Ao cabo de alguns momentos de silêncio, o cão recomeçava o seu canto fúnebre, "idêntico, monótono, infinitamente triste". A doente também ouvia o lamento do animal e entendeu que seu fim chegara. Por mais que o marido tenha tentando fazer calar o cachorro, ele se escondia na escuridão da noite, quando procurado e, daí a pouco, começava a chorar de novo. A jovem senhora morreu ao amanhecer (I, p.192).

Ainda voltaremos a Geley em outras tomadas, mesmo porque sua maneira de considerar o psiquisimo animal tem muito a ver com as ideias que estamos examinando neste livro. Mais que isso, encontro expressos no seu texto conceitos e noções que eu própio subscreveria com prazer.

V. Consciente e inconsciente

1. O ser subconsciente

Foi em 1899 que o médico francês dr. Gustave Geley publicou seu estudo sobre os mecanismos do inconsciente. Ainda não se definira com nitidez um termo padrão para identificar as atividades mentais que pareciam escapar ao controle e até ao conhecimento do consciente. Frederick Myers propusera a expressão *consciência subliminal*, por entender aquelas atividades como algo que se passava abaixo da linha de flutuação da consciência. Geley optou pela expressão *ser subconsciente*. No exercício do privilégio da visão retrospectiva, eu daria hoje preferência à terminologia de Myers. Com todo o indiscutível respeito que me merece o brilhante médico francês, não vejo na dicotomia consciente/inconsciente senão uma questão de polaridade, como já tive oportunidade de mencionar. A expressão *ser subconsciente* poderá suscitar a ideia de que há dois seres distintos no âmbito de um só indivíduo, o que não corresponde à realidade. Reitero a ressalva de que isto em nada altera o conteúdo da tese do dr. Geley, que, a despeito de ter sido formulada há cerca de um século, está de pé, exceção feita a reparos de menor importância que descobertas intercorrentes recomendam.

O ambiente cultural e científico em que a obra foi publicada estava como que em ebulição. O positivismo vivia seu grande momento com a adesão de intelectuais do mais alto nível, Geley inclusive. A doutrina de Comte acomodava confortavelmente a tendência reducionista dos pensadores da época, que entendiam praticamente tudo em termos materialistas. O pensamento seria uma segregação do cérebro; a vida, o feliz resultado de um jogo cego de acasos e coincidências; o corpo físico, uma engenhosa máquina, atuando dentro de outra máquina gigantesca do tamanho do cosmos; a morte, a dissolução irreparável do ser nos abismos do nada; Deus, uma hipótese desnecessária, como dissera Laplace a Napoleão.

Dentro desse quadro, todos os fenômenos da mente e até mesmo as emoções, objeto da nascente psicologia, ficavam reduzidos ao mecanismo dos centros nervosos. Geley sentia-se na obrigação de "pesquisar minuciosamente se não (havia) algo mais, além do funcionamento cerebral" (p. 57), que, a seu ver, não era suficiente para explicar importantes e variados fenômenos relacionados com a natureza humana, entre os quais a evidência de uma incontestável atividade subconsciente que se patenteava principalmente nas pessoas mais bem dotadas do ponto de vista intelectual. Da coletânea de Brewster Ghiselin retiramos o dramático exemplo da descoberta das funções fucsianas pelo prof. Henri Poincaré. Geley menciona Voltaire, que teria escrito todo um canto da *Henriade* em sonho, de maneira diferente do texto feito em estado de vigília. La Fontaine criou, em estado onírico, a fábula dos dois pombos. Balzac, segundo testemunho de Théophile Gauthier, parecia viver em estado semelhante ao do êxtase, como um "sonâmbulo que dorme de olhos abertos. Não escutava o que se lhe dizia, perdido que se achava num devaneio profundo"(p. 65). Beethoven, mergulhado tão fundo no seu mundo subliminal, saiu para a rua em trajes menores e acabou preso como vagabundo, a despeito dos seus veementes protestos. Schopenhauer escreveu: "Meus postulados filosóficos produziram-se em minha casa, sem minha intervenção, em momentos nos quais minha vontade estava como que adormecida e meu espírito sem direção prevista. Desse modo, minha pessoa era estranha à obra"(p. 65/66).

Como se pode perceber, a despeito do radicalismo das convicções materialistas da época, esboçava-se uma noção de atividade mental que, de alguma forma desconhecida, escapava ao controle da consciência de vigília. Isso não quer dizer que aqueles que assim pensavam estivessem optando por uma visão espiritualista da vida. Poderiam ser indiferentes a esse aspecto ou até declaradamente hostis, como Freud, por exemplo, que não alterou em nada, até o fim da existência, sua postura materialista, por mais que se aprofundasse nos enigmas da mente.

Já o dr. Gustave Geley pensava de modo diferente. Do positivismo, que exerceu considerável influência em sua formação cultural, ele conservou a metodologia de trabalho, a abordagem crítica aos fenômenos observados, a postura idealista com relação ao ser humano, mas percebeu logo que faltava ao pensamento de Auguste Comte o conceito fundamental da realidade espiritual, sem a qual a vida não faria sentido, nas suas inúmeras manifestações. Formulada sua hipótese do ser subconsciente, testou-a sob os aspectos que lhe ocorreram, com o objetivo de verificar se ela explicava os fatos conhecidos, tanto de psicologia normal quanto os de manifestação considerada anormal, como os produzidos pela síndrome da personalidade múltipla, a hipnose, a telepatia, as neuroses, os fenômenos mediúnicos. É que também estes se encontravam na pauta do dia, por toda parte, desde que, em meados do século XIX, as manifestações de Hydesville, nos Estados Unidos, deram início ao grande debate mundial em torno do inabitual.

No caso particular da personalidade múltipla, eram recentes, à época da publicação do estudo de Geley, o relato do dr. Azam sobre o muito citado caso Felida e o dos drs. Bourru e Burot, sobre Louis Vivé. Em ambos, as propostas explicações apelavam para o fisiologismo das funções cerebrais, como a do funcionamento paralelo dos hemisférios, com o que o dr. Geley não concordava. Sua opção é pela natureza psicológica do fenômeno.

O assunto exige desdobramento muito mais amplo do que seria razoável numa simples notícia como esta. O leitor interessado poderá, no tempo devido, examinar o livro *Condomínio Espiritual*, de minha autoria.

O dr. Geley entendia o ser subconsciente como uma superposição dos arquivos espirituais relativos a todas as existências anteriores da pessoa, no que estamos de acordo, mas para ele as diversas personalidades manifestadas no âmbito da SPM (Síndrome da Personalidade Múltipla) resultariam do afloramento das vivências anteriores, com o que não estamos mais de acordo, senão parcialmente. Explico-me. Entre as personalidades manifestadas na SPM, pode existir, de fato, uma ou outra que corresponda a vivências anteriores. Seria um fenômeno de regressão espontânea de memória com fixação temporária numa das vidas pregressas. É preciso considerar, contudo, que a incidência maior é de personalidades autônomas invasoras que se acoplam ao psiquismo da pessoa afligida por esse problema. Em outras palavras, a SPM tem um forte componente de obsessão espiritual e, mais frequentemente ainda, de possessão. Essa foi a realidade demonstrada pelo dr. Carl Wickland *(Thirty Years Among the Dead)* e, mais recentemente, cerca de um século depois, pela dra. Edith Fiore, psicóloga americana, em *The Unquiet Dead*.

A postura do dr. Geley ante a SPM, portanto, não invalida de forma alguma sua tese sobre o ser subconsciente. Mas, a seu ver, a pessoa conservaria, para cada existência vivida na carne, um "arquivo" especial que, eventualmente, poderia aflorar e assumir o controle consciente do corpo físico, expulsando momentaneamente "o dono da casa". Há que se levar em conta, porém, o complicador da mediunidade, que abre espaço para acoplamento de entidades desencarnadas estranhas. A chamada neurose histérica, ainda mal caracterizada e entendida, constitui manifestação de aguda sensibilidade descontrolada, precisamente porque ignorada.

Acertadamente também, o dr. Geley introduz no seu estudo o conceito de desdobramento, hoje caracterizado como OBE (*out of the body experiences*, ou seja, experiências fora do corpo) e que ele identificava como exteriorização da sensibilidade, expressão aparentemente cunhada pelo coronel Albert de Rochas, em decorrência de seus estudos experimentais nessa área.

Com essa visão do problema, também concordava Frederick Myers, que caracterizou o fenômeno como de "projeção e ação da sensibilidade a distância". Dentro do mesmo mecanismo se explicaria para de Rochas, Geley e Myers, entre outros, o fenômeno da "exteriorização da motricidade", hoje classificado pela parapsicologia como telecinesia (movimentação a distância).

O fenômeno do desdobramento, considerado por Geley como "exteriorizações" da sensibilidade e da motricidade, constitui, a seu ver, condição essencial ao entendimento da subconsciência superior, ou seja, "são dois aspectos inseparáveis da mesma manifestação psíquica" (p. 129).

Uma vez desdobrado ou parcialmente separado do corpo físico, o ser subconsciente denota conhecimentos obtidos "à revelia do ser consciente", sem trânsito obrigatório pelas vias sensoriais normais. Esta observação de Geley antecipa, em cerca de meio século, importantes aspectos da futura parapsicologia, a que o prof. J. B. Rhine deu *status* de ciência acadêmica, queiram ou não queiram seus detratores: o da percepção extrassensorial. Foi a ESP, cientificamente demonstrada em severos testes de laboratório, que derrubou de uma vez para sempre o bimilenar postulado aristotélico da indispensável participação dos sentidos na aquisição do conhecimento.

> Dentro desse esquema – escreve Geley, p. 132 – acha-se a noção nítida de acontecimentos afastados, passados ou futuros, que o ser consciente não pode aprender, nem direta nem indiretamente. No mesmo rol estão, sobretudo, as aquisições psíquicas complexas, que não podem ser devidas ao ser consciente, e por ele ignoradas: conhecimentos científicos, artísticos, literários, profissionais, etc. nunca aprendidos; conhecimento preciso de um idioma ignorado pelo **sujet** normal, e assim por diante.

Do que se depreende que, uma vez exteriorizado ou desdobrado, isto é, parcialmente livre da severa contenção do corpo físico, o ser subconsciente tem acesso a uma dimensão em que até mesmo tempo e espaço são transcendidos, o que explicaria também faculdades premonitórias ou francamente proféticas em pessoas especialmente dotadas.

Entendo essas faculdades e outras sensibilidades da mesma natureza como consequentes de melhor sistema de comunicação entre consciente e inconsciente.

Para que seja possível explicar todo o acervo de conhecimento oculto ou que pelo menos não tenha passado pelos sentidos, Geley considera "o ser consciente exteriorizável (como) produto sintético de uma série de consciências sucessivas que nele se embasam e que, pouco a pouco, o constituíram" (p. 142). E mais:

"Posto que o ser subconsciente não é função atual do organismo e posto que lhe é independente, forçosamente deve preexistir e sobreviver a esse organismo" (p. 143).

Para melhor inteligência do que se passa no contexto do ser subconsciente, o dr. Geley imagina dois planos distintos. Um deles seria o da subconsciência inferior, que trabalharia com os "centros nervosos", que ele considera como "psiquismo cerebral", interessado nos mecanismos puramente biológicos do ser encarnado. O outro corresponderia ao psiquismo superior que, a seu ver, funciona independentemente dos centros nervosos. Há entre esses dois sistemas um mecanismo de "colaboração íntima" (p. 146).

"Em suma" – ensina o autor, à página 149 – "o ser subconsciente (alma e seu psiquismo superior) seria o 'eu' real, a individualidade permanente, síntese das personalidades transitórias sucessivas, produto integral da dupla evolução terrestre e extraterrestre."

Não se espante o leitor com o termo extraterrestre, que nada tem, neste contexto, a ver com ET's ou discos voadores. Significa apenas que a evolução também ocorre na dimensão póstuma, para onde o ser regressa na condição de espírito, após a existência terrena. Na linguagem dos instrutores de Allan Kardec, terminada a fase em que o espírito encarnado viveu sua condição de alma, ele reassume a condição de espírito, enquanto aguarda nova oportunidade de voltar a encarnar-se para as experimentações e o aprendizado de uma existência futura.

Por isso escreve Geley que "pode reconhecer-se no ser normal o próprio ser subconsciente, simplesmente modificado por sua união com o organismo" (pp.148-149).

Mesmo com as reconhecidas dificuldades de comunicação entre consciente e inconsciente, os dois "seres" se entendem e desenvolvem um procedimento de colaboração, até que a morte do corpo físico venha romper o isolamento entre as duas faces da individualidade. É nesse momento que ocorre o fenômeno que caracterizei em *A Memória e o Tempo* como transcrição das experiências e dos "programas" de uma área do psiquismo para outra, ou seja, do psiquismo provisório da personalidade para o psiquismo definitivo da individualidade. É o que também parece entender o dr. Geley, que informa o seguinte:

"A ruptura total da colaboração dos dois psiquismos, o que acontece na morte, deve *devolver* ao ser subconsciente a utilização dessas faculdades e desses conhecimentos, utilização essa tanto mais perfeita quanto mais desenvolvida a sua evolução." (Destaque da minha tradução)

A Grande Síntese (p. 205) entende o fenômeno de maneira idêntica, ao ensinar que o processo da assimilação está na "base do desenvolvimento da consciêcia" e "se realiza precisamente *por transmissão ao subconsciente*, onde tudo se conserva, ainda que esquecido, pronto a ressurgir, desde que uma excitação o desperte, um fato o exija".

Aí está, pois, a famigerada transcrição a que aludi em *A Memória e o Tempo*. Devo acrescentar que o destaque da citação não é meu – está no original. Ademais, não é difícil entender-se que a consciência não teria como expandir-se continuamente, se não dispusesse de recursos para preservar o aprendizado de cada reencarnação. No final de cada existência, todo o arquivo seria jogado fora. Não há desperdícios na natureza, ainda que certas "generosidades" possam ser assim consideradas, como a incrível abundância de sementes nos frutos e nas flores, como também nos animais e seres humanos.

Quanto à distinção entre personalidade e individualidade, é adotada, também por Geley, tanto quanto por Myers e por Alexander Aksakof. Deste último, Geley transcreve à pagina 149/150 o seguinte texto altamente ilustrativo:

> Até o presente momento – informa Aksakof –, sabemos que nossa consciência interior (individual) e nossa consciência exterior (sensorial) são duas coisas distintas; que nossa personalidade, resultante da consciência exterior, não pode ser identificada com o "eu", que pertence à consciência interior; ou, em outros termos, o que chamamos nossa consciência não é o mesmo que nosso "eu". É, portanto, necessário distinguir entre personalidade e individu-

alidade. A pessoa é o resultado do organismo e o organismo o é, temporariamente, do princípio individual transcendental.

De minha parte eu não diria tão enfaticamente que a pessoa é a "resultante" do organismo, mas que o psiquismo da personalidade está pesadamente apoiado nos dispositivos biológicos, isso é evidente. Daí o seu isolamento, sua dificuldade de comunicação com o psiquismo superior da individualidade, que se mantém acima de tais limitações. Também aí encontramos justificativa para o procedimento de transcrever, de volta ao psiquismo superior da individualidade, os arquivos e programas utilizados durante a existência terrena a que alude o dr. Geley.

Este, aliás, seria mais um dos aspectos em que o funcionamento da mente faz lembrar o do computador, ou vice-versa. A fim de desenvolver seu trabalho na telinha, o operador de um computador deverá "chamar" para a memória operacional – equivalente à personalidade – a programação e os arquivos de que necessita. Concluída a tarefa, o operador devolve à memória específica a programação e, acrescidos de novas informações, os arquivos que havia convocado. Da mesma forma, ao reencarnar-se, a individualidade precisa "carregar" na memória da personalidade não apenas os programas que vão operar os automatismos biológicos, como alguns arquivos sistêmicos já consolidados ao longo de inúmeras existências.

Por isso, Annie Besant lamenta a perda de tempo de certos praticantes da ioga que, em vez de deixarem funcionar normalmente tais automatis-mos, trazem-nos de volta ao consciente, onde ocuparão "espaço" que poderia ter melhor destinação e utilização. A vida não faria uma programação nova para cada existência na carne, depois de consumir milênios a refinar processos automáticos libertadores.

Segundo *A Grande Síntese*, o aprendizado vai-se acumulando na memória para futura utilização automática.

> Os dois polos do ser (p.19): consciência exterior, clara, e consciência interior, latente, tendem a fundir-se. A primeira experimenta, assimila e introduz na outra os produtos assimilados através do movimento da vida; destilação de valores, automatismos, que serão os *instintos do futuro*. (O grifo é meu.)

Do que se depreende: 1) que o autor não vê consciente e inconsciente na estrutura do psiquismo, mas duas modalidades de consciência – a exterior, voltada para o ambiente da vida na carne (alma, no dizer de Kardec), e a interior, latente, mas não menos consciente. 2) que a conscientização progressiva do ser tende ou se dirige para uma fusão das duas manifestações da consciência. Neste ponto, sem necessidade de reencarnar-se, o espírito não mais assume, portanto, a condição limitadora de alma. 3) é de notar-se, ainda, que a terminologia adotada por *A Grande Síntese* é semelhante à que usou Teilhard de Chardin, em *O Fenômeno Humano*: há um "dentro" e um "fora" das coisas e dos seres. Este, para gerenciar a vida na carne; aquele, para cuidar das conexões do ser com o cosmos, o todo.

Já os arquivos a que chamei sistêmicos explicariam tendências inatas para este ou aquele ramo de conhecimento muito exercitado em vidas anteriores e cujas matrizes se acham consolidadas na individualidade. Na mesma categoria, estariam as conquistas éticas, como bondade, honestidade, amor fraterno. Em outras palavras, a personalidade recebe pronta a programação necessária ao exercício de suas faculdades superiores, tanto quanto defeitos de caráter que ainda não conseguiu dominar. O que fará desse acervo positivo ou negativo é sua atribuição pessoal, ou seja, da personalidade, a fim de que demonstre ter aprendido ou não as lições que os mecanismos cósmicos nos passam.

Frederick Myers parece ter pensado de maneira semelhante ao escrever no seu clássico acerca da sobrevivência do ser (*Human Personality and its Survival after Bodily Death*, apud Geley (p.151):

> O "eu" consciente de cada um de nós, ou – como mais prazerosamente chamarei – o "eu" empírico ou supraliminal, está longe de abranger a totalidade de nossa consciência e de nossas faculdades mais profundas, das quais a maior parte permanece virtual, no que concerne à vida terrestre... e que novamente se afirma na sua plenitude depois da morte.

A essa transcrição Geley acrescenta que "a consciência mais vasta e mais profunda, que Myers denomina consciência subliminal, corresponde ao que chamei de ser subconsciente". Apressa-se, contudo, o médico francês em apontar para uma ligeira discordância entre as duas concepções. No entender de Myers, a consciência subliminal incluiria "tudo o que escapa à vontade consciente do ser normal, desde o automatismo orgânico das grandes funções vitais até as faculdades e os conhecimentos transcendentais, passando pelo automatismo psicológico de ordem inferior". Para Geley, no entanto, é fundamental a diferença entre a subconsciência inferior, que opera o automatismo dos centros nervosos, e a subconsciência superior, que independe do funcionamento orgânico. Ele acha mesmo que, sem essa distinção, tanto o modelo proposto por Myers como o seu próprio não resistiriam a "muitas objeções".

A Grande Síntese esclarece esse aspecto, ao posicionar os instintos ou automatismos psíquicos como aquisições anteriores, arquivadas na memória, sempre à disposição de qualquer situação emergencial.

Como não dispomos de espaço suficiente para analisar o debate nas suas minúcias, vamos às conclusões alinhadas pelo dr. Gustave Geley no seu livro, a partir da página 182. Para ele,

..."a síntese psíquica é constituída por dois psiquismos de natureza e origem diferentes: 'o psiquismo inferior', produto do funcionamento cerebral; 'o psiquismo superior' independente do funcionamento cerebral".

Devo confessar que não tem minha simpatia a ideia de que o psiquismo inferior seja *produto* do funcionamento dos centros nervosos. Ao contrário, entendo a função cerebral como resultante de um programa ou comando implantado pelo ser subconsciente ao acoplar-se ao corpo físico, organizado, aliás, segundo campos magnéticos que funcionam como "moldes" invisíveis. O sistema operacional dos circuitos nervosos não poderia ser criado a partir do nada para cada corpo físico gerado. O ser subconsciente imaginado pelo dr. Geley terá de ser, necessariamente, o responsável pelo recolhimento dessa programação quando o corpo perece e pela sua reimplantação no novo corpo que se formará na existência subsequente. Só ele dispõe das memórias anteriores e sabe onde, como e o que colocar no contexto biológico recriado para a nova experiência na carne.

Isto não é uma objeção ao modelo proposto pelo dr. Geley e sequer um reparo; apenas maneira diferente de avaliar o mesmo fenômeno, como se pode ver das observações do autor logo a seguir (p.183), onde escreve:

> O que se chama de consciência normal é o resultado da colaboração dos dois psiquismos; colaboração na qual o psiquismo superior desempenha papel diretor e centralizado. O que se chama de subconsciência é o resultado da atividade isolada do psiquismo inferior (subconsciência inferior) ou do psiquismo superior (subconsciência superior).

Comentei alhures neste livro, o fato de que essa colaboração não é tão fácil como gostaríamos que fosse. Há dificuldades consideráveis a vencer para que as duas áreas do psiquismo possam entender-se razoavelmente. Propus também uma razão para que assim o seja: o fato de que o consciente precisa viver suas experimentações com a vida, aprender a decidir, chegar a conclusões e arcar com os méritos de seus acertos e com os ônus de seus equívocos. Ou não haveria aprendizado. Se fosse possível ou desejável ao ser subconsciente superior despejar todo o conteúdo de seu conhecimento, sua experiência e potencial no ambiente psíquico do ser consciente, pouco teríamos a aprender e experimentar por aqui, enquanto aprisionados num corpo de carne.

> Finalmente – escreve Geley (p.186) – a análise psicológica do ser subconsciente e de suas manifestações leva-nos a descobrir nele uma vontade original, bem como faculdades e conhecimentos muito diferentes do que os da consciência normal; faculdades e conhecimentos supranormais e transcendentais; personalidades completas e autônomas.

Tenho duas observações sobre esse texto. Primeira, a de que minha prioridade terminológica fica, como já disse, com a expressão de Myers, *consciência subliminal*, ou, de maneira mais simples, *inconsciente*, como propuseram os criadores da psicanálise, com todas as ressalvas que tenho a esse termo. As expressões ser subconsciente e ser consciente poderiam gerar a impressão de que há dois seres "dentro" de cada pessoa encarnada, o que seria incorreto. O que há é uma realidade única, o psiquismo superior, ou individualidade, que, mergulhado por uma das pontas na matéria densa, tem a outra acoplada ao que poderíamos chamar de psiquismo cósmico. Estaríamos, com essa postura, aceitando, em princípio, o modelo imaginado por Maurice Maeterlinck que entende a individualidade apenas como parcialmente encarnada e, portanto, parcialmente livre nas suas conexões superiores. Para examinar a colocação deste aspecto no âmbito da doutrina dos espíritos, recomenda-se a leitura do capítulo VIII, parte segunda, de *O Livro dos Espíritos*, que cuida, especificamente, da *"Emancipação da Alma"*, ou seja, das atividades que o espírito encarnado exerce nos seus momentos de liberdade relativa.

A segunda observação consiste em objetar, educadamente e com todo o respeito, à tese do dr. Geley de que as inúmeras personalidades arquivadas no psiquismo global da individualidade seriam, necessariamente, as que se manifestam na síndrome da personalidade múltipla, ainda que, em alguns casos, isto possa ocorrer. De certa forma, as personalidades se preservam nos arquivos indeléveis da memória integral e compõem o complexo mecanismo da individualidade, como videoteipes de diferentes episódios de um seriado de cinema ou televisão. É preciso, contudo, reservar aí um espaço considerável para manifestação de entidades desencarnadas invasoras, além das que se acham, por motivações cármicas, acopladas ao psiquismo do hospedeiro, segundo ensina André Luiz, em *Evolução em Dois Mundos*, e demonstraram o dr. Carl Wickland em *Thirty Years Among the Dead* e, mais recentemente, a dra. Edith Fiore, em *The Unquiet Dead*.

Nas reflexões finais de seu livro, o dr. Gustave Geley resume num só e curto período a sua tese (p. 221), ao escrever:

"Há no ser vivente princípios dinâmicos e psíquicos de ordem superior, independentes do funcionamento orgânico, preexistentes e sobreviventes ao corpo."

Quanto ao processo evolutivo, o autor o vê como uma caminhada no sentido inconsciente/consciente, ou seja, um mecanismo de contínua e progressiva conscientização.

Isto, porém, é importante demais para ser tratado em poucas palavras e de maneira atabalhoada, mesmo porque o ilustre médico francês escreveu todo um livro para explicitar sua visão pessoal do problema – *De l'Inconscient au Conscient* – que passaremos a analisar em seguida.

2. Conscientização progressiva

Expostas as estruturas sobre as quais assentou sua doutrina do ser subconsciente, o dr. Gustave Geley decidiu desenvolver uma dissertação mais ambiciosa para explicar-lhe a dinâmica. Daí considerar a obra *De l'Inconscient au Conscient* como sequência lógica de seus estudos. O objetivo do novo trabalho consistia em "compreender, numa síntese mais completa e mais ampla, a evolução coletiva e a individual" (p. 1).

Pouco adiante, ainda no prefácio, anuncia o autor sua admiração pela obra de Arthur Schopenhauer, na qual se inspirou quando da formulação de suas teses. Informa, ademais, que partia de premissas idênticas às do filósofo alemão do pessimismo, mas disposto a desenvolver suas ideias de maneira diversa e chegar a conclusões "totalmente diferentes".

"Meu trabalho" – explica – "com efeito, visa precisamente a preencher o abismo que, para Schopenhauer, separa o inconsciente do consciente" (p.2).

Armado desse esquema, o médico francês antecipa uma reversão radical nas conclusões pessimistas do filósofo, substituindo-as por uma visão não tanto otimista – termo que considera equivocado –, mas compatível com as persistentes expectativas e esperanças da humanidade.

Quase dois terços da obra do dr. Geley ocupam-se de meticulosa análise crítica das principais teorias evolutivas de seu tempo. (O livro foi escrito entre 1915 e 1918.) Embora contenham essas páginas volume considerável de informações, teríamos de sacrificar mais tempo e espaço do que seria razoável para examinar os argumentos do autor, necessários para a época em que seu estudo foi escrito, mas, em grande parte, superados hoje. É de toda conveniência, contudo, colocar alguns *flashes* à disposição do leitor que, dificilmente, teria acesso ao raro livro do doutor.

Uma dessas observações é a de que a doutrina evolutiva de Lamarck "é infinitamente mais satisfatória do que a darwiniana". Creio que pesquisas mais recentes dariam razão a Geley. Lamarck parece estar reconquistando a confiança dos estudiosos, exceção feita à teoria da hereditariedade dos caracteres adquiridos, que, aliás, não foi elaborada pessoalmente pelo sábio francês e sim por alguns lamarquistas mais entusiasmados, como se lê em *Biologia e Sociedade, Vol. 1 – Crítica da Razão Dogmática,* de G.F.Sacarrão, Publicações Europa-América, Portugal, 1989.

Seja como for, Geley considera a doutrina de Lamarck e a de Darwin "igualmente impotentes para propor uma explicação geral, adaptável a todos os casos de surgimento das espécies" (p. 17).

A Grande Síntese resolve o impasse suscitado em torno da proposta de Lamarck, ao ensinar que o organismo é, de fato, uma "construção ideoplástica"(p. 202); acrescenta, contudo, que "órgão e função surgem (...) simultaneamente, recíproco é o progredir de ambos e produzido por uma ação alternativa do órgão sobre a função, que o desenvolve, e da função sobre o órgão, que a aperfeiçoa".

"Enquanto a paleontologia" – ensina Geley – "nos apresenta muitos órgãos rudimentares, resíduos de órgãos obsoletos e inúteis, jamais nos oferece órgãos esboçados que ainda não tenham sido utilizados" (p. 27).

Apoiado nas "formidáveis modificações larvares", tanto quanto na "misteriosa histólise", Geley apresenta, logo no início de seu estudo, ainda à página 31, a teoria de que há no ser vivo "um dinamismo superior e diretor, independente da matéria orgânica".

Em reforço dessa importante lição desprezada, cita novamente Schopenhauer, seu filósofo predileto, que escreveu: "Não se compreende a linguagem da natureza porque ela é simples demais".

No entender de Geley, "o surgimento espontâneo de formas superiores às originais constitui pura impossibilidade científica e filosófica", sendo, portanto, impraticável escapar-se do seguinte dilema: "ou a evolução não existe, ou ela exige uma *imanência potencial* no universo em evolução". (Grifei.)

Há outros ângulos dos quais podemos experimentar a mesma visão dessa realidade. Antecipando em mais de meio século pesquisas e conclusões como as do dr. Saxton Burr ou do dr. Larry Dossey, por exemplo, Geley lembrava a dificuldade de naturalistas e fisiologistas para explicarem, sem a "imanência potencial", "a permanência individual, a despeito da contínua renovação celular". (p. 45)

A partir da "estranha elaboração" da crisálida, que "desmaterializa seu corpo", transformando-o "numa substância amorfa uniforme", a pequena criatura produz outro animal, segundo um "molde" invisível que Geley chama de "dinamismo superior" e que Saxton Burr identifica como "L-field" (campo vital) em *Blueprint for Immortality*. O "dinamismo" de Geley situa-se em nível superior ao do organismo e tem sobre ele poderes de comando morfológico.

"Toda a matéria" – confirma *A Grande Síntese* (48) –, "ainda mesmo a chamada bruta ou inerte, vive, sente e pode plasmar-se e *obedece, desde que atingida por uma ordem profunda*"(Destaque meu).

Mecanismo idêntico funcionaria, segundo Geley, nos fenômenos de materialização, nos trabalhos mediúnicos de efeito físico, que também exigem um molde invisível segundo o qual as entidades desencarnadas possam reassumir, por breve tempo, suas formas físicas, às expensas de substância tomada por empréstimo aos médiuns dotados de faculdades específicas para o caso.

> Sabe-se – escreve Geley, p. 58 – que diferentes observadores, Crookes e Richet, entre outros, descreveram materializações completas. Não se trata de fantasmas, no sentido próprio da palavra, mas de seres que dispõem, momentaneamente, de todas as particularidades vitais dos seres vivos, cuja aparência corporal era perfeita.

Ele próprio, Geley, dá seu testemunho, para o qual recorre à desusada prática científica de apelar para um espantado sinal de exclamação: "Vi rostos bem formados, rostos vivos, rostos humanos!"

Numa de suas experiências pessoais, uma cabeça humana se materializara parcialmente, como se do nada. "Estendo a mão – escreve –, passo meus dedos pelos cabelos espessos e apalpo os ossos do crânio... Um instante depois, tudo desaparece." E acrescenta:

"Os órgãos materializados não são inertes, mas biologicamente vivos. A mão, por exemplo, é bem constituída, dispõe das capacidades funcionais próprias à mão normal. Muitas vezes fui intencionalmente tocado por uma dessas mãos ou agarrado por seus dedos" (p. 60).

Em lugar de dizer que não houve fraude, Geley assegura que "não houve possibilidade de fraude" nas experimentações de que participou (p. 62).

Essas materializações, de intenso e dramático realismo, ocorriam à vista de todos, sob controle científico adequado, produziam "representações completas de carne e osso, segundo a expressão popular", a partir de uma "substância única, base, substrato da vida organizada" (p. 66).

Com esses apoios, Geley reapresenta sua conclusão, desta vez mais explícita, ao escrever:

"Tudo se passa em biologia como se o ser físico fosse, em essência, constituído por uma substância primordial única, da qual as formações orgânicas não passam de simples representação" (p. 67).

Mecanismo semelhante funcionaria, segundo o doutor, na chamada "fisiologia supranormal" (materializações e outros fenômenos de efeito físico). Daí mais uma das suas metódicas e bem sustentadas conclusões:

"Tudo se passa, em uma palavra, na fisiologia normal ou na supranormal, como se o complexo orgânico fosse edificado, organizado, dirigido e mantido por um dinamismo superior" (p. 68).

Com o que se dá uma "total reviravolta na fisiologia materialista" (p.69), que exige não apenas a "ideia diretriz" de Claude Bernard, mas "as forças naturais desconhecidas", cujas manifestações, no entender de Camille Flammarion, "confirmam o que sabemos de outras fontes, ou seja, que a explicação puramente mecânica da natureza é insuficiente, e que há no universo algo mais do que a pretensa matéria. Não é a matéria que rege o mundo, é um elemento dinâmico e psíquico" (p. 69).

Esse mesmo entendimento encontramos no livro *La Subconscience*, do dr. Jastrow, citado por Geley, nos seguintes termos:

"A impressão que nos fica desse estudo (acerca da subconsciência) é a de que a vida mental do ser humano não repousa somente sobre a consciência.

Abaixo da consciência existe uma organização psíquica anterior a ela e que é, sem dúvida, a fonte donde ela provém" (p.122).

Pouco adiante (p. 133), encontramos mais uma das conclusões parciais do dr. Geley, redigida nos seguintes termos:

> Tudo se passa como se o estado psíquico que se conhece como lembrança, *registrado nas células cerebrais* e destinado a desaparecer logo com elas, efêmera como elas, tenha sido gravado ao mesmo tempo, de 'algo' permanente da qual essa lembrança fará parte integrante e permanente daí em diante. (Destaque desta tradução)

Não há, pois, como montar um cenário aceitável para entendimento correto do que ocorra no âmbito do ser humano, entendido como personalidade e individualidade, senão admitindo-se, como Geley, a existência de "faculdades poderosas e amplas, mas subconscientes e que desempenham no psiquismo individual o papel principal, ainda que criptoide, no condicionamento desse psiquismo individual, mesmo escapando, em sua maior parte, ao conhecimento e à vontade normais e diretos".

As observações apontam, portanto, para a existência de "uma memória subconsciente diferente da memória normal, mais segura e mais ampla do que esta última e, aparentemente, ilimitada. Tais fatos" – acrescenta Geley – "nos arrastam para além do quadro vigente acerca das noções clássicas sobre o eu, sua origem, seus fins e seus destinos".

Para colocar a questão em outras e mais veementes palavras:

"Somos imperiosamente levados a nos perguntar se a psicofisiologia clássica não é pura e simplesmente um monumento de erros" (pp. 133-134).

Os abundantes exemplos de produções intelectuais inconscientes – vimos algumas e poderíamos arrolar muitas outras – levam-nos a concluir que elas se realizam, segundo Geley, "completamente independentes da fisiologia cerebral" (p. 140).

A didática metodologia expositiva do autor, contudo, é irresistível, como se pode perceber. Ele vai levando o leitor, passo a passo, pelos meandros das suas especulações, até a montagem parcial e, finalmente, completa de suas conclusões. Encontramos, à página 143, um desses "pontos de chegada". Após incisivo encaminhamento – "podemos afirmar, sem reservas" – ele emprega, caracteristicamente, o verbo haver, no seguinte texto:

> Há no ser vivo um dínamo-psiquismo que constitui a essência do eu e que não pode absolutamente reportar-se ao funcionamento dos centros nervosos. Esse dínamo-psiquismo essencial não está sujeito ao organismo; bem ao contrário, tudo se passa como se o organismo e o funcionamento cerebral estivessem sujeitos a ele. (p. 143)

Passaremos por cima da terceira parte do livro, na qual o dr. Geley estuda as diversas teorias filosóficas da evolução, e formula crítica um tanto severa às ideias de Henri Bergson, seu contemporâneo e um dos prestigiados pensadores da época. Identifica ele, em Bergson, ensinamentos que "estão de acordo com os fatos", os que "não são deduzidos dos fatos" e os que se encontram "em oposição aos fatos" (p.183).

A seu ver, há uma "omissão capital" em Bergson, por ter faltado à sua concepção da "evolução criadora" o conceito do psiquismo subconsciente (p.189). Ainda que caiba a von Hartmann a cunhagem da expressão "filosofia do inconsciente", Geley reserva suas melhores admirações para Schopenhauer, a quem cabe o mérito de ter sido o primeiro a adaptar-se aos fatos. Ressalvado um ou outro equívoco, alguns mais graves, "pela sua clareza e precisão, pela sua genial profundidade (Schopenhauer) merece ser tomado como ponto de partida de todo o estudo moderno sobre a natureza das coisas" (p. 197).

É com uma atitude de reverência, da qual se escusa antecipadamente, como se estivesse cometendo uma "profanação", que Geley se dispõe a uma dissertação com base no pensamento de seu filósofo predileto, para o qual o mundo é, simultaneamente, "vontade e representação; vontade real, representação ilusória" (p. 198).

> A morte – escreve Schopenhauer, *apud* Geley, p. 201 – anuncia-se abertamente como o fim do indivíduo, mas nesse indivíduo reside o germe de um novo ser. Logo, nada do que morre nele morre para sempre; mas nada do que nasce recebe uma existência fundamentalmente nova. O que morre, perece, mas um germe subsiste, do qual emerge uma nova vida, que inaugura a existência, sem saber de onde vem e por que ela é justamente aquilo que é. Este é o mistério da palingênese.

Para o filósofo alemão, portanto, a morte é apenas um processo de renovação da vida, uma pausa, no ponto em que um ciclo se encerra e outro se prepara para abrir-se através do mecanismo das vidas sucessivas ou reencarnação.

A despeito de sua manifesta hostilidade à doutrina dos espíritos que começava a difundir-se ao seu tempo, von Hartmann oferece alguns *insights* dignos da melhor atenção, na obra que se tornaria um clássico, *Filosofia do Inconsciente*.

Para ele, "ao lado e acima das causas admitidas pela concepção mecânica da natureza, há um princípio superior a que ele chama inconsciente, que constitui o que há de essencial, de divino no universo, no qual se encontram potencialmente todo o poder da vontade e o da representação". Por isso, entende Geley que von Hartmann limitou-se a retomar a tese de Schopenhauer, desenvolvendo, no seu âmbito, aspectos atinentes às ciências naturais e à psicologia.

Dentro desse quadro, portanto, tudo se realiza por vontade do inconsciente, tanto no processo mesmo da evolução, quanto na área circunscrita do indivíduo.

> Na evolução, o inconsciente desempenha papel primordial. A seleção natural não explica a origem das novas formas, ela é apenas um meio através do qual o inconsciente se utiliza para chegar aos seus objetivos. No indivíduo, o inconsciente desempenha papel predominante junto aos fenômenos vitais. Ele tem em si a essência da vida, ele forma o organismo e o mantém, repara seus danos internos e externos e guia com finalidade específica seus movimentos. (p. 205)

"Cada célula" – lê-se em *A Grande Síntese* (p. 204) – "tem a sua pequenina consciência, presidindo ao seu recâmbio, em todos os tecidos, em todos os órgãos".

E mais: "o universo palpita todo ele de vida e de consciência" (p. 243).

Em outro ponto (p. 149), ao discorrer sobre o trajeto evolutivo da matéria à vida, ensina o autor espiritual dessa obra que a coordenação das forças suscitadas no momento próprio "confere à energia, elevada à condição de *vida*, a característica fundamental de *consciência*"... (Destaques meus.) Mesmo porque, como vimos alhures, o propósito da vida é "a criação de consciência"(p.152).

> Vida é igual a psiquismo – reitera o autor (p. 203). – Essa primordial consciência orgânica está por toda parte, em todo organismo. Tendo-se desenvolvido na complexa estrutura cinética dos motos vorticosos, *já ela era integrante da vida*, no primeiro momento desta, como substrato fundamental de

todos os futuros crescimentos. Essa consciência orgânica se tornará inteligência orgânica e instinto e, por fim, passará a ser consciência psíquica e abstrata, no homem.

Pecam, não obstante os dois pensadores alemães – von Hartmann e Schopenhauer –, no entender de Geley, pelo fato de enxergarem um abismo intransponível entre consciente e inconsciente, o que subtrairia "ao universo e à vida todo o fim ideal e todo o sentido" (p. 206).

É inadmissível, para o médico francês, a suposição de que o princípio divino, vontade ou inconsciente, "disponha de todas as potencialidades, exceto uma única, a mais importante, a de adquirir e conservar o conhecimento de si mesmo" (pp.206-207).

Reitera o autor, neste ponto, a distinção entre personalidade e individualidade. A personalidade "se estende do nascimento à morte do organismo. Destina-se a perecer, a chegar a um fim, assim como teve um princípio, mas a individualidade real é essencial ao ser, conserva, gravados nela, todos os estados de consciência da personalidade transitória e os assimila" (p. 207).

Annie Besant pensa um tanto diferente quanto a este aspecto do "armazenamento" das memórias que, no seu entender, estariam gravadas no meio cósmico e não na própria individualidade.

Geley encontra apoio em outros pensadores para montar o seu esquema de entendimento da vida. Para Schelling, por exemplo, o universo resulta de uma "atividade essencial inconsciente e que se torna consciente de si mesma através do ser humano". Para mim, HCM, no entanto, não deve ser qualificado de inconsciente um processo que sabe o que quer e para que metas se dirige.

Para Hegel, a atividade essencial inconsciente dispõe de uma espécie de razão, o que torna racional a criação, como se evidencia na racionalidade do processo evolutivo.

"Mas a razão" – prossegue Geley – "torna-se gradualmente consciente. A evolução não é, em suma, senão o meio de que se utiliza a razão universal e criadora para chegar a assumir a consciência de si mesma" (pp. 207-208).

Vemos, nesse encadeamento, aspectos de grande interesse para o nosso próprio estudo. Um deles é o de que, paradoxalmente, o inconsciente é, em si, um processo consciente, e nem poderia deixar de sê-lo, como eu já afirmara e com o que concorda a dra. Besant. Ele não se torna inconsciente apenas porque opera fora do nosso consciente. Ele tem sua programação inteligente, sua memória, seus conhecimentos, sua história.

Por outro lado, as dificuldades de comunicação entre consciente e inconsciente, que Shopenhauer e Hartmann consideraram insuperáveis, constituem bloqueios mais ou menos sérios ao intercâmbio entre os dois aspectos do ser humano, mas não intransponíveis, a não ser, talvez, nas etapas mais primitivas do processo evolutivo. Ainda assim, mais por deficiência do consciente do que por resistência do inconsciente. Pelo contrário, como diziam os pensadores que estamos aqui a examinar, tudo se passa como se o propósito do inconsciente fosse mesmo o de dar-se ao consciente, abrir-lhe as portas, mostrar-lhe o que sabe e o que pretende.

Sobre tais dificuldades, Annie Besant dispõe de interessantes reflexões a oferecer no seu *Estudo sobre a Consciência*, ao qual vimos recorrendo, neste livro.

Por isso, o dr. Geley mostra-se convicto de que "a própria evolução, como veremos, nada é senão sua própria passagem do inconsciente para o consciente". O que, de certa forma, confere com o pensamento de Teilhard de Chardin, segundo o qual a vida é "imensa ramificação do psiquismo que se busca através da forma" (*O Fenômeno Humano*).

Depois de armado todo o cenário que acabamos de repassar, o dr. Geley expõe seus "dois postulados primordiais da filosofia" e que assim estão redigidos:

1. O que há de essencial no universo e no indivíduo é um dínamo-psiquismo único, primitivamente inconsciente, mas tendo em si todas as potencialidades. As aparências diversas e as coisas inumeráveis não são mais que representações suas.

2. O dínamo-psiquismo essencial e criador passa, pela evolução, do inconsciente ao consciente.

O terço restante de seu livro – 140 páginas – é dedicado à explicitação desses dois princípios fundamentais. É importante procurar entendê-los bem, o que proponho fazer tentando transpor o texto do eminente autor para uma linguagem menos formal.

A primeira observação a chamar a atenção do leitor está no fato de que, no entender do doutor, tanto o indivíduo como o universo são constituídos da mesma essência. Essência única, diz ele. Isto é mais verdadeiro e profundo do que muita gente estaria preparada para admitir. Desse mesmo ponto de vista, ainda que com palavras e motivações diferentes, nos falam místicos, cientistas, pensadores, poetas e filósofos. Não todos, certamente, mas uma quantidade expressiva e qualitativamente suficiente deles. O conceito de uma participação, ou melhor, de uma integração do indivíduo no próprio "corpo" do universo já constava de antiquíssimos textos ditos sagrados e das tradições ocultistas do Oriente.

No contexto do cristianismo nascente avulta, nessas e noutras especulações de semelhante porte, o pensamento de Paulo de Tarso, segundo o qual todos nós "vivemos e nos movemos em Deus e nele temos o nosso ser" (Atos 17,28).

Um salto acrobático por cima de dezenove séculos leva-nos, por exemplo, a Larry Dossey, in *Space, Time & Medicine* (p. 78), onde encontramos esta observação:

> Não existe corpo estritamente limitado. O conceito de um eu físico fixado no espaço e que perdura no tempo está em desacordo com nosso conhecimento de que as estruturas vivas estão profusamente ligadas com o mundo à sua volta. Nossas raízes mergulham fundo; estamos ancorados nas estrelas.

Dentro desse contexto cósmico, vivemos todos numa troca incessante de elementos, que o dr. Dossey caracteriza como biodança, ou seja, a dança da vida.

Fritjof Capra lembra (aprovativamente) em *Ponto de Mutação* (p. 263), que o conceito de livre-arbítrio relativo, que acaba de expor, parece compatível com as "tradições místicas que exortam seus adeptos a transcender a noção de um "eu" isolado e a tomar consciência de que somos partes inseparáveis do cosmos".

Mais que isso, observa pouco adiante (p. 277), que James Lovelock, químico, e Lynn Margulis, microbióloga, sugerem que o processo de renovação da vida e nossa integração no sistema "só podem ser entendidos se o planeta, como um todo, for considerado um único organismo vivo".

Em outras palavras (p. 278), "o planeta está não só palpitante de vida, mas parece ser, ele próprio, um ser vivo e independente".

Como entendiam os gnósticos, o lado psíquico ou espiritual da vida deixou-se aprisionar na matéria, mas não lhes consta que, com isso, tenha perdido para sempre suas características essenciais. Annie Besant pensa da mesma maneira, ao ensinar que a natureza era livre, na sutileza da matéria existente no plano que lhe é próprio, mas "torna-se prisioneira da matéria mais densa, e seus poderes conscientes não podem ainda funcionar através desse véu que a cega" (p. 51).

A inibição, contudo, é sentida apenas do lado da matéria, onde a consciência permanece como "mero germe, embrião impotente, abandonado, ao passo que a mônada, no plano que lhe é próprio, é forte, consciente, capaz, no que diz respeito à sua vida interior". Há, pois, uma projeção ou manifestação da consciência na eternidade e outra no contexto de espaço e tempo.

Concordando com Geley, ao qual voltaremos dentro em pouco, a dra. Besant entende ser o princípio psíquico – ela prefere caracterizá-lo como Segundo Logos ou Segunda Onda Vital – que "doa qualidades à matéria" (p. 53).

Para ser mais explícita, Besant ensina que a consciência é uma só, quaisquer que sejam suas inúmeras manifestações. Dentro desse esquema, a consciência unitária de cada ser humano constitui "parte integrante" da consciência global. Em outras palavras, "todas as consciências aparentemente separadas são, na verdade, uma só, como um mar que se escoasse através de numerosos furos, numa barragem" (p. 105).

"Cada célula no corpo" – escreve, mais adiante (p. 119) – "é composta de miríades de diminutas vidas, cada uma delas com a sua consciência germinal."

O corpo físico do ser humano funciona, portanto, como veículo e ambiente para que inúmeras partículas de vida também sigam o processo evolutivo, enquanto, no dizer de Besant, o psiquisimo conhecedor de seus objetivos segue "cinzelando constantemente a matéria, a fim de obter com ela as formas adequadas" (p. 233).

O que confere com o dínamo-psiquismo do dr. Geley, com a busca através da forma, proposta por Chardin, com a evolução criadora de Bergson e com a técnica cósmica de "intelectualizar a matéria", como ensinaram os instrutores espirituais ao prof. Rivail.

Em suma, o ser vivo, tanto quanto o universo, são da mesma essência única.

A Grande Síntese não é estranha a esses conceitos; ao contrário, os acolhe, ao definir o universo como "unidade orgânica em evolução" (p.112). Para acrescentar, adiante (p. 296), que "o universo é organismo monístico, que funciona sob o império de um princípio único".

Aliás, no início da obra (p. 29), ficou dito que "como estrutura, o universo é um *organismo*, isto é, um todo composto de partes reunidas, não ao acaso, mas com ordem, com recíproca proporção".(Destaque meu.) Para funcionar, como o fazem, "as partes componentes (desse organismo universal) têm que se coordenar para um fim único" (p. 30).

A expressão "dínamo-psiquismo" do dr. Geley deve ser entendida como caracterizadora de um psiquismo dinâmico, ou seja, atuante, que não apenas movimenta a matéria, como cria com ela as formas de que necessita para desenvolver-se e atingir suas metas evolutivas.

Conceito idêntico vamos encontrar em *Evolução em Dois Mundos*, onde se lê no capítulo IV, por exemplo, que, dicotomicamente assentadas em naturezas física e espiritual, as células obedecem ao comando do "princípio inteligente", ao plasmarem, no veículo de exteriorização, as conquistas evolutivas. As próprias células são consideradas por esse autor espiritual como "princípios inteligentes" rudimentares, a serviço do mesmo princípio inteligente em estágios mais avançados nos animais superiores. Cabe-lhes, nesse sentido, obedecer "ao pensamento simples ou complexo que lhes comanda a existência" (p. 42). Para essa tarefa, as partículas celulares de vida organizam-se em "grupos coloniais", como "peças eletromagnéticas inteligentes, em máquina eletromagnética superinteligente" (p. 43).

Fora do governo mental ao qual estão subordinadas, as células já não agem mais como suas companheiras que lá continuam.

"As células nervosas, por exemplo" – escreve André –, "com as suas fibrilas especiais, não produzem células com fibrilas análogas, e as que atendem nos músculos aos serviços de contração se desdiferenciam, regredindo ao tipo conjuntivo."

E prossegue, para concluir:

"Todas as que se ausentam do conjunto estrutural do tecido inclinam-se para a apresentação morfológica da ameba, segundo observações cientificamente provadas" (p. 46).

Isto significa, portanto, que fora do campo magnético constituído pelo princípio inteligente, caracterizado por Geley como "dínamo-psiquismo", as células podem continuar como seres vivos e até inteligentes também, mas não se acham mais "sob as ordens da Inteligência" (André Luiz, p. 46), que lhes determinava como comportarem-se dentro da comunidade a que pertenciam.

É correta, portanto, a informação de Geley, segundo a qual "as diversas e inúmeras aparências das coisas nada mais são que representações" do psiquismo. Em outras palavras, as formas sob as quais a vida se apresenta constituem representações objetivas do pensamento, movido por uma vontade, como ensinava Arthur Schopenhauer, tão justamente admirado pelo dr. Gustave Geley.

Reitero, porém, minha convicção de que o dínamo-psiquismo que o médico francês supõe, acertadamente, dotado de "todas as potencialidades", não seja "primitivamente inconsciente". A solução proposta pela dra. Besant parece conciliar as coisas, com a dualidade da "mônada na eternidade" e outra "no tempo e no espaço", ambas, porém, inteligentes e, de certa forma, conscientes, ainda que limitadas às suas condições específicas. A impressão de que o psiquismo cósmico situa-se numa faixa inconsciente provém do fato de que essa dimensão escapa à percepção de nossa consciência de vigília..

Dentro da mesma ordem de ideias, colocaríamos Maurice Maeterlinck, quando imagina que o ser humano não se encarna por inteiro, ou seja, não mergulha totalmente na matéria densa, mantendo como que um pé na eternidade e outro no tempo e no espaço.

Estamos, aqui, novamente em sintonia com a teoria do dr. Geley, que propõe uma progressiva conscientização do indivíduo, fórmula de que a natureza se utiliza para tornar o ser humano consciente de si mesmo e do universo em que vive. Neste caso, como eu próprio escrevi em *A Memória e o Tempo*, o consciente seria uma espécie de cabeça de gravação/reprodução que se empenha em ler a memória de Deus, desdobrada por todo o universo. No entender do autor de *A Grande Síntese*, o processo evolutivo consiste na "realização progressiva do pensamento de Deus"(p. 194). Não sem razão teria, portanto, Schopenhauer entendido o mundo como vontade e representação – a vontade que cria as representações daquilo que pensa. Como a natureza revela uma atividade inteligente e consciente, os comandos que a criaram e que a sustentam têm de ser, necessariamente, inteligentes e conscientes. Por muito tempo vimos dividindo as coisas criadas em vivas e inertes, ou seja, dotadas ou não dotadas de um componente psíquico. Ao que tudo indica, essa postura está sendo, senão questionada, pelo menos reformulada em razão de especulações e pesquisas mais recentes, como a hipótese Gaia, segundo a qual o próprio planeta seria um ser vivo a interagir com aqueles que o povoam. Chardin nos fala da noosfera, uma camada de pensamento que envolveria toda a terra.

Annie Besant (capítulo VI, p.105 e seg.), ao discorrer sobre a consciência como uma só realidade cósmica, invoca o apoio científico do prof. Jagadish Chandra Bose, de Calcutá, que "provou definitivamente, que a chamada "matéria inorgânica" responde a estímulos de maneira idêntica aos metais, vegetais, animais e – tanto quanto se pode experimentar – o ser humano" (p.109).

Besant obtêve tais informações em um trabalho de autoria do prof. Bose, apresentado ao Royal Institute, em 10 de maio de 1901, sob o título "*The*

Response of Inorganic Matter to Stimulus" (Resposta da matéria inorgânica ao estímulo).

É com apoios como esse que a dra. Besant se sente autorizada a declarar, à página 115 do seu livro, que:

"O homem é o microcosmos do universo e seu corpo serve de campo evolutivo para miríades de consciências menos desenvolvidas do que sua própria."

Esse conceito, acho eu, poderá até ser considerado como uma possível maneira de entender o que se passa numa comunidade de abelhas ou térmitas, por exemplo, para as quais praticamente se impõe a ideia de um psiquismo que coordena as inúmeras atividades da colônia constituída por minúsculos seres de inteligência primitiva, mas, obviamente, dotados de "conhecimento adquirido". Cada uma das pequenas criaturas desempenha sua tarefa específica em harmonia com os interesses maiores da coletividade.

Ao ensinar que "o altruísmo não é renúncia, mas expansão de domínio", ou seja, criação de "egoísmos coletivos", *A Grande Síntese* (pp. 302-303) considera nesta categoria a abelha, que "não sobrevive isolada, mesmo que provida de tudo, porque a virtude de sentir-se *célula do organismo coletivo* nela se torna instinto e necessidade". (Destaque meu.) Trabalha, portanto, com "instintos assimilados e não mais virtudes", integrando, por isso, "sociedades animais já constituídas". Não há como deixar de reconhecer, portanto, que "no homem, o instinto coletivo está em formação; na abelha já se fixou, maduro e completo".

Pela segunda vez, neste livro, encontramos motivação para olhar com respeito para a diligente industrial do mel.

Seja como for, há sempre, no indivíduo, um psiquismo superior coordenador que impõe sua vontade às unidades inteligentes implantadas na matéria e cria com elas as representações (leia-se formas) que deseja e de que necessita para evoluir, ao mesmo tempo em que estimula o processo evolutivo das diminutas partículas de psiquismo com as quais trabalha.

Dentro dessa ótica, encaixa-se com precisão indiscutível o conceito formulado pelos instrutores espirituais, segundo os quais o processo evolutivo do ser começa mesmo na matéria densa convertida em energia, prossegue nas plantas, avança no animal e se expande no ser humano.

Todo o universo, portanto, seres vivos inclusive, resulta de uma criação mental. Teremos oportunidade de explicitar melhor tais aspectos quando recorrermos aos estudos que Paul Brunton elaborou sob o título *The Wisdom of the Overself (A Sabedoria do Eu Superior)*.

Ainda temos, contudo, algo a dizer sobre o notável documento do dr. Gustave Geley.

Estabelecidas as bases experimentais da sua tese, o autor passa, no segundo livro, ao exame do processo evolutivo, avalia as possíveis objeções e, finalmente, conclui o seu trabalho.

Para não alongar demais nosso próprio livro, recorro a uma breve menção aos pontos essenciais levantados pelo doutor:

* Pelas suas origens, suas metamorfoses embrionárias, sua funcionalidade, bem como, pela fenomenologia dita supranormal (desmaterializações e rematerializações), o corpo físico demonstra estar sempre na dependência de um campo magnético, que Geley identifica como dinamismo psíquico superior.

* O corpo não é, pois, o indivíduo, mas um produto ideoplástico do psiquismo superior. (Ideoplastia é termo sugerido para caracterizar a criação de alguma espécie de forma sob o comando do pensamento ou ideia.) Assim, o organismo não é o indivíduo, mas uma simples representação dele.

* A rigor, portanto, não existe uma fisiologia normal e outra anormal, dado que ambas são comandadas pela mesma vontade diretora, que determina que tipo de representação ou forma deve assumir a matéria mais densa ao acomodar-se dentro do campo magnético, no qual a consciência e a vontade operam. O que, aliás, evidencia o fato de que "as manifestações da atividade individual ultrapassam as limitações e o quadro do organismo" (I, p. 223). Estariam aí as mutações a que estou chamando de alquímicas.

* Atenção, porém. Como em seu livro anterior Geley deu considerável destaque à expressão "ser subconsciente", que até serviu de título ao seu estudo, ele retoma o assunto neste outro para enfatizar que a subordinação do psiquismo inferior, instalado no cérebro, ao psiquismo superior, não significa absolutamente que existam "dois seres distintos, diferentes em essência e destinação" (I, p. 245).

* "O ser não é duplo" – escreve ele. "É único. Mas, durante a vida terrestre, as contingências cerebrais não permitem senão a manifestação restrita e truncada do psiquismo total. Essa limitação dissimula o ser, não somente sua essência metafísica, mas também a parte mais relevante de suas realizações conscienciais."

* Vale dizer, portanto, como já proclamara anteriormente, que o "consciente não passa de pequena parte do inconsciente", aquela à qual temos acesso imediato, ao passo que "larga parte do consciente permanece normalmente latente".

Devo dizer que, embora de acordo, em princípio, com essa postura, minha preferência vai para a hipótese formulada em *A memória e o tempo*, onde sugiro que o termo *subconsciente* seja reservado para as lembranças que, depois de passarem pelo consciente, são mais facilmente recuperáveis, ao passo que ao "arquivo geral" do inconsciente o acesso é bem mais difícil, ainda que não impossível.

* Para Geley, como para mim também, se é que posso atrever-me a oferecer-lhe minha modesta opinião, esse mecanismo de ininterrupta acumulação de experiências enriquecedoras no psiquismo exige a presença ativa e permanente da doutrina reencarnacionista, ou seja, das vidas sucessivas, que conta hoje com apoios muito mais decisivos do que ao tempo em que Geley estudou e escreveu suas dissertações.

* Pelas mesmas razões, e pela evidência de que "o fenômeno humano" (Chardin) ultrapassa, no dizer de Geley, o quadro geral da fisiologia, há que introduzir-se, no modelo, componentes outros da vida, como o da sobrevivência do ser à morte corporal.

* O corpo físico, para Geley, é apenas uma "objetivação inferior" da vontade, "uma representação ideoplástica do eu e não desempenha o papel primordial e essencial que lhe atribui a psicofisiologia clássica" (I, p. 237).

* Seria, portanto, uma espécie de "materialização regular e normal, ao passo que a materialização metapsíquica (mediúnico-espiritual) é apenas uma formação ideoplástica irregular e anormal" (I, pp. 239-240).

Eu não diria que as materializações do tipo mediúnico sejam "anormais ou irregulares", e sim, que são regulares e normais *no contexto em que se situam*. Em outras palavras, têm sua metodologia específica e suas leis reguladoras próprias. Concordo, porém, com a colocação do autor quanto à essência dos fenômenos que ele põe em comparação. A materialização, que ele identifica como regular e normal, ou seja, a reencarnação do ser espiritual, é de caráter semipermanente, ou melhor, duradouro, ao passo que as que se realizam no ambiente da fenomenologia de efeitos físicos, são efêmeras.

* É clara a evidência de que o corpo físico impõe severas restrições ao livre funcionamento do psiquismo superior. Geley chama-o mesmo de "bloco inferior" do ser. Daí o bloqueio que acaba por submeter as faculdades ditas supranormais a uma condição de impotência relativa. A contradição aqui é apenas aparente, mas de relevante significado, e precisa ser explorada.

Como é que sendo a potência diretora de todo o sistema, o psiquismo superior acaba contido pelas limitações da matéria mais densa, a ponto de criar dificuldades ao livre trânsito da inspiração, da intuição, da capacidade criativa ou da genialidade?

A explicação da aparente contradição não oferece dificuldades de monta. É que para cumprir adequadamente sua tarefa de aprendizado e correção de rumos, a individualidade tem de ceder espaço à livre movimentação e iniciativa da personalidade, para o que necessita da instrumentação do cérebro e sua atenta rede de comunicação, a fim de que possa entender-se adequadamente com o mundo exterior, como lembra Geley (p. 242).

* "Ora, esse órgão (o cérebro) não é capaz senão de uma atividade restrita e de reduzida capacidade de armazenamento de dados e de memorização. À medida que as impressões passageiras que recebe se apagam, a memória de tais impressões tende a desaparecer também da consciência normal".

A ultrapassagem das capacidades registradoras do cérebro físico têm vultosas implicações com o esquecimento das existências anteriores, como ensina Geley, dado que a cada reencarnação entram em jogo importantes fatores genéticos na produção ideoplástica de um novo sistema nervoso. Geley considera necessário o esquecimento das experiências anteriores e, por via de consequência, "a morte como fator que favorece à evolução" (pp. 242-243). Em *A Grande Síntese* (I, p.168), a morte é considerada "sinônimo de renovação".

* Lembra o dr. Geley que Myers acreditava num desenvolvimento especial das faculdades supranormais – que ele considerava como "essência divina do inconsciente" – durante as fases de "desencarnação", ou seja, entre uma vida na terra e a seguinte. Geley achava até possível que durante tais intermissões, fora da existência terrestre, o ser aprendesse a "se servir de suas faculdades supranormais, a compreendê-las suficientemente, a fim de submetê-las, pouco a pouco, à sua vontade" (p. 246).

Não me parece que as coisas ocorram dessa maneira. Pelo menos não é essa a informação que se colhe em Paul Brunton ou em Annie Besant e em Maurice Maeterlinck. Para estes, a "área" psíquica que corresponde ao inconsciente está mergulhada na consciência cósmica, o que lhe proporciona condições suficientes para exercer, com larga flexibilidade, suas faculdades.

* Seja como for, uma vez liberado para sempre das "contingências cerebrais", o ser continua a ampliar sua faixa de conhecimento subjetivo, íntimo, pessoal, tanto quanto do universo que o cerca. "Seu passado" – escreve Geley (I, p. 246) – "lhe será acessível dentro das únicas limitações que seu estado evolutivo atual lhe impõem, servindo inclusive para preparar conscientemente o seu futuro". Como os arquivos psíquicos são indeléveis – e nisso temos até o inesperado testemunho do dr. Freud –, a tendência é a de contínuo crescimento do acervo individual.

No capítulo IV – "Interpretação da psicologia segundo as novas noções" –, o dr. Geley faz uma releitura dos diversos fenômenos psíquicos, entre os quais a neurastenia, a histeria, o hipnotismo, a loucura, a síndrome da personalidade múltipla, o trabalho intelectual inconsciente, a genialidade, os fenômenos ditos supranormais e o mediunismo. Por mais que sejamos tentados a repassar suas informações e argumentos, temos que renunciar a esse propósito, a fim de poupar-nos tempo e espaço físico neste livro. Há, contudo, muita coisa de nosso interesse aqui, até mesmo uma antecipação de quase meio século para a realidade do que ele chamou acertadamente "faculdades extrassensoriais". (p. 272)

Nas páginas finais da sua obra, Geley examina o processo da passagem progressiva do inconsciente para o consciente no âmbito infinitamente mais amplo do próprio universo, informando que "a evolução consiste em aquisição da consciência".

Daí, algumas de suas conclusões finais:

* A essência do universo é indestrutível e eterna, bem como permanente, através da aparência transitória das coisas em que se manifesta.

* A essência do universo passa, pela evolução, do inconsciente ao consciente.

* A consciência individual é parte integrante do que há de essencial no universo e evolui, ela também, indestrutível e eterna, do inconsciente ao consciente.

De minha parte, eu colocaria em diferentes palavras o segundo dos conceitos formulados. Para mim, o universo já é consciência plena e, por isso, não devemos entendê-lo como algo que evolui do inconsciente para o consciente. Prefiro supor que o indivíduo é que vai se apoderando lentamente da realidade cósmica à sua disposição, na medida em que se torna consciente dela, ou seja, à medida em que a conhece. Estamos, neste ponto, admitindo, em princípio, a hipótese mais recente de que o planeta e, por extensão, todo o universo sejam seres vivos ou, em outras palavras, representações ou manifestações de uma vontade consciente, como queria Schopenhauer.

A diferença entre Schopenhauer e o dr.Geley está em que o genial filósofo alemão fez convergir seu pensamento, tão bem formulado, numa conclusão pessimista de desencanto, ao passo que o médico e pesquisador francês chega a um patamar otimista, antecipando uma humanidade sintonizada com as harmonias e a sabedoria do cosmos, liberada, afinal, não apenas de tempo e espaço, mas também do erro e, consequentemente, da dor.

Quanto ao mal, não teria mais que uma importância relativa, sendo sempre reparável. Ele acha mesmo (I, p. 332) que o mal acaba sendo "o acompanhamento inevitável do despertar da consciência". *A Grande Síntese* prefere ver esse conceito sob a ótica da dor como fator evolutivo, mas como a dor resulta, invariavelmente, de nosso atrito com a lei cósmica – e isso é o que se chama erro ou pecado – as posturas de Geley e as do autor espiritual de *A Grande Síntese* são convergentes.

Nesse contexto, desapareceu a ideia do aniquilamento individual. Não há como, nem por que temer a morte, da qual a natureza se vale para o indispensável processo de renovação da vida. Ela rompe, precisamente, os vínculos que, sem ela, continuariam indefinidamente a reter a criatura no nível evolutivo que se encontra durante a vida na carne.

"Chegará o tempo" – escreve Geley à página 337 – "em que a consciência, suficientemente vasta, será capaz, num esforço supremo, de romper todas as limitações, atingir até o inacessível, de compreender mesmo o incompreensível, a coisa em si, o infinito, Deus".

Recorrendo mais uma vez a Schopenhauer, transcreve Geley um texto em que o pensador alemão fala da "decifração do mundo" que, de alguma forma, faz lembrar meu próprio entender, segundo o qual a consciência se incumbe de "ler a memória de Deus", como ficou dito em *A Memória e o Tempo*.

Depois desta visão panorâmica, criativa, consoladora e otimista da vida, só nos resta apreciar, no estudo do dr. Geley, sua maneira de entender as possíveis origens da consciência.

Ao abordar o problema das origens do indivíduo, o dr. Gustave Geley mostra-se cauteloso, sem, contudo, deixar de ousar na formulação de suas hipóteses. De minha parte, entendo essa postura balanceada entre a cautela e a ousadia, não como contraditória, mas da essência mesma da pesquisa.

"Este módulo" – escreve o autor – "não se reveste de pretensão científica. As hipóteses que o constituem não têm outro propósito senão o de oferecer matéria ao debate."

O ponto de partida de sua curta, mas compacta, dissertação firma-se ainda uma vez no pensamento de Schopenhauer, seu filósofo predileto na interpretação do fenômeno da vida. Chega mesmo a adotar, em princípio, a proposta do pensador germânico, segundo a qual, nas suas manifestações inferiores, a vontade "afigura-se impulso cego, como esforço misterioso e surdo, distanciado de toda consciência imediata".

Com esse apoio, Geley prossegue sugerindo que "a individualização começa por toda parte, ou no inconsciente primitivo, com um rudimento de consciência".

Por mínimo que seja e incipiente, "tal rudimento de consciência constitui uma aquisição, permanece indelével e irá, daí em diante, crescendo sem parar, ao infinito" (I, p. 247).

Reitero ponto de vista pessoal meu, já transmitido ao leitor, ao entender com Annie Besant e André Luiz que, mesmo nas mais primitivas manifestações da vida – ou representações, como deseja Schopenhauer –, a consciência já está presente, em estado germinal, traz em si um projeto, é uma energia inteligente, e está ligada à consciência cósmica, da qual provém.

Creio que, mergulhada na matéria e nela se envolvendo, como propõem Henri Bergson e Chardin, a consciência preserva suas faculdades e potencialidades. Seu propósito é o de dominar a matéria, impor-lhe suas condições a fim de poder expressar-se e "decifrar o mundo". Ela não é uma função ou propriedade da matéria à qual esteja subordinada, mas a vontade inteligente, de que falam Schopenhauer e André Luiz, entre outros.

Seja como for, encontramos, tanto em Geley como em André Luiz ou em Annie Besant, o mesmo conceito fundamental de que a longa caminhada do ser começa com as mônadas, que se caracterizam, no dizer de André, como "princípios inteligentes ou mônadas fundamentais" (p. 32). Na gigantesca massa de uma substância primordial que André identifica como "geleia cósmica", aninha-se o "princípio inteligente" microfragmentado e ali tem início a aventura evolutiva. Reunidas em colônias, das quais a célula constitui o aspecto visível, as mônadas se organizam em "algas nadadoras, quase invisíveis" embaladas pelo movimento das águas primevas. Esse autor espiritual informa que, ainda hoje, as plantas constituem "filtros de evolução primária dos princípios inteligentes". Ou seja, o processo evolutivo continua passando pelo reino vegetal, a partir do qual a mônada "ingressou nos domínios do artrópodos", onde seriam guindadas à condição de crisálida da consciência", funcionando como "veículo da inteligência".

Assim, no correr de incontáveis milênios, o princípio inteligente vai galgando novos patamares evolutivos até chegar ao ser humano.

Não é muito diferente desse o entendimento de *A Grande Síntese*, que assim se expressa (p. 139):

"No princípio, havia o movimento e o movimento se concentrou na matéria; da matéria nasceu a energia, da energia emergirá o espírito."

O processo implica a passagem por "*elos desconhecidos*" que, sem deixar traço representativo, têm-se mantido fora do alcance das observações dos naturalistas, em vista de "representarem estágios da consciência fragmentária" operados nas "regiões extrafísicas". Mais um ponto no qual identifico saltos quânticos de natureza alquímica.

É, contudo, a inteligência, ou melhor, a consciência, que disciplina as células, impondo-lhes sempre os comandos com os quais produz suas "representações" no âmbito da matéria densa.

Nesse longo trânsito da consciência pela matéria resulta inexequível, no dizer de André, qualquer tipo de separação entre fisiologia e psicologia, dado que o psiquismo passa da atração no mineral à sensação no vegetal, ao instinto no animal (p. 39).

Assim, tanto no plano físico, como na dimensão extrafísica, o veículo do espírito "é a soma das experiências infinitamente repetidas, avançando vagarosamente da obscuridade para a luz". É nesse veículo, para o qual André atribui também um "corpo" energético, dito *corpo mental*, no qual o autor situa "a individualidade espiritual, que se vale das vidas menores para afirmar-se – das vidas menores que lhe prestam serviço, dela recolhendo preciosa cooperação para crescerem a seu turno, conforme os inelutáveis objetivos do progresso" (p. 40).

Lá estão, portanto, nas células, as partículas de vida, termo que Annie Besant considera sinônimo de consciência, como vimos.

É desse trabalho longo, consciente e inteligente, que "resultam, no dizer de Geley (I, p. 248), grupamentos de mônadas que constituem toda a representação organizada do universo".

Por isso, o que caracterizamos como formação de um ser não é mais do que a formação complexa e orgânica de um grupamento. Da mesma forma, o que conhecemos como morte de um ser, ainda segundo Geley, é, na realidade, a dissociação do grupo. As mônadas, contudo, não são aniquiladas quando o grupo se desfaz, elas vão, conforme suas afinidades e seu passado, "constituir um novo ser no contexto de um novo grupamento". Há como que uma solidariedade entre elas, "evidente em toda a coletividade dos seres e em todo o universo", desde as colônias celulares mais primitivas até as mais complexas estruturas orgânicas.

Depreendo da hipótese formulada por Geley que as mônadas, como partículas psíquicas, ficam no contexto da matéria e que esta, ao decompor-se, as libera para futuras combinações em novos grupamentos. Não é essa, contudo, a impressão que colhemos em André Luiz, no módulo intitulado "Além da Histogênese" (pp. 88-89). Pelo que ali se lê, as partículas de inteligência não são deixadas na matéria que se desintegra, mas seguem com o campo magnético que compõe o complexo corpo espiritual/corpo mental.

> A alma que desencarna – escreve ele –, findo o processo histolítico das células que lhe construíam o carro biológico (corpo físico) e fortificado o campo mental em que se lhe enovelaram os novos anseios e as novas disposições, *logra desvencilhar-se mecanicamente, dos órgãos físicos,* agora imprestáveis, realizando, por avançado automatismo, o trabalho histogênico pelo qual desliga as células sutis do seu veículo espiritual dos remanescentes celulares do veículo físico, arrojado à queda irreversível...(O destaque é meu.)

O que estaria compatível com a informação de Annie Besant, segundo a qual existem mônadas mergulhadas na dimensão tempo/espaço, como também existem aquelas que continuariam operando na dimensão cósmica, tendendo a primeira (eterna) a tornar-se uma "extensão" da segunda (p. 51). Este modo de colocar as coisas, por outro lado, concordaria ainda com a concepção de Maeterlinck, segundo a qual o ser nunca se encarna por inteiro, conservando a maior parte de seu psiquismo conectado com os dispositivos cósmicos. Para melhor entendimento deste aspecto de tão vital relevância, contudo, precisamos dedicar algum espaço para a dissertação da dra. Annie Besant.

Antes disso, vamos cotejar estas propostas com as de *A Grande Síntese*, na qual se lê o seguinte (p. 169):

> São abertas essas cadeias dinâmicas. Os átomos tomados do turbilhão vital são transmudados no seu movimento íntimo e arrastados por um movimento diverso. Nessa viagem, eles são elaborados, modificando-se-lhes a constituição química. Concluído seu trajeto, são abandonados, *não mais vivos, porém inertes*. (Destaques meus)

Pouco adiante (p. 173), discorrendo sobre o turbilhão, diz aquele mesmo livro:

"Ao morrer (o turbilhão), ele restitui ao ambiente não só o material físico constitutivo, mas também a sua energia interior, o motor do sistema, sua alma mínima, rudimentar."

É preciso notar, contudo, que o turbilhão (ou vórtice) ainda não é um ser vivo, e sim, uma individualidade efêmera inconsciente, que, pelo movimento específico, cria para si mesmo certa identidade que o distingue do cosmo, ainda que dele não se destaque. É importante assinalar, neste ponto, que "o princípio cinético da substância" muda, mas conserva-se "sempre idêntico a si mesmo".

Sobre as origens da consciência, contudo, estou reservando tempo e espaço, neste mesmo módulo, para as arrojadas teses do dr. Julian Jaynes.

Aguarde o leitor.

3. Outro eu dentro do eu?

Tenho ainda algo a dizer acerca da sensação de muitos de nós no sentido de que haja outro eu dentro do eu. Se o leitor também experimenta essa estranha impressão, não se assuste, pois estará em excelente companhia. Jung, por exemplo, Frederick W. Myers, Gustave Geley, Maurice Maeterlinck, Annie Besant, Paul Brunton ou pensadores de mais recente extração como Peter Russell ou a escritora e atriz americana Shirley MacLaine.

De alguma forma que parece a resultante de um consenso, este "segundo eu" vai ficando cada vez mais identificável com o que vimos chamando de inconsciente. Não propriamente o inconsciente de Freud, que o entendia como uma espécie de caldeirão ebuliente de paixões e desejos em busca desesperada de expressão, mas o inconsciente como repositório de inconcebível volume de informações vitais ao processo de viver. Acontece, porém, que o *eu* oculto é enigmático, silencioso e nada obstrutivo ou impositivo. Parece preferir a meia luz dos bastidores, deixando o palco para a livre movimentação do *eu* consciente. Talvez por isso tenha passado tanto tempo despercebido, principalmente aqui, do lado ocidental da civilização, já que no Oriente há muitos séculos sua presença vem sendo assinalada e discutida nas tradições místicas. Na verdade, como sempre sustentaram essas tradições, o misterioso ser que convive conosco em outro nível de percepção nada tem de secundário ou inferior, muito pelo contrário, é ele que se incumbe do gerenciamento das mais nobres tarefas da vida, em vista de sua vasta experiência, de seu acesso a fontes de conhecimento situadas fora de nosso alcance habitual e, por isso tudo, de sua sabedoria intemporal.

Referências ao lado oculto do eu começam a aparecer também nos estudos acerca do psiquismo humano e de suas numerosas funções e disfunções, como nos relatos acerca do fenômeno da personalidade múltipla. Na terminologia inglesa, encontramo-lo identificado como *inner self helper* (abreviado para ISH), e que se pode traduzir como "guia interior", ou como *higher self*, eu superior. Há até quem garanta visualizar objetivamente a elusiva entidade como uma "pessoa" de características andróginas ou como um símbolo impessoal, ou, ainda, como uma figura compatível com as crenças religiosas do vidente, como o Cristo, Nossa Senhora, um guru indiano, um profeta bíblico. É difícil determinar até onde entram, na composição desse quadro, projeções fantasiosas da mente, dotada, como sabemos, de poderes suficientes para criar imagens ou formas-pensamento. Shirley MacLaine descreve seu *ISH* objetivado como um ser humano de aparência jovem, assexuado, sempre disposto a responder de maneira competente às suas indagações e questionamentos. Fala, ainda de uma amiga sua para a qual o ISH se projeta como bela pena branca. (*In Going Whithin*, Bantam Books, 1990, Nova York, cap. 5, p. 85.)

Em *Afterlife*, um dos seus fascinantes estudos, o escritor inglês Colin Wilson reproduz curiosa experiência de Rosalind Heywood que, à beira de pôr em prática um impulso "egoístico", foi surpreendida com um fenômeno insólito, que a fez (relutantemente) mudar de ideia. Ela estava deitada, mas insone e agitada, enquanto, ao seu lado, o marido dormia profundamente. De repente, achou que não iria mais suportar a pressão dos sentidos. Decidiu acordar o marido para uma sessão de sexo. Foi quando o insólito aconteceu.

> Dividi-me em duas – conta ela. Um dos meus eus, na sua camisola de dormir cor-de-rosa, continuou a agitar-se egocentricamente contra os travesseiros de fronhas bordadas, mas o outro, vestido com uma roupa longa, muito alva e dotada de capuz, ali estava de pé, calmo, imóvel e impessoalmente exteriorizado, aos pés da cama. O Eu Branco parecia-me tão presente como o Eu Cor-de-Rosa e eu estava igualmente consciente em ambas as posições ao mesmo tempo. Lembro-me vivamente de mim mesma como Eu Branco, de olhos baixos, contemplando a ponta entalhada da cama à minha frente, pensando o quanto o Eu Cor-de-Rosa era tolo, a agitar-se daquela maneira petulante contra os travesseiros. "Você está se comportando vergonhosamente – disse o

Eu Branco, com frio desdém, ao Eu Cor-de-Rosa. Não seja tão egoísta, você sabe que ele está exausto".

O Eu Cor-deRosa, contudo, estava no firme propósito de não se submeter à vontade da "outra". "Vou fazer o que quero – proclamou furiosa – e você não pode me proibir, sua moralista branquicela!" Mesmo ao verbalizar sua indignação, no entanto, ela estava consciente de que o Eu Branco era o mais forte das duas e tinha condições de impedi-la de fazer o que pretendia.

"Um momento ou dois depois – nem senti a transição" – continua Heywood – "o Eu Branco tornara-se novamente o companheiro de prisão do Eu Cor-de-Rosa, num só corpo, e lá continuaram morando, desde então, como água e azeite."

A partir desse curioso incidente, Rosalind Heywood passou a conviver conscientemente com a moça das vestes brancas. Acrescenta ela que se identifica perfeitamente com o seu outro eu e consegue "observar sem emoção" – esse é o aspecto principal – "os desejos e repulsões que levam inevitavelmente todos os Eus Cor-de-Rosa a se agitarem de um lado para outro".

Rosalind Heywood, nascida no final da era vitoriana, foi uma escritora talentosa, mulher inteligente e culta. Além do livro em que narra a experiência que acabo de resumir, e inúmeras outras dessa natureza (*The Infinite Hive*, Londres, 1964), escreveu *The Sixth Sense* (*O Sexto Sentido*), traduzido para o português, no Brasil. Seu marido foi empresário e, por algum tempo, integrou o corpo diplomático britânico, em Washington, nos Estados Unidos.

Não menos brilhante e interessado na mesma temática do psiquismo e até seu contemporâneo, foi o escritor belga Maurice Maeterlinck, autor de numerosos livros de grande sucesso de venda e, consequentemente, de público. Meu exemplar de *L'Hôte Inconnu* (*O Hóspede Desconhecido*), sobre o qual teremos algo a dizer a seguir, é uma edição de 1928, da Eugène Fasquelle, e já se encontrava, àquela àpoca, com 33 mil exemplares publicados, como vimos anteriormente.

A obra de Maeterlinck contém cinco estudos diferentes sobre a temática da pesquisa psíquica. Focalizaremos nossa atenção, aqui, no texto que empresta seu título ao livro. O autor procura manter uma postura tão imparcial quanto possível no exame dos objetos de sua escolha, como o fenômeno da morte (em outro livro seu) e o das aparições, a psicometria, o conhecimento do futuro e o intrigante enigma dos cavalos de Elberfeld, como vimos. Depreende-se dos seus textos que Maeterlinck foi um cético inteligente, ao qual talvez se possa atribuir postura semelhante à de William James, que deixou documentada a sua *will to believe*, ou seja, o desejo de crer, desde que convencido pela força da evidência porventura recolhida sobre os diversos fenômenos psíquicos. O problema consiste em determinar que tipo de evidência ou prova se tem em mente quando se busca entender o que se passa nessa área ainda polêmica do conhecimento humano. (Ou seria mais correto dizer-se desconhecimento?) É que mesmo a mais de oitenta anos desde que Maeterlinck publicou seu livro – uma tradução para o inglês saiu nos Estados Unidos e na Inglaterra em 1914 – ainda não se dispõe de um modelo suficientemente flexível e competente para pesquisa da fenomenologia inabitual e suas relevantes implicações. Os modelos vigentes continuam condicionados por parâmetros e pressupostos materialistas, como tenho reiterado.

Keith Oatley, por exemplo, em *Brain Mechanisms and Mind*, escreve, a certa altura, que "Freud, ao afirmar que a maior parte da atividade mental era inconsciente, estava absolutamente certo. Onde ele parece estar errado foi em atribuir inconsciência aos anseios e desejos e não à maquinaria automática do cérebro". O livro de Oatley não foi escrito no auge do positivismo materialista do século XIX, mas em 1972, quando já se fazia sentir a influência do que eu chamaria de uma recente abertura para o Oriente. A física parece, nesse estágio, reunir forças para saltar sobre o território do misticismo, onde tradicionalmente, desde Aristóteles, pelo menos, imperava a metafísica. Mas não é só Oatley, dado que a atitude de desconfiança em relação à temática parapsíquica continua sendo o procedimento padrão no circuito da erudição internacional.

Em *Freud, Jung and Occultism*, de Nandor Fodor, publicado em 1971, encontramos no "Appendix II, The second soul of C.G.Jung" (A segunda alma de C.G.Jung), texto no qual Martin Ebon discorre, entre outros aspectos de nosso interesse aqui, sobre os cuidados que Jung tomava para expressar-se de maneira adequada sempre que discorresse acerca da fenomenologia psíquica, um dos grandes, senão o maior de seus interesses pessoais. Atitude, aliás, que no entender de Ebon o mestre suíço conservou até o fim, nos seus últimos escritos, sempre evitando falar com a desejável franqueza sobre o controvertido assunto. Nota-se isto, escreve Ebon,

"Pelo estilo: aí está ele de volta à velha técnica de mascarar seu envolvimento e suas paixões com palavras e frases que não venham a se tornar demasiado alarmantes aos ouvidos acadêmicos".

Mesmo com todas essas sutilezas, os editores americanos de tais escritos ainda resolveram decepar dos textos de Jung material que Ebon considera "extraordinariamente valioso e revelador".

O eminente dr. Carl G. Jung, no entanto, desempenha neste momento para nós apenas um papel de *guest star*, de vez que está sendo reservado para um módulo especial deste livro. A intenção foi apenas a de comparar as cautelas de Jung com a evidência de atitude, aparentemente semelhante, de Maurice Maeterlinck, ou seja, a de não-comprometimento com um tema ainda contaminado por persistente preconceito, em cujo trato qualquer respeitável cientista ou escritor poderia pôr em risco seu prestígio.

Seja como for, Maeterlinck anuncia logo de início que pretende cuidar de manifestações daquilo que costumamos identificar com certa indiferença como "inconsciente, subconsciente, ser subliminar, hóspede desconhecido, aos quais poderíamos ajuntar os termos de subconsciência ou de psiquismo superior, imaginados pelo dr. Geley".

Naquela doce e tímida ambiguidade da dúvida, Maeterlinck aceita, em princípio, alguns aspectos da realidade espiritual, "se bem que alguns (desses pontos) não estejam ainda confirmados..."

> Se, por exemplo, você se decide pela hipótese mais defensável e que se torna às vezes difícil de ser descartada, se você admite que os desencarnados interferem nos seus atos, assombram a sua casa, inspiram os seus pensamentos, revelam o seu futuro, ele (o hóspede desconhecido, ou ser subliminar) lhe dirá: É verdade, mas, em tudo isso, sou apenas eu, eu me encontro desencarnado, ou melhor, não me encarnei por inteiro. É apenas uma pequena parte de meu ser que se encontra na sua carne, e o resto, que é quase tudo, vai e vem, livremente, entre aqueles que foram, como entre os que ainda serão. E se eles parecem falar com você, é minha própria palavra que, por se fazer mais fácil de ser ouvida e despertar sua atenção tão frequentemente adormecida, empresta-lhe seus hálitos e sua voz. (p. 290)

Nada, portanto, de fantasmas, de espíritos ou de inteligências interplanetárias, seres superiores de origem desconhecida e sobrenatural. Seria tudo, segundo o autor e desde que se escolha "a hipótese mais defensável", reduzido à mera atuação do ser superior do próprio ser humano. Com todas as ressalvas e cautelas, portanto, Maeterlinck admite a existência de um "psiquismo superior", ou ser subliminar em todos nós. O importante, contudo, não é somente o seu elegante jogo de palavras, no que ele sempre foi mestre consumado, mas a brilhante hipótese de que o psiquismo do ser humano – chame-o como considerar adequado – só está parcialmente comprometido com a matéria ou nela encarcerado, dado que a melhor parte, "o quase tudo", mantém intacta sua faixa de liberdade de ir e vir na dimensão na qual vivem os que "já foram e os que serão". Esta ideia me parece de importância transcendental, ainda que atirada como que no correr da pena, e sem tratamento posterior que a ampliasse e aprofundasse, como seria de desejar-se. A adoção desse conceito facilita o entendimento de aspectos relevantes suscitados no contexto em que estamos trabalhando neste livro, se é que pretendemos admitir para exame a hipótese de um psiquismo superior inconsciente no ser humano, como parece ser o caso.

Ou então, o diálogo entre consciente e inconsciente, tão necessário ao processo evolutivo, continuará sendo extremamente difícil por causa das barreiras que os separam.

Maeterlinck mostra-se atento a esse aspecto, ao escrever que:

> ... somos, em nosso corpo, prisioneiros profundamente sepultados, com os quais (o hóspede desconhecido) não se comunica quando deseja. Ele ronda em torno das paredes, grita, adverte, bate em todas as portas, mas nada nos ocorre senão uma vaga inquietação, um murmúrio indistinto que se nos afigura, às vezes, um carcereiro mal desperto e, além disso, cativo, como nós, até à morte.

Assim, por mais que se esforce o inconsciente em fazer chegar sua mensagem à consciência de vigília, o resultado fica sempre muito abaixo das expectativas, mesmo porque, em outro *flash* intuitivo, o autor lembra que

"A linguagem inarticulada do subconsciente toma emprestada, e um tanto à força, a consciência normal, mas as duas se confundem numa espécie de algaravia vacilante e volúvel" (p. 294).

É o que realmente parece acontecer. A não ser em casos excepcionais, como o de Rosalind Heywood, no qual a mensagem inconsciente/consciente dramatizou-se na objetividade da vidência, a norma se retrata na situação figurada por Maeterlinck, segundo a qual o inconsciente fica a rodar em torno de muralhas e paredes, buscando por todos os meios transmitir alguma informação ou advertência ao consciente, aprisionado na carne. Ao tempo em que o escritor belga escrevia essas observações, Sigmund Freud e, logo em seguida, Carl G. Jung, trabalhavam com o novo conceito de que o sonho era um dos canais através dos quais o inconsciente poderia passar seus recados ao consciente, exatamente como imaginava Maeterlinck. Acontece que a linguagem do sonho é algo confusa, construída com símbolos, dado que o "hóspede desconhecido" não dispõe de linguagem articulada e o consciente pouco entende de símbolos, motivo pelo qual fica sem saber o que fazer com eles. Freud tratou logo de promover uma espécie de dicionarização da linguagem não-verbal do inconsciente, mas caberia a Jung mergulhar mais fundo no problema, como se pode ver no volumoso estudo *O Homem e seus Símbolos*, para o qual escreveu um texto antológico que iria juntar-se às dissertações de alguns dos seus principais colaboradores.

"Em todas essas manifestações de nosso hóspede desconhecido" – escreve Maurice Maeterlinck –, "é o eu póstumo que já vive em nós, enquanto ainda estamos na carne e reúne, por alguns momentos, o imperecível naqueles que já deixaram seus corpos" (p. 296).

Isso não quer dizer que o autor belga tenha como decidida a questão da imortalidade, mas fica implícito no seu texto que adota a postura de que a gente "não morre por inteiro", da mesma forma que não se encarna de todo. Seja como for, o problema da comunicação entre entre os dois módulos do ser tem seu principal complicador no fato de que o inconsciente produz pensamento puro, não verbal, como que *in natura*, ao passo que o consciente precisa verbalizar o que pensa, a fim de comunicar-se consigo mesmo e com todos aqueles que, como ele, se acham em situação idêntica e também só se expressam verbalmente.

É importante que Maeterlinck tenha chamado a atenção para esse aspecto da questão que, a meu ver, poderia articular-se no melhor entendimento das funções dos hemisférios cerebrais.

Discorrendo, aliás, sobre o fenômeno do transe mediúnico, Maeterlinck ressalta o relevante papel da consciência do médium que, mesmo no estado que hoje se caracterizaria como *alterado*, é, no dizer do autor, "a única que dispõe da palavra humana", a fim de poder fazer-se entendida.

Admite, ainda, que, sob certas circunstâncias "ardentes e profundas" de nossa vida, quando nos parece ouvir uma voz interior, estamos sendo "médiuns de nós mesmos", o que equivale a dizer que o inconsciente conseguiu superar as dificuldades de intercâmbio para se fazer compreendido pelo consciente. É de supor-se, portanto, que, neste caso, o "hóspede desconhecido" haja interferido nos comandos dos mecanismos de controle da palavra localizados no hemisfério esquerdo, de modo a utilizar-se da linguagem do consciente, em vez de seu complexo sistema não-verbal. Também esta questão será tratada no capítulo próprio deste livro.

Os instrutores espirituais, que transmitiram ao prof. Rivail (Allan Kardec) os conceitos fundamentais da realidade espiritual, ensinaram que, de fato, "a linguagem do espírito é o pensamento". A comunicação entre eles, portanto, ocorre num plano ou nível em que o pensamento se transmite, para reutilizarmos a expressão de ainda há pouco, *in natura*. Isto faz sentido, mesmo porque a linguagem é conquista relativamente recente da humanidade, o que nos leva a supor um sistema de comunicação anterior que prescindia da palavra falada ou escrita. Indício dessa hipótese encontramos no fato de que a linguagem escrita começou com pictogramas, ou seja, símbolos e imagens que, somente em etapa mais avançada, foi-se estilizando em caracteres abstratos dos quais surgiram as letras, que permitiram, afinal, a comunicação por meio de palavras escritas.

Vivendo, pois, numa posição privilegiada em relação ao ser consciente, o hóspede desconhecido mal pode ocultar sua dramática superioridade no binômio consciente/inconsciente. É como "um bloco imenso, no qual nossa personalidade não passa de pequena faceta" ou a ponta de um *iceberg*.

O autor empregou com propriedade, a meu ver, o termo *personalidade* para caracterizar o ser consciente. Gostaria de acrescentar que é de toda conveniência reservar-se a palavra *individualidade* para o ser total.

> Como dar conta, porém, do incrível contraste entre a grandeza sem medida de nosso hóspede desconhecido – pergunta-se Maeterlinck – entre a segurança, a calma, a gravidade da vida interior que ele leva no fundo de nós mesmos, com as pueris e às vezes grotescas incoerências do que se poderia caracterizar como sua vida pública?

Quando somos nós mesmos? Na condição olímpica de ser superior "juiz soberano, ponderador, profeta e quase deus todo-poderoso" ou essa "espécie de prestidigitador ou de pândego telefonista". Seria cedo para responder, ante o pouco que se sabe de tantas coisas enigmáticas, mas é evidente que o autor belga denota excelente visão da superioridade do inconsciente sobre a contraparte consciente do ser. Até mesmo o inconsciente coletivo parece sugerido no texto de *L'Hôte Inconnu*, onde se lê o seguinte (p. 308):

"Em suma, não se pode negar que nos encontramos ante faculdades ou sensibilidades mais ou menos latentes, mas universalmente distribuídas que integram o patrimônio geral e constante da humanidade."

Ele acredita que haja "uma inteligência soberana espalhada no universo" (p. 312) e imagina um "diafragma" a separar a banda consciente da inconsciente em nosso ser. Não sei se a imagem do diafragma seria adequada, mas, pelo menos no cérebro físico, teríamos no corpo caloso a ponte que, ao mesmo tempo, separa e une os dois psiquismos.

Seja como for, Maeterlinck pensa que o cérebro físico não teria como aceitar toda a carga psíquica do inconsciente. O hóspede desconhecido permaneceria um tanto a distância, ligado apenas por alguns plugues para os necessário contatos, a fim de que, mesmo sem faculdade verbal, possa exercer sua monitoração sobre o ser. As limitações e bloqueios que o intercâmbio impõe não são criados pelo ser inconsciente mas pelo pobre "telefonista" bisonho.

Apoiado em expectativas de Guyau, Maeterlinck manifestou suas esperanças de que o século XX chegasse a "descobertas ainda mal formuladas, mas tão importantes, talvez, no mundo moral, quanto as de Newton ou de Laplace sobre o mundo sideral". Bergson pensava de maneira semelhante, imaginando, na sua fala de 28 de maio de 1913, perante a SPR, o que aconteceria se, em vez de partir das matemáticas, fazendo suas energias convergirem para o estudo da matéria, a ciência resolvesse dedicar-se ao espírito. Como se, por exemplo, Kepler, Galileu e Newton se concentrassem na temática da psicologia.

De sua parte, Maeterlinck sonha com as fantásticas perspectivas de uma exploração de tais possibilidades. Não seria preciso nem desejável que para isso se abandonassem os recursos da inteligência humana, "pequena, se comparada às dilatadas ilimitações do subconsciente"; poder-se-ia "empreender a grande aventura e tentar fazer o que ainda não foi feito. Trata-se de encontrar a aliança entre as duas potências" (p. 223).

4. "A segunda alma do dr. Jung"

Tenha ou não o conceito de inconsciente sido formulado pelo dr. Sigmund Freud, temos para com ele uma dívida de gratidão por ter tido não apenas a visão dessa realidade e seu encaixe na psicologia humana, como a coragem de enfrentar o contexto científico da época a fim de expor essa e outras polêmicas estruturas de pensamento inovador. O mesmo impulso que nos leva a atribuir esse crédito ao fundador da psicanálise deve induzir-nos a reconhecer, contudo, que foi o dr. Carl G. Jung quem mais fundo mergulhou nos enigmas propostos pelo novo conceito da natureza humana e mais amplamente os investigou. Muita coisa da polifacetada obra de Jung ainda está por ser examinada e avaliada, mesmo porque à espera da ruptura e remoção de certos tabus científicos criados e nutridos pela visão materialista do pensamento que há mais de século tem dominado a ciência.

Jung é a pessoa certa para se recorrer quando se deseja uma visão mais ampla de certos enigmas humanos e, de maneira muito especial, os que se contêm no conceito de inconsciente. Movido pelo interesse em acessar os mecanismos e as estruturas do inconsciente, Jung não recusou pessoalmente nenhum aspecto do conhecimento, por mais suspeito e duvidoso que pudesse parecer aos seus contemporâneos e, especialmente, aos seus colegas cientistas, entre os quais é elevada a taxa de patrulheiros das cristalizações dogmáticas preestabelecidas por consenso. Não que ele próprio não tenha feito concessões ao *establishment*. Fez. Em muitos, senão em todos os estudos cuja temática bordejava pelo ocultismo ou o misticismo, ou até nesses aspectos, mergulhava mesmo, ele ressalva, de alguma forma, sua postura de integrante do conservador contexto acadêmico. Por algum tempo, até me considerei petulante nesta visão acerca do eminente e respeitável médico suíço. Pude verificar, mais tarde, que não estava sozinho nessa maneira de ver as coisas, porque também é o que pensa Martin Ebon, no texto que escreveu, como Apêndice II, para *Freud, Jung and Occultism,* do dr. Nandor Fodor, aliás sob o muito oportuno título (para nós, aqui) de *The Second Soul of C.G. Jung (A segunda alma de C. G. Jung)*. O leitor interessado pode ficar certo de que não perderá seu tempo lendo esse livro fascinante.

A despeito de seu profundo e interessado envolvimento com os aspectos menos ortodoxos do psiquismo humano, o dr. Jung procurou preservar sempre certa ambiguidade nas conclusões, possível recurso para apaziguar os vigilantes da pureza científica. Por dever de fidelidade ao pensamento de Ebon, devo reproduzi-lo por tradução do inglês para que não ocorra estar eu alinhando termos que ele não empregou na avaliação desse traço específico do dr. Jung. Refere-se o autor, nesse ponto, ao capítulo acerca da vida após a morte, no livro *Memórias, Sonhos, Reflexões,* uma compilação de textos de Jung, por Aniela Jaffé, como se sabe. Entende Ebon que, mesmo predisposto a uma postura mais aberta, Jung acabou produzindo um documento cauteloso, sem maiores cometimentos, no qual, no dizer de Ebon, o eminente doutor estaria "de volta à velha técnica de mascarar seu envolvimento e suas paixões com palavras e frases que não soassem muito surpreendentes ao ouvido acadêmico". Ou seja, Jung continuava, mesmo nesses escritos finais, preocupado com o que *os outros* (seus colegas cientistas) pudessem pensar dele. Mesmo assim, informa Ebon que os editores americanos da obra amputaram "alguns trechos extraordinariamente valiosos e reveladores", o que é de se lamentar.

Parece que Jung esteve perto demais de abrir de todo as janelas que dão para a visão cósmica do ser humano e isto se tornava particularmente inquietante e potencialmente subversivo para o acomodado modelo clássico adotado pela ciência contemporânea nas suas cautelosas e desconfiadas espiadas (de longe) sobre o suspeito território do ocultismo. Segundo Ebon, Jung estava convencido de que "a possibilidade de uma vida póstuma" pode ser inferida das mensagens cifradas que o inconsciente está sempre a despachar para a nossa consciência de vigília. Com o que estou de acordo, em gênero, número e caso. De onde mais poderiam vir essas "dicas" senão daquela área do nosso próprio ser que está embutida na realidade espiritual cósmica? Ademais, Jung conhecia de sobra aspectos vitais da linguagem inconsciente, que estudou em profundidade, em *Man and His Symbols*, no prefácio que escreveu para a tradução do *I Ching*, por Richard Wilhelm, erudito sinólogo e seu amigo pessoal, e, ainda, em suas amplas especulações acerca da alquimia e até dos fenômenos mediúnicos. Convém lembrar, neste ponto, que sua tese de doutorado versou sobre a mediunidade de uma prima sua. Jung daria, ao longo de toda a sua vida, exuberante evidência de suas próprias faculdades e sensibilidades, como desdobramento ou projeção, fenômenos de efeitos físicos, psicografia, vidência, regressão espontânea de memória e outros. O *I Ching*, no seu entender, é um "método de explorar o inconsciente". Prefere, por certo, essa conotação, cientificamente mais palatável do que a concepção chinesa originária que admitia a presença dos ancestrais, ou seja, "agentes espirituais" a utilizarem-se da linguagem simbólica dos hexagramas a fim de nos passarem uma mensagem. Ficamos com direito de pensar que o eminente dr. Jung estaria, mais uma vez, recorrendo à ambiguidade a que se refere Martin Ebon. Seja como for, Jung consultou o veterano *Livro das Mutações* e comentou a resposta no seu iluminativo prefácio à obra de Richard Wilhelm. Não apenas nesse caso, porém, ele andou consultando o *I Ching*, dado que não fez segredo de que recorria ao livro com frequência; usou-o até na condução de casos clínicos e encorajou discípulos e assistentes seus a utilizarem-se da multimilenar sabedoria chinesa no tratamento de clientes, como se pode ver no estudo de Jolande Jacobi, sob o título "*Symbols in an individual analysis*", incluído em *Man and His Symbols*.

Mas, não vamos atropelar nossa conversa. Estávamos falando sobre o que Martin Ebon identifica como a "segunda alma" de Jung. É verdade que essa dualidade foi uma presença nas reflexões e vivências de Jung e disso temos abundantes exemplos em *Memórias, Sonhos, Reflexões,* como veremos a seguir.

Tinha ele plena consciência de uma dualidade paralela que identificamos ainda há pouco como resultante da interface da permanência com a transitoriedade. Costumo dizer eu, o escriba que vos fala, que não *sou* Hermínio; eu *estou* Hermínio. Jung parece entender a coisa da mesma maneira, embora a coloque em palavras diferentes, e mais elegantes, ou não seria o gênio que é: "Em última análise" – escreve em *Memórias, Sonhos, Reflexões,* à página 20 – "só me parecem dignos de ser narrados acontecimentos de minha vida através dos quais o mundo eterno irrompeu no mundo efêmero."

De alguma forma ou de outra, em conflito íntimo ou nos momentos de serenidade e meditação – especialmente nestes –, ele se punha a observar ao que chama "jogo alternado das personalidades número 1 e número 2". Ressalva que nada tem isso a ver com a famigerada dissociação da personalidade, sendo, ao contrário, algo que "se desenrola em todo indivíduo". E prossegue (p. 52):

> Em primeiro lugar, são as religiões que sempre se dirigiram ao número 2, ao "homem interior". Em minha vida, o número 2 desempenhou o papel principal e sempre experimentei dar livre curso àquilo que irrompia em mim, a partir do íntimo. O número 2 é uma figura típica que só é sentida por poucas pessoas. A compreensão consciente da maioria não é suficiente para perceber sua existência.

Não sei se poderemos atribuir valor absoluto à sua declaração de que sempre tentou "dar livre curso" aos ensinamentos que o inconsciente lhe passava, dado que ele demonstrou consistentemente certa cautela em abrir-se nesses aspectos nos seus escritos científicos, como temos visto repetidamente, mas é certo que sua visão do problema é admirável, pela concepção de uma realidade íntima que passa despercebida às maiorias desatentas, que não se ocupam em desenvolver métodos próprios para tirar bom proveito da sabedoria intemporal que abarrota os arquivos incorruptíveis da individualidade. Para entender melhor este aspecto, precisamos ler com atenção, além do livro da dra. Besant, que vimos consultando para estes comentários, o minucioso *The Wisdom of the Overself,* no qual Paul Brunton compactou como pôde uma inteligente abordagem a essa realidade.

Seja como for, essa dicotomia íntima revelou-se muito cedo na vida de Jung, já que ele informa, à página 66 da tradução brasileira, que o processo paralelo dentro do qual o seu número 2 (a individualidade) se desenvolvia era secreto. Nos intervalos, deixava que seu aspecto número 1 (a personalidade) lesse obras inexpressivas, como romances e os clássicos ingleses, em tradução, com "suas explicações inúteis e enfadonhas do óbvio".

A partir de certa época, contudo, "a personagem número 1 começou a preponderar", em prejuízo da sua convivência com a de número 2, que ele caracteriza como aquela parte de si mesmo que "pertencia aos séculos". Para melhor entendimento das disparidades dessa dicotomia, ele usa para o número l a expressão "homem velho", que passou a envolver-se cada vez mais com a rotina da vida terrena.

Mais uma vez Jung viu as coisas com impressionante nitidez. Nos primeiros anos de vida na carne não dispomos ainda de uma estrutura específica para o encaixe de nosso ser no ambiente para o qual viemos. Ainda somos muito mais o ser espiritual, a individualidade cósmica, o puro espírito do que a personalidade que precisa de algum tempo para se preparar, decidindo prioridades de aprendizado, como a da linguagem, situada no topo da lista. Estamos, ainda, mais sob o comando da individualidade, área pessoal na qual Jung botou o número 2. A "documentação" biológica dessa hipótese pode ser encontrada, acho eu, no fato de que, nessa fase inicial da vida, os hemisférios cerebrais trabalham em comum, como se o mais velho, mais experiente e mais sábio estivesse a treinar o menor para a vida que se inicia. A partir de certo ponto, a número 1 começa a preponderar, como diz Jung, simultaneamente com a retirada para os bastidores do tutoramento da número 2, implantada, segundo nossa hipótese, no hemisfério direito. A partir desse ponto, a individualidade apenas acompanha as experimentações da personalidade, interfere em momentos mais críticos, mas procura deixá-la tão livre quanto possível no exercício de seu livre-arbítrio. Jung cuidou, por todos os meios ao seu alcance, de manter condições favoráveis de acesso aos ricos arquivos e à experiência milenar da número 2. Por isso, manteve-se atento ao fluxo de suas intuições, ao mesmo tempo em que se abria para os grandes pensadores e filósofos do passado. Da contemplação das majestosas catedrais góticas, ele extrai um *insight* cósmico, que traduz na seguinte maneira de se referir à pedra: "Esta (a pedra) era, e ao mesmo tempo encerrava, o mistério insondável do ser, a quintessência do espírito. Creio que nisso residia, obscuramente, meu parentesco com a pedra; tanto na coisa morta como no ser vivo jazia a natureza divina."

Percebe, ainda, que o estudo das ciências naturais "correspondia, em larga medida, às necessidades intelectuais de minha personalidade número 1". Claro, dado que era desse tipo de conhecimento que ele precisaria como um dos componentes de seu preparo para viver no mundo, se possível, como ensinou o Cristo, sem ser do mundo. Abordaremos esse aspecto particular quando examinarmos, mais adiante, neste livro, o pensamento gnóstico. Já as disciplinas interessadas no aspecto espiritual da vida e aos da história atendiam às aspirações do "lado número 2". Às vezes eram tão longas e amplas essas excursões pelo passado que ele caía numa "espécie de ressaca". E explica: "Eu, isto é, minha personalidade número 1, vivia aqui e agora e devia decidir mais ou menos rapidamente acerca da profissão a seguir."

Por mais que se queira fazer uma amostragem do pensamento de Jung nessa época em que decidia seus rumos, estaremos sempre sujeitos ao incômodo de não lhe fazer justiça plena. Seu psiquismo é por demais rico, seus interesses são amplos, suas intuições abundantes e, logicamente, seus conflitos íntimos uma constante. Que fazer, por exemplo, do choque entre as ideias de Schopenhauer, um de seus pensadores favoritos, e o cristianismo tal como ele o conhece? Queixa-se também da ansiedade do seu número 1 em livrar-se da "melancolia do número 2". Poderia, à primeira vista, tratar-se do desconforto que a individualidade experimenta ao sentir-se contida pelas limitações que lhe impõe o acoplamento obrigatório com a matéria, enquanto a personalidade aprende e se exercita no uso do livre-arbítrio. Descobre, contudo, que, em realidade, não é o número 2 que se sente deprimido, "e sim o número 1, *quando se lembra do número 2*".(Destaque meu.) Tudo lhe constitui motivação para profundos *insights*. As plantas, por exemplo. Não gostava de vê-las arrancadas a murchar. Queria que lhes fosse concedida a oportunidade de crescer e florescer. E acrescenta, de maneira tão profunda quanto poética, que elas "possuíam um sentido oculto, misterioso, *eram pensamentos de Deus*". (Novamente destaquei.)

Parece algo consolado em identificar essa mesma dualidade íntima em Nietzsche, a quem analisa com sua penetrante e reveladora competência. Para ele, o polêmico e genial filósofo fora muito longe. "Seu equívoco mórbido" – opina – "fora o de expor seu número 2 com uma ingenuidade e uma falta de reserva excessivas a um mundo totalmente ignorante de tais coisas e incapaz de compreendê-las." Via em Nietzsche uma proposta alquímica de "transmutação de todos os valores", muito acima de sua época.

Percebia dentro de si mesmo e até em outras pessoas, como entre os considerados loucos, a presença de "uma 'pessoa' que podemos considerar escondida em seu íntimo e de algum modo parece observar" (p. 117). Volta ao assunto à página 157, ao identificar dentro dele próprio "uma força vital, elementar, quase demoníaca", que fazia tudo por decifrar. E acrescenta: "O sentimento de obedecer a uma vontade superior era inquebrantável e sua presença constante em mim me sustinha – tal um fio condutor – no cumprimento da tarefa." Certamente que fala aqui da tarefa de viver, porque, ao retomar a mesma temática mais adiante (p. 172), descreve um momento decisivo na sua trajetória, em que se sentia pressionado por uma dúvida existencial. Deixemo-lo narrar isto com suas próprias palavras:

"Esta situação me colocava diante de uma alternativa: continuar a carreira universitária – que, na época, abria-se para mim –, ou então seguir os ditames de minha personalidade interior, da 'razão superior', prosseguindo na tarefa singular do meu confronto com o inconsciente."

Como foi para a universidade, ficamos com o direito de supor que optou por uma solução de consenso que não implicava necessariamente o abandono da postura de "confronto", mas uma acomodação que lhe permitiria conciliar as duas tendências.

Mais tarde, já integrado no contexto científico de sua época e até já rompido com Freud, partiu para uma metodologia nova na discussão dos sonhos e fantasias de seus clientes, com o objetivo de ajudá-los a se entenderem melhor. Tinha consciência de afastar-se do modelo freudiano, ainda que não o diga com essas palavras. Acha apenas que era necessário "tomar os sonhos tais como se apresentam", considerando-os como o "fato do qual devemos partir" (p. 152).

Foi mais uma de suas encruzilhadas, um momento revelador. Via, diante de si, abertos os caminhos. E pensou: "Possuo agora a chave para a mitologia, e poderei abrir todas as portas da psique humana inconsciente." Parece, contudo, que aquela "presença" permanente e vigilante que ele identificava em si mesmo não estava gostando da ideia de abrir logo os portões de acesso ao inconsciente, ou seja, aos enigmas da individualidade. Jung teria cometido a mesma "ingenuidade" que atribui a Nietzsche, a Hoelderin e a "muitos outros", de se abrirem para um mundo que ainda não poderia compreender aquela realidade que ali estava, ao alcance de sua mão. Foi nesse momento dramático que uma voz se fez ouvida, no seu interior, clara, decisiva e autorizada, a lhe perguntar: "Por que abrir todas as portas?"

Ouviria essa voz interior de outras vezes, quando, por exemplo, teve um sonho, obviamente importante, mas cujo sentido ele não conseguia decifrar. Tratava-se de mensagem cifrada com a qual sua individualidade – o seu número 2 – lhe falava, sem palavras, da central processadora localizada no hemisfério direito. Como não atinava com o sentido do sonho, decidiu readormecer. Foi quando ouviu um comando imperioso: "É preciso que compreendas o sonho imediatamente!", dizia a voz sem som. Jung relutava ainda, quando surgiu uma ordem ainda mais imperiosa: "Se não compreendes o sonho, deves dar um tiro na cabeça." Como havia um revólver carregado na gaveta, Jung assustou-se e retomou a busca por um sentido para o sonho que assumia as proporções de um imperdível ensinamento. De repente, deu com o sentido da cifrada mensagem onírica e que se traduzia no conceito de que "onde há uma vontade, há um caminho" (p. 160).

Embora atento à realidade de que o inconsciente recorre a imagens simbólicas e situações arquetípicas para transmitir seu recado ao consciente, Jung parece não distinguir bem o sonho da atividade de seu próprio ser em desdobramento ou projeção, o que é mesmo difícil. É que, em ambas as situações, o inconsciente (= individualidade = personalidade número 2) continua como interlocutor não-verbal, recorrendo ao que os instrutores do prof. Rivail caracterizaram como "linguagem do pensamento". A individualidade "fala", portanto, de uma dimensão onde imperam a permanência, o eterno, o imutável, a uma parcela de si mesma que está mergulhada na transitoriedade, na qual a linguagem verbal devidamente articulada constitui instrumento indispensável ao processo de comunicação com os demais seres que povoam o ambiente em que vive.

Poder-se-ia questionar esse arranjo, quando, aparentemente, o desejável seria um mecanismo de comunicação direta entre os dois campos de consciência em que se divide a entidade espiritual encarnada. Temos de reiterar que a suposta divisão ou dicotomia atende apenas a uma função didática, dado que são muitas as situações e aspectos da vida que precisamos separar arbitrariamente para poder entender. Em verdade, não há consciente e inconsciente, mas uma só consciência que se manifesta em campos vitais diferentes no mesmo ser. A dificuldade está em que elas só dispõem para comunicação entre si de mecanismos que garantam à personalidade – o número 1 de Jung – autonomia suficiente para realizar suas experimentações e seu aprendizado com a vida, com suficiente espaço para decisões pessoais, ou seja, com poder de escolha, de opção, de livre-arbítrio. É bem verdade que a individualidade – o número 2 – está sempre ali, presente, consciente, atenta, mas procura não interferir senão em situações nas quais isto seja absolutamente necessário e, mesmo assim, sem usar o mecanismo da linguagem falada, que não faz parte de suas faculdades e atribuições. Sua linguagem é o pensamento, ou os arquétipos cósmicos, para ficar no âmbito da terminologia junguiana. Por esse inteligente mecanismo, a individualidade supervisiona o aprendizado da personalidade, mas com um mínimo de interferência, como pai e mãe, que acompanham atentamente o trabalho dos filhos na escola, mas não fazem por eles os deveres de casa e nem se submetem, em seu lugar, aos exames avaliadores do aprendizado.

Esse mecanismo é explicitado na maneira pela qual a própria natureza se incumbe de apagar, ou melhor, não deixar gravar-se na memória destinada ao uso da personalidade as lembranças das existências anteriores. A cada dia, disse o Cristo, basta o seu labor. A cada vida, podemos interpretar, bastam seus problemas e o aprendizado correspondente. Além disso, cabe-nos demonstrar, na complexa tarefa de viver na carne, se estamos ou não aprendendo as lições que, eventualmente, levarão nossa personalidade transitória a uma integração final na permanência. Estranho como possa parecer, o conceito do esquecimento costuma servir de "argumento" àqueles que ainda não conseguiram aceitar a evidência transparente das vidas sucessivas, ou seja, da reencarnação. Dizem-nos, por outro lado, as tradições mitológicas que, na antiguidade clássica, a entidade espiritual passava por um banho simbólico nas águas do Letes, o rio do esquecimento.

Bem, estamos nos distanciando de Jung. Voltemos a ele para comentar, com base em suas experiências pessoais, a necessidade de uma sutil percepção que nos ajude a diferenciar mensagens oníricas das atividades do próprio ser em desdobramento. Um pouco mais de atenção se faz necessária aqui. Chamamos desdobramento ao fenômeno segundo o qual a contraparte espiritual do ser desprende-se do corpo físico quando este se encontra em estado de relaxamento, adormecido ou não. Tanto no sono fisiológico comum, como nos estados de relaxamento profundo, costumam ocorrer a todos nós imagens resultantes de atividades sobre as quais apenas pensamos ou que de fato acontecem com o espírito parcialmente desacoplado do corpo material. Nem todas essas imagens e atividades se põem ao alcance da memória cerebral e mesmo das que chegam até o dispositivo biológico do cérebro físico nem de todas nos lembramos ao despertar. Por isso diz muita gente que não costuma sonhar. Deve-se corrigir essa declaração para fazê-la dizer que não conseguimos nos lembrar do que sonhamos ou das imagens que nos chegam por outros processos.

Creio que a questão poderá ficar mais clara com o exemplo de uma situação vivida pelo dr. Jung e que vamos buscar na página 205 de seu livro.

Conta ele que se encontrava na sua conhecida "Torre", em Bollingen, na primavera de 1924. Como de outras vezes, estava sozinho na casa, inusitada construção isolada, junto a um lago. Acordou, durante a noite, com o ruído de passos leves lá fora. Ouviu uma música longínqua que se aproximava, como também vozes, risos e conversas. Como o acesso à sua habitação de campo era difícil e unicamente por meio de uma vereda, à beira do lago, era muito raro alguém aventurar-se por aquelas bandas. E logo uma porção de gente, que ria, falava e fazia música? Era demais. Acordou, abriu as janelas e espiou para fora. Estava tudo em silêncio, não havia ninguém, nenhum ruído e nem o vento soprava. Nada.

Herr Professor voltou para a cama a refletir sobre o estranho poder de que é dotada a imaginação para criar ilusões. E se perguntou como lhe teria sido possível um *sonho* daqueles, pois não tinha dúvida de que sonhara. Assim que readormeceu, o sonho recomeçou, ou melhor, continuou. Lá estavam os passos, as conversas, os risos e a música novamente. Mais do que isso, porém, começava a ver as coisas, o que caracterizou como "representação visual de centenas de pessoas vestidas de escuro, talvez jovens camponeses com suas roupas domingueiras, vindos da montanha, numa multidão que passava pelos dois lados da torre, batendo os pés, rindo, cantando e tocando sanfona". Novamente desperto e já irritado, foi à janela, abriu-a, mas tudo continuava em ordem e silêncio lá fora. Concluiu, então, que toda aquela gente não passava de "simples fantasmas". (Lembro-me de que Lutero, em situação parecida, concluiu que estava *apenas* sendo perturbado pelo diabo, virou para o canto e adormeceu novamente.)

Jung, porém, ficou a meditar sobre aquela curiosa realidade, no afã de interpretá-la corretamente. "Isto só acontece" – escreve – "quando se trata de fantasmas." Em princípio, estamos de acordo, mas eu não colocaria a coisa de maneira tão afirmativa e irrecorrível. Prefiro o conselho de Colin Wilson, que acha melhor não sermos muito dogmáticos na avaliação dos fenômenos psíquicos. É o único jeito de reduzir o volume das decepções, dado que, quando pensamos que temos tudo entendido e cada coisa no seu lugar, acontece algo que desarruma novamente nossas ideias a respeito.

É bem possível – quase certo, diria – que realmente toda aquela gente a perturbar o sono do dr. Jung na sua silenciosa e solitária torre fosse fantasmagórica, isto é, espíritos. Já não estou com ele quando pretende que tudo tenha sido um sonho, muito embora também os fantasmas (ou espíritos) figurem em muitos de nossos sonhos, quer a gente acredite ou não na realidade espiritual. Seja como for, Jung aproveita a oportunidade para uma observação que nos interessa aqui.

> O sonho – escreve – representa, pois, uma situação equivalente à realidade, na qual cria uma espécie de vigília.
> Este gênero de sonho – prossegue Jung –, ao contrário dos sonhos comuns, trai a tendência do inconsciente de transmitir ao que sonha uma verdadeira impressão do real, que a repetição sublinha ainda mais. Como fontes de tais realidades conhecemos, por um lado, as sensações corpóreas e, por outro, as figuras arquetípicas.

Ainda uma vez, eu botaria aqui uns reparos, não propriamente para contestar o eminente sábio suíço, mas para dizer como entendo a situação descrita por ele. Como dizia há pouco, entidades espirituais (fantasmas, no dizer dele) realmente figuram em muitos de nossos sonhos, mas também nos desdobramentos, ou seja, em atividades de nosso próprio ser espiritual parcialmente desacoplado do corpo físico. Como ele menciona determinado "gênero de sonho", ainda que sem explicitar outras possíveis modalidades, entendo que, embora com diferentes ingredientes, tudo para ele é sonho. Eu não diria, porém, que toda essa atividade, onírica ou não, possa ou deva ser classificada como mensagens "ao que sonha". Em primeiro lugar, porque a pessoa que sonha é a mesma que recebe a mensagem, apenas que situada em dimensões psíquicas diferentes. O sonho, nestes casos, ocorre porque essa é uma das maneiras habituais de se comunicarem as duas "pontas" do ser, ou seja, individualidade e personalidade. Há outras, como a psicografia – conhecida na língua inglesa por escrita automática. Falaremos disso alhures. É certo, porém que o sonho é um desses mecanismos de interface das duas realidades que convivem no ser humano encarnado e que costumamos caracterizar como inconsciente e consciente. É oportuno reiterar, ainda uma vez, que estamos lidando com uma só consciência global que, por motivações meramente operacionais, desdobrou sua atividade em duas frentes distintas.

Mesmo depois de dito tudo isso, ainda persiste a dificuldade em separar a realidade puramente onírica da que resulta de uma atividade real do ser desdobrado, enquanto o corpo repousa. E mais: é necessário distinguir quando esse conjunto de imagens e atos representa um recado do inconsciente para o consciente e quando se reduz a um mero videoteipe do que o espírito desdobrado viu e fez durante o seu estado de relativa liberdade, em outra dimensão. Não me arrisco, neste ponto, a uma conclusão resolutiva, mas tenho uma hipótese a oferecer àqueles que, mais habilitados do que eu, desejem testá-la. Penso que o recado inconsciente/consciente é elaborado mentalmente, ou seja, é um conjunto de informações e ideias que se traduzem em imagens dotadas de conteúdo ético, ainda que oculto, ao passo que a atividade em desdobramento ou projeção se reduz a uma vivência experimentada no plano da realidade invisível. Pode até conter também uma mensagem ou ensinamento, mas não passa de monitoração do que fazemos na outra dimensão da vida, enquanto o corpo dorme ou se encontra em estado de relaxamento.

Por isso, vejo a experiência que o dr. Jung considera aspecto particular de sonho como vivência de seu próprio ser em desdobramento, o que parece confirmado na sua conclusão tranquilizadora de que estava apenas vendo e ouvindo "fantasmas", ou seja, espíritos. Adormecido e desdobrado, ele presenciou a alegre marcha de uma pequena multidão que passava pelas vizinhanças da sua casa à beira do lago; acordado, nada via lá fora.

Ele teria experiências semelhantes, em vigília, naquela mesma casa e em outros locais e ocasiões, dado que o dr. Carl G. Jung, como já vimos aqui mesmo, neste livro, revelou notáveis faculdades mediúnicas, tanto quanto anímicas, segundo conceituação proposta por Alexandre Aksakof e Ernesto Bozzano. Para o leitor não familiarizado com esses aspectos da questão, convém deixar dito aqui que o fenômeno é mediúnico quando uma entidade espiritual desencarnada se serve da pessoa encarnada (médium) para intermediar uma comunicação escrita, falada ou vista, bem como materializada. É anímico o fenômeno quando o próprio espírito do sensitivo se comunica, usualmente por psicografia, ou quando desenvolve atividades conscientes na dimensão que, aos nossos sentidos habituais, é invisível.

Dentro desse esquema, a entidade espiritual, cuja personalidade (encarnada) era conhecida como o dr. Carl Jung pode ter-se desdobrado durante o sono para ver e ouvir, lá fora, nas vizinhanças de sua casa, uma pequena multidão de "fantasmas" (gente) que por ali passava, rindo, conversando e fazendo música. Como lhe aconteceu, aliás, em outro episódio desse tipo, ainda que com características diferentes. Essa e outras experiências semelhantes estão narradas no capítulo a que, caracteristicamente, ele intitulou *Visões*. Desdobrado, certa vez, do corpo físico, teve acesso a uma "região" cósmica, cuja distância da terra estima em mil e quinhentos quilômetros. Ia certo de encontrar nesse local um "grupo de seres humanos aos quais na realidade pertenço", diz, e que certamente tinham respostas para as suas mais insistentes perguntas, mas passou pela frustração de não chegar até essas entidades. Ou, quem sabe, não guardou na consciência de vigília o que teria acontecido nesse momentoso encontro. A experiência, contudo, lhe deixou considerável volume de material para meditação e, como sempre, ele tirou bom proveito de tudo isso. Uma de suas conclusões foi a de que é "importante aceitar o destino"(p. 259) e que a "derrota pode ser ao mesmo tempo uma vitória". Outra lição preciosa foi suscitada por uma crise de saúde que por pouco não pôs um ponto final em sua existência terrena. Ele entendeu que "devemos aceitar os pensamentos que se formam espontaneamente em nós, como parte de nossa própria realidade e isso fora de qualquer juízo de valor".

Mais adiante, à página 262, faz veemente declaração de confiança no tutoramento do insconsciente, ao qual deve ser atribuída suficiente liberdade para evitar que seja neutralizado pelos excessos da razão. "Quanto maior for o predomínio da razão crítica – opina –, tanto mais nossa vida se empobrecerá" (p. 262).

O problema reside em que não estamos suficientemente treinados e nem convencidos de que devamos nos entregar com maior confiança à orientação do inconsciente. Ao contrário, educados num contexto que se orgulha das convicções e práticas ditas racionalistas, queremos tudo submetido não propriamente à razão, mas aos critérios pessoais que elaboramos na construção de um modelo pessoal de racionalidade. Daí a dramática ignorância acerca da realidade espiritual, dado que os fenômenos que nos chamam a atenção para ela são, paradoxalmente, considerados irracionais ou sobrenaturais simplesmente porque não se acomodam aos parâmetros do modelo criado supostamente para aferi-los. As estruturas religiosas vigentes poderiam nos socorrer nessa crise de identidade espiritual e cultural, mas infelizmente não é o que acontece, porque também elas desenvolveram falsos padrões de avaliação da realidade rejeitada.

Seja como for, tanto o sonho puro – se é que há essa coisa –, quanto a atividade em desdobramento consciente, a escrita automática, vozes íntimas, ou *flashes* de intuição provêm sempre do mesmo contexto global da entidade encarnada, no qual personalidade e individualidade se confrontam, atuam e reagem uma sobre a outra e ambas sobre o ambiente que lhes é próprio. Isto quer dizer que a personalidade tem sua atuação prioritária no contexto terreno, ao passo que o campo de ação da individualidade é a dimensão cósmica, que escapa aos sentidos habituais.

Jung demonstrou, em numerosas oportunidades, a consciência de tal dualismo. É o que se pode conferir, ainda uma vez, do relato de suas experiências na África, dado que tudo para ele constituía motivação para aprendizado. Não é necessário reproduzir todo o episódio, que o leitor poderá apreciar, na íntegra, no livro do mestre da psicanálise. Interessa-nos, aqui, tão-somente suas sempre criativas e bem colocadas observações.

> Transbordando de impressões e pensamentos – conta – voltei a Túnis. Na noite anterior ao nosso embarque para Marselha tive um sonho que, segundo meu sentimento, representava a súmula dessa experiência; era o que eu desejava; estava habituado a viver sempre, simultaneamente, em dois planos: um consciente, que queria compreender – e não conseguia –, e o outro, inconsciente, que desejava se exprimir – e só o fazia mediante o sonho.

Essa observação de Jung tem tudo a ver com o que estamos tentando passar com este livro. Se não fosse pedir demais, proporia ao leitor copiar esse período e mandar emoldurá-lo para a gente ler e meditar sobre ele até que as ideias nele contidas se incorporassem de uma vez para sempre ao nosso instrumental de aprendizado. Estarei talvez sendo um tanto enfático demais e até bombástico para o gosto de certos leitores, mas não devemos perder de vista a realidade já percebida por muita gente de que há uma perda de tempo precioso, em termos evolutivos, naquilo que poderemos considerar como indiferença ou falta de atenção ao processo de interação entre consciente e inconsciente ou, como queiram, entre personalidade e individualidade. O dr. Freud intuiu a relevância desse *interplay*, mas foi o dr. Jung, sem dúvida, quem melhor explorou o território do inconsciente.

Naturalmente que teríamos ainda muito que falar de Jung e de suas ideias e *insights*, mas procuramos nos limitar a um mínimo possível, apenas arranhando a superfície do seu pensamento. Parece que pela consciência que possuía da sua (e da nossa) participação ou melhor integração no psiquismo universal, ele próprio demonstrou ser um universo à parte, tão amplos, variados e profundos eram (e, certamente, continuam sendo) seus interesses. Tinha mesmo de ser um gênio. Sabia de tanta coisa que lhe ficava mais fácil, do que a nós mortais, descobrir inesperadas conexões criativas entre aspectos aparentemente tão disparatados como o *I Ching* e a psicanálise, entre o chamado ocultismo e os mais avançados postulados da psicologia. Seu interesse pelo antiquíssimo Livro (chinês) das Mutações pode parecer surpreendente e até censurável para muito cientista de carteirinha, mas é um dos seus mais inteligentes achados, no meu entender. O *I Ching* não é um mero documento oracular de teor místico, como deseja fazer crer certa publicidade apressada produzida para vender livro. Ele tem um conteúdo de profunda e milenar sabedoria, à qual o acesso não é nada fácil para a mentalidade ocidental. Daí a importância que Jung lhe atribuía e a seriedade com que dele se aproximou disposto a entendê-lo. O eminente doutor via no *I Ching* um instrumento a mais de conversação com o inconsciente e, portanto, de entendimento com a melhor parte de nosso ser. A sabedoria chinesa depositou ali boa parte do sutil conhecimento acerca da interação do eterno com o transitório. O eterno está nas leis da natureza, no comportamento da água, do fogo, da madeira, do vento, dos astros, das plantas, dos rios, dos mares e dos ares. Nesse *background* do permanente, do eterno, os hexagramas colocam o transitório das vivências humanas para que o próprio consulente se decida pela opção que melhor lhe convenha, pelo que melhor se compatibilize com os ritmos e a sabedoria intemporal da natureza. Nas dificuldades maiores e indecisões, o livro aconselha a procurar ou consultar a enigmática figura do "homem superior", ou seja, a própria individualidade, que sempre sabe o que fazer.

Para Jung, como está escrito em *Memórias, Sonhos, Reflexões* (p. 270), "o mito é o degrau intermediário inevitável entre o inconsciente e o consciente", pensamento que, certamente, Jospeh Campbell subscreveria. E prossegue Jung:

> Está estabelecido – diz, enfático e autorizado – que o inconsciente sabe mais do que o consciente, mas seu saber é de uma essência particular, de um saber eterno que, frequentemente, não tem nenhuma ligação com o "aqui" e o "agora" e não leva absolutamente em conta a linguagem que fala nosso intelecto.

Prestaram bem atenção? *Está estabelecido*, diz o homem. Vou pedir ao leitor que ponha também essa frase naquela moldura sobre a qual falamos ainda há pouco. Para que a gente a releia de vez em quando a fim de não nos esquecermos de que temos a melhor, mais ampla e mais sábia parte de nós mesmos ligada nas tomadas da sabedoria cósmica.

Bem que gostaria de ficar por aqui a pescar pensamentos do universo particular do dr. Jung, mas temos que ir adiante, sacrificando, inclusive, a oportunidade de um mergulho em *Man and His Symbols*, para o qual ele escreveu cerca de cem páginas imperdíveis. Numa delas, adverte cientistas e filósofos de seu tempo – e não faz tanto tempo assim – que ainda negavam a existência do inconsciente. O argumento (*naïve*, ou seja, ingênuo, segundo ele) dessa gente é o de que isso implicaria admitir "duas personalidades dentro do mesmo indivíduo. Mas" – prossegue – "é precisamente isso que acontece". E mais: que "uma das maldições do homem moderno está em que muita gente sofre de tal cisão da personalidade", quando em realidade elas deveriam funcionar em harmonia. Não vê o dr. Jung nenhum sintoma patológico nessa dicotomia, mas vê, sim, a realidade subjacente de que o inconsciente constitui herança comum de toda a humanidade, mesmo porque, como está dito pouco adiante (p. 6), "nossa psique é parte da natureza e seu enigma é igualmente ilimitado".

Mais enfático e preciso do que nesse ponto, ele reitera, à página 27, que, "em proveito da estabilidade mental e até da saúde fisiológica, inconsciente e consciente devem se manter integralmente acoplados e se movimentarem em paralelo. Se ocorrer uma clivagem, ou `dissociação', sobrevêm distúrbios psicológicos". O leitor está sabendo que a dicotomia consciente/inconsciente pode ser expressa com a mesma propriedade pela dicotomia personalidade/individualidade. É pelo adequado entendimento entre essas duas facetas do mesmo ser que passa a rota que leva aos elevados patamares evolutivos da perfeição. Por tudo isso é que o dr. Jung, uma das pessoas que mais desceu nas profundezas do inconsciente pessoal e do coletivo, acha que "nenhum livro didático é capaz de ensinar psicologia; só se pode aprendê-la com a experiência real" (p. 81), e, certamente, ele entendia o inconsciente como o mestre desse aprendizado.

Lamentando mais uma vez a submissão do ser humano ao racionalismo extremado e mal formulado, escreve, ainda, à página 91 que, "nossas vidas atuais (estaria pensando em reencarnação?) são dominadas pela deusa Razão, nossa maior e mais trágica ilusão". Tão fascinados vivemos pela razão e pelo falatório da "consciência subjetiva que nos esquecemos do milenar fato de que Deus fala principalmente através dos sonhos e das visões". Por tudo isso, conclui ele, "temos estado obviamente tão ocupados com o problema do que pensamos que nos esquecemos totalmente de perguntar o que pensa de nós a psique inconsciente".

> Somente os limites da vossa consciência atual – diz *A Grande Síntese* (83) – é que não vos permitem reconhecer-vos, "sentir-vos" uma roda da imensa engrenagem, uma célula eterna, indestrutível, que concorre com seu labor para o funcionamento do grande organismo.

Não vos isoleis no vosso pequenino eu – lê-se mais adiante (p. 123) –, nesse separatismo que vos limita e aprisiona. Compreendei essa unidade, lançai-vos nessa unidade, fundi-vos nessa unidade e vos tornareis imensos.

Deixo com o leitor esses desafios propostos por Jung, antes de convidá-lo a passarmos adiante, dado que ainda temos muito o que conversar.

5. O inconsciente, território de nossas ignorâncias

Cabe a Freud o mérito indiscutível de ter percebido, desde o início de sua carreira científica, a extraordinária importância do inconsciente. Em carta ao amigo Wilhelm Fliess, ele escreveu a frase que Ronald W. Clark selecionou para epígrafe do capítulo 7 – *The Birth of Psychoanalysis* de seu livro e que assim dizia: "Consideram-me um monomaníaco, mas tenho a distinta sensação de haver tocado um dos grandes segredos da natureza." Se algum reparo deve ser posto nessa observação é o de que talvez nem o próprio Freud desconfiasse, pelo menos àquela altura, de que o segredo era ainda maior do que ele supunha.

É precisamente no livro de Clark, pesquisador meticuloso e escritor de prestígio internacional, que vamos encontrar uma visão retrospectiva não apenas do conceito de inconsciente como de sua utilização naquilo que Freud batizaria de psicanálise, ou seja, uma técnica destinada a analisar minuciosamente o psiquismo das pessoas afetadas por distúrbios de comportamento.

Segundo Clark, quinze séculos antes de Freud, santo Agostinho, nas suas *Confissões*, discorria sobre um mecanismo que colocava a lembrança de episódios ocorridos fora do alcance da memória, mas que poderia, de repente, trazê-los de volta ao consciente como que vindos de "algum desconhecido reservatório" (p. 115).

Freud, por sua vez, comentou com seu amigo Theodor Reik o pioneirismo de Paracelso, que elaborou um modelo clínico que muito se pareceria com o da psicanálise, ao propor o fortalecimento do ego, a fim de levá-lo ao domínio dos impulsos instintivos que se manifestavam sob forma de neuroses. "Exatamente o que pensava ele sobre isso, não sei" – comentava Freud –, "mas não há dúvida quanto à correção do seu raciocínio."

Em Leibnitz surge a primeira noção do *limem*, que seria uma espécie de portal da percepção, ideia que mais tarde produziria a expressão *subliminar* para identificar a atuação do pensamento em uma faixa pouco abaixo do nível normal de consciência. O próximo avanço caberia a Johann Friedrich Herbart, que formulou aspectos da futura doutrina psicanalítica como a repressão e o princípio do prazer, ao mesmo tempo em que propunha um modelo segundo o qual as percepções conscientes mais fortes empurravam para além dos limites da consciência imaginados por Leibnitz as mais fracas. Mais para o final da década de 60, no século XIX, Wilhelm Griesinger priorizava o estudo do inconsciente sobre o do consciente, na formulação de sua maneira de ver a psiquiatria.

Entre os filósofos naturalistas do século XIX, Clark destaca Garth Wilkinson, que identifica como médico swedenborguiano, e que entendia a utilização do inconsciente apenas em explorações de natureza literária e religiosa. Enquanto isso, Carl Gustav Carus aproximava-se ainda mais da futura doutrina freudiana, escrevendo, na abertura de seu *Psyche* que "a chave do conhecimento sobre a natureza da vida consciente da alma encontra-se nos domínios do inconsciente" (p. 115). Certamente Freud riscaria do texto a palavra *alma*, que não frequentava o seu dicionário pessoal de convicto materialista, a despeito de trabalhar a vida inteira com os enigmas do psiquismo. É certo, porém, que Carus antecipava, em cerca de meio século, um dos pontos fundamentais da psicanálise.

O grande livro da época, no entanto, foi *A Filosofia do Inconsciente*, de Eduard von Hartmann, que, no dizer de Clark, "deu início à estratificação do subterrâneo da mente" tarefa que, em alguns aspectos, seria retomada por Carl G. Jung, quarenta anos após.

Ao que tudo indica, estava mesmo "no ar" a doutrina do inconsciente. O livro de Hartmann transcendeu os círculos especializados, para alcançar uma classe muito mais ampla de leitores interessados. *A Filosofia do Inconsciente* teve êxito fulminante. Em 1882 já estava com nove edições em alemão e uma tradução francesa. Dois anos depois foi vertida para o inglês. O inconsciente, no dizer de Lancelot Law Whyte (*apud* Clark, pág.115), deixara de ser tema para discussão entre os profissionais, para se tornar um debate social, embutido na moda, competindo entre os que desejavam exibir cultura, com a grande conversação em torno de Richard Wagner e sua música revolucionária.

A essa altura, portanto, alguns dos conceitos fundamentais da psicanálise já se esboçavam com certa nitidez. Faltava apenas quem os coordenasse e os pusesse a trabalhar no âmbito de um modelo clínico desenhado para o consultório. Freud seria o arauto da nova era que prenunciava um profundo mergulho nos porões e bastidores da mente. Nem por isso, contudo, seria fácil a tarefa do jovem médico austríaco. Pelo contrário. Debater emocionantes temas científicos em sociedade é diferente de introduzir ideias tão renovadoras no contexto sempre conservador da ciência, por mais que ela se abra à pesquisa do que ainda permanece ignorado. Não é sem razão que Freud se queixa de ser tido como um monomaníaco. Era apenas o começo. Obstinada resistência, mesmo entre alguns de seus discípulos, encontraria a sua teoria predileta do pansexualismo, mas também a observação de que a histeria não era privilégio das mulheres provocou apaixonadas reações, como temos visto.

Seja como for, os elementos formadores da psicanálise pareciam ocupar o circuito de muitas mentes bem dotadas da época. Clark cita mais um, Theodor Lipps, cujos textos Freud conheceu e que escreveu isto, em 1883:

"Afirmamos não apenas a existência dos processos inconscientes além dos conscientes; postulamos mais, que os processos inconscientes constituem a base dos conscientes e os acompanham."

Frederick W. Myers, que saudou com entusiasmo os primeiros escritos de Freud acerca da histeria, criaria a expressão *ser subliminal* como espécie de sinônimo para o termo inconsciente. Começava a desenhar-se a ideia de que inconsciente seria mais que outro nome para o lado oculto do ser, com as características de outro eu dentro do eu. Ideia, aliás, nada estranha às formulações teóricas e experimentais de Jung, do médico francês, dr. Gustave Geley, e de outros, como ainda teremos oportunidade de ver.

Por essa época, o conceito de inconsciente começava também a ser adotado pela literatura, fenômeno que se ampliaria mais tarde quando a terminologia freudiana passou a ser sinal de *status* para escritores e poetas, que a introduziam nos seus contos, romances, ensaios e poemas.

Clark lembra o escritor inglês Samuel Butler que considerava memória e hábito como transmissíveis inconscientemente de geração em geração. Posteriormente, em *Unconscious Memory*, sustentou a tese de que a memória seria apenas mais uma das propriedades da matéria e que "cada átomo conservava a memória de certos antecedentes" (p. 116).

Embora a proposta de Butler possa acolher duas leituras diferentes e até opostas, vejo nela aspectos que merecem consideração especial. Se, com uma daquelas leituras, o escritor britânico parece alinhar-se com os materialistas convictos que entendem o pensamento como uma segregação do cérebro e, portanto, explicável em termos de fisiologia nervosa, com a outra ele estaria antecipando, num impulso de intuição, um conteúdo psíquico nas células, ou, no mínimo, "terminais" de um psiquismo cósmico generalizado. De minha parte, devo confessar minhas simpatias pela ideia, já que o psiquismo humano, como um todo, comanda a vastíssima comunidade celular, como regente de uma afinada orquestra. Parece-me difícil, senão impraticável, realizar essa proeza sem que alguma forma de psiquismo esteja presente em cada uma das células que vivem intensamente suas trocas e funções dentro do edifício biológico, recebendo ordens e expedindo sinais, em estreito e permanente intercâmbio com o "comando central". Covém lembrar que estamos falando da hipótese de existir uma faculdade mnemônica na célula, não de uma função consciente, o que faz enorme diferença. Os animais, por exemplo, dispõem de evidente função psíquica, embora inconsciente.

Lê-se, aliás, em *A Evolução Anímica*, do pensador francês Gabriel Delanne, a proposta de uma "memória orgânica", que ele caracteriza como "inconsciente fisiológico", em contraste com a "memória psíquica" (p. 136 e seg.). Trabalhando articuladamente, ambas inconscientes, teriam "um território comum da alma e do corpo". Juntas, seriam responsáveis pelo gerenciamento dos instintos.

> Sem recorrer a casos extraordinários – escreve Delanne, à página 140 –, encontramos em nossos atos diuturnos séries complexas e bem determinadas, isto é, cujos começos e fins são fixos, e cujos meios, diferentes uns dos outros, se sucedem em ordem constante, como seja no subir ou descer uma escada, depois de um longo hábito. A memória psicológica ignora o número de degraus e a memória fisiológica conhece-o, à sua maneira, tanto quanto a divisão dos andares, a distribuição dos patamares e pormenores outros, de sorte a jamais se enganar.

Esse automatismo, aliás, tem sido reconhecido como fator de libertação, uma vez que libera os complexos mecanismos psíquicos para funções mais nobres. Por isso, Annie Besant condena enfaticamente, em seu estudo sobre o consciente, certos praticantes da ioga que, após longo e penoso treinamento, conseguem interferir no sistema, revertendo o automatismo de certas funções biológicas para trazê-las de volta ao controle consciente da vontade. É o caso, por exemplo, daqueles que modificam os batimentos cardíacos, o ritmo respiratório, o movimento peristáltico e outros procedimentos biológicos, automatizados a duras penas, no correr de um tempo cuja extensão mal podemos estimar.

Como vimos, Besant alinha-se entre os que identificam um claro componente psíquico na célula, como se pode ler mais de uma vez em *A Study in Consciouness*. Isto, por exemplo:

"É preciso lembrar que assim como o sistema solar constitui campo evolutivo para todas as consciências que o integram, há, dentro dele, áreas menores servindo como campos menores."

E acrescenta: "O homem é o microcosmos do universo e seu corpo serve de campo evolutivo para miríades de consciências menos evolvidas do que a sua própria" (p. 115).

E mais adiante, à página 119:

"Cada célula no corpo é composta de miríades de minúsculas vidas, cada uma delas com a sua consciência germinal."

Trata-se, no entender da autora, de uma consciência que começa, no seu poético dizer, a "madrugar", ou seja, a emitir seus primeiros tímidos clarões de um sol que ainda não surgiu na linha do horizonte. Essas diminutas partículas de consciência, que Besant caracteriza como "mônadas", provêm do "oceano de consciência" em que se contém o universo. É o que também entende Teilhard de Chardin, para o qual a vida constitui "imensa ramificação do psiquismo que se busca através das formas". Ou Bergson, que considera a vida manifestação do "élan vital", incumbido de "pensar a matéria".

A decifração dos persistentes enigmas que ainda bloqueiam o acesso ao melhor entendimento do ser humano tem de passar, necessariamente, pelo território do inconsciente. É lá que se ocultam muitas de nossas ignorâncias, dado que assim se chama aquilo que ainda não conhecemos.

6. O plano é imbatível

São frequentes, neste livro, as referências à misteriosa região do nosso próprio ser que temos identificado com diferentes expressões como eu superior, *overself*, ISH, hóspede desconhecido, inconsciente e outras. Não menos frequentes têm sido as referências à interface personalidade/individualidade, bem como à sutil diferença entre espírito e alma, na maneira de entender dos instrutores do prof. Denizard Rivail (Allan Kardec). É chegado o momento de aprofundarmos mais um pouco esses conceitos. Recorreremos, para isso, ao livro *The Wisdom of the Overself*, de Paul Brunton, mais um PhD que trago ao nosso debate. Há boas razões para essa escolha. A primeira delas é a de que Brunton revela-se erudito especialista no assunto de trasladar para a cultura ocidental os conceitos da sabedoria oriental. É possível que o leitor até já o conheça de dois de seus livros mais populares, *A Search in Secret India* e *A Search in Secret Egypt*, ambos traduzidos para a língua portuguesa desde algumas décadas, respectivamente como *A Índia Secreta* e *O Egito Secreto*, inteligentes dissertações sobre os mistérios e enigmas que ainda persistiam na cultura daqueles povos. *The Wisdom of the Overself*, mais recentemente traduzido para o português, como outros desse mesmo gabarito escritos por Brunton, é obra muito mais ampla e ambiciosa, porque mergulha fundo no enigma do próprio ser humano, sem deixar, contudo, de ser didático, quase jornalístico, na sua linguagem objetiva e de fácil poder de comunicação.

Paul Brunton nasceu em Londres, em 1898, e doutorou-se em filosofia pelo McKinley-Roosevelt College, de Chicago, Estados Unidos. Como jornalista, colaborou em várias publicações, com diferentes pseudônimos, dirigiu *World Trade*, uma publicação especializada em psicologia e a *Occult Review*. Acabou abandonando essa atividade a fim de dedicar-se mais ao estudo do misticismo oriental, do que dá conta em seus primeiros livros há pouco mencionados, sobre a Índia e o Egito, bem como China, Japão, Tibete e Sião. Em breve, seria considerado o maior conhecedor ocidental da ioga e de outros aspectos da filosofia religiosa oriental, condição reconhecida e proclamada pelas próprias autoridades orientais no assunto, como o sumo sacerdote siamês, que o distinguiu publicamente pela sua respeitável cultura especializada.

The Wisdom of the Overself foi publicado nos Estados Unidos, pela E. P. Dutton, em junho de 1943. Em dezembro desse mesmo ano tornou-se necessária nova edição. A que tenho comigo é a de julho de 1945. Para não alongar demais este capítulo, comentaremos apenas algumas referências selecionadas segundo meu critério pessoal, inevitavelmente arbitrário, motivo pelo qual sugiro ao leitor que vá diretamente ao livro de Brunton, se ainda não o fez.

Já de início, Brunton adverte para a habitual confusão entre o conceito de mente e o de cérebro, sendo este apenas um instrumento, eu diria, um circuito, por onde transita o pensamento com suas mensagens. Daí porque o autor se estende um pouco mais em estudar o que entende por mentalismo, em oposição ao materialismo predominante na cultura do seu tempo e ainda mais hoje, meio século após a publicação de seu livro. Por isso, adverte-nos sobre uma realidade sempre ignorada ou desatendida, ao informar que sabemos das coisas que nos cercam "apenas o que os sentidos nos dizem". Nossa experiência é uma construção sensorial, opina, e "nunca chegamos à verdade absoluta sobre as coisas, mas apenas naquilo em que elas afetam a observação direta" (p. 18). É verdade. O dr. J. B. Rhine batalhou a vida inteira para demonstrar que há uma realidade que escapa e transcende aos nossos sentidos. Brunton não é daqueles que se recolhem a uma torre de marfim para mergulhar na meditação, embora a pratique com frequência; ele acha que a concepção habitual do mundo "é essencial para a vida prática". Ou seja, é aqui que estamos vivendo e precisamos estar preparados para isso. Não há como ignorar, no entanto, que, "em última análise, nada existe senão a mente" (p. 26). Mais para o fim do livro (p. 352), ele voltará ao tema específico dos sentidos para dizer que cada um deles nos mostra apenas um corte de certos detalhes do espetáculo da vida, mas não tem condições de nos oferecer uma experiência global em qualquer momento dado de tempo e espaço. Nas instruções finais acerca de sua metodologia da meditação, ele ensina que é indispensável ao aprendiz "fechar a porta dos sentidos ao mundo exterior" e evitar que o pensamento fique a vagar, sem rumo, levado pelas fantasias do momento. É necessário, insiste, "desfazer o trabalho dos cinco sentidos", ou seja, impedir que eles funcionem por algum tempo ou, então, você não conseguirá mergulhar na sua própria intimidade, que, afinal de contas, é parte integrante da mente universal. A propósito, vai logo ensinando (p. 37) que a expressão *mente universal* será empregada no seu livro como sinônimo de inteligência universal ou cósmica. Se o leitor preferir uma terminologia mais poética, ele sugere *alma da natureza*, pois é nesse contexto que vivemos todos, como já dizia o apóstolo Paulo. Brunton expressa esse mesmo conceito em diferentes oportunidades e com palavras diversas, mas o conteúdo delas é o mesmo. Vejamos:

> A experiência humana – lê-se à página 150 – é o resíduo final de um processo de interação, um tecido tramado de parceria com a mente comum, na qual todos os seres humanos vivem e pensam e que vive e pensa neles. O próprio mundo resulta de uma combinação da imaginação cósmica com a individual.

Lembrando Maeterlinck, diríamos, com Brunton, que a esse reservatório cósmico podemos recorrer em busca de ajuda, dado que "há um elemento universal no qual todos nós existimos"(p. 236), mesmo porque há em nós uma atividade cósmica (p. 68), somos co-conscientes com a mente universal (p. 68), pois "as coisas existem porque Deus as vê" (p. 69). Além disso, tudo aquilo que a gente observa "está fora do (nosso) corpo, mas não fora da (nossa) mente" (p. 72). E mais: a atividade mental transcende tempo, tanto quanto espaço. Os sonhos são exemplo disso, pois se desenrolam numa dimensão em que o tempo é totalmente diferente daquele que experimentamos em nossa vida de vigília (p. 91). A mente está por toda parte e o próprio espaço é, no entender de Brunton, "a forma que a mente assume", pois, em si mesma, ela não é prisioneira do tempo (p. 136). O cérebro, que tantos confundem com a mente, como vimos, também "existe dentro da mente", ou seja, é uma criação mental (p. 137).

Para melhor se familiarizar com tais conceitos é necessário entender que aquilo a que chamamos estado de vigília não passa de projeção de mera fração da individualidade no âmbito da personalidade. Assim, como venho insistindo reiteradamente, neste livro, é incorreto considerar consciente o estado de vigília e inconsciente tudo o mais, só porque às amplitudes do chamado inconsciente não temos acesso fácil com a festejada consciência de vigília. Consciente tudo é, no ser e até no cosmos, dado que o universo tem as mesmas características mentais que funcionam miniaturizadas em cada ser humano. O universo é um pensamento vivo e atuante. Aquilo que consideramos (erroneamente) inconsciente é, portanto, no dizer de Brunton, uma forma diferente de consciência (p. 105).

O ser humano, escreveu o dr. Harold Saxton Burr, em *Blueprint for Immortality*, não é a resultante de um jogo cego de acasos felizes.

"Ao contrário" – explica –," ele é parte integrante do cosmos, embutido nos seus onipotentes campos de força, sujeito às suas leis inflexíveis e participante do destino e dos propósitos do Universo."

> Não há como escapar – escreve Lyall Watson, em *Beyond Supernature* – à conclusão de que similitude básica em estrutura e função constitui vínculos que mantêm ligadas todas as manifestações da vida e que o ser humano, por todas as suas características especiais, é parte integrante desse todo.

Estamos integrados nesse sistema, como vimos em *Space, Time and Medicine*, do dr. Larry Dossey, segundo o qual a vida consiste num permanente processo de trocas entre os seres vivos e a própria terra, movimento que Dossey resolveu identificar como biodança, a dança da vida. Por isso ele considera sem sentido tentar estudar o ser humano destacado do contexto cósmico no qual ele está embutido.

Ao discorrer sobre os "campos vitais", campos magnéticos matriciais, que detectou com a sua instrumentação de laboratório, em todos os seres vivos e na matéria aparentemente inerte, o dr. Saxton Burr escreve:

> Uma vez que animais e plantas possuem – e são controlados por – seus campos vitais característicos, são, como os seres humanos, parte integrante do universo e sujeitos às suas leis. Dessa maneira, a raça humana e os reinos animal e vegetal são componentes do mesmo todo. Você e eu, nossos animais domésticos, nossas árvores e nossas plantas estamos todos sujeitos às mesmas leis universais (p. 20).

A Grande Síntese ensina que a lei não é externa a nós, mas algo que *está* em nós.

Diante das indiscutíveis evidências que suas descobertas revelaram, o dr. Saxton Burr menciona as dificuldades que a ciência – especialmente nas suas posturas mais arrogantes – encontra em penetrar certos segredos da natureza e interpretar-lhes a função nos mecanismos universais da vida, como nos distúrbios psicossomáticos que ultrapassam a mera sintomatologia mental para manifestarem-se em doenças orgânicas.

"Colocados diante desse vasto problema" – acrescenta (p. 88) –, "temos de admitir a desoladora falta de conhecimento não apenas acerca da verdadeira natureza da mente ou da emoção, mas também do mecanismo da relação entre a mente e o corpo."

A algumas dezenas de páginas anteriores a essa observação, o autor recorrera a um colega cientista, cujo nome não menciona, que manifestara a seguinte e importantíssima opinião:

"O crescimento e o desenvolvimento de qualquer sistema vivo parecem controlados por alguém de "dentro do organismo" a dirigir todo o processo da vida."

Esse "alguém" existe de fato, como estamos vendo. É o "hóspede desconhecido" de Maurice Maeterlinck, o "ser subconsciente" de Gustave Geley e de Gabriel Delanne, a "personalidade nº 2" de Carl G. Jung, o *"hidden observer"* (observador oculto) de Paul Brunton (p. 140) e de Ernest Hilgard, da Universidade de Stanford, *apud* Lyall Watson, *in Beyond Supernature* (I, p. 305), ou o espírito, na sua pura expressão, no dizer dos instrutores do prof. Rivail. Estou propondo, neste livro, que esse ser consciente, responsável, lúcido e permanentemente ligado à mente cósmica, tenha instalado no hemisfério cerebral direito seu posto de monitoração e comando. É a individualidade que traz, nas suas próprias estruturas espirituais, não apenas a vivência de todo um passado de experiências, como a programação para cada nova existência que se inicia na carne. Uma vez colocados na memória operacional da criança, no hemisfério esquerdo, os programas necessários ao funcionamento da vida, ela se retira para o contexto que lhe é próprio e, através de seus terminais no lobo direito, monitora a atividade que a personalidade vai desenvolvendo.

Vejo, neste ponto, um gancho onde pendurar algumas reflexões adicionais, para o que interrompo, por algum tempo, o fio da nossa conversa, a ser retomada mais adiante. É que a dra. Helen Wambach formulou, certa vez, a hipótese de que o autismo poderia ser explicado como rejeição da reencarnação por parte da criança, ou seja, aquele ser teria preferido continuar na dimensão em que se permanece após a morte corporal e enquanto se aguarda a próxima vida na carne. É, precisamente, o que os pesquisadores mais recentes estão caracterizando como "vida entre vidas". A dra. Wambach parece não ter tido tempo suficiente para conferir a sua muito plausível teoria. (Ela morreu em 1985.) O tratamento de uma menina afetada por essa condição revelou algumas indicações encorajadoras, ainda que não conclusivas, porque a criança mudou-se para outra região dos Estados Unidos e a terapia foi descontinuada.

Apenas para refrescar a memória, vamos recorrer ao sábio Aurélio, no qual encontramos o autismo como "fenômeno patológico caracterizado pelo desligamento da realidade exterior e criação mental de um mundo autônomo".

No contexto das explorações que vimos fazendo neste livro, penso que poderíamos tentar uma releitura desses conceitos, ainda que os reconhecendo como basicamente corretos. Isso porque a pessoa afetada mostra-se de fato desligada da realidade exterior; no meu entender, porém, não porque se tenha deliberadamente desligado, mas porque não se ligou nesta dimensão. Se a hipótese da dra. Wambach tem boas chances de se provar correta, como parece – ou seja, o autismo resulta de uma atitude de rejeição à vida na carne –, então nos sentiremos mais otimistas quanto à expectativa de também serem dignas de mais aprofundado exame algumas das especulações que estamos trazendo para este livro. Uma delas é a de que a personalidade instala-se, na máquina biológica, à esquerda do cérebro, ao passo que a individualidade permanece à direita. Vimos, também, que nos primeiros tempos da infância não se nota distinção entre as tarefas e funções de cada hemisfério, de vez que elas são desempenhadas ou exercidas, indiferentemente, por um ou pelo outro. Como a linguagem, por exemplo, que, nessa fase, é comum a ambos. Sugiro que, durante esse tempo, a individualidade se dedica ao treinamento da personalidade, transferindo-lhe a programação de que esta vai necessitar nas suas negociações com a vida terrena. Isto equivale a dizer que o psiquismo mais experimentado, sediado à direita, funciona como uma espécie de atenta babá, assumindo a tutela daquela outra parte de si mesmo que se encontra em preparo para as tarefas que terá a desempenhar durante a existência na terra. Para expressar o mesmo conceito em outras palavras, poderíamos dizer que o *espírito* treina a *alma* para as experimentações e atividades que lhe cabem. Concluída a etapa de treinamento e repasse da programação, a individualidade (espírito) retira-se discretamente para os bastidores, de onde ficará daí em diante, com os seus terminais implantados no hemisfério direito do cérebro, a fim de monitorar o comportamento da personalidade, num contexto no qual é concedida a esta (personalidade) uma espécie de liberdade vigiada, tão ampla quanto possível, mas responsável.

Ora, se a entidade espiritual vem para a vida terrena como que obrigada, ou pelo menos contra a sua vontade, não é de admirar-se que, uma vez acoplada a um corpo físico limitador, se recuse a receber as instruções que a confirmariam na indesejável obrigação de ter que se adaptar a um tipo de vida que não lhe oferece qualquer estímulo ou atrativo. Nesse caso, ou a personalidade rebela-se e recusa o tutoramento da individualidade ou, ao contrário, a própria individualidade recusa-se a programar uma parte de si mesma para a detestada vida terrena.

Ao leitor não familiarizado com as práticas mediúnicas, devo informar que é mais comum do que possamos imaginar a atitude de entidades que preferem ficar indefinidamente na dimensão póstuma, em lugar de resignar-se ao aprisionamento de algumas décadas num pesado corpo material. Para essa informação, aliás, nem precisamos recorrer à experiência de intercâmbio com os seres espirituais ditos desencarnados. Se o leitor entender que isso é ocultismo demais para o seu gosto, tudo bem. Terá o mesmo tipo de depoimento em muitas das numerosas regressões induzidas pela dra. Wambach e outros pesquisadores responsáveis.

A rigor, não ocorre, portanto, um desligamento da realidade e sim um não-ligamento.

Outro aspecto deve ser lembrado, ainda em relação ao conceito de autismo que encontramos no Aurélio. Vemos aí que o dicionarista sugere a "criação mental de um mundo autônomo". Se são corretas as hipóteses aqui oferecidas, não há propriamente criação de outra realidade – ela nem é criada e nem é autônoma; já existe. O que acontece é que a entidade espiritual ignoraria o ambiente terreno e continuaria a viver, tanto quanto possível, na dimensão de onde veio para reencarnar. Seja como for, estamos aqui diante de um mecanismo de fuga, qualquer que seja a abordagem em busca de uma explicação para o que se passa. É como se o dispositivo que consideramos personalidade, destinado a gerenciar a atividade terrena, não se desenvolvesse satisfatoriamente, mas apenas com o mínimo indispensável, de acordo com a programação também mínima dos instintos vitais, sem os quais a vida na terra seria impraticável.

Podemos até recorrer novamente à hipótese formulada por Maurice Maeterlinck, segundo a qual nunca encarnamos por inteiro; apenas uma parte do psiquismo mergulha na dimensão da matéria bruta, ao passo que a outra continua, de certa forma, acoplada ao corpo físico, mas com direito a larga faixa para exercício de sua liberdade, mesmo porque somente suas terminais se encontram instaladas no hemisfério direito, enquanto seu ambiente é o cosmos, ao qual se liga pelo "outro lado".

Isso tudo quer dizer, portanto, que a pessoa afetada pelo autismo fez, livre e conscientemente, uma opção: a de refugiar-se na individualidade, cedendo o mínimo de espaço possível para a personalidade, de vez que se recusa a submeter-se ao tipo limitado e sufocante de vida que tem esta a lhe oferecer. Seria, portanto, uma pessoa que continua a existir mais como individualidade do que como personalidade, mais como espírito do que como alma. O que explicaria, ainda, o desinteresse pela linguagem, que, como temos visto, é atribuição específica do hemisfério esquerdo. Dentro desse quadro, portanto, o autista é um ser que funciona, predominantemente, à direita do cérebro.

Não há como deixar de perceber nessa curiosa anomalia comportamental um ensinamento precioso que também deve ser levado a estudo e debate, ou seja, o de que é tão indesejável para o processo evolutivo do ser tentar viver exclusivamente à esquerda, como predominantemente à direita. Precisamos de um equilíbrio entre os dois extremos. Onde está o ponto de equilíbrio é algo sobre o que há muito ainda que especular. Os gnósticos optaram por um desvio maior para a direita, sempre atentos a qualquer envolvimento maior com a matéria densa e suas seduções.

As advertências nos textos coptas de Nag Hammadi são constantes e incisivas, como se pode conferir no capítulo VII, de meu livro *O Evangelho Gnóstico de Tomé*, intitulado "Dicotomias conflitantes". Em *Os Ensinamentos de Silvanus*, por exemplo, está expressa a advertência habitual, sobre o engodo da matéria, que atrai a pessoa para a treva quando a luz se encontra à sua disposição, bebe a água suja, quando a limpa está ao seu alcance, ignora o chamamento da sabedoria e atende ao da insensatez. Não porque assim o deseje a pessoa, mas porque "é a natureza animal dentro de você que o faz".

Mais adiante, aconselha: "Viva de acordo com a mente. Não pense nas coisas pertencentes à carne. Adquira força, pois a mente é forte."

No *Evangelho de Maria*, uma advertência ainda mais veemente: "A matéria gerou uma paixão sem igual que procede de algo contrário à natureza", ensina.

Aconselhava-se, portanto, e com muita ênfase, a viver mais à direita, aconchegado ao espírito do que à esquerda, envolvido com a matéria. Para evitar excessos, contudo, o *Evangelho de Felipe* propunha uma solução conciliatória, ao ensinar "não tema a carne nem a ame. Se você a temer, ela o dominará. Se você a amar, ela o engolirá e o paralisará".

Já que estamos mergulhados na matéria, porém, temos de desenvolver (e trabalhar com) um modelo aceitável de convivência com ela, sem deixar de atender ao mínimo que ela pede, mas sem conceder-lhe mais do que o necessário à tarefa de viver a experiência terrena. Continuamos, pois, no âmbito daquele conceito lembrado alhures, neste livro, segundo o qual a vida na carne deve fluir, tão suavemente quanto possível, entre o transitório e o permanente, entre o ser e o estar e não entre o ser e o não-ser, como se questionava Hamlet. O autismo seria, portanto, uma exacerbação comportamental, segundo a qual o ser se refugia à direita, no esforço de ignorar o sufocamento que sente enquanto acoplado ao corpo físico. A personalidade, por sua vez, necessita de programação e concessões específicas para levar a termo sua tarefa, dado que o processo evolutivo precisa das experiências que o estágio na carne nos proporciona.

Pelo que ficou aí exposto, eu me sentia suficientemente convencido da validade da hipótese formulada pela dra. Helen Wambach ao considerar o autismo uma rejeição da reencarnação. Em diferentes oportunidades, tenho procurado interessar amigos psicólogos e psiquiatras nessa teoria que se me afigura promissora. Não sei se fui suficientemente convincente para movê-los. No final de 1988, contudo, numa estada maior nos Estados Unidos, tive oportunidade de conhecer o livro *The Crack in the Cosmic Egg*, de Joseph Chilton Pearce, que, após ter permanecido fora do mercado desde que se esgotara sua edição de 1971, fora reeditado precisamente em 1988.

Pearce é um escritor criativo e corajoso na formulação e exposição de suas ideias. Eu havia lido dele outra obra estimulante intitulada *The Magical Child*, ou seja, *A Criança Mágica*, que me impressionara positivamente, mesmo que discordando de uma ou outra de suas abordagens.

Em *The Crack in the Cosmic Egg*, o autor se apresenta mais enfático do que nunca. Para ele o "ovo cósmico", mencionado no título, é "a soma total de nossas noções sobre que coisa é o mundo". De certa forma, vivemos confortavelmente instalados nesse ambiente cultural, sem nos lembrarmos de que o "ovo" é também "uma prisão, que inibe a imaginação e o impulso de explorar novas ideias", como se lê no texto que os editores fizeram constar da quarta capa do livro. Para Pearce, é preciso que a casca do ovo se quebre para que possamos fazer uma releitura nas antigas e familiares realidades com as quais nos acostumamos.

A postura de Pearce tem minha simpatia. Eu apenas diria que o ovo não se quebra sozinho, como dizem os editores, ele precisa ser quebrado, e mais, de dentro para fora. Se a ave não tomasse tal iniciativa, morreria na casca sem ter nascido. Daí a gente identificar sempre certo componente de inconformação e até de rebeldia em muitos daqueles que realmente criam coisas e abrem caminhos rumo ao futuro.

O escritor explora com inegável competência e com apoios substanciais – Teilhard de Chardin, por exemplo – aquilo que ele considera como "pensamento não-lógico, autista", o único, a seu ver, em condições de reformular o cristalizado conceito de realidade montado com elementos fornecidos pelo chamado racionalismo.

Para resumir, Pearce propõe uma visão autista do mundo, sugerindo ser necessário quebrar a casca do ovo cósmico que nos mantém a todos mais conformados do que confortáveis dentrodas estruturas culturais com as quais convivemos.

É, pois, um livro que impulsiona o leitor a pensar. Daremos nele, uma rápida espiada, apenas para coletar o aspecto particular do autismo, que interessa a este módulo do nosso papel.

Pearce vai buscar um pensamento de Robert Frost, para quem "a civilização é uma pequena clareira numa grande floresta". Na visão de Pearce, a imagem pode ser traduzida como se o inconsciente constituísse aquela parte mais densa e ampla da floresta, dotada de um "desconhecido potencial". Acha ainda que o "pensamento autista" – que promete explicitar logo adiante – é "a fronteira entre a clareira e a floresta".

Não estou muito de acordo com o autor neste ponto específico, mas não quero envolver o texto por enquanto nessa discussão, com o que perderíamos a oportunidade de catar na sua obra alguns dos seus muitos achados. Como este por exemplo, tão útil para o nosso pensar diário: "Vivemos tempos nos quais a concha, na qual nos encerramos, não mais nos protege, mas sufoca e destrói."

O processo dito primário de pensar – e aqui a fonte de Pearce é Michael Polanyi – "é típico das crianças ou dos animais". Para mim este é um dos achados nos quais encontro apoio para algumas das nossas próprias especulações, neste livro, dado que nos indica que os animais – injustamente considerados irracionais – pensam como as crianças, nas quais ainda não se definiu a separação dicotômica direito/esquerdo ou personalidade/individualidade. É uma fase autista essa, na qual a personalidade ainda não dispõe de competência suficiente para ser autônoma e arrogar-se privilégios e liberdades que nem sabe como usar, pois ainda está aprendendo a ser gente com o inconsciente, seu mestre e tutor, localizado à direita.

Pearce considera que o pensamento autista "não-estruturado, não lógico (mas não necessariamente ilógico), fantasioso (*whimsical*) constitui a chave da criatividade". Que esse modo de pensar seja criativo, não tenho a menor dúvida, mas não o vejo como não-estruturado ou não-lógico e nem fantasioso, que me desculpe o autor. Vejo-o muito bem estruturado – ou não teria como tutorar a personalidade –, operando dentro de uma lógica que pode não ser a que impera à esquerda. A lógica da personalidade é a do mundo físico, ao qual ela tem de se adaptar para conviver e sobreviver, ao passo que a da individualidade é a do cosmos. Se alguma dessas duas abordagens aos enigmas da vida deve ser caracterizada como fantasiosa, não é, certamente, a da individualidade. As posturas podem ser até um tanto incompatíveis e estarem até em confronto permanente, dado que o interesse de uma é a transitoriedade do momento que passa, enquanto a outra está mergulhada no contexto do permanente.

Seja como for, Pearce destaca alhures a tese de que "há sempre um componente de visionarismo e infantilidade em todas as pessoas criativas" (p. 21), o que é verdadeiro, precisamente porque essas pessoas, entendo eu, não se deixam aprisionar na concha do chamado consciente, onde impera a lógica e a racionalidade da personalidade. Aliás, pouco adiante, Pearce destaca que o pensamento autista "*acrescenta algo* que não existe no contexto dado"(p. 22). (O destaque é do original inglês.) E mais, cita Hans Selye (p. 25) que alertara para o fato de que "toda ideia científica realmente importante de seu conhecimento ocorrera em momentos crepusculares entre o sono e a vigília, no estado chamado hipnagógico", um estado tipicamente autista, como acrescenta Pearce. O preço a ser pago para penetrar no território do desconhecido e de lá emergir com um conhecimento novo que não estava do lado de cá da chamada consciência de vigília "é a suspensão da visão comum do mundo".

Mesmo porque vivemos, como Pearce lembra (p. 50), "*num mundo primário de realidade, que é verbal*". Logicamente, precisamos fazê-lo calar-se ou retirar-se para os bastidores, se é que desejamos captar o que nos está sendo transmitido do lado não-verbal do psiquismo.

"A mente da criança é autista" – como reitera Pearce (p. 54) –, "uma rica textura de síntese livre, alucinatória e ilimitada", precisamente, sugiro eu, porque ainda está mais ligada no que o próprio autor chama de "os universais", ainda não de todo submetida à programação sobre como viver na terra. Por isso, Pearce oferece um dos conceitos dos quais eu próprio me tenho utilizado, ou seja, o de que a criança tem algumas coisas a aprender e outras a desaprender a fim de se encaixar no esquema terreno com o qual lhe compete conviver, usualmente, durante seis ou sete décadas. Essa adaptação é conseguida à custa de algumas renúncias que, necessariamente, limitam a criatura, naquela parte de si mesma que mergulhou na carne. É ainda por aí que o autor encontrou uma citação de Aldoux Huxley que também "bate" com um dos meus conceitos prediletos, ainda que expresso de maneira diferente. Enquanto eu considerava o cérebro como uma estação rebaixadora de tensão, Huxley o tem como "válvula redutora".

Em quase todas as grandes descobertas, como vimos na experiência pessoal do prof. Henri Poincaré, identifica-se um período de trabalho, do qual o consciente não participa. Pearce considera essa elaboração inconsciente como um estágio do pensamento autista, "sem controle consciente". Autista ele é, de fato; recuso-me, porém, a considerá-lo inconsciente, porque ele tem de estar, necessariamente, sob o controle de alguma forma de consciência, ainda que essa modalidade opere fora do alcance de nossa inspeção intelectual de vigília.

Daí porque é tão criativa tal modalidade. Pearce acrescenta (p. 73) que essa criatividade se deve ao fato de que o pensamento autista "trabalha com *todas* as possibilidades, sem julgamento, uma vez que o valor constitui capacidade exclusiva ao raciocínio lógico". Mais uma vez, sinto-me impelido a concordar apenas parcialmente com Pearce. O pensamento autista, realmente, explora todas as opções possíveis de solução para um dado problema, mas que o faça sem julgamento, não. Nós é que não tomamos conhecimento dos juízos de valor que esse módulo intelectual do ser convoca para as suas decisões. Habituamo-nos demais a considerar qualquer pensamento que ocorra fora da nossa conchinha consciente como irracional, incapaz de avaliação e valorização. Vejo aí mais uma das cascas de ovo a ser rompida – sempre de dentro para fora, não nos esqueçamos. Vejo também, nesse mesmo aspecto, uma daquelas noções que, no dizer do próprio Pearce, precisa ser *desaprendida*, a fim de abrir espaço renovador, para novos aprendizados, mesmo porque, como diz Eddington, também citado por Pearce (pp. 80/81), a mente do ser humano deve ser "um espelho do universo". Como atrair para o campo visual desse espelho conceitos que não cabem dentro da nossa modesta concha pessoal?

É mais difícil do que parece, contudo, desaprender determinadas coisas, do que aprender outras tantas. Depois de trazer para o seu livro texto no qual Suzanne Langer atropela a psicologia de seu tempo pela "incapacidade de lidar com o próprio psiquismo"(p. 136) e de ter "não apenas deixado de crescer como outras ciências", mas ainda deixado de exercer "seu lógico papel de preencher o vazio deixado pela religião" (p. 137), declara que a diferença entre os mais elevados animais e o ser humano é atribuível ao cérebro! Não estava na hora de dizer que não é propriamente ao cérebro, mas ao próprio psiquismo dos animais e o do ser humano?

Não desejo, de forma alguma, passar ao leitor a impressão de que o livro de Joseph Chilton Pearce é inadequado ou insuficiente. Pelo contrário, como diz Jean Houston, da Foundation for Mind Research, citada na quarta capa, é "mais do que um livro, um documento do nosso tempo" ou, no dizer do dr. John Lilly Jr. – gostaria de falar mais dele aqui –, a esperança de acesso ao "vasto reservatório do conhecimento intuitivo". Estamos cansados das estreitezas do pensamento estritamente lógico. Precisamos ouvir mais atentamente aquilo que nos tem a dizer a voz inarticulada do nosso "hóspede interior", da individualidade.

Não é outra a razão pela qual Paul Brunton propõe que o *overself*, ou seja, o ser silencioso interior, constitui "o ponto de interseção entre a inteligência universal com cada ser consciente" (p. 58). E mais, que "há uma atividade cósmica dentro de nós (p. 68) e que somos "co-conscientes com a inteligência cósmica" (p. 68). Acrescenta Brunton, mais adiante (p. 122), que, no sono, a personalidade é recolhida para o ambiente da individualidade, onde foi criada e da qual faz parte. Para caracterizar melhor essa dicotomia personalidade/individualidade, Brunton recorre a uma curiosa expressão – "consciência carnal" (p. 123) ou sua equivalente, "pensamento corporal"(p. 132), em contraste, este último, com o "pensamento do Eu". Entende Brunton, portanto, não um psiquismo biológico autônomo, o que seria incongruente, mas certa modalidade de psiquismo atuante no corpo físico, ainda que dependente do psiquismo superior do *overself*. Na verdade, ele considera o estado de vigília "simplesmente como resultado natural da mente ao projetar mera fração de si mesma" (p. 139). Não faz, portanto, o menor sentido dizer-se que o lobo esquerdo seja o dominante apenas porque nele opera a forma de consciência da qual temos consciência, se me permitem a redundância, ao passo que a porção infinitamente mais ampla da consciência global trabalha silenciosa e "inconscientemente" com seus sensores implantados no hemisfério direito, fora do acesso da consciência de vigília. O "observador oculto" não está contido pelas limitações de tempo e espaço (p. 141).

Ainda por isso, Brunton adverte para o uso indevido do pronome "eu", quando desejamos nos referir ao corpo físico. É que, realmente, há uma tendência a nos identificarmos com o corpo, esquecidos de que ele não passa de uma engenhosa aparelhagem biológica para que a personalidade colha na vida as experiências de que necessita e corrija as distorções que o equivocado procedimento anterior haja incorporado às nossas estruturas éticas. Não necessariamente, como destaca o autor (p. 251), mas, usualmente, costumamos aprender "pelo sofrimento aquilo que nos recusamos a aprender por meio da reflexão". Dentro desse mesmo contexto de ideias, Brunton discorre sobre a importância do papel de cada um na construção (ou reconstrução) de suas realizações evolutivas. Para destacar esse aspecto, ele propõe a releitura de um conhecido ensinamento que o Cristo incorporou ao texto do Pai- -Nosso, ao dizer "seja feita a tua vontade *por* mim e não *a* mim", o que nos leva a perceber claramente que cada um de nós precisa, deve e pode realizar em si mesmo a vontade de Deus, em vez de ficar esperando que ela se realize em nós, independente do nosso esforço corretivo.

Há outra curiosa releitura das páginas finais do livro (p. 444). Discorre o autor sobre períodos em que somos assediados por um volume insuportável de problemas e dificuldades que parece concentrarem-se em curto espaço de tempo, como se houvesse entre eles um plano sinistro para nos atormentarem em conjunto. Muitos de nós costumamos, numa fase dessas, como que "entregar nossos problemas a um poder superior". Brunton considera o procedimento correto, em princípio, dado que, com ele, se demonstra confiança nesses poderes, tanto quanto numa solução satisfatória para os problemas que nos afligem. Isso nos livra, eventualmente, de uma atitude de excessiva preocupação e angústia, mas, ao mesmo tempo, cria em nós a desconfortável e paradoxal sensação de que, em vez de estarmos unidos ao poder supremo, sermos "um com Ele", como dizia o Cristo, estamos dele separados, o que não é verdadeiro. Depreende-se disso que "entregar" nossos problemas a Deus não é o mesmo que cruzar os braços e esperar que as coisas aconteçam à nossa revelia e omissão.

Não devemos esquecer da reflexão de Brunton, segundo a qual o "ser superior", ou o "observador oculto" em nós, é aquele ponto de encontro da inteligência cósmica com cada um de nós.

É preciso, contudo, não confundir o verdadeiro eu, a individualidade permanente, com a personalidade transitória.

No seu estilo didático e objetivo, Brunton explica bem essa dicotomia, essencial ao entendimento de nós mesmos, ao escrever que

"A mente separa-se em duas, a porção à qual estamos continuamente atentos e que constitui a pessoa observada e a porção que nos faz atentos ao fato de que há uma pessoa que constitui a mente que observa."

Ou seja, há em nós uma parte da mente, dita consciente, continuamente observada e outra, tida por inconsciente, que observa. Para que isto funcione dessa maneira, dispomos do seguinte esquema: 1) o corpo físico, 2) a consciência pessoal, que consiste em impressões, pensamentos, desejos, imagens e tendências cármicas e, 3) o observador impessoal, cuja presença é indiretamente revelada pela pessoa, da mesma misteriosa maneira pela qual a presença de um campo magnético se revela na movimentação da limalha de ferro. O eu total opera dentro desse contexto.

"A pessoa" – prossegue (p. 147) – "é apenas uma projeção do *overself*, como uma figura onírica é a projeção da mente daquele que sonha. Não passa de uma criatura dependente que se esqueceu de suas origens e *imagina* agora ser o eu real."

Daí porque, somente após entender e superar essa fase de autoilusão, poderemos alcançar a realidade que se situa atrás da personalidade, até atingir a um ponto de otimização na trajetória evolutiva, na qual não há mais o observado – personalidade – e o observador – individualidade, mas o ser total, consciente de sua integração e interação com a consciência cósmica. Esse estágio, contudo, somente é atingido quando se dá "a passagem de nossa personalidade inferior para a nossa mais elevada individualidade" (p. 183). Por isso acha Brunton que a pergunta não é *onde* estaremos após a morte (do corpo físico), mas o *que* seremos após essa morte (p. 159), mesmo porque o *overself* tem a vida em si mesmo; não precisa, como o corpo físico no qual a personalidade atua, retirar sua sustentação dos elementos do mundo material.

"Consequentemente" – acrescena Brunton (p. 193) – "o corpo tem de devolver, com a morte, tudo o que recebeu, mas o *Overself* ao qual nada se acrescentou, nada tem a restituir. Não pode deixar de ser imortal, de vez que é parte da mente universal."

É de lamentar-se que esses conceitos fundamentais ao correto entendimento dos mecanismos da vida, tenham sido empurrados para a marginalidade, como se inatingíveis ou, pior, indesejáveis, a fim de que a personalidade, retida nas malhas biológicas do corpo físico mergulhe de cabeça, corpo e alma, numa espécie de consciência inconsciente. Esta é, pelo menos, uma consciência esquecida de si mesma e da melhor parte de si que se encontra do outro lado da realidade espiritual e, no entanto, ali, tão perto, com suas tomadas implantadas no hemisfério direito.

Leio, pois, com muita satisfação em Brunton, algo que tenho repetido insistentemente aqui e alhures, em outros escritos, ou seja, a desastrosa sufocação da doutrina gnóstica pelos formuladores do modelo de cristianismo que nos chegou por herança. Brunton é ainda mais enfático, ao atribuir a esse histórico desajuste a forte conotação de *"calamidade"* (p. 287). Para ele, o universo é coisa "viva e mental", conceito que reitera mais adiante (p. 307).

Mais que isso, é também *consciente*, e nem poderia deixar de sê-lo, de vez que é pensamento de Deus, tanto quanto a criatura humana é a "individualização" desse princípio universal inteligente. Mais que isso, ainda, nada existe senão em Deus, cada galáxia e cada átomo. Daí porque Brunton, e o dr. Gustave Geley consideram a vida um contínuo processo de expansão da consciência (p. 308), uma progressiva conscientização. Eis por que Brunton conta com a vitória final do que identifica como "as forças do Bem"(p. 456).

> Há um plano geral por trás do universo – escreve. Podemos aninhar nossas pequenas vidas mansamente nele e encontrar, se o desejarmos, uma felicidade digna de ser vivenciada, ou podemos nos opor ao plano e sofrer inexoráveis consequências. Isto vale tanto para os indivíduos como para os povos. Mas o espírito redentor do plano é imbatível.

Por isso, não é nada inteligente chocar-se com ela. Sempre que o fizermos, atritando com a lei divina em nós, o plano de que fala Brunton apresenta-nos uma conta expressa na moeda do sofrimento. De que outra forma iríamos aprender a respeitar a ordem cósmica, se não nos convercermos de que a trombada com ela dói? Claro que fica a alternativa imensamente mais nobre do amor, mas este também exige aprendizado. E prática!

Especificamente sobre o consciente chegou o momento de a gente conversar. Veremos isso a seguir.

7. Gênese da consciência

Não são muitos e, por isso mesmo, não surgem com a desejável frequência, mas há livros que, ao virar a última página para sair deles, você não é mais a mesma pessoa que nele entrou pelo vestíbulo da primeira página. O livro de Julian Jaynes é um desses que mexem com a sua cabeça e provocam aquela boa desarrumação mental que força um novo arranjo nas suas prioridades ideológicas. A provocação começa com o título: *The Origin of Consciousness in the Break-Down of the Bicameral Mind*, ou seja, *A Origem da Consciência no Colapso da Mente Bicameral*, lançado em 1976. Tomei conhecimento de sua existência em *Afterlife*, um dos numerosos e estimulantes livros de Colin Wilson, publicado em 1987 com o objetivo de discutir o problema da sobrevivência do ser. Jaynes, professor de Psicologia na Universidade de Princeton, nos Estados Unidos, é dos contribuintes ao estudo de Wilson.

O livro de Jaynes cai de paraquedas precisamente no centro nevrálgico dos problemas que estamos aqui a investigar. Daí a ansiosa expectativa que criou em mim próprio. Como os Estados Unidos ficam "ali mesmo", tratei de encomendar logo um exemplar, sem cuidar de que o livro de 1976 estaria esgotado – *out-of-print*, como dizem por lá. Estava, mas a sorte foi tanta que um amigo encontrou um exemplar da segunda edição, de 1990. Era a glória! Posso, agora, por alguns dos excertos críticos trazidos para a quarta capa, avaliar o impacto causado pela obra.

"Este livro e as ideias deste homem" – escreve William Harrington, no *Columbus Dispatch* – "podem tornar-se os mais influentes, para não dizer os mais controvertidos da segunda metade do século XX. Prateleiras inteiras de livros tornam-se obsoletas."

Ao terminar a leitura, Edward Profitt declarou, em *Commonweal*, que se sentia "como o Cortez de Keats, a contemplar o Pacífico, ou, pelo menos, como os primeiros críticos dos livros de Darwin ou Freud". E conclui: "Não estou bem certo sobre o que fazer deste novo território; mas a sua amplidão aí está diante de mim e eu perplexo ante o poder nele contido."

O leitor verá que essa gente não está exagerando, ainda que não se concorde com tudo quanto propõe Jaynes.

Foi precisamente por causa das misteriosas vozes que falam dentro da cabeça de muitas pessoas – Wilson as caracteriza como "*disembodied voices*", isto é, vozes sem corpo – que Jaynes foi trazido ao debate, em *Afterlife*. É que o prof. Jaynes montou a "extraordinária teoria"(Wilson, p. 17) segundo a qual nossos antepassados ouviam tais vozes o tempo todo e agiam de acordo com os comandos e as instruções delas recebidos. Segundo Jaynes – continua Wilson –, os seres das cavernas não tinham autoconsciência e, por isso, eram incapazes de "olhar para dentro de si mesmos e dizer: Bem, deixe-me pensar... simplesmente porque não havia neles aquele eu interior".

O funcionamento da consciêcia teria sido algo precário, errático, descontínuo e que, a todo momento, teria que ser restabelecido pela misteriosa voz interior, mesmo nas atividades mais elementares da vida terrena. Para Jaynes, essa voz teria sido, originariamente, considerada como a do chefe morto e, subsequentemente, a dos deuses em geral e provinha sempre do hemisfério cerebral direito. Na verdade, o ser humano estaria começando a aprender como utilizar-se conscientemente do cérebro e, para isso, tinha de concentrar-se do lado esquerdo a fim de deixar o direito livre para morada e uso dos deuses, donos das vozes. As primitivas criaturas seriam, portanto, dotadas de um cérebro bicameral, ou seja, dividido em duas câmaras, em estreito e intenso intercâmbio, mas tendendo, a longuíssimo prazo, para atividades relativamente autônomas.

Por mais estranha que nos possa parecer a uma primeira abordagem, a tese do prof. Jaynes tem suas razões e suportes lógicos, pelo menos na sua formulação, ainda que a resolução proposta possa ser eventualmente questionada, neste ou naquele aspecto. Vejamos como se coloca o problema.

Como temos visto exaustivamente, neste livro, o mecanismo evolutivo da vida se confunde ou se apoia numa crescente conscientização do ser, ou, para usar expressão corrente, na expansão da consciência. Vida é consciência, consciência é vida, dizem as fontes que andamos consultando (Besant, *A Grande Síntese*, dr. Geley, por exemplo). Ora, se a consciência está em contínua expansão, em algum ponto da trajetória do ser, ela teve seu começo, viu brilhar os primeiros lampejos de si mesma. Começava ali a interação mente/matéria. Mergulhado na matéria para pensá-la (Bergson), para buscar-se através das formas (Chardin) ou para intelectualizá-la, (Kardec) a inteligência (Bersgon), o psiquismo (Chardin) ou o espírito (Kardec) iniciava sua jornada evolutiva. O espírito era consciência, porque era vida, desde sempre, mas como utilizar-se dessa faculdade enquanto envolvido na matéria? Que experiências poderia disso extrair? Que aprendizado adquirir? Para fazer o quê com a sabedoria conseguida?

Vejo, portanto, encaixes por meio dos quais nossas especulações aqui podem acoplar-se às do prof. Jaynes, tanto quanto identifico aspectos em que elas não se acoplam de modo algum. Ao analisar, por exemplo, as ideias de Darwin e Alfred Russel Wallace, Jaynes lembra o argumento deles segundo o qual "a seleção natural não poderia resultar de mera montagem de moléculas e células" e que "algo teria de ser acrescentado de fora desse circuito fechado para explicar coisa tão diferente como a consciência" (p. 9). Jaynes rejeita esse argumento, lembrando, marginalmente, que Wallace perdeu prestígio pessoal ao envolver-se, "em vão, com sessões espiritualistas em busca de evidências para a *imposição metafísica*" (o destaque é meu), com o que estaria desconsiderando "as regras da ciência natural". Para Jaynes, a solução do problema não passa por aí; é preciso, ao contrário, "explicar a consciência em termos exclusivos de ciência natural" (p. 10), sem as tais "imposições metafísicas". Mesmo plantado nessa posição, Jaynes admite, pouco adiante, ser impossível saber se, "pelo mero estudo do cérebro, podemos identificar nele uma consciência como a nossa".

Dito isso, Jaynes entra firme na discussão das suas ideias a respeito, passando a considerar, em primeiro lugar, não o que pode ser a consciência, mas o que ela não é. Há que resistir, não apenas aqui, mas em toda a sua volumosa obra – quase 500 páginas, formato grande –, ao desejo de pinçar achados intelectuais. Seu texto é todo ele brilhante, criativo, original, apoiado numa cultura geral e técnica de impressionante versatilidade e que, não raro, surpreende e até choca o leitor. Os exemplos são muitos: "A consciência é, na verdade, um impotente espectador"(p. 33). "Pensar (...) nada tem de consciente" (p. 39). "Será que a consciência existe mesmo?" (p. 47)

Suas conclusões preliminares não são menos desconcertantes. Exemplo: "Se o nosso raciocínio está certo, é perfeitamente possível que possa ter havido uma raça de seres humanos que falava, julgava, raciocinava, resolvia problemas e, na verdade, fazia a maior parte das coisas que fazemos, mas não era nada consciente"(p. 47).

Ao encaminhar uma de suas conclusões parciais, ainda em capítulo inicial do livro, Jaynes vincula a consciência à linguagem, do que se depreende, segundo ele, que sendo posterior ao surgimento da linguagem, as origens da consciência devem ser situadas em tempos muito mais recentes do que poderíamos supor. E comenta: "As implicações de tal postura são extremamente sérias." De acordo, são sérias. Eu até que me confesso predisposto a admitir o acoplamento consciência/linguagem, de vez que estamos hoje sabendo que os mecanismos da linguagem encontram-se instalados no hemisfério cerebral esquerdo, o da consciência, onde sugiro estarem implantados, por isso mesmo, os dispositivos operacionais da personalidade, aquela parte de nós mesmos voltada para as negociações com a vida na matéria. Ao mesmo tempo, contudo, vejo-me em dificuldades para aceitar a hipótese de que a consciência seja uma aquisição tão recente na história do ser humano – cerca de 3000 anos. Enfim, prefiro deixar a matéria em aberto, para um aprofundamento posterior.

Enquanto isso, não nos esqueçamos do que Jaynes tem a dizer sobre o assunto.

Evidências de apoio à tese do ser bicameral nas origens da consciência ele vai buscar em erudita análise dos escritos de Homero, especialmente na *Ilíada*, o que se revela elaborado e complexo demais para um resumo em nosso livro. É a partir desses escritos, contudo, que ele identifica a presença dos "deuses" no hemisfério direito, a ditarem instruções e comandos para execução com a ajuda da nascente consciência verbal no hemisfério esquerdo. Os heróis dos épicos gregos seriam, portanto, pessoas manipuladas por uma atividade mental resultante do intercâmbio de duas câmaras de pensamento.

Precisamos aqui de uma digressão não apenas curiosa e oportuna pela sua conotação pessoal, como reveladora do processo em si. Com a mente ocupada com os temas que iriam, mais tarde, compor o livro que estamos a examinar, Jaynes buscava, certa vez, um *insight* esclarecedor acerca da natureza do conhecimento. Que seria mesmo o conhecimento e como é que chegamos a obtê-lo, afinal de contas? Perdido nas suas meditações, não conseguia encontrar saída. Numa daquelas tardes, repousando num sofá, mergulhado no que classifica como "desalento intelectual", ouviu claramente, no silêncio reinante, uma voz distinta, em tom elevado, que lhe dizia "do lado superior direito: *Inclua aquele que busca o conhecimento na coisa conhecida!*" Pôs-se de pé, num salto, gritou um "Alô" provavelmente assustado, tentando identificar logo quem estava ali para lhe falar de maneira tão insólita, como se estivesse a acompanhar os seus pensamentos. Claro que não havia ninguém ali, a não ser o próprio Jaynes, nem mesmo do outro lado da parede, onde ele também procurou, inutilmente, o dono da misteriosa voz. O autor não elabora muito sobre esse episódio. Limita-se a observar que "vozes como essa costumam ser ouvidas frequentemente, por pessoas perfeitamente normais". Não deixa de observar, contudo, que essa história de "*ouvir vozes* é tida como indício de insanidade"(p. 87).

Independentemente do fenômeno específico da voz "dentro da cabeça" ou, segundo Jaynes, provinda do hemisfério direito ("do alto, à minha direita"), é importante a observação de que o conhecimento por si só não significa muito; ele só é vitalizado, inserido na experiência de cada um, quando aquele próprio que o busca integra-se nele, como que a vitalizá-lo. Parece em ação aqui um processo de intelectualização ou personalização do conhecimento, da mesma forma que a vida ou consciência intelectualiza, pensa ou se busca na matéria.

O módulo seguinte do livro de Jaynes cuida de um dos temas centrais de nosso próprio estudo – o das funções de cada hemisfério cerebral. Precisamos, pois, de um espaço maior para isso.

Lembremos, primeiro, que, segundo o autor, o ser humano viveu um tempo enorme na sua rota evolutiva sem consciência de si mesmo. Para saber o que fazer, tinha de esperar pela voz interior, que lhe expedia os comandos, como se estivesse localizada na câmara direita do cérebro, onde estaria arquivada "a sabedoria da vida". Sem capacidade para conhecer, avaliar e, muito menos, questionar essa voz que, além disso, representava indiscutível autoridade, só restava à criatura primitiva atribuí-la vagamente aos deuses e obedecê-la. É esse o período em que Jaynes entende a natureza humana como bicameral – uma vontade diretora implantada à direita do cérebro e uma disposição para obedecer, à esquerda.

Já disse eu que a hipótese de Jaynes, neste como em vários outros aspectos, não invalida a que vimos sugerindo neste livro. Para mim, a individualidade, alojada à direita, vivia a fase em que precisava não apenas monitorar a personalidade, como ensinar-lhe, passo a passo, a viver na terra, desenvolvendo uma consciência específica para essa tarefa, em vez de ficar paralisada na dependência de ordem de comando para cada ação que não fosse impulsionada automaticamente pelos instintos. Um dos veementes indícios da validade dessa abordagem está no fato de que foi à esquerda que começou a esboçar-se o mecanismo da linguagem. Por que à esquerda, pergunta-se o próprio Jaynes, quando tantas outras faculdades são bilaterais?

O problema tem suscitado a atenção concentrada de muita gente, ainda mais porque o hemisfério direito também possui estruturas neurológicas necessárias ao fenômeno da linguagem. Jaynes até lembra que algumas pessoas ambidestras dispõem de faculdades linguísticas em ambos os hemisférios. O autor decide o enigma ao propor que os dispositivos da linguagem foram criados à esquerda a fim de que o hemisfério direito continuasse à inteira disposição dos deuses.

Chega, porém, um momento, na trajetória evolutiva do ser, em que o mecanismo bicameral, ainda na teoria de Jaynes, entra em colapso, como se os deuses houvessem, talvez, decidido retirar-se da cena, passando a exercer um comando menos ostensivo a distância. Para mim, o rompimento do sistema bicameral se deveria ao fato de que, tão logo algum senso de autoconsciência começara a consolidar-se na personalidade, a individualidade ia-se recolhendo à intimidade de sua câmara direita a fim de abrir mais espaço para a experimentação e o aprendizado da personalidade, com os mecanismos que esta vai criando à esquerda, entre os quais o da linguagem.

Jaynes acha que, ainda hoje, encontramos vestígios de uma "função divinoide" (se assim posso traduzir seu *godlike*), no hemisfério cerebral direito do ser humano civilizado, do que resulta uma curiosa sensação eventual de estranheza e até de oposição que experimentamos como se alguém dentro de nós não estivesse satisfeito com o que estamos fazendo ou falando. Que o diga o dr. Jung, ou Rosalind Heywood.

Em vista de certo grau de autonomia entre os hemisférios, eles até parecem agir independentemente um do outro, em numerosas situações, como se pertencessem a indivíduos diferentes. Na verdade, não são dois indivíduos, mas um indivíduo (espírito = inconsciente) e uma personalidade (alma = consciente), ainda que um só psiquismo, como vimos da longa e meticulosa dissertação do dr. Gustave Geley.

Muita coisa falta, contudo, para melhor entendimento do intercâmbio entre os dois hemisférios ou, em outras palavras, entre as duas áreas psíquicas do mesmo ser humano. Apesar da atitude não verbalista do direito, por exemplo, ambos os hemisférios entendem a linguagem, o que evidencia que o direito dispõe também de faculdades verbais, embora prefira comunicar-se por meio de símbolos. Tanto é assim que, em situações especiais, a vontade localizada à direita consegue acionar o mecanismo da linguagem à esquerda e produzir o fenômeno da voz interior, frequente no dr. Jung e, pelo menos por uma vez, no próprio professor Jaynes. A despeito disso, os hemisférios funcionam como se pertencentes a pessoas diferentes e independentes uma da outra, ao passo que, no período catalogado por Jaynes como bicameral, seriam, respectivamente, ocupados "pelo indivíduo e pelo seu deus"(p.117). Insisto em mudar o termo *indivíduo*, nesta afirmativa de Jaynes, por *personalidade*, e o termo *deus*, por *individualidade*.

Segue-se, no excelente livro do prof. Jaynes, um longo e competente mergulho na história, em busca de elementos de apoio para a sua criativa hipótese.

E ele os encontra, abundantes e convincentes. Descobriu até mesmo alguns sugestivos apoios em remotas figuras e desenhos arqueológicos. Num relevo trabalhado na rocha e atribuído, aproximadamente, ao ano 1250 antes do Cristo, a imagem de um rei aparece abraçado a uma figura humana menor, tida como a parte "gerente-executiva" de si mesma, ou, na minha terminologia, a personalidade. Curiosamente, outra diminuta figura humana desenhada à esquerda tem o cérebro dividido em duas metades, ao passo que o rei segura a "personalidade" – insisto – sob o seu braço esquerdo, agarrando-a fortemente, pelo punho direito. Pergunto-me se aquela gente já sabia disso tudo que estamos (re)descobrindo agora...

Outra instigante gravura se vê à página 192 do livro de Jaynes. Nesta, encontrada no Egito, o deus Khnum é visto diante de uma roda de oleiro, ocupado em moldar o *ka* de um futuro faraó. São duas as figuras, do mesmo tamanho e idênticas, exceto num relevante detalhe – uma das figurinhas tem a mão esquerda na boca, significando, obviamente, que constituirá a área psíquica do ser encarnante incumbida da tarefa da linguagem, ou melhor, a personalidade que, como estamos propondo, fica à esquerda do cérebro. Mais um detalhe: o deus Khnum tem os braços estendidos sobre as duas figurinhas, o direito pousado na cabeça do que não fala e o esquerdo sobre o falante. Manifesto novamente minha respeitosa perplexidade; isso é coincidência demais para o meu gosto, o que me deixa sem alternativas senão a de que, há milênios, havia gente que sabia dessas coisas! Com toda a razão, Jaynes descreve o *ka* animado pela mão esquerda do deus, como a *persona of speech*, isto é, a personalidade que fala, o que constitui definição irretocável.

Precisa o leitor de outro exemplo? Aí vai ele. Jaynes vê a duplicidade mental em relevo esculpido numa estela em que o deus Marduc é figurado como juiz, entre dois textos atribuídos à autoria do rei Hamurabi, que também foi incluído na cena. Vejamos, agora, o que diz Jaynes:

"Há dois sistemas distintos e integrados ao sistema nervoso de Hamurabi – um deles no hemisfério esquerdo, de pé ao lado da estela, escrevendo o prólogo e o epílogo do texto, e o outro no hemisfério direito, redigindo a sentença judicial."

Também na velha e lendária Suméria, Jaynes foi descobrir um provérbio que se traduz mais ou menos assim: "Aja imediatamente, faça a felicidade do seu deus!" Com o que voltamos à dra. Helen Wambach que costumava recomendar aos seus clientes em transe regressivo a dizerem prontamente o que primeiro lhes ocorresse a uma pergunta feita a fim de evitar que a interferência do raciocínio verbal esquerdo acabasse por deformar a informação provinda do hemisfério direito. Por isso, para o provérbio sumeriano Jaynes propõe uma transliteração que ficou assim: "Não pense! Que não haja nenhum espaço de tempo entre o que diz a sua voz bicameral e o que você faz em obediência a ela".

À medida, porém, em que o ser humano mais se conscientizava de si mesmo do lado de cá da vida, mais se recolhia ao silêncio a voz secreta que ele atribuía aos deuses ou ao seu deus pessoal. Com o colapso definitivo da mente bicameral, segundo Jaynes, os deuses somente poderiam ser acessados para transmitirem suas instruções por meio de sensitivos especialmente dotados. Chegávamos, digo eu, à era da mediunidade e de sua inseparável função paralela, a do animismo. Em outras palavras, algumas pessoas dispunham de faculdades para fazer calar o hemisfério esquerdo a fim de se posicionar à direita, onde podiam ter acesso ao pensamento puro da própria individualidade ou a de outras entidades (provavelmente desencarnadas), ali eventualmente acopladas.

Com todo o respeito pelo brilhantismo do prof. Jaynes, eu gostaria que ele se mostrasse mais sensível à realidade espiritual. Quando diz, por exemplo (p. 221), que a "consciência tem de ser aprendida em cada geração" está certo em princípio, mas a expressão correta aqui seria "a cada nova reencarnação". Conforme vimos alhures neste livro, concluída a sua tarefa terrena, o espírito recolhe aos seus próprios arquivos permanentes as experiências e o aprendizado realizados pela personalidade. Em outras palavras, a personalidade se integra na individualidade, atirando-se em seus braços, voltando esta à condição de espírito, como nos asseguram os instrutores do prof. Rivail. No contexto psíquico do ser desencarnado não há espaço nem necessidade para a continuidade da personalidade na sua condição de componente mais ou menos autônomo do ser integral. A não ser, eventualmente, por algum tempo, quando a personalidade se aferra aos ambientes, memórias, emoções, ódios e amores vivenciados enquanto na carne. E isso ocorre com frequência maior do que estariam dispostos a admitir aqueles que não se acham devidamente informados sobre o assunto. Os mesmos instrutores informaram, contudo, que, terminada uma bem vivida e proveitosa existência na carne, o espírito mais evoluído recupera sua condição de equilíbrio emocional e tem acesso a todo o seu acervo mnemônico, cultural e ético.

Seja como for, caladas as vozes internas, mensagens, comandos, sugestões, críticas e ensinamentos passaram a chegar através de processos menos óbvios, mais elaborados e menos inteligíveis do que as antigas "vozes". Daí os sonhos, as intuições, os sortilégios, o profetismo, os recursos divinatórios. Jaynes até admite este aspecto, ao observar (p. 240) que a prática do sortilégio foi culturalmente inventada, "a fim de suplementar a função do hemisfério cerebral direito, quando se deu o colapso da mente bicameral". O hemisfério direito não era mais acessível como ao tempo em que, segundo Jaynes, "estava linguisticamente codificado nas vozes dos deuses".

Mesmo sem o *input* de conceitos fundamentais da realidade espiritual, portanto, Jaynes tem rasgos intuitivos impressionantes que batem com os conceitos que, no contexto dessa realidade, são formulados, como, no caso, o de que a câmara de compensação onde se processa o intercâmbio com as entidades desencarnadas (mediunidade) ou com o espírito do próprio médium (animismo) deve ser a do hemisfério cerebral direito. Proponho isto porque as entidades espirituais não se utilizam da linguagem falada e sim do pensamento puro. É o que ensinam os escritos do prof. Rivail. Linguagem é problema do hemisfério esquerdo e, por consequência, da personalidade.

Inesperadamente, para mim, é precisamente isso que diz Jaynes, ao postular logo a seguir, naquela mesma página, que "as vozes alucinatórias eram atribuídas aos deuses, (...) ocorriam no ambiente do hemisfério direito".

Segue o livro com uma detalhada análise da obra de Homero e outros bardos gregos, em suas expressões-chave e seus achados poéticos, mas não há como trazer tudo isso para o contexto do nosso livro. O leitor interessado deverá recorrer à obra de Jaynes. Asseguro-lhe que não estará perdendo tempo.

Que me seja permitido dizer somente que, no entender de Jaynes, as musas cantavam, naqueles poemas, a "sua própria queda, sua retirada do âmbito do pensamento subjetivo, ao mesmo tempo em que celebravam a emergência de uma nova mentalidade que atropelaria até o objeto de seus cânticos". Esses poemas estariam anunciando, pois, no entendimento de Jaynes, uma nova modalidade de intercâmbio entre o "hemisfério dos deuses" e o dos seres humanos, isto é, um novo tipo de diálogo entre personalidade e individualidade.

Foi relevante, segundo Jaynes, o papel da cultura judaica na reformulação desse processo de intercâmbio, pois ele vê nos textos hebraicos uma espécie de lamento e de desalento de gente interessada em saber por que os deuses se haviam calado.

É que, como ele próprio sugere (p. 333), "após firmemente estabelecida a consciência subjetiva", a prática do intercâmbio com os deuses, representados às vezes por ídolos, "só esporadicamente ocorria". Para que esse vínculo de comunicação fosse ocasional e transitoriamente restabelecido, tornava-se necessário "obliterar, inibir o lado humano" do psiquismo a fim de que o lado divino pudesse assumir o controle da palavra (p. 342).

Não quer isto dizer, vamos logo ressalvar, que o prof. Jaynes esteja admitindo como válidas as estruturas operacionais da mediunidade, tal como a entendemos no espiritismo. Ao contrário, ele acha que os constantes desacertos de numerosas comunicações com prováveis habitantes da dimensão póstuma foram sempre justificadas como de responsabilidade de espíritos intrometidos e desequilibrados, desculpas que, a seu ver, ainda "reverberam no contexto da subsequente e decadente literatura espiritualista" (p. 346).

Não obstante, tem ele importantes observações a oferecer sobre o fenômeno mediúnico, que considera como de possessão, palavra de melhor aceitação ou tolerância nos meios científicos, como se vê do volumoso e erudito estudo do prof. Oesterreich. Na verdade, a posição de Jaynes nesse aspecto constituiu para mim agradável surpresa, pois confere, em duas particularidades específicas, com a minha própria. Em primeiro lugar, porque ele se revela não-ortodoxo em relação à teoria da dominância do hemisfério esquerdo sobre o direito, ao admitir que algumas situações indicam a possibilidade de não ser tão absoluta, como se pensa, tal dominância, de vez que "as áreas da fala no hemisfério direito (talvez estimuladas por impulsos originários nos gânglios basais) estão periodicamente a manifestar-se através da linguagem sob condições semelhantes às que produziam alucinações no homem bicameral". Sou o primeiro a admitir que a frase do prof. Jaynes está amaciada por várias cautelas de coloração científica e, por isso, longe de uma categórica afirmação, mas, pelo menos, admite ele que o hemisfério direito, tido por não-verbal e passivo, de repente rompe seus limites – se é que os tem – e fala de sua própria cabine de comando. Em segundo lugar, ele propõe a hipótese – possibilidade é a sua palavra – segundo a qual as "diferenças neurológicas entre a mente bicameral e os modernos estados de possessão" estariam em que, naquelas, "as alucinações eram organizadas e ouvidas no hemisfério direito; ao passo que, na possessão, a fala articulada é a normal de nosso hemisfério esquerdo, mas controlada ou sob a orientação do hemisfério direito" (p. 353).

Para colocar isso aí nas minhas próprias molduras terminológicas, rogo ao leitor que aguarde capítulo especial deste livro.

Como não poderia deixar de ocorrer, mesmo mantendo uma postura tanto quanto possível fisiológica, o prof. Jaynes reconhece que certos aspectos do seu estudo – eu diria todos – vão esbarrar em conceitos que estamos habituados a encontrar na religião. Ele não foge à discussão de tais aspectos. Pelo contrário, tem sobre eles uma posição lúcida ao considerar que às vezes pensamos que "ciência e religião tenham sido sempre inimigas históricas", mas não é isso que ocorre. "Não é a religião, mas a igreja e a ciência que têm sido hostis uma à outra" (p. 434). Eis aí mais um pensamento para anotar a fim de desinibir os que temem chocar-se com as estruturas do ideário religioso. Afinal de contas, a verdade que a gente busca interessa também – e muito – à própria religião. Se um ou outro postulado tido por religioso sai atropelado do confronto, não é a verdade que tem de se acomodar, mas os supostos proprietários das religiões que precisam reciclar-se.

Como ficou dito de início, o livro do prof. Julian Jaynes é de 1976 e ele não julgou necessário proceder a uma reformulação dele para a edição de 1990; limitou-se a escrever um posfácio, no qual lembra que, em realidade, seu livro já estava sendo escrito na década de 60, quando era ainda escasso o interesse pelo hemisfério direito do cérebro. A ideia dominante entre os mais destacados neurocientistas, em 1964, era a de que o hemisfério direito "não fazia nada, como se fosse um pneu sobressalente" (p. 455). A partir daí, contudo, o tema da pesquisa da direita do cérebro como que explodiu, levando a uma excessiva "popularização" do assunto, coisa que não é muito do agrado do professor. Ele tem suas razões, acho eu, a julgar-se pelo açodamento de autores que, interessados em faturar a novidade, prometem transformar leitores em superseres prontos para o sucesso material, social, sexual e outras mordomias. Com o que, estaríamos, paradoxalmente, revertendo o processo para corromper a própria tarefa básica da inteligência implantada no hemisfério direito, cujo objetivo consiste precisamente em direcionar o ser humano para os propósitos superiores da realidade espiritual, que consistem em liberar o ser do jugo da matéria e não o de submetê-lo ao mais rígido aprisionamento nela.

Jaynes revela-se tranquilo quanto às pesquisas e achados mais recentes acerca da interação dos hemisférios, que em nada afetam sua engenhosa hipótese da bicameralidade. Pelo contrário, ele acha que os principais resultados "batem" com a hipótese por ele formulada. Anota, contudo, uma importante constatação ao escrever que "o mais significativo desses achados (recentes) é o de que o hemisfério direito é que processa a informação de modo sintético".

E isto nos leva de volta a *A Grande Síntese* que preconiza um salto qualitativo no processo evolutivo na passagem do pensamento analítico – que hoje sabemos ocorrer nos circuitos do hemisfério esquerdo – para a metodologia da síntese, a cargo do hemisfério direito. Em mais de um sentido, portanto, aquilo que poderíamos caracterizar como esquerdização da humanidade estaria sendo reprogramada para uma possível – desejada e prevista – direitização, não nas suas estreitas e dogmáticas conotações sócio-política e econômica, mas no âmbito de uma conscientização da realidade espiritual que está a nos monitorar e espreitar desde milênios, do seu posto de observação à direita de nosso cérebro, bem ali, ao alcance de nossas mãos, como ensinava a alquimia chinesa.

Cumpro, a seguir, a promessa de discorrer sobre a mediunidade e como fica ela no contexto que estamos explorando neste livro.

8. Ignotas regiões do psiquismo

Tenho feito, neste livro, referências episódicas às práticas mediúnicas, ou seja, aquelas que nos facultam o intercâmbio com os espíritos, pessoas como nós que, desalojadas do corpo físico pela morte, passam a viver na dimensão póstuma.

Como não participo de nenhum contexto acadêmico, considero-me dispensado do recurso de recorrer a uma terminologia neutra, habitualmente utilizada para preservar *status* e evitar envolvimento comprometedor com o temido ocultismo. Não vejo, pois, necessidade ou razão para lidar com os fenômenos suscitados pela realidade espiritual com as assépticas luvas da cautela inconclusiva a fim de resguardar-me do contágio. Tanto quanto posso avaliar-me, já estou irremediavelmente "contaminado" pela convicção de que o ser humano é, em essência, entidade espiritual preexistente, sobrevivente e reencarnante. Para aproveitar a oportunidade e o sufixo, acrescento que é também comunicante, de vez que se comunica com as pessoas que continuam acopladas a um corpo físico, na terra. Poderia até dizer, como habitualmente, que esse intercâmbio ocorre entre vivos e mortos, mas os termos são inadequados, de vez que vivos todos estamos. Para mim, a pessoa desencarnada chama-se *espírito* mesmo e não *agente theta*.

Eu disse convicção. Este livro não foi concebido nem escrito para debater problemas de fé ou crença, que continuam, como lhes compete, implantados no território da teologia. Como venho reiterando em diferentes oportunidades, a fé é precursora da convicção. Não que se torne, de repente, obsoleta e inútil – ao contrário –, é que no patamar do conhecimento, ela abre os olhos, deixa de ser cega e adquire as tonalidades e dimensões da certeza, transmutando-se de uma fé que apenas *crê* naquela que *sabe*.

O verbo transmutar também foi colocado deliberadamente, porque a modificação ocorrida naquele ponto de mutação interior é qualitativa e não quantitativa – é na essência e não na substância. Eu diria que é alquímica, como ficou dito alhures, de vez que se caracteriza como metanoica. Além do mais, examinamos aqui mesmo, neste livro, evidências que apontam para três estágios de um só processo ininterrupto: vida *antes* da vida, vida *entre* vidas e vida *depois* da vida, e, portanto, vida *sempre*. O leitor e a leitora têm todo o meu respeito pelo direito de duvidar ou discordar de tais formulações. O propósito deste livro não é o de impor-lhes ideias e nem mesmo de convencê-los daquilo a que chamo minhas convicções. O plano foi o de uma dissertação montada em cima de pressupostos que, para mim, estão convincentemente articulados com a realidade cósmica. Acho que encontramos para esses pressupostos apoios confiáveis. Não me ocupo em provar o que afirmo, dado que os fenômenos de natureza espiritual ocorrem numa área que, no dizer de Teilhard de Chardin, a ciência optou por ignorar provisoriamente, mesmo porque, presa a modelos materialistas de raciocínio e pesquisa, ela ainda não se preparou para esse desafio. "Tendes como sabedoria" – diz o autor espiritual de *A Grande Síntese* (p. 16) – "a ignorância das altas coisas do espírito. (...) O limite sensório" – reitera adiante (p. 84) – "é apertado e vos mantém, diante da realidade das coisas, num estado que poderia chamar-se de contínua alucinação". E mais: "O relativo vos submerge, *a consciência que se apoia na síntese sensória é um horizonte circular, fechado*". E, mais enfático, lamenta (p. 133) que a ciência tenha acabado prisioneira de sua própria racionalidade, depois de haver acumulado "as luzes mínimas, crente de poder, com a conchinha da razão humana, esvaziar o oceano".

Para romper o ciclo fechado da razão limitadora, esgotada em si mesma, o autor aponta para os mecanismos libertadores da intuição, o que implica drástica mudança de parâmetros e até de dimensão intelectual. É o que também pensa Chilton Pearce, como vimos há pouco.

Seja como for, é preciso que o leitor e a leitora saibam que estou trabalhando, neste capítulo, com o conceito de que "mortos" e "vivos" se comunicam, utilizando-se dos recursos da mediunidade.

Isso posto, cabe-nos especular qual seria a dinâmica da comunicação mediúnica, no contexto estruturtal proposto pela hipótese que estou oferecendo – a de que o espírito (leia-se, alternativamente, individualidade) estaria ancorado no hemisfério direito do cérebro e a alma (personalidade) no hemisfério esquerdo.

Penso que o ponto de partida para a reflexão é o de que dois tipos de manifestação podem ocorrer aqui – a que se convencionou chamar de anímica e a espírita. Para os que não estejam familiarizados com essa terminologia, convém acrescentar que são anímicas as manifestações do próprio ser encarnado, em estado alterado de consciência. Isto quer dizer que podemos conversar com a personalidade através de seu próprio corpo físico. Assim acontece na hipnose comum, durante a qual a pessoa tem acesso aos arquivos de sua vida corrente. Em *A Memória e o Tempo,* preferi considerar subconscientes as "lembranças esquecidas" da vida corrente, reservando o termo inconsciente para as memórias de existências anteriores. É o que se observa nas regressões, quando se pesquisa o material relativo ao dia anterior, ao ano passado, à juventude, à infância, até o momento do parto, como o fizeram a dra. Wambach, o coronel Albert de Rochas e outros pioneiros.

Se, porém, o procedimento regressivo ultrapassa esses limites e invade o território das reencarnações anteriores, então, penso eu, estaríamos nos entendendo não mais com a personalidade, e sim com a individualidade, o ser total, a memória integral. Estaríamos, portanto, acessando o lado direito do cérebro e não mais o esquerdo. Mesmo assim, ao dialogar com a individualidade, não teríamos como dispensar ou contornar a instrumentação da personalidade, dado que a esta é que competem as ligações com o ambiente terreno da matéria densa.

De qualquer modo, pode-se observar que a entidade espiritual encarnada (melhor: reencarnada) num corpo físico pode, além da atividade habitual desenvolvida na rotina do relacionamento com os demais seres encarnados, manifestar-se sob determinadas condições, como alma e também como espírito, isto é, na sua condição de individualidade.

Quando, porém, o ser encarnado se coloca como intermediário de uma entidade espiritual desencarnada, caracteriza-se o fenômeno mediúnico ou espírita, segundo a terminologia adotada pelo prof. Rivail.

Penso que o fenômeno mediúnico está comprometido com (e necessita de) um componente anímico, como ficou mais amplamente explicitado em meu livro *Diversidade dos Carismas,* ao qual o leitor interessado poderá recorrer. Entendo indispensável a contribuição da alma à dinâmica da mediunidade, o que se processa, como ensinaram os instrutores da codificação espírita, através do corpo invisível, para o qual Allan Kardec propôs o termo perispírito.

Em outras palavras, a entidade espiritual desencarnada que deseje comunicar-se com os chamados "vivos" precisa localizar um ser encarnado dotado de condições mediúnicas satisfatórias e operativas a fim de fazer filtrar por intermédio dele as notícias e ideias que esteja interessada em transmitir ou os fenômenos que deseje produzir ou demonstrar.

Situa-se, portanto, neste ponto, o problema de como isto se processa. Ficou dito nas informações e ensinamentos das entidades que se colocaram à disposição do prof. Rivail que os espíritos (desencarnados) não se utilizam da palavra, dado que a linguagem deles é o pensamento. Compete ao médium "vestir" (o verbo é daquelas entidades) o pensamento captado, convertendo-o em palavras, o que acaba criando embaraços à fluência da comunicação mediúnica, como reconhecem os especialistas. Mesmo com os nossos próprios pensamentos isso acontece. Acho que qualquer escritor ou orador poderá dar esse testemunho. Além disso, o espírito comunicante confronta-se com outra limitação – a de que está condicionado ao "mobiliário" intelectual e cultural que o médium coloca à sua disposição e, se este é uma pessoa inculta e despreparada, maiores serão as dificuldades a vencer a fim de que o pensamento, emitido puro, de um lado, possa expressar-se pelo menos sem distorções maiores, do outro lado do binômio, depois de verbalizado.

Queixam-se os espíritos comunicantes das interferências que a personalidade do médium introduz no processo, misturando pensamentos seus aos da entidade. Os melhores médiuns serão, portanto, aqueles que conseguirem isolar-se mais do contexto da personalidade, fazendo calar os sentidos, a fim de deixar desobstruídos os circuitos pelos quais deve fluir a comunicação mediúnica. Sabemos todos como é difícil conseguir-se esse estado de alienação suficiente para desativar a maquininha de pensar conscientemente, mesmo sem contar em nós com qualquer faculdade mediúnica ostensiva.

Quando as entidades manifestantes mencionam interferências e obstruções que encontram na mente do médium, creio poder inferir-se disso que elas prefeririam que a comunicação fluísse diretamente de individualidade a individualidade – e talvez até isso ocorra mesmo –, ou seja, do espírito desencarnado para o espírito que se encontra encarnado naquele corpo através do qual a comunicação se realizar. Com isso, estaria contornada a dificuldade criada pela estática produzida pela personalidade do médium. Acontece, porém, que o manifestante precisa da linguagem humana para expressar-se de maneira inteligível aos encarnados, mas as condições que lhe são oferecidas no hemisfério direito do médium são, como as suas próprias, não-verbais. O problema recai, portanto, na mecânica da conversão de pensamento em palavra. Não há como escapar a esse aspecto. Isto significa que o manifestante desencarnado não pode dispensar a colaboração da personaldiade do médium, que se apresenta, ao mesmo tempo, como condição mesma da comunicação e obstáculo a que ela flua perfeita, sem estática ou interferências.

Talvez por isso, sejam os médiuns ditos sonambúlicos os que mais fielmente conseguem funcionar como transmissores do pensamento alheio, de vez que mergulham num estado psíquico em que o mecanismo sensorial instalado na personalidade fica praticamente anulado, enquanto durar o transe. Mesmo assim, não se pode esquecer de que a comunicação ainda tem de passar pelo hemisfério esquerdo do médium, que funciona como painel de controle do corpo físico e sem o qual o pensamento do comunicante não teria como chegar à fase da verbalização e, por conseguinte, à sua destinação que é o ser encarnado ao qual a mensagem se dirige.

A não ser no caso do sonambulismo, quando a personalidade se retira parcialmente do corpo físico do médium e entrega seus controles ao manifestante, a comunicação somente pode atingir bom nível de fluência e fidelidade ao pensamento original quando o médium estiver bem treinado para não interferir no andamento da comunicação ou interferir o mínimo que lhe for possível, dado que a alienação total parece impraticável pela própria dinâmica do processo, tanto quanto pela estrutura do sistema comunicante/médium.

É possível, contudo – e estamos no terreno movediço das especulações –, que os obstáculos somente ocorram, nesse grau de intensidade, quando a comunicação precisa ser transmitida de alguém desencarnado para alguém encarnado. O prof. Rivail define, com sua habitual precisão de linguagem e economia de palavras, o termo *médium*, caracterizando-o como "pessoa que pode servir de medianeira entre os Espíritos e os homens" (*O Livro dos Médiuns*, cap. XXXII – Vocabulário espírita).

É de inferir-se, portanto, que a comunicação mediúnica exija três condições, estágios ou etapas – a entidade comunicante, o médium e a pessoa encarnada à qual a mensagem se destine. O que leva a supor, ainda, que, se a entidade se dirige apenas ao médium, sem que ele repasse as informações a outrem, não se caracteriza a comunicação mediúnica, em seu estrito sentido.

Esses aspectos são aqui abordados de maneira sumária, a fim de não alongar demais o capítulo, que pretende ser apenas uma notícia sobre a interface do ser encarnado com o desencarnado, na hipótese individualidade/personalidade e da ancoragem destas nos hemisférios direito e esquerdo, respectivamente. Não pretendo e nem tenho como deixar decidida a questão da mecânica do processo. O que desejo é suscitar o problema para futuras especulações, se e quando a proposta teoria da interação dos hemisférios for confirmada como válida.

A julgar pelas informações de que dispomos em dissertações mediúnicas confiáveis, parece intenso o intercâmbio extracorpóreo entre individualidades encarnadas e desencarnadas, em contexto ou dimensão nos quais a palavra é dispensável, dado que o pensamento se comunica, como tenho dito, *in natura*.

Isto se torna possível porque o sono fisológico comum e outras modalidades de relaxamento corporal possibilitam o desdobramento temporário do corpo invisível (perispírito). Nesse estado de relativa liberdade de ir e vir pela dimensão espiritual, são frequentes as oportunidades de entendimento com os seres desencarnados que, por não disporem de corpo físico, já têm a personalidade da mais recente reencarnação absorvida pela individualidade e, portanto, presumivelmente livres de suas interferências e limitações.

Esse aspecto parece confirmado em *A Grande Síntese*, onde se lê, à página 20, o seguinte:

"Indico-vos grandes descobertas que a ciência terá de realizar, sobretudo, a das vibrações psíquicas, por meio das quais dado nos é a nós, Espíritos sem corpo, *comunicar-nos com a parte que, em vós, é Espírito, como nós.*" (O destaque é meu.)

É tão importante essa informação que a entidade autora do livro diz estar oferecendo, com ela, o nosso amanhã.

O intercâmbio entre seres encarnados desdobrados do corpo físico em repouso e os seres desencarnados parece mesmo ocorrer no nível da individualidade, de espírito para espírito e não de espírito para alma. Não me arriscaria a definir o grau de participação ou de exclusão da alma/personalidade no relacionamento com as entidades desencarnadas. Há indícios, no entanto, que autorizam algumas especulações preliminares. Um deles é o de que dificilmente a pessoa traz na sua memória, ao despertar, a lembrança do que ocorreu durante o sonho ou desdobramento. Quando se volta com alguma lembrança residual, ela se apaga ou extingue na fração de tempo que a gente leva para reintegrar-se no corpo físico e reassumir os controles com os quais operamos o processo da vigília. Se e quando alguma lembrança persiste e consegue sobreviver à fase de reacoplamento do ser espiritual ao corpo físico, ela se apresenta, usualmente, confusa, de simbolismo hermético, fechado ao entendimento da personalidade. Isto porque não se trata de uma narrativa verbalizada, mas de uma vivência, de eventos ocorridos no contexto de uma lógica e de uma consciência com as quais a personalidade não está familiarizada.

Um bom exemplo disto é o meu próprio sonho, no qual eu via duas casas feitas de uma substância esbranquiçada, no alto de um penhasco. Se não me encontrasse, àquela época, ocupado mentalmente com a busca de conhecimento sobre os hemisférios cerebrais, provavelmente não me teria ocorrido a interpretação do seu complexo simbolismo, impregnado de relevante sentido, mas sem "texto verbal", ou seja, limitado a um jogo algo enigmático de imagens "não-visuais" se assim me posso expressar.

O sentido do episódio onírico não explicitado teve de ser buscado, meditado, como que arrancado aos poucos da bruma em que se envolvia. Para o chamado inconsciente (individualidade) tal sentido era óbvio, continha uma clara mensagem, veiculava uma valiosa informação, mas para a personalidade era apenas um sonho esquisito.

Creio até que somente atinei com o significado do sonho porque pude captar *insights* que a intuição conseguiu contrabandear como respostas às minhas especulações do momento. A origem de tais *insights* é de fácil identificação – eles indicavam que a individualidade estava interessada em transmitir a informação para a personalidade – o que fez monitorando o pensamento consciente desta em busca de um sentido para as imagens.

Sem isso, o sonho teria sido reduzido a simples e vaga lembrança da visita a duas casas que nada me diziam em especial à consciência de vigília, caso em que eu teria perdido a oportunidade do ensinamento colhido na dimensão espiritual. Por que, então, a gente se pergunta, a individualidade não explicita melhor o que deseja transmitir-nos? A verdade, porém, é a de que ela é perfeitamente explícita, à sua maneira, no ambiente mental do pensamento sem palavras. Compete à personalidade decodificar a informação simbólica em linguagem terrena.

Esse mesmo tipo de dificuldade – de traduzir símbolos em palavras – vimos enfrentado pelo dr. Jung às voltas com os frequentes sonhos que relatava em seus escritos. Algumas dessas mensagens oníricas eram de tão vital relevância para ele que a individualidade insistia em suscitar nele um esforço interpretativo que o levasse, afinal, ao entendimento da informação cifrada.

Por isso tudo, é de ressaltar-se a intuição de alguns pensadores (Maetelinck, Freud, Jung, por exemplo) que preconizam melhor entrosamento entre consciente e inconsciente.

Idêntico propósito fica explicitado, como também vimos, em *A Grande Síntese*. Em antigas formulações teológicas, o modelo proposto era o da fé, segundo a qual o crente deveria obedecer a determinado roteiro ético não porque entendesse suas implicações, consequências e amplitudes, mas porque era bom para a salvação de sua alma – diziam-lhe.

A partir da doutrina dos espíritos, esse objetivo tornou-se mais claro pela racionalização da fé. ("Fé inabalável" – lê-se em *O Evangelho Segundo o Espiritismo* – "é somente aquela que pode encarar a razão face a face, em todas as épocas da humanidade.") Como tenho dito e escrito reiteradamente, essa é a fé que *sabe*, a substituir, por evolução do pensamento e expansão do conhecimento, a que apenas *acredita*.

Nas etapas mais avançadas do processo evolutivo, portanto, isso acontece a partir do momento em que personalidade/individualidade, alma/espírito, consciente/inconsciente começam a entender-se melhor, utilizando-se com maior competência e sensibilidade dos dispositivos em operação no corpo físico – os hemisférios direito e esquerdo, onde uma dialoga com a outra.

A tendência, como se percebe, é a de uma eventual integração da personalidade na individualidade, equivalente à total conscientização do ser espiritual, como preconiza o dr. Geley, tanto quanto se lê em *A Grande Síntese* e que, afinal de contas, era o que também desejava Maurice Maeterlinck.

A exclusão da personalidade, ao longo de um processo evolutivo que não temos como avaliar, é meta desejável e possível, e até inevitável. Enquanto isso não ocorre, porém, a entidade que pensou *A Grande Síntese* declara o seguinte, como vimos anteriormente:

> Opero a fusão entre as duas metades do pensamento humano, até agora separadas e inimigas, entre o oriente, sintético, simbólico e sonhador, e o ocidente, analítico e realista (p. 113).
>
> Fé e ciência – insiste adiante (p. 116) –, intuição e razão, oriente e ocidente, se completam, quais termos complementares, quais duas metades do pensamento humano.

Coincidência ou não, a fórmula prática para orientação geográfica prescreve que a gente aponte o braço direito para o lado do horizonte onde nasce o sol. Nessa posição, o observador tem o Norte à sua frente, o Sul às costas, o Oriente à direita e o Ocidente à esquerda. Na geografia cerebral, como na planetária, usamos até a mesma palavra hemisfério, para caracterizar as duas regiões que compõem o todo. À direita, situa-se o Oriente, sintético, simbólico (não-verbal), sonhador, intuitivo, tal como a individualidade; à esquerda, está o Ocidente/personalidade, analítico, realista, prático, voltado para a materialidade e, no caso do ser humano, dotado de recursos verbais de expressão

Colocados, pois, no modelo proposto neste livro, teríamos, segundo o ensinamento de *A Grande Síntese*, dois pares de conceitos complementares – razão/personalidade/alma/hemisfério esquerdo e, do outro lado, intuição/individualidade/espírito, hemisfério direito.

Estamos, assim, ante a perspectiva de uma extinção da personalidade, ou seja, uma expansão da consciência a ponto de que ela passe a ser uma com a individualidade, sem mais separações ou dicotomias. Isso não é nada surpreendente e nem preocupante, dado que constitui legítimo propósito da evolução espiritual. Alcançado um elevado patamar evolutivo, o ser liberta-se do ciclo das reencarnações compulsórias, como já assinalavam os remotos místicos orientais.

Se depois de ter subido a esse nível, o ser tiver que retomar a carne para uma tarefa específica de missionário, poderá expor-se, como tem acontecido repetidamente, a sofrimentos e incompreensões, mas não ficará mergulhado nas brumas da personalidade, dado que todo o seu psiquismo será consciente. É o caso exemplar do Cristo que, mesmo acoplado a um corpo denso, não se privou da sua límpida lucidez espiritual de ser superior.

Temos, portanto, uma enormidade de coisas a aprender com o estreitamento e flexibilização da interface personalidade/individualidade. Um bom começo para esse aprendizado está no diálogo com as entidades espirituais desencarnadas de mais alto nível evolutivo, já que temos oferecido teimosa resistência a um intercâmbio proveitoso com a nossa própria individualidade. Enquanto não nos interessamos em ouvir o que têm a dizer nossas vozes interiores, que, pelo menos, prestemos atenção no que nos ensinam da dimensão espiritual. Não é outro, a meu ver, o propósito dos guias espirituais, ou seja, o de ajudar-nos a contornar as dificuldades de intracomunicação (de nós para nós mesmos), até que a gente se entenda como uma só entidade e não dois seres a se confrontarem em nossa intimidade. Essa dualidade é ilusória e, como toda ilusão, altamente prejudicial ao processo evolutivo.

É que os desencarnados de mais elevada condição já conseguiram, senão eliminar de todo a influência da personalidade, pelo menos a têm sob controle, mesmo porque não se acham, como os encarnados, divididos, com os dois aspectos de si mesmos alojados em hemisférios diferentes no cérebro físico.

A abertura para a metodologia da intuição não significa, porém, excluir do sistema a contribuição da razão – as duas fases do pensamento são complementares; podem e devem caminhar juntas, mesmo porque representam manifestações diferentes do mesmo princípio inteligente. A intuição não é irracional e sim dotada de diferentes mecanismos de racionalização, da mesma forma que a individualidade não é inconsciente, apenas situada em outro patamar de consciência fora do alcance da personalidade.

Maurice Maeterlinck sonhava, em *L'Hôte Inconnu*, com o momento histórico em que descobertas tão dramáticas e relevantes como as de Newton e Laplace no "mundo sideral" fossem realizadas nas dimensões do psiquismo humano. Poderíamos acrescentar outros nomes hoje, decorrida boa parte de um século, mas ainda não tivemos a ventura de contar com um Einstein das ciências da mente, ou melhor, do espírito. O dr. Jung é, a meu ver, quem mais se aproximou desse parâmetro, mas não só porque deixou certas ambiguidades e indefinições em sua obra portentosa, como porque seus livros ainda não foram estudados na profundidade necessária por gente dotada de uma boa e assumida visão da realidade espiritual em que vivemos mergulhados, onde quer que estejamos. Mesmo cercada de cuidados acadêmicos de não-envolvimento, como assinala Martin Ebon (*in Freud, Jung and Occultism*, de Nandor Fodor), a obra de Jung tem tudo para compor os novos paradigmas de que tanto necessitam as ciências psíquicas, a começar, naturalmente, pela psicologia que, no enfático dizer de *A Grande Síntese*, "não tem futuro", nos termos em que está estruturada.

Para Maeterlicnk, a grande aventura será a de desenvolver um projeto destinado a promover "a aliança entre as duas potências"– consciente e inconsciente, ou, em nossa própria terminologia, entre personalidade e individualidade, que *A Grande Síntese* chega a caracterizar como inimigas, não porque se oponham ou se combatam, mas porque a personalidade, como que alucinada, como também a caracteriza o mesmo autor espiritual, se recusa obstinadamente a harmonizar-se com os objetivos da individualidade, a melhor parte do ser, a mais experimentada, vivida e sábia, na qual se inscreve a lei divina.

Nessa tarefa de integração, o intercâmbio de espírito para espírito tem à sua disposição um espaço que ainda não foi explorado e ocupado como deve e precisa. No baixo nível evolutivo em que se encontra a maioria dos seres hoje encarnados na terra, a personalidade tomou os freios nos dentes e disparou na insensatez, como adolescente desvairada que escapou da supervisão amorosa e experiente de pais e mestres.

O resultado é esse a que estamos assistindo – uma fuga desabalada para lugar nenhum, em busca do impossível que é fugir de si mesmo e ignorar ou escapar das leis cósmicas, que não são externas a nós, mas se acham indelevelmente gravadas ao vivo em nossa intimidade espiritual.

Resta ainda apreciar, sempre no contexto da interface personalidade/individualidade, um recurso a mais ao qual podem ambas recorrer para se comunicarem – o da psicografia, quando a entidade espiritual utiliza-se da palavra escrita, em vez da falada.

Também na psicografia há que distinguir, do ponto de vista operacional, o fenômeno mediúnico do anímico. Quando a entidade comunicante é estranha ao sensitivo que serve de intermediário, o fenômeno é mediúnico. Ainda não sabemos com precisão indiscutível como funciona o sistema, dado que há médiuns de diferentes modalidades operacionais. Em uns, a entidade manifestante serve-se do braço do sensitivo, como mero instrumento gráfico, sem que a consciência de vigília da personalidade fique bloqueada ou "fora do ar". Em outras modalidades, o médium se põe em estado inconsciente a fim de que a entidade se manifeste. Há casos em que o médium é apenas inspirado, inoculado com as ideias básicas do que tem a dizer ou escrever, cabendo-lhe desenvolver a dissertação com seus próprios recursos intelectuais. Não nos demoraremos no exame de tais minúcias, que se acham explicitadas em outros livros, especialmente no tratado geral básico da mediunidade – *O Livro dos Médiuns*. Reservaremos tempo e espaço para o aspecto específico da psicografia, na sua modalidade anímica. Em outras palavras: assim como as entidades espirituais desencarnadas podem manifestar-se por escrito, através dos sensitivos dotados da faculdade psicográfica, também a individualidade ou espírito do próprio sensitivo pode fazê-lo. Os povos de língua inglesa cunharam para essa modalidade de manifestação a expressão *automatic writing*, ou seja, escrita automática, por entenderem, acertadamente, que se trata de um processo pelo qual o inconsciente do sensitivo consegue expressar-se verbalmente. Como em outras modalidades, contudo, há certa dificuldade em distinguir com precisão o fenômeno psicográfico mediúnico do anímico. Em outras palavras, quando é que o texto é produzido pela individualidade do próprio sensitivo e quando provém de alguma entidade desencarnada estranha.

Há, ainda, outro complicador – a comunicação pode provir de um espírito encarnado em desdobramento, ou seja, enquanto seu corpo físico se encontra adormecido ou em estado de relaxamento profundo, o que lhe permite manifestar-se através de um médium como se desencarnado estivesse.

A despeito destes complicadores – e este não é o momento para examiná-los mais detidamente – é certo que muitas pessoas dispõem de faculdades específicas através das quais sua própria individualidade (leia-se, alternadamente, espírito = inconsciente = eu superior) consegue transmitir verbalmente seus pensamentos à personalidade, sem recorrer às temidas "vozes" interiores. Este é o caso em que o sensitivo funciona como médium de si mesmo. Constitui esse, recurso a mais de intercâmbio entre personalidade e individualidade.

Como ignoro pesquisas sobre o assunto, não sei dizer se nesse intercâmbio se utiliza ou não dos circuitos habituais de comunicação entre os dois hemisférios, ou se o mecanismo seria o mesmo que funciona quando a entidade manifestante é desencarnada. Tanto quanto posso avaliar, o problema está à espera de melhor definição.

Temos, contudo, algo a encaixar neste ponto da dissertação. No capítulo seguinte, no qual abordamos os enigmas da genialidade, recolhemos o depoimento do escritor americano John Ashbery, que declarou: "Escrevo para saber o que estou pensando." Essa observação é bem mais do que uma frase engenhosa, daquelas que a gente gostaria de ter dito ou escrito – ela representa uma realidade, com a qual convivem habitualmente os profissionais da palavra escrita.

Vamos ver se é possível esclarecer melhor esse fenômeno.

Por mais que a gente valorize o pensamento consciente – consistentemente verbal –, não é no seu âmbito que as ideias são elaboradas e sim no inconsciente, como temos visto de maneira explícita na obra do prof. Julian Jaynes. É o caso, por exemplo – também citado por Jaynes – da descoberta das equações fucsianas por Henri Poincaré. O consciente só entra em ação na hora de traduzir em palavras – ou, no caso, em equações matemáticas – aquilo que *já está elaborado* pelo inconsciente, mesmo porque o consciente, que imaginei metaforicamente como um cabeçote de gravação/leitura, está sempre ocupado com o trânsito de *inputs/outputs* mentais que por ali circulam. Para fazê-lo funcionar como processador de dados, em vez ser apenas um circuito de passagem, é preciso um esforço maior de concentração que elimine ou reduza a um mínimo possível o volume da interferência sensorial. Por isso, cria-se no artista ou no escritor uma espécie de transe que o mantém mais ou menos ao abrigo dos estímulos exteriores, tanto quanto da "estática" interna. Mesmo assim, a qualquer momento, pode quebrar-se o estado de concentração por causa de um ruído perturbador, de alguém que os chame, de uma sensação de dor física. Isto porque a prioridade, como ser vivo, é a da sobrevivência. A qualquer indício de perigo, a pessoa assusta-se e põe imediatamente em ação o sistema defensivo dos instintos. Primeiro viver – diziam os antigos –, depois filosofar.

Daí porque o escritor, o poeta, o compositor ou o artista plástico partem para as suas criações do que se habituaram a considerar como inspiração. "Alguma coisa" lhes diz, dentro de si mesmos, que eles têm algo a expressar, a criar ou no qual se podem projetar, ainda que não se saiba precisamente o que seja isso. No nebuloso território fronteiriço, torna-se difícil distinguir inspiração de intuição, que parecem fundidas numa só atividade mental, empenhada em fazer emergir no ambiente da personalidade aquilo que a individualidade elaborou: uma dissertação, um poema, um quadro, uma sinfonia.

Eis por que, ao iniciar a sua tarefa de "materializar" do lado de cá o que é apenas uma criação mental do "lado de lá" da consciência, a personalidade ainda não sabe ao certo como será o produto acabado. Tem razão, pois, Ashbery, ao dizer que escreve para saber o que está pensando. Colocado no contexto das propostas deste livro, sua observação ficaria assim: "Minha personalidade escreve para saber o que pensa a individualidade".

Daí a relevância de um bom entendimento entre as duas áreas mentais do ser. Quanto menos a personalidade (consciente) interferir, mais fielmente se expressará a individualidade (inconsciente). Se o estado de concentração, que pode alcançar o patamar do transe, como vimos, for bastante profundo, o escritor, o poeta ou compositor torna-se médium de si mesmo, ao colocar sua instrumentação mental à disposição da individualidade.

A escrita automática é caso típico desse processo, de vez que o texto apenas "passa" automaticamente pela personalidade, sem que esta interfira na sua elaboração.

Exemplos desse tipo de colaboração são numerosos e se encontram documentados na história da literatura. Muitos poetas e escritores não parecem perceber tais sutilezas; outros identificam e admitem explicitamente conotações mediúnicas em seus escritos, como William Blake ou Harriet Beecher Stower, autora de *A Cabana do Pai Tomás*.

Samuel Taylor Coleridge não conseguiu concluir o poema que vinha escrevendo, ou melhor, psicografando, depois de interrompido por um visitante. Ao sair do "transe" da inspiração para receber a inoportuna visita, não teve mais como recuperar o mesmo nível de concentração para retomar o fio da narrativa. Ficou, por isso, sem saber o que a outra parte de si mesmo estava pensando e como concluiria o poema que se intitulava Kubla Kahn.

Em outros casos, a individualidade comunicante pode não ser a do próprio escritor ou poeta. Como o artista – em qualquer modalidade – é sempre um sensitivo, não é de admirar-se que entidades desencarnadas também se apresentem para escrever seus textos e poemas por intermédio dele. Isso acontece, por exemplo, com Francisco Cândido Xavier, um verdadeiro artista da mediunidade, através do qual centenas de escritores e poetas desencarnados têm escrito belíssimas páginas. Neste caso, a personalidade Chico Xavier escreve para saber o que os espíritos estão pensando.

O escritor ou poeta pode escrever textos seus, tanto quanto os de entidades desencarnadas. Não seria surpresa para mim se isso fosse eventualmente confirmado em Fernando Pessoa, o que poderia explicar alguns dos seus frequentes heterônimos.

9. Os estimulantes enigmas da genialidade

O leitor familiarizado com meus escritos já percebeu que não me deixo aprisionar por uma rigidez cadavérica na metodologia expositiva. Sempre entendi o texto como substituto silencioso e intimista, mas não muito fiel, da conversa, concepção, aliás, historicamente coerente, porque a palavra falada antecipou de muitos milênios a escrita. A conversa é maneira viva de expressar o que se sente e pensa. Precisa de liberdade para preservar a dinâmica que garante a espontaneidade do relacionamento com as fontes intuitivas do pensamento. Na escrita, interferem mecanismos modificadores de uma suposta racionalidade que procura interpretar, traduzir e comunicar ideias que, nas suas origens, são geradas como que *in natura*, pelo processo não-verbal de que se serve toda a natureza no intercâmbio consigo mesma, como um circuito fechado de intracomunicação.

Não sei se, dessa maneira, justifico a pausa de que necessito para atender a certos *inputs* mentais que me parecem indicados para encaixe neste ponto do livro. Explico-me.

Lemos em Teilhard de Chardin sua queixa de que a ciência "decidiu ignorar provisoriamente" o problema do relacionamento corpo/alma. Pouco antes, nesse mesmo texto, fazia ele sua profissão de fé científica, mas lamentava que, até então, a ciência não se dera "ao trabalho de olhar o mundo" a não ser pela face material, que ele caracteriza, em sua terminologia, como o "fora das coisas". Ora, ao colocar o ponto final em *O Fenômeno Humano*, o eminente jesuíta estava em Roma e o dia era 28 de outubro de 1948. Mais explícito do que nunca, ele percute insistentemente, no prólogo, a mesma nota, ao denunciar "a tendência, ainda sensível nos sábios, em não aceitar do homem, como objeto da ciência, senão o corpo". E prossegue: "Chegou o momento de reconhecer que uma interpretação, menos positivista, do universo deve, para ser satisfatória, abranger tanto o "dentro" como o "fora" das coisas – tanto o espírito como a matéria." Para concluir: "A verdadeira física é aquela que conseguir um dia integrar o homem total numa representação coerente do mundo." Que é, afinal, o que está sugerindo a física quântica.

Chardin estava certo, naturalmente, em declarar que era chegado o momento de partir para uma interpretação mais inteligente e abrangente daquilo a que denominou o fenômeno humano. Se me permite o autor, eu retiraria do seu texto a expressão "menos positivista" por entender que a introdução da realidade espiritual na metodologia da busca não tornaria o seu objeto menos positivista, mas, ao contrário, ainda mais positivista, não no sentido restrito do termo, mas em suas conotações mais amplas. Isto, porém, não é um reparo; apenas uma observação de caráter meramente retórico, dado que, decorrido praticamente meio século, enquanto escrevo estas linhas, a ciência continua recusando-se a considerar o ser humano como interação matéria/espírito.

Os exemplos dessa postura são abundantes, mas, por suas diretas implicações com a temática deste livro, resolvi acolher como ponto de referência e plataforma de debates a matéria de capa da revista americana *Newsweek*, de 28 de junho de 1993, sob o título "*The puzzle of genius – new insights into great minds*", que se apresenta como abordagem moderna aos enigmas da genialidade. Trata-se de um texto inteligente, competente e compatível com o elevado padrão jornalístico da publicação, que goza de merecida liderança mundial. O enfoque, naturalmente, continua materialista ou, no mínimo, fisiologista. Caracteristicamente, a ilustração da chamada na página 3 apresenta a foto, em silhueta, de um homem de perfil, com uma engrenagem embutida no cérebro parcialmente à mostra. Ao dispositivo mecânico está ligada uma lâmpada e, sobre a colagem, algumas equações algébricas estão escritas. É uma sugestiva imagem, bem concebida e bem executada. A legenda informa que as grandes inteligências reduzem os velhos mundos a fragmentos e provocam a eclosão de novos.

Pergunta-se, na chamada, de onde vêm e "por que não há mais Einsteins, Freuds e Picassos hoje?", lembrando, ainda, que os eruditos já "desistiram até de definir o gênio, quanto mais identificar seus mágicos ingredientes".

A matéria, de responsabilidade de Sharon Begley, da página 48 até à 55, reporta-se ao trabalho dos pesquisadores da genialidade, desde Havelock Ellis, com o seu *Study of British Genius*, de 1904, até os mais recentes de Dean Keith Simonton (*Scientific Genius*) e Howard Gardner (*Creating Minds*), não apenas interessados em caracterizar o gênio, como sugerir procedimentos que ajudem as pessoas comuns a se tornarem mais criativas, tanto quanto a orientar pais e mestres a identificarem, logo cedo, crianças superdotadas e criar condições para que se desenvolvam corretamente.

A dificuldade da tarefa começa na conceituação da genialidade. Que é um gênio? Que tem ele diferente dos demais mortais? Que ingredientes compõem a sua personalidade?

Antes de nos envolvermos no debate suscitado pelo ensaio da *Newsweek*, deixem-me trazer para aqui o impactante testemunho de *A Grande Síntese* (p. 279), ao caracterizar o gênio como "monstruosa hipertrofia do psiquismo, colocado numa posição biológica supranormal" e, por isso, situado "em tudo e por tudo, extrafase". Daí a dificuldade de se interpretar corretamente a genialidade em termos de ciência contemporânea. No gênio, o instinto (leia-se conhecimento adquirido) "normaliza o supranormal", vale dizer, o normal para ele é colocar-se acima da normalidade predominante, em outro patamar ainda não alcançado pelo comum das criaturas. Esse aparente desajuste é considerado pelo autor espiritual daquele livro como "insanável desequilíbrio entre a sua alma e o mundo, impossível a conciliação entre a sua natureza e a vida".

Havelock Ellis conseguiu apurar que os pais dos gênios eram maiores de 30 anos e poucos deles tiveram mães com menos de 25, ao passo que muitos foram crianças doentias. Novas pesquisas acrescentariam, mais tarde, que alguns deles foram celibatários (Copérnico, Descartes, Galileo, Newton), outros eram pouco dados a frequentar igrejas, como Dickens, ou foram órfãos de mãe, como Marie Curie e Darwin. Mas isto mal passa da condição de um levantamento estatístico e nada diz sobre o gênio em si.

Sharon Begley menciona David Perkins, psicólogo da Harvard, segundo o qual inteligência e competência seriam alguns desses ingredientes decisivos; no entanto, não parece correto considerar Marilyn vos Savant como gênio, a despeito do seu QI de 228, o mais elevado que se conhece. O QI não é, pois, fator decisivo e nem único na caracterização da genialidade. Seria a criatividade? Por certo ela é necessária ao gênio, dado que um dos aspectos, reiteremos, estatísticos dessas pessoas está na capacidade que têm demonstrado de romper com estruturas vigentes de pensamento e ação para propor modelos reformuladores. Necessária a criatividade, portanto, mas não suficiente. Para Gardner, gênios como Einstein, Picasso, Freud, Stravinsky e outros transcenderam "a solução dos problemas já colocados". Como é que o gênio chega a essas soluções revolucionárias e criativas que, de repente, reduzem conceitos consagrados a uma pilha inútil de obsolescências?

Gardner acredita ter encontrado algumas respostas no que dizem os próprios gênios acerca do trabalho que realizam, o que vale dizer que temos de aprender sobre a genialidade com seus reconhecidos titulares. Não foi outro o propósito de Brewster Ghiselin, organizador de uma coletânea de depoimentos publicada em 1955, sob o título *The Creative Process*, ao qual me refiri alhures, neste livro. Convém ressalvar logo: o estudo de Ghiselin não diz respeito especificamente ao gênio e sim à criatividade em si e por si, mas há depoimentos de gênios incontestes como o do matemático e físico francês Henri Poincaré, ou o de Mozart, por exemplo. Ambos e uns tantos outros referem-se, nos seus testemunhos, a um componente que parece comum às mentes excepcionalmente criadoras, como ainda veremos aqui mesmo neste capítulo – eu diria que é uma capacidade de se entender com o próprio inconsciente.

Poincaré descreve, com a precisão meticulosa do cientista acostumado a observar fenômenos, como chegou à formulação das equações fucsianas Mozart fala de uma condição ou estado onírico, semelhante ao do transe, por meio do qual já encontrava como prontos, num só acorde, os achados musicais que lhe bastava desdobrar posteriormente, em vigília.

Encontramos coisa semelhante no depoimento de gênios contemporâneos, recolhidos por Gardner. O compositor John Corigliano é um deles, ao declarar, com um toque algo materialista, que, antes de começar a compor um concerto para violão, percebia trechos musicais *no cérebro*. Eram fragmentos que ele "ouvia e registrava na memória". *Subconscientemente*, esses fragmentos acomodaram-se na sequência desejada pelo compositor.

Simonton também se revela consciente desse mecanismo que produz uma nova acomodação criativa a partir de noções preexistentes, por meio de uma transposição ou permuta de "elementos mentais" que povoam a mente e que a autora do artigo exemplifica como "imagens, frases, lembranças fragmentárias, conceitos abstratos, sons, versos". Simonton aproveita o exemplo para caracterizar uma sutil diferença, ao propor que "os gênios são gênios porque produzem mais combinações renovadoras do que os meramente talentosos". Acha, ainda, que, de certa forma, genialidade e oportunidade têm muito em comum, podendo mesmo ser consideradas como sinônimos. De minha parte, eu não chegaria a tanto, por entender que o gênio pode muito bem criar a própria oportunidade, em vez de esperar que ela aconteça como elemento catalisador de sua faculdade criativa. Isto, obviamente, não invalida a proposta de Simonton.

Seja como for, a evidência de um processo de elaboração inconsciente parece uma constante ou, pelo menos, figura em vários depoimentos reveladores. John Ashbery, por exemplo, informa não planejar seus escritos, declaração que me lava a alma, pois eu pensava que isto seria um defeito de escritor meramente intuitivo ou empírico como eu. É bom observar que você tem algo em comum, por mais remoto que seja, com gênios como ele. Mais surpreendente e reveladora, contudo, é a continuação do discurso, ao abrir a olhos estranhos a intimidade doprocedimento criativo. Talvez o meticuloso planejamento prévio acabasse resultando para ele em um enquadramento rígido demais e inibidor. Ele prefere deixar a coisa fluir. Como não parte de um esquema preestabelecido, o que acaba obtendo é sempre inesperado, mesmo para ele. Sua frase para descrever essa condição precisa ser destacada para mais profundas meditações. "Escrevo" – revela – "para saber o que estou pensando."

Há, portanto, para Ashbery um dispositivo mental algo misterioso com o qual ele pensa. Para saber o que essa outra parte de si mesmo está pensando, ele precisa escrever. Não é estupendo isso? Podem até dizer que estou preso demais às minhas deformações doutrinárias, mas vejo nessa metodologia de trabalho um mecanismo psicológico semelhante, senão idêntico, ao da chamada escrita automática, por meio da qual o ser subconsciente do dr. Geley ou o inconsciente do dr. Freud, ou, ainda, a entidade espiritual de Kardec se comunica com o consciente. Para dizer a mesma coisa de outra maneira, é um processo pelo qual a individualidade fala ou escreve à personalidade.

Outros, como Freud, preferem caracterizar o processo como resultante de *flashes* de inspiração. Chegou, mesmo, a declarar, segundo Begley, que, quando a inspiração não vinha até ele, ele caminhava "metade do caminho para ir ao encontro dela".

Ainda no dizer da autora responsável pela matéria de *Newsweek*, a mais "poderosa explanação para a genialidade é a capacidade de produzir justaposições que escapam aos meros mortais". Begley entende isto como uma "facilidade com o uso da metáfora, capacidade para associar coisas dissociadas, ver conexões para as quais os outros são cegos". Roald Hoffmann, da Universidade de Cornell, que partilhou do Prêmio Nobel de Química em 1981, concorda com esse conceito de pensar metaforicamente como condição mesma da pesquisa científica que, no seu entender, trabalha com imagens metafóricas.

Esse mesmo conceito encontramos em Willis Harman, *apud* Larry Dossey, *in Space Time and Medicine*, segundo o qual "ciência não é uma descrição da *realidade*, mas uma ordenação metafórica da experiência". Se entendermos metáfora como um mecanismo de transposição simbólica – o que de fato é – estaremos igualmente sintonizados com outra faixa de pensadores entre os quais eu colocaria com merecido destaque o dr. Carl G. Jung, assíduo estudioso do simbolismo no rico intercâmbio secreto que se opera no âmbito da natureza, ser humano nela incluído, claro, tanto quanto dentro do próprio indivíduo.

Na mesma matéria da *Newsweek*, aliás, é relembrada a curiosa "vidência" introspectiva de Kekulé, em 1865, ao "sonhar" o modelo da molécula de benzeno, figurada numa cobra mordendo a própria cauda. Mais um exemplo no qual o inconsciente conversa com o consciente. Como o inconsciente não dispõe de recursos verbais, a mensagem precisa ser desenhada metaforicamente. Não seria, pois, o gênio – pergunto-me e ao leitor – aquela pessoa especial dotada de competência e experiência suficientes para interpretar corretamente as mensagens não-verbais do inconsciente?

A hipótese parece acomodar-se a Kekulé e a Ashbery, há pouco citados. O cientista estava mesmo em busca de uma imagem para figurar o modelo teórico da molécula. Recebeu-a transmutada e, portanto, metafórica. Quanto a Ashbery, seu instrumento de trabalho é a palavra, não a imagem. Em perfeita coerência com a programação intelectual do escritor, o inconsciente passa ao consciente instruções e dados com os quais um texto é elaborado. O segredo da genialidade estaria, pois, neste aspecto do processo criativo, não apenas em perceber a presença da mensagem simbólica, como em traduzir e explicitar verbalmente seu conteúdo metafórico.

Isto nos levará, certamente, a ter de admitir na estrutura mental do gênio outras percepções não digo exóticas ou excepcionais, mas não muito comuns, porque ainda não suficientemente desenvolvidas nos demais indivíduos, como sustenta, aliás, *A Grande Síntese*. Para Einstein, lembra Begley, a descoberta de uma nova teoria era avalizada intuitivamente pela "vidência" mental de um raio luminoso com as virtudes da "estética e o senso de elegância que autenticam uma "correta" teoria física", no não menos elegante dizer da jornalista.

Ela informa ainda que o compositor francês Olivier Messiaen percebia claramente a "cor" de uma tonalidade musical. Afinal, som e cor se reduzem a diferentes níveis vibratórios, acessíveis à aguçada sensibilidade de pessoas como Messiaen. No mesmo parágrafo, a autora menciona a tendência de Picasso a interpretar, na infância, "o mundo como pura imagem". Para ele, o número 2 era um pombo com a asa recolhida; o zero, um olho e assim por diante.

Outro aspecto da genialidade é a sua obsessiva capacidade e disposição para o trabalho. O que não quer dizer que os gênios produzam só obras-primas de concepção e realização intelectual. O *Dictionary of Music and Musicians*, de Grove, credita a Ludwig van Beethoven 256 peças musicais; não se pode dizer, contudo, que o genial compositor tenha produzido tudo isso no nível da Nona Sinfonia, ou das sonatas números 31 e 32, por exemplo, ou do concerto chamado do Imperador, para piano e orquestra. Não obstante, quatro das suas nove sinfonias seriam mais que suficientes para atestar sua genialidade, que não deve ser avaliada pelas óperas, que não alcançaram o nível das italianas, por exemplo. Como lembra Begley, no seu excelente trabalho para a *Newsweek*, os gênios costumam ser trabalhadores compulsivos e acabam produzindo maior volume de realizações, tanto de excepcional qualidade como também as de nível inferior e até medíocres.

Há, porém, traços comuns entre eles: todos eles gostam do que fazem. Mais do que isso, Begley chama a atenção para um aspecto que me parece fundamental no entendimento do mecanismo da genialidade: eles demonstram um "prazer infantil", seja pintando um quadro, compondo uma peça musical ou pesquisando uma nova hipótese científica.

Bem diz, portanto, Howard Gardner, ao declarar, segundo Begley, que a criatividade do gênio tende "a retornar ao mundo conceptual da infância". Acho mesmo que esta observação tem profundidade e sentido mais amplos do que Gardner tenha imaginado. Não apenas é necessário, na dinâmica intelectual do gênio, viver num estado de encantamento perante os fenômenos da natureza, como a criança é propensa a formular perguntas, não as programadas e esperadas, mas as inesperadas e aparentemente estapafúrdias ou fora de contexto. Além disso, ainda, estou convencido de que a criança tem acesso às fontes intuitivas, por não estar ainda mergulhada mais fundo nos instrumentos inibidores da matéria densa que compõe o seu corpo físico. Em outras palavras: a personalidade, ainda em formação, oferece espaço interior para que a individualidade lidere o processo intelectual. Estamos sabendo, por tudo o que vem sendo dito aqui, que a individualidade mantém suas tomadas ligadas na consciência cósmica, ao passo que a personalidade tem de se contentar com as limitações que lhe impõe a matéria e conviver com elas.

A tendência algo infantil de formular perguntas precisa, contudo, estar acoplada, segundo os entendidos, a certo grau de maturidade. A proposição é contraditória apenas na aparência. Não apenas porque sabemos que a maturidade pode conviver com baixos níveis de idade biológica, como porque, menos condicionado pelos parâmetros de uma formação que ainda está em andamento, o jovem tende, naturalmente, para certa iconoclastia, ou, pelo menos, se mostra menos inibido ao questionar aspectos cristalizados do conhecimento. Ele precisa ousar, ou não conseguirá produzir a mágica de obter novas combinações renovadoras com os elementos de que dispõe. Tanto mais criativos e inovadores serão os jovens e as jovens, quanto melhor conservarem a capacidade infantil de se maravilhar com as coisas, procurando explorar o mundo em que vieram nascer para surpreender seus segredos e encantos.

Como advertem os estudiosos da matéria, o entusiasmo criativo pode desintegrar-se a qualquer momento, razão pela qual a genialidade se manifesta cedo – aí pelos vinte anos, em matemática, física e poesia e pelos trinta anos para as demais ciências, além de música, arte e ficção, segundo pesquisas examinadas por *Newsweek*. A partir de certo ponto, o gênio em potencial pode começar a sofrer a influência inibidora de suas próprias aquisições culturais, obtidas em currículos acadêmicos preestabelecidos. Acho que isto explicaria, em boa parte, por que tantos adolescentes excepcionalmente bem dotados não confirmam, mais adiante, na vida, as generosas expectativas que criaram para si mesmos. É evidente que temos de levar em conta, na armação dessa especulação, a metodologia do ensino, nos seus diversos níveis, da escola primária à universidade, aspecto que também interessa ao papel apresentado pela revista.

A verdade é que os técnicos de educação não conseguem chegar a um procedimento consensual sobre a melhor maneira de educar e ensinar ao superdotado, com o propósito de fazer eclodir nele o componente mágico da genialidade. Tanto quanto podemos observar, muitos gênios em potencial perdem-se na massa anônima da mediocridade por não contarem, no tempo certo, com o estímulo do desafio e da orientação adequada no desenvolvimento de seus talentos. Mais cedo do que seria de esperar-se deixam esses bem dotados apagar-se a capacidade de encantamento pelos enigmas que a vida oferece. Ao que tudo indica, mesmo aqueles que procuraram preservar essa condição podem queixar-se de tê-la perdido.

"Quando era mais jovem" – lamenta Ed Witten, o físico mais brilhante da sua geração – "eu acordava todas as manhãs com sensação de que teria, naquele dia, uma ideia melhor do que jamais tivera. É algo triste observar que perdi aquela sensação."

Com toda essa ampla especulação acerca da genialidade, a matéria da *Newsweek* ainda não se arriscara, até esse ponto, a especular sobre como explicar esse estranho fenômeno humano. A autora acha que a "única explicação significativa para o gênio pode estar no cérebro", o que caracteriza a busca e a confirma nos estreitos limites da matéria densa que compõe o corpo físico do ser humano. É bem verdade que o neurocientista Arnold Scheibel coloca aí uma nota de cautela, ao declarar honestamente que "não estamos totalmente certos sobre onde pesquisar".

Muito boa essa declaração de humildade intelectual, mas continua faltando a esse tipo de pesquisa precisamente a capacidade de fazer perguntas, ainda que óbvias e aparentemente irrelevantes e a ousadia de misturar juventude e maturidade intelectual para tirar partido de novas e sutis combinações. Em outras palavras: está faltando genialidade na busca de um conceito adequado para a genialidade.

Há quem suspeite de que a ausência de impulsos criativos a partir da recombinação de elementos preexistentes deva ser atribuída à excessiva especialização a que se submetem hoje aqueles que buscam obstinadamente a formação acadêmica, cada vez mais decisiva na competição por um lugar ao sol. Eu me coloco entre os que acatam essa tese. Para ser um bom, respeitável e competente profissional da física nuclear, por exemplo, a pessoa tem de ficar como que encerrada num cubículo simbólico, dentro do qual somente se respira, fala, pensa e estuda física. Ao cabo de um punhado de anos em concentração, a pessoa emerge com seu PhD em física, mas, usualmente desinteressada ou sem tempo e espaço mental para numerosos outros aspectos do conhecimento, especialmente em ciências que buscam estudar o próprio ser humano, o que é, donde vem, para onde vai, o que pretende, o que pode e o que não pode ou não deve fazer. Por isso, continuamos, relembrando o dr. J. B. Rhine, conhecendo melhor o átomo do que a mente que conhece o átomo.

Com uma cultura menos especializada e mais diversificada, teríamos uma amplitude maior de escolhas e arranjos criativos.

Podemos colocar, neste ponto, um exemplo ilustrativo e muito a propósito.

Vimos, ainda há pouco, a consideração de que a única saída para uma explicação aceitável da genialidade *poderá* estar no cérebro, o que crava o assunto no espaço reduzido da matéria pesada, objeto da física, que reluta obstinadamente em considerar a hipótese, já não digo de um psiquismo na célula viva, mas pelo menos um campo magnético que, por ser energético, é ainda matéria, segundo a própria física. Imaginemos, ou melhor, sonhemos com o dia em que o estudo do psiquismo humano consiga escapar à rigidez dos quadros curriculares acadêmicos, para movimentar-se em área especulativa mais ampla. Aliás, foi o que tentou o dr. J. B. Rhine, que enfrentou obstinada resistência e até rejeição, não apenas às suas conclusões, mas à metodologia da parapsicologia, tida como corpo estranho no organismo universitário. Para o ambiente acadêmico, pesquisas interessadas em fenômenos como sobrevivência do ser, comunicabilidade entre vivos e mortos, reencarnação e semelhantes devem ficar onde estão, ou seja, com os chamados ocultistas.

No entanto, cientistas informados pelos *inputs* oferecidos pela parapsicologia estariam mais propensos a formular perguntas óbvias, tentar combinações inusitadas, imaginar esquemas tidos por impensáveis por aqueles que buscam explicar a genialidade na matéria, atentos aos limites impostos pelo receio de admitir conotações ocultistas no seu trabalho. Se, como diz com toda a candura o dr. Arnold Scheibel, a ciência ainda não está muito certa sobre onde procurar a explicação da genialidade, por que não admitir, num acesso de ousadia, conceitos paralelos como o da realidade espiritual no ser humano?

Em vez disso, a insistência continua na investigação circular no âmbito puramente mecanicista da biologia. Já que parece estabelecido que a matéria cinzenta do cérebro pouco tem a ver com a genialidade, suspeita-se que os circuitos dos neurônios possam ter. Isto porque se verificou que a rede neuronial de um PhD, habituado a longos anos de exercício mental, dispõe de circuitos muito mais amplos, complexos e eficientes do que os de uma pessoa que abandonou logo cedo seus estudos. Sabe-se, como informa Sharon Begley, em seu papel, que o cérebro de Einstein possuía quatro vezes mais certo componente conhecido pelo complexo nome de *oligodendroglia,* – uma célula que acelera a comunicação entre os neurônios – do que os cérebros de 11 outras pessoas estudadas. A pesquisa é da dra. Marian Diamond, da Universidade de Berkley, e do dr. Sheibel. Por mais sensacional que seja, contudo, a descoberta apenas muda o enfoque e acrescenta mais perguntas às que já se encontram sem respostas, ou seja, "serão as melhores redes neuronais a causa da genialidade de Einstein?"

Eu ousaria responder que não a essa pergunta. As redes neuroniais mais eficazes em Einstein não devem ser consideradas como *causa* da sua genialidade, mas *efeito* dela, instrumento criado pela mente para fazer transitar por ali pensamentos criativos desusados, renovadores, ousados. Estaríamos, então, de volta ao larmakismo? – perguntaria você. Quem sabe? Pelo que ando lendo por aí, há muita gente boa dizendo que, afinal de contas, o caluniado e esquecido Lamarck pode até estar certo em muita coisa do que propôs ao declarar que a função mental cria o mecanismo de que necessita para expressar-se.

Alguns biólogos de peso também entraram na busca, ainda segundo Begley, e estão sendo considerados com atenção pelo fato de identificarem no gênio qualidades inatas de temperamento. *Inatas*, aliás, é uma boa escolha para caracterizar o fato, ainda que imagine eu tenha sido mera escolha verbal, sem mais profundas conotações. Não devemos nos esquecer, contudo, de que inatos são os atributos com os quais nascemos, ou seja, já eram nossos ao nascer. De onde teriam vindo, senão de um longo passado de experimentações com a vida? O problema é que tais biólogos sugerem que a grande capacidade criativa que os gênios revelam "pode ser *biológica*"! O destaque é meu, naturalmente, para mostrar que o enfoque continua obstinadamente materialista.

Do que se conclui que o modelo da pesquisa em torno da genialidade ainda não se libertou do contingenciamento da matéria, com o que voltamos a Chardin, nas suas queixas de que a ciência ainda não sabia como integrar o psiquismo humano no contexto do conhecimento a fim de se chegar a um modelo coerente do universo. Em outras palavras, para a ciência o ser humano ainda é um mero conglomerado celular.

VI. Alquimia e gnose

1. Uma leitura alquímica da mente

Já é tempo de saberem, leitor e leitora, como e por que surge a alquimia num livro que pretende oferecer umas tantas reflexões sobre consciente e inconsciente, personalidade e individualidade, bem como sobre o encaixe de tais aspectos do ser humano no contexto cósmico da evolução.

Para um "aquecimento" mental que nos ponha em condições de dar uma espiada no reduto cultural da alquimia sugiro a instrutiva leitura de algumas linhas no sempre confiável Will Durant. No caso específico de nosso interesse aqui, vamos encontrar o que buscamos – uma breve notícia – em *The Age of Faith* (Simon & Schuster, 1950, Nova York), quarto volume da sua "*História da Civilização*".

Ao discorrer sobre a civilização bizantina, refere-se ao fato de que a química e a alquimia, praticadas em paralelo, tinham Alexandria por centro de irradiação de conhecimentos. E comenta:

> Os alquimistas eram, geralmente, investigadores sinceros; empregavam os métodos experimentais mais fielmente do que quaisquer outros cientistas da antiguidade; promoveram um avanço substancial na química dos metais e das ligas; e não podemos estar certos de que o futuro não acabará justificando suas metas (p. 122).

A elegante postura de que a mal compreendida alquimia poderia, eventualmente, situar-se em mais elevado nível de credibilidade não é estranha a outros autores, especialmente em contemporâneos nossos que andam por aí a escrever sobre física quântica e outras "novidades" desse calibre. Lyall Watson, por exemplo.

Lemos em *Beyond Supernature* (pp. 175-180) que a alquimia foi muito bem até 1681, quando Robert Boyle demoliu o velho postulado aristotélico dos quatro "elementos": fogo, terra, ar e água. Menos de um século após, Stephen Black inaugurou, em química, a metodologia da quantificação; Priestley descobriu, mais tarde, o oxigênio, e Lavoisier analisou a água. A partir daí, escreve Watson...

"A ideia de converter um elemento em outro tornou-se objeto de piadas de laboratório até que, em 1919, lord Rutherford usou partículas de uma fonte radioativa para bombardear nitrogênio e transmutá-lo em oxigênio."

Quando Watson publicou o seu livro em 1973, a transmutação de metais tornara-se uma rotina dominada pela sofisticada parafernália laboratorial. Com isso, conclui Watson que a imagem dos alquimistas até que começou a ser considerada bem boa. Assim pensavam, há muito tempo, gente do melhor gabarito como Roger Bacon, Tomás de Aquino, Ben Johnson e sir Isaac Newton, e, em época mais recente, o dr. Jung. (Voltaremos a falar dele daqui a pouco.)

Os árabes, contudo, é que mais fundo mergulharam nesses enigmas, no passado. Will Durant (p. 244) credita a eles a façanha de terem praticamente criado a química, que, entre os gregos – "tanto quanto sabemos", ressalva – "esteve confinada à experiência industrial e a vagas hipóteses". Nomenclatura árabe, facilmente indentificável pela partícula *al,* ficou entranhada na terminologia científica, a partir do próprio termo alquimia, ciência paralela, da qual emergiu a química moderna. Durant lembra, além dessa, palavras como *alambique, álcalis e álcool* (que, aliás, nada tinha de alcoólico – era um pozinho de maquiagem para retocar os cílios...).

Segundo Durant, os cientistas árabes haviam trazido do Egito os conhecimentos alquímicos originários e refinaram de tal maneira a metodologia da pesquisa que a alquimia se tornou "a mais científica de todas as operações medievais"(p. 245).

Esses pesquisadores acreditavam que todos os metais tinham uma estrutura básica modificável e que, portanto, podiam ser transmutados uns nos outros. Duas metas visionárias impeliam os sábios medievais a uma vida inteira em laboratórios: a da pedra filosofal, uma substância que teria poderes para transformar qualquer metal menos nobre em ouro e o elixir da longa vida – o *al-iksir* dos árabes (essência) –, capaz de prolongar indefinidamente a vida das pessoas, na carne, naturalmente, já que no mundo póstumo a vida continua sem necessidade de qualquer elixir.

Durant lembra Jabir Ibn Hayyan (702-765), conhecido na Europa como Gebir, o mais famoso alquimista do seu tempo. Mais de uma centena de tratados alquímicos lhe foram atribuídos, a maioria deles, evidentemente, por autores desconhecidos que usaram seu nome, sem a menor cerimônia.

Aí pelo século dez – informa ainda Durant – como as demais ciências, a química se deixou contaminar pelo ocultismo, e "não levantaria a cabeça novamente durante quase trezentos anos".

O módulo, no livro de Durant, no qual colhemos tais informações cuida especificamente da ciência entre os ilustrados representantes da cultura medieval árabe e termina com uma observação que se revela de nosso interesse aqui. É que certo Oman Amr al-Jahiz, falecido em 869, propôs uma hipótese, semelhante à de seu compatriota al-Masudi, segundo a qual a vida seria um processo de ascensão, "do mineral à planta, da planta ao animal e do animal ao ser humano". O sábio al-Jahiz antecipa Teilhard de Chardin, quase que com as mesmas palavras, em cerca de mil anos e ainda combina Chardin com o autor de *A Grande Síntese*, para o qual o princípio inteligente ensaia seus primeiros passos num movimento vorticoso, trabalhando com os "tijolos" fundamentais mais leves da matéria: hidrogênio, carbono, nitrogênio e oxigênio – pesos atômicos 1, 12, 14 e 16, respectivamente – com os quais construirá, ao cabo de milênios e milênios, as primeiras estruturas da matéria viva, nas plantas.

Lyall Watson (p. 176) vê a alquimia dotada de dois "braços" e usa para caracterizá-los termos que fazem lembrar Teilhard de Chardin, um deles voltados para fora (o "fora" das coisas) e outro "escondido e mais interessado num sistema devocional", ocupando-se do "dentro" das coisas. Para ele, "a transmutação mundana dos metais era apenas simbólica da transformação do ser humano em algo mais perfeito, por meio da exploração do potencial da natureza".

Não é esse o entendimento da *Britannica* (verbete *Alchemy*, vol. 1, pp. 535-538). Henry Marshall Leicester, autor do texto, é professor de bioquímica, em São Francisco, Califórnia, escreve livros e artigos sobre sua especialidade. É compreensível que considere a alquimia como "pseudo-ciência, ocupada em tentativas de transformar metais comuns, como chumbo e cobre, em prata e ouro". Acha Leicester que essa "pseudo-ciência" esteve a maior parte do tempo ligada ao desenvolvimento da química a ponto de "por muitos séculos, a história da alquimia é a história da química". Sua opinião é, certamente, respeitável e deve ser levada em conta. Prefiro, contudo, ficar com Lyall Watson e Colin Wilson, além de outros, como o dr. Carl Jung, que pensam de modo diverso, ao identificar na alquimia duas linhas paralelas de pesquisa, uma interessada na matéria densa e outra nas mais rarefeitas regiões da mente.

Na verdade, Jung, como lembra Watson (p. 176), "considerava a alquimia mais como precursora da moderna psicologia do que da química moderna". Para o enciclopédico doutor suíço, ainda no dizer de Watson, "as raízes da psicologia do inconsciente" estavam solidamente implantadas nos textos alquímicos, que ele estudou diligentemente durante mais de uma década. O leitor poderá conferir esse e outros aspectos do pensamento de Jung em *Memórias, Sonhos, Reflexões*, livro imperdível para quem deseja uma visão lúcida dessas complexidades ideológicas. Sobre o ponto específico de nosso interesse aqui, recomendo os capítulos "Confronto com o Inconsciente" e "Gênese da Obra".

Desde muito tempo vinha o doutor dando suas esbarradas no inconsciente. Tivemos oportunidade de comentar aqui mesmo neste livro a sua permanente sensação de dualidade, como se convivessem dentro dele próprio duas pessoas. Da primeira ele tinha consciência, da outra não. Nem por isso a "outra" deixava de ser uma presença constante, quase incômoda, como que agastada ante a dificuldade de Jung em identificá-la e reconhecê-la como parte integrante de si mesmo. Jung vivia uma espécie de conflito aberto da personalidade com o inconsciente. Daí a riqueza de fenômenos psíquicos como sonhos, vidências, intuições, psicografia e até dramáticos efeitos físicos à sua volta.

O meio mais insistente de comunicação eram os sonhos. São numerosos, constantes, pejados de sentido metafórico, enfeitados de simbolismos visuais ou puramente mentais marcados por enigmas que lhe cumpria decifrar ou ser devorado, como ameaçava a esfinge. Às vezes eram vozes mesmo, inaudíveis para qualquer outra pessoa, mas articuladas e claramente percebidas por ele. Parece que, em certos momentos de maior exaltação, em transe anímico, a individualidade conseguia vencer as barreiras impostas à comunicação interna e, literalmente, falar com o Jung-personalidade.

Isso aconteceu, por exemplo, quando num desses *insights* – que, segundo ele próprio, ocorre a toda gente, pelo menos uma vez na vida – ele pensou: "Possuo agora a chave para a mitologia e poderei abrir todas as portas da psique humana inconsciente." A individualidade, contudo, não estava de acordo com essa inoportuna e total liberalidade. O conhecimento deve ser ministrado gradativamente, como sempre ensinaram os grandes mestres do passado e segundo as potencialidades de cada discípulo. "Ouvi, então" – escreve Jung –," uma voz murmurar dentro de mim: por que abrir todas as portas?"

O diálogo com a voz misteriosa prosseguiu até que Jung, "cada vez menos à vontade", resolveu parar de pensar. "Atingira um limite", confessa.

Perceberia em muitas outras ocasiões, como no passado, aquela voz dentro de si e havia nela um tom de autoridade. "O sentimento de obedecer a uma vontade superior era inquebrantável" – diz ele (p. 157) – "e sua presença constante em mim me sustinha, qual um fio condutor, no cumprimento da tarefa."

Entre 1918 e 1920 tornou-se claro para ele que "a meta do desenvolvimento psíquico é o Si-mesmo" (p. 174), como resultante eventual de um diálogo aberto com o inconsciente. Era de lá que vinham as orientações e a sabedoria acumulada durante suas pregressas vivências. Entendeu que a aproximação àquela parte mais nobre e mais ampla de si mesmo "não é linear, mas circular, isto é, circum-ambulatória". Atingira, nesse estágio, "a expressão de si-mesmo", o que considerava uma nova mandala. Enigmaticamente, contudo, declara: "Alguém poderá ir além, eu não."

Sentia-se numa encruzilhada ou à beira de um limite que não via como ou por que tentar ultrapassar. Como testar aquelas ideias? Contra que conjunto de sabedoria transcendente?

Encontrou algo acerca dessas inquietações culturais na literatura gnóstica, infelizmente pobre àquela época. Os documentos de Nag-Hammadi seriam descobertos em 1945 e as primeiras traduções e interpretações dos textos coptas somente começariam a ser divulgadas aí pela década de 70. Ainda assim, Jung encontrou no escasso material pesquisado a indicação de que os gnósticos haviam "encontrado, a seu modo, o mundo original do inconsciente"(p. 177). É certo isso. Está bem clara nos textos gnósticos a distinção entre a individualidade, ancorada na luz incriada, e a personalidade, mergulhada na "embriaguez" imposta pela matéria densa do corpo físico.

Foram, aqueles, anos em que "todas as coisas essenciais se decidiram" para Jung, como ele próprio declara (p. 176). Para que isso, afinal, se consolidasse e se acomodasse a um modelo orgânico, "o encontro com a alquimia foi para mim uma experiência decisiva" – escreve (p. 177) –, "nela encontrei as bases históricas que até então buscara inutilmente." Mais do que isso, ele identificava na alquimia "um liame histórico com a gnose", ou seja, tratavam ambas de uma realidade que, embora apoiada em estruturas materiais, transcendia a matéria e impunha-se como espiritual ou psíquica. "A alquimia, como filosofia da natureza, em vigência na Idade Média" – conclui – "lança uma ponte tanto para o passado, a gnose, como para o futuro, a moderna psicologia do inconsciente" (p. 177).

As mensagens oníricas passaram a ser consideradas, a partir daí, sob nova iluminação interior, que lhes desvendava o sentido. Deixem-me citar um exemplo disso.

Quando, aqui mesmo neste livro, contei o meu sonho das casas no alto do penhasco, não dei conta de que esse tipo de mensagem interior é mais comum do que me pareceu. Uma pessoa que teve acesso a estes originais me contou episódio semelhante. Jung narra experiência idêntica em *Memórias, Sonhos, Reflexões*.

Antes de se interessar pela alquimia, tinha um sonho recorrente, sempre com a mesma temática. Via, junto de sua casa, uma ala ou construção anexa que lhe era estranha. Como é que ele desconhecia essa área se ela sempre estivera ali, ao lado? – perguntava-se.

Certa vez, resolveu explorar os aposentos desconhecidos. Encontrou lá uma vasta biblioteca, provida, principalmente, de livros do século XVI e XVII. Eram volumes enormes, encadernados (em couro de porco, diz ele) e ilustrados com gravuras e símbolos estranhos.

Só depois iria compreender que a "ala desconhecida era uma parte da minha personalidade, um aspecto de mim mesmo"(p. 179). Eu diria que era a sua individualidade, que estava sendo visitada pela personalidade. Lá estava o seu próprio acervo cultural, representado nos numerosos livros, muitos dos quais, descobriria mais adiante, eram tratados sobre alquimia. Estava diante de uma parte de si mesmo da qual ele "ainda não tivera consciência". A consciência de vigília saltara para o seio da consciência dita inconsciente e descobrira lá suas raízes, seu passado, sua história, sua cultura, seu verdadeiro eu, a que ele chamava o"si-mesmo."

Daí em diante ficou claro o seu objetivo para a vida, como está dito mais adiante (p. 182): "o de penetrar no segredo da personalidade", que eu poria aqui como desvendar o mecanismo do intercâmbio personalidade/individualidade.

Tais associações e definições, contudo, somente começaram a amadurecer e se acoplar umas às outras depois que seu particular amigo Richard Wilhelm o "infectou" com o vírus da alquimia, ao presenteá-lo, em 1928, com uma tradução de *O Segredo da Flor de Ouro*, um tratado alquímico chinês. A leitura dessa obra constituiu impactante revelação para Jung.

Colin Wilson explica em *Mysteries* (p. 414) que na remota alquimia chinesa "a alma é simbolizada ao mesmo tempo, por uma entidade masculina e um fantasma branco preso à terra". Jung entendeu que o símbolo se encaixava na sua própria concepção de *animus* e *anima*, o espírito paterno e a mãe-terra. Mais importante do que isso é a noção subjacente de individualidade (o inconsciente) com parte de si mesma – o fantasma branco, (a personalidade) – mergulhada na matéria densa e, portanto, presa à terra. O que está, também, no pensamento gnóstico, na imagem do exílio do ser nas limitações e imposições da matéria, como está, ainda, no conceito espírita que distingue alma (= personalidade = consciente) de espírito (= individualidade = inconsciente).

Deve-se, ainda, assinalar que o texto chinês traz a informação de que "o objetivo da alquimia (...) era o de produzir um corpo etérico conhecido como o *corpo de diamante*" (p. 414).

Ponho aqui, mais uma vez, minha própria interpretação, ao sugerir que isto corresponderia a uma total purificação da individualidade, ao cabo de longuíssimo roteiro de aprendizado e de correções de rumo, que passa, necessariamente, pelos processos da natureza, como o diamante, carbono puro que se cristaliza em um dramático processo de depuração pelo fogo a altíssimas temperaturas.

Segundo o relato de Wilson, a meta da purificação proposta pelo tratado chinês é alcançada por "uma transferência de nossos propósitos e impulsos do ego para os domínios da pura impersonalidade". Encontro-me, uma vez mais, na contingência de colocar esse pensamento em termos de nossa discussão, neste livro. Entendo a meta alquímica desejada pelos chineses como progressiva sublimação dos impulsos e das ânsias da personalidade que, purificada, passa a viver no corpo de diamante, confundindo-se, afinal, com a individualidade, de volta à unidade de que falavam os gnósticos. O dr. Gustave Geley diria que, na sua trajetória do inconsciente para o consciente, o ser não carregará mais em si mesmo, nos estágios finais da evolução, a área inconsciente – será tudo consciência. É de se notar, contudo, nesta colocação, que estamos invertendo a ótica usual com a qual costumamos contemplar a interface consciente/inconsciente. Dentro deste esquema, a consciência de vigília de que tanto nos gabamos não é mais do que uma modalidade de alienação quanto à área eminentemente nobre do ser que se localiza precisamente naquela dimensão de nós mesmos que nos habituamos erroneamente a considerar como inconsciente. Ou seja, é a vigília que é inconsciente de realidades transcendentais presentes e atuantes no lado dito inconsciente do ser, ou seja, na sua individualidade, na entidade espiritual.

Entende-se, por isso, o quanto foi importante para Jung o encontro com a alquimia. (Eu diria reencontro.) Ele identificou prontamente nas estruturas do pensamento alquímico a simbologia que a caracterizava como um processo de interpretação do universo, na dinâmica do qual mente e matéria interagem, mas é a mente que comanda e impõe, ainda que pacientemente, suas diretrizes evolutivas, desde que, como vimos em *A Grande Síntese*, começam os primeiros ensaios nos chamados "motos vorticosos". A alquimia não prescinde, portanto, da interação mente/matéria, ao contrário, faz dela uma das suas leis básicas, dado que só se realiza quando identifica e consegue resolver impasses que exigem ação qualitativa e não meras adições quantitativas. Daí a conexão feita por Jung entre a alquimia e a psicologia, mais do que com a química.

Novamente entro aqui com um depoimento pessoal, pois a essa altura quem estava interessado no "segredo da flor de ouro" era eu. É bem verdade que lera, há alguns anos, uma tradução da qual não guardei referências bibliográficas, mesmo porque o texto me pareceu fechado demais ao meu entendimento. Sentia-me de fora, sem nenhum acesso ao sentido que obviamente ali se ocultava acima e além de minhas limitações.

Depois das pesquisas das quais resultou este livro, resolvi revisitar o famoso texto chinês, desta vez na tradução de Richard Wilhelm, respeitado sinólogo e amigo pessoal de Carl Jung, que, aliás, escreveu para o livro um longo "comentário europeu". Resisto bravamente à tentação de me demorar sobre a importante dissertação de Jung, de vez que o leitor brasileiro terá fácil acesso a ela. Não posso deixar, contudo, de garimpar um ou outro aspecto de maior relevância no que escreveu o eminente médico suíço.

Depois de referir-se a "uma espécie de indicação alquímica" nos versos que o leitor verá daqui a pouco, Jung ressalta que o Tao – termo para o qual há muitas traduções possíveis e outras tantas interpretações – consiste num "método ou caminho consciente, que deve unir o separado", o que, de alguma forma, confere com o conceito gnóstico segundo o qual a meta do ser humano é recompor-se na unidade, depois de viver a dualidade. Em expressão que nos remete de volta ao dr. Geley, Jung descreve a caminhada do inconsciente para o consciente como um "processo alquímico de purificação". Para o retorno à unidade, adverte Jung, não basta a vontade consciente, que constitui apenas "uma das partes". É preciso trazer para o processo o inconsciente (que ele qualifica como coletivo), "que não compreende a linguagem da consciência". "É necessário" – prossegue (p. 44) – "contar com a magia dos símbolos atuantes, portadores das analogias primitivas que falam ao inconsciente."

Acresce que não é só uma pequena fenda que existe a separar o ser humano contemporâneo de si mesmo, é quase um abismo. Jung invoca (p. 62) sobre isto o testemunho de Gu De, que dizia: "As pessoas mundanas perderam as raízes e se atêm às copas das árvores." Bela imagem aliás para a dicotomia cerebral.

Aliás, no "prefácio à quinta edição", pouco adiante, o autor, que apenas indica as iniciais S.W. – suponho ser as de um filho de Wilhelm –, explica que o texto chinês ... "reúne instruções budistas e taoístas de meditação. A concepção fundamental" – continua – "consiste no pressuposto de que, pelo nascimento, as duas esferas anímicas do consciente e do inconsciente são separadas uma da outra. O consciente é o elemento da diferenciação individual e o inconsciente, o elemento da união cósmica" (p. 83).

No seu "Texto e comentários...", Richard Wilhelm lembra, em consonância com Jung, que "as designações alquímicas tornam-se símbolos de processos psicológicos..." (p. 88) e que o ser humano "participa por sua natureza de todo acontecimento cósmico e está entretecido a ele, interna e externamente" (p. 91), o que o faz apresentar-se bipartido à vida, com "o polo luminoso (*yang*) e o polo obscuro ou sombrio (*yin*)".

Como também o texto de Wilhelm encontra-se à disposição do leitor brasileiro, na tradução referida na bibliografia, passemos logo a *O Segredo da Flor de Ouro*.

Eu dizia há pouco que, da primeira vez, esse livro se mostrou impenetrável ao meu entendimento. Não posso dizer que, de repente, o vejo transparente como um cristal, mas percebo, com alegria, que a alquimia chinesa em busca do Tao oferece acomodações de impressionante lucidez para conceitos tidos por moderníssimos, como consciente e inconsciente, hemisférios cerebrais, personalidade e individualidade.

Vejamos por quê.

O livro chinês apresenta-se como um compacto de ensinamentos do mestre Liu Dsu, que caracteriza o Tao como "ser uno, o espírito originário e único" que, ao mergulhar na matéria, divide-se em dois. "Assim que o toque da individuação entra no nascimento" – diz Liu Dsu (p. 99) – "o ser e a vida dividem-se em dois." Não que se separem para sempre os dois polos, mesmo porque ficam como que lado a lado, tendo entre eles o "campo de uma polegada da casa de um pé". Ao que parece é atuando sobre esse ponto que se pode obter a reunificação da dualidade, mesmo ainda em vida terrena. A casa que mede um pé é tida como o rosto da pessoa. Eu arriscaria dizer que é, antes, o crânio, já que o local designado como de uma polegada é o espaço entre os olhos, precisamente onde se acha o chamado "terceiro olho". É ali, no dizer do livro, que "mora a magnificência", ou "a passagem escura", pela qual o ser pode articular-se lucidamente com "o verdadeiro ser... o espírito originário". Fundindo e misturando as duas metades do ser, "passaremos através do desfiladeiro".

O texto chinês faz, portanto, uma clara distinção entre o que identifica como "espírito originário" e o "espírito consciente", o que, na terminologia dos instrutores da codificação espírita, ficou sendo espírito e alma.

A reunião do que estava dividido se consegue por um movimento circular iniciado a partir da aquietação dos sentidos. Trata-se, no meu entender, de uma interpenetração esquerda/direita, alma/espírito, consciente/inconsciente. "Os olhos" – informa o sábio (p. 101) – "impelem a luz ao movimento circular como dois ministros, *um à direita, outro à esquerda*, apoiando o soberano com toda a sua força." (Destaques meus.)

Em outras passagens, o texto chinês atribui ao espírito o termo que Wilhelm traduziu como *anima*, enquanto *animus* seria a alma. Jung não está muito de acordo com a tradução proposta pelo seu amigo, mesmo porque esses termos tinham para ele, Jung, conotações diferentes. Isto não importa aqui, o importante é observar que a consciência, manifestada naquilo a que chamamos personalidade, "depende" – segundo o texto chinês – "da *anima* para existir" (p. 101), o que é estritamente verdadeiro. Não que o sábio Liu Dsu considere o espírito como a parte inconsciente do ser – nem ele dispunha desse termo na sua língua –, e sim como outra manifestação da consciência, que é também a proposta de nosso livro. E mais, o que se observa neste ensinamento é a presença de um psiquismo predominante, com autoridade, ainda que para nós inconsciente, dado que a consciência da personalidade "depende da *anima* para existir", como ficou dito há pouco. Trasladando tais conhecimentos para o âmbito do que hoje se especula a respeito dos hemisférios cerebrais, podemos observar a clara predominância do direito sobre o esquerdo, ao contrário do que (ainda) se acredita cientificamente. Mais do que isso, os chineses ensinavam que a felicidade suprema do Tao só poderia ser alcançada quando a *anima* (espírito) subjugasse o *animus* (alma), mesmo porque a natureza desta "é a do obscuro" em virtude de estar "presa ao coração corpóreo e carnal"(p. 102). A "prática dessa alta magia" – informa-se mais adiante – consiste, portanto, em "dirigir-se para o ponto em que o espírito modelador ainda não se manifestou", a um "estado isento de polaridade" (p. 121), ou seja, buscando retornar ao que a entidade era antes que a encarnação a dividisse em duas. Como o texto chinês também usa imagem semelhante à da câmara nupcial dos gnósticos, parece que a reunião das duas manifestações do ser seria meta suprema e conceito comum às duas correntes de pensamento. "É como se homem e mulher se unissem e houvesse uma concepção" – diz *O Livro da Flor de Ouro* (p. 105).

Para que isto seja conseguido, portanto, é preciso reverter o processo da descida. Quando a entidade espiritual mergulha na matéria densa e se divide, está "fluindo para baixo". Daí porque "o sentido da Flor de Ouro repousa inteiramente no método reversivo", ensina o sábio. No *Livro Long Yen*, segundo *O Segredo da Flor de Ouro*, lê-se mais esta advertência:

"Mediante a concentração dos pensamentos, podemos voar; mediante a concentração dos apetites, caímos."

Se, portanto, em vez de trabalhar para elevar a alma ao nível do espírito, procurarmos arrastar este para o nível da alma, estaremos nos afastando cada vez mais das metas alquímicas da transmutação pessoal.

Para isso, não é necessário – diz Liu Dsu (p. 123) – "abandonar a profissão habitual", mas aprender a lidar com os afazeres da vida material sem neles se envolver demais. Alcançado esse estágio em que as reações ao meio ambiente terreno ficam como que automatizadas, estaremos vivendo em harmonia. Vejam como o mestre chinês coloca esse pensamento:

"Quando, mediante pensamentos corretos, os assuntos são postos em ordem, a luz não é manipulada pelas coisas externas, mas circulará segundo sua própria lei."

Por isso, numa das suas "fórmulas mágicas", à qual não falta o toque sutil da poesia, mestre Liu Dsu ensina: "O país que não fica em parte alguma é a pátria verdadeira..."

A convivência com a matéria não precisa, portanto, assumir as proporções de um confronto e nem as características de uma acomodada entrega, mesmo porque ela foi provida de espaço para a movimentação de nosso psiquismo. Exatamente, como disseram os gnósticos, isto é, que a matéria não precisa ser amada nem temida.

Cabe reiterar aqui a observação de *A Grande Síntese*, ao declarar enfaticamente, *primeiro*: que "a matéria, ainda mesmo a chamada bruta ou inerte, vive, sente e pode plasmar-se e obedece, desde que atingida por uma ordem profunda" (p. 48); *segundo*, que "também na ciência há zonas sagradas, das quais ninguém pode aproximar-se sem o sentimento da veneração e sem a prece"(p. 182). Prestaram bem atenção? Ele disse *ninguém*...; *terceiro*, a conquista de novo patarmar de consciência implica, necessariamente, uma alteração qualitativa que a obra caracteriza como mudança de dimensão.

Eis por que vejo no modelo evolutivo pontos críticos nos quais, sem dar saltos, a vida nos coloca diante de mutações alquímicas, ou seja, provocadas por algo que ao mesmo tempo está em nós e nos transcende. Não é algo fora de nós que se acrescenta, mas aspectos ocultos de nós mesmos que, de repente, por alguma razão se revelam e nos projetam numa nova dimensão do ser, em novo patamar de percepção e, portanto, de aprendizado e maturação.

Em "O livro da consciência", incluído em *O Segredo da Flor de Ouro*, há uma introdução que assim diz: "Se você quiser concluir o corpo de diamante sem nenhum desperdício, aqueça diligentemente as raízes da consciência e da vida. Acenda a chama luminosa no sagrado território ao lado e lá, abrigado, deixe seu verdadeiro eu habitar para sempre."

Poucas vezes se tem dito tanto em tão pouco e de maneira tão bela. O leitor pode até me achar hiperbólico, mas vamos ver isso de perto.

O que primeiro se percebe do ensinamento é que o corpo de diamante de alguma forma já existe e está em processo de elaboração, porque o texto fala em *concluí-lo* e não em fazê-lo. Recomenda que ele seja elaborado na medida certa, sem desperdícios nem de tempo, nem de oportunidades ou conhecimento. É preciso, ainda, que se vá buscar no silêncio cósmico as fontes da vida e da consciência para aquecê-las ao coração. Para isso é necessário agir com diligência e buscar a iluminação que está ali mesmo, ao alcance de todos nós, ou seja, no chamado inconsciente, na individualidade, no espírito. O texto é tão claro que até leio nele a informação de que a individualidade está ancorada no hemisfério direito. Ou será que estou vendo coisas demais? Mas veja bem o leitor paciente que é ali, naquele território sagrado, tão pertinho, que a gente deve aconchegar-se docemente e para sempre, no seu verdadeiro eu. Mais claro que isso, impossível, pois a poética luminosidade do texto chinês acabaria cegando os olhos destreinados do contemplativo desatento. Para mirar a verdade, é preciso ter os olhos de ver de que falava o Cristo.

Não devo dizer mais nada para avisar que não posso concordar em que a alquimia seja apenas uma pseudociência precursora da química, mas ainda vale acrescentar uma pequena e curiosa notícia, na qual o dr. Jung poria o qualificativo de sincrônica. Estava eu para escrever este capítulo, quando abri, ao acaso, um dos vários livros que tenho de Teresa de Ávila e sobre ela. Lá estava, em texto de autoria da genial doutora da Igreja, o relato de uma das suas numerosas visões. Tinha diante dela, ou em si mesma, a cegante luminosidade de Deus que seria uma espécie de imenso diamante, "limpíssimo, muito maior do que o mundo inteiro". E nele – no Deus-Diamante – ela se via incluída, como tudo o mais. Deixemo-la, falar, ela própria, a seu jeito:

> Tudo o que fazemos – ensina – se vê nesse diamante, que tudo encerra em si, dado que nada pode escapar à sua grandeza. Me senti maravilhada até a estupefação, ao perceber, em tão breve momento, tantas coisas reunidas lá, naquele luminoso diamante; e, cada vez que me lembro disso, invade-me a mais amarga dor ao pensar que impurezas tão vis como meus pecados se encontrem em tão límpida pureza.

Aí está, na visão da autora, a imagem transcedental da pureza diamantina de Deus, como corpo e alma de todo o universo. Uma pureza que não se tolda com os nossos erros, que tolera, mas que nos mostra nela incluídos, a despeito ou por causa de nossas mazelas.

Ah, Teresa! Se você fala em impurezas que a amarguram, que diria eu das minhas, senão que continuo empenhado no processo alquímico da evolução para, um dia, aconchegar-me docemente àquele território sagrado, tão perto de minhas aspirações e tão distante das possibilidades do momento evolutivo pelo qual estou passando!

2. Tributo aos alquimistas

Não era meu propósito escrever sobre a alquimia mais do que consta do capítulo anterior, mesmo porque o tema é de extrema complexidade e não pode ser tratado em poucas palavras, ainda que eu soubesse o suficiente sobre ele. Ao concluir o livro, porém, julguei oportuno conferir algumas das ideias aqui discutidas com um texto mais amplo e autorizado, que eu conhecia apenas de referências ocasionais: o do dr. Carl G. Jung. E como sabemos todos, escalando os largos ombros do dr. Jung, a gente consegue ver o longe e o sempre.

Recorri, pois, à caprichada tradução francesa de *Psychologie und Alchemie*, de responsabilidade de Henry Pernet e do dr. Roland Cahen.

Essa obra monumental resultou de longos anos de estudo, pesquisa e meditação, durante os quais o eminente médico suíço desbravou para nós a vasta e confusa literatura alquímica, iluminando obscuridades do pensamento medieval com o fulgor de seu gênio. A espantosa bibliografia consultada vai a 597 títulos, muitos deles em vários volumes, 354 dos quais raros e antigos textos em latim, grego, inglês, francês e italiano, recuando alguns ao século XIII.

Pareceu-me incorreto deixar o leitor e eu na frustração de não aprofundar um pouco o exame da matéria, quando temos à nossa disposição o imperdível tratado do dr. Jung.

Há outro aspecto, porém, que confesso ter sido decisivo – é que encontrei em *Psychologie et Alchimie* muito mais do que supunha possível em apoio a algumas de minhas mais vistosas especulações e intuições.

Daí a razão deste capítulo, no qual procuro trabalhar com minhas próprias ideias no contexto da competente visão alquímica do dr. Jung.

Começaremos com a informação de que Jung não atribui significado relevante ao aspecto meramente químico da chamada "opus" alquímica. Para ele as práticas laboratoriais nada tinham de científicas, embora servissem de campo no qual os alquimistas projetavam seus "conteúdos inconscientes". Daí a impenetrabilidade da metodologia, não apenas à mentalidade científica moderna, mas também à dos contemporâneos que, com frequência, nem entre si mesmos se entendiam, já que cada um tinha suas concepções, seus métodos de trabalho e suas fantasias. A obscuridade era tão densa que se criou a proposta de explicar o absurdo pelo mais absurdo e o desconhecido pelo mais desconhecido. (*Obscurum per obscurium, ignotus per ignotius.*) Não nos devemos esquecer, ainda, de que os alquimistas tinham de estar de olho no inquisidor, senão, em vez de submeter ao fogo do laboratório os corpos químicos com os quais trabalhavam, acabariam, eles próprios, incinerados nas fogueiras purificadoras do Santo Ofício.

Mesmo assim, descobertas importantes foram realizadas e repassadas à nova ciência que nascia já sem o prefixo *al* dos árabes.

Ao que depreendemos do estudo de Jung, contudo, sempre houve uma elite de alquimistas desinteressados da mera busca de processos mágicos de produzir ouro a partir de metais menos nobres. Para esses, o trabalho laboratorial era "essencialmente centrado no símbolo e em seu efeito psíquico" (p. 51). Quanto ao ouro, como que davam de ombros, convencidos de que não buscavam o vil metal, se assim podemos dizer, mas uma transmutação espiritual própria. *Aurum nostrum* – ensinavam – *non est aurum vulgi.* (Nosso ouro não é o ouro do vulgo.) "Transformai-vos em pedras filosofais vivas!" – proclamava um deles.

Vejo aqui, aliás, um dos frequentes apoios para o conceito que escolhi para intitular este livro, ou seja, uma concepção da mente como laboratório vivo de transmutações alquímicas. Há outras referências semelhantes, como a da página 117, por exemplo, onde se explica que, segundo antiga tradição, "a cabeça ou o cérebro é a sede da *anima intellectualis* (alma intelectual). Eis por que" – esclarece Jung – "o vaso alquímico deve ser redondo como a cabeça (...) simples e perfeito como a *anima mundi* (alma do mundo)".

Como sempre, e em todos os ramos do conhecimento e da especulação, havia, portanto, um punhado de alquimistas de mais elevado nível intelectual, guiados por intuições criativas, e a massa afoita dos curiosos e até charlatães interesseiros, empenhados, no dizer de Jung, "na vergonhosa insistência na fabricação do ouro". (p. 406) Não é destes que se ocupa o autor; ele está interessado nos aspectos psicológicos, iniciáticos, gnósticos, religiosos e filosóficos da alquimia e, por isso, mergulha fundo nos seus enigmas, sem tropeçar pelos caminhos, na confusa algaravia dos autores de terceira ou de quinta categorias.

Atento ao problema do espaço, neste livro, evitaremos estacionar demoradamente em aspectos igualmente dignos de exame, mas que seria muito longo examinar, como a brilhante "Introdução à problemática religiosa e psicológica da alquimia", que ocupa as primeiras 55 páginas do livro.

No módulo sobre "os símbolos oníricos no processo de individuação", o autor se estende por cerca de 230 páginas na meticulosa e competente análise dos sonhos e impressões visuais de um jovem "de formação científica". Mais de mil sonhos e vidências dessa pessoa foram pesquisados a fim de identificar, na ampla massa de dados, os arquétipos, os símbolos, a linguagem e o conteúdo do inconsciente. É um trabalho fascinante e que estudaremos aqui em voo rasante.

Para evitar qualquer envolvimento pessoal, Jung entregou o jovem a um de seus assistentes, reservando para si a tarefa da análise.

A propósito disto, identifica-se aqui notável observação de Jung, ao explicar por que razão resolveu confiar a coleta dos sonhos e visões a um discípulo seu: é que este, um "principiante, não estava ainda sobrecarregado (*handicapé*) pelo meu saber". Não se trata, obviamente, de uma bravata ou explosão de vaidade, mas de uma sólida realidade, que nem todos os pesquisadores percebem – a de que a visão do problema pode apresentar-se distorcida pelo condicionamento cultural do observador, que, inconscientemente, vê no objeto examinado mais o que ele já sabe do que aquilo que pretende e precisa aprender.

Dos comentários de Jung aos sonhos emerge um cenário que, não obstante, somente se revela àquele que, como se dirá mais adiante (p. 295), "possui os símbolos". Jung os tem, mas, ao mesmo tempo, não se deixa aprisionar por eles. Para quem não os possui, os sonhos continuarão herméticos.

Logo nos sonhos iniciais, Jung começa a perceber a presença das mandalas, um dos símbolos mais estudados por ele, respeitado especialista no assunto, como se pode ver de sua obra *O Homem e seus Símbolos*. Em *Psicologia e Alquimia*, 170 páginas são dedicadas ao aprofundamento dos enigmas da mandala.

Acho que não estaremos perdendo tempo se nos demorarmos um pouco mais nesse tópico de tão amplas implicações.

Jung considera a mandala um "círculo ritual ou mágico utilizado como *yantra*, instrumento de contemplação". É, portanto, um recurso visual para suscitar o estado de deliberada e positiva alienação sensorial, que abre o acesso ao inconsciente.

A mandala resulta de uma interface alquímico-psicológica do quadrado com o círculo, na qual o primeiro representa os quatro elementos básicos da matéria densa – terra, água, ar e fogo –, ao passo que o círculo é a figura geométrica perfeita e, portanto, imagem da perfeição espiritual.

"Faça do homem e da mulher" – encontrou Jung em o *Rosarium* (p. 167) – "um círculo redondo, e extraia disso um quadrado, e do quadrado, um triângulo. Faça um círculo redondo e você terá a pedra filosofal."

Arrisco-me a uma interpretação pessoal do obscuro e, aparentemente, impenetrável texto com as minhas próprias chaves. O autor alquimista colocou nesse reduzido parágrafo a simbologia do processo evolutivo. Há nele referências veladas ao velho enigma da quadratura do círculo, ao qual Jung se refere alhures, em seu livro, bem como alusão à polaridade do ser humano, ao envolvimento do espírito com a matéria densa, à trilogia do ser encarnado (corpo, alma e espírito) e à chegada, afinal, à perfeição e, portanto, à pedra filosofal, capaz de transformar matéria inferior (imperfeição) no ouro da redenção espiritual.

Embora percebendo tais aspectos, contudo, eu ainda não atinara com o mecanismo da tão falada *circumambulatio* (circumambulação), considerada indispensável ao processo da evolução. Ora, circumambulação significa andar, caminhar ou mover-se em círculo. Os enigmáticos textos alquímicos recomendam que essa caminhada seja sinistrogira, ou melhor, da direita para a esquerda, em sentido contrário ao dos ponteiros do relógio. Mas o que realmente significa isso? Pouco a pouco, pela meditação, e certamente ajudado pela intuição, fui compreendendo melhor a realidade atrás da simbologia. Se você tomar um quadrado e o fizer girar – para a esquerda, no caso – milímetro a milímetro, em torno de um ponto central a ele, acabará obtendo um círculo, ao unir todos os pontos que se desenha na sua caminhada circular, embora continuando quadrado. A perfeição, portanto, representada pelo círculo, somente se alcança por repetidos mergulhos na matéria densa (o quadrado), durante os quais a alma e o espírito fazem com ela o triângulo a que também se refere o autor.

Significativamente, o *Rosarium* ensina que ao fim do processo se "extraia" o quadrado, o que deve ser considerado, a meu ver, como libertação das compulsórias reencarnações retificadoras e, portanto, do envolvimento com a matéria densa representada pelo quadrado.

E por que a rotação – aliás, também mencionada em *O Segredo da Flor de Ouro*, como vimos – tem de ser da direita para a esquerda? Só posso admitir uma explicação plausível: o fato de que essa gente toda sabia que a alma (= personalidade = consciente) localiza-se à esquerda, no cérebro, e é elaborada através de instruções e comandos provindos do espírito (= individualidade = inconsciente), plantado no hemisfério direito. Completada a volta, a circumambulação, os dois se tornam um para sempre, meta alquímica e gnóstica.

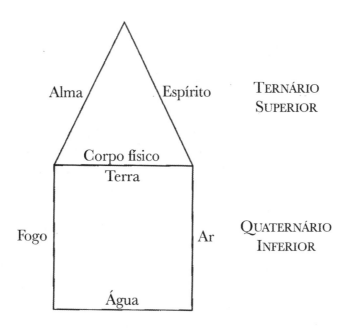

Figura 1 – Representa graficamente o esquema de acoplamento da entidade espiritual à matéria densa. O espírito se desdobra, ao reencarnar-se, em duas áreas psíquicas, passando para a alma a programação necessária à sua atuação no ambiente material, ao mesmo tempo em que preserva sua liberdade relativa e suas conexões cósmicas. A linha de base do triângulo apoia-se nos elementos que os antigos entendiam como constitutivos do planeta: terra, água, fogo e ar. Ao desencarnar-se a entidade, de regresso à dimensão espiritual, seu *habitat* natural, fecha-se o ângulo, com a incorporação da alma ao espírito.

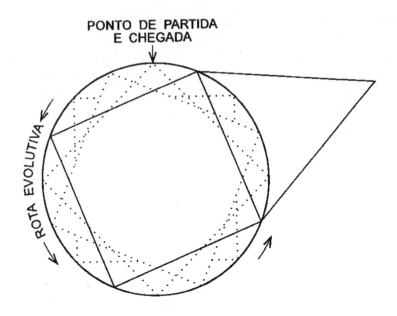

Figura 2 – Visualizamos aqui a dinâmica do processo evolutivo, que os alquimistas conheciam como *circumambulatio* (circumambulação = caminhar em círculo). O quadrado representativo da matéria serve, literalmente, de veículo ao ser espiritual nesse deslocamento, ao ocupar, sucessivamente, diferentes posições dentro do círculo, girando em torno de um ponto central. Daí, provavelmente, a expressão "roda das reencarnações", utilizada pela mística oriental para caracterizar a longa série de vidas na carne. É preciso lembrar, neste ponto, que, como figura geométrica perfeita, o círculo é símbolo da perfeição, meta evolutiva de todas as criaturas. Nota-se que o espírito – representado pelo triângulo – permanece com a maior parte de si mesmo na livre dimensão cósmica, o que leva ao entendimento da intuição de Maurice Maeterlinck, segundo o qual o espírito encarna-se parcialmente e não em sua totalidade. Representada no desenho pela área do arco, a alma permanece dentro do círculo, apoiada no quadrilátero dos elementos planetários, onde se sujeita às limitações que a matéria densa lhe impõe. Outra observação curiosa e não menos correta é a de que a alma traz consigo, de existências anteriores, programas não executados e problemas residuais não resolvidos, o que se percebe pelos traços nela deixados. É de se notar, ainda, que a figura joga com dois elementos básicos da especulação ocultista – o círculo e o quadrado e, portanto, com a metáfora alquímica da "quadratura do círculo". Ressalte-se, ademais, que círculo e quadrado armam, juntos, a estrutura básica da mandala, recurso ótico para ajudar a alcançar estados profundos de meditação.

O quadrado, no dizer de Jung, corresponde ao *temenos* (bosque sagrado, em grego), espaço fechado, limitado, que nos é atribuído na matéria sempre que a ela nos acoplamos (pelas sucessivas reencarnações, acrescento eu).

"O interior da 'flor de ouro'" – prossegue Jung (p. 169) – "é um 'local de germinação', onde se produz 'o corpo de diamante'. Seu sinônimo, o 'país dos ancestrais', indica, talvez, que essa criação resulta da integração dos estados ancestrais."

Estamos falando, portanto, de um processo de purificação evolutiva que produz a limpidez cristalina do diamante, no interior da emblemática flor de ouro. Sintomaticamente – e aqui eu eliminaria o *talvez* de Jung –, é nesse elevadíssimo patamar evolutivo que vamos encontrar, à nossa disposição, toda a sabedoria acumulada pelos ancestrais, ou seja, de nossas próprias vivências (leia-se reencarnações ou personalidades). Cada uma destas é um ponto no círculo mágico que o quadrado material foi pingando em sua multimilenar circumambulação.

Jung encontrou no sonho número 26 do seu analisado notável dissertação sobre o processo. O jovem sonhou que se encontrava sob um céu estrelado, em noite escura. De repente, uma voz – que sempre lhe falava com autoridade – lhe diz: "Agora isso vai começar". Ele quis saber o que estava para começar e a voz esclareceu que se tratava do "movimento circular". Nesse ponto do sonho, uma estrela despencou-se das alturas e caiu, *em curva para a esquerda*. O "dono" do sonho entende que se trata de qualquer coisa que tenha a ver com movimentos sócio-políticos de esquerda e direita, mas é logo esclarecido de seu engano. Como se não houvesse atentado para a sua ignara pergunta a respeito, uma voz que agora ele identifica como sua própria explica o seguinte, que nos leva ao núcleo da problemática dos hemisférios cerebrais:

> A existência da esquerda – ensina – não contradiz a da direita. Elas estão ambas em nós. A esquerda reflete a direita. Cada vez que a sinto assim, como um reflexo, estou de acordo comigo mesmo. Não há lado esquerdo e lado direito na sociedade humana, mas pessoas simétricas e pessoas mancas. Os mancos são aqueles que não podem satisfazer senão um só lado de si mesmos, o esquerdo ou o direito. Eles ainda se encontram em estado infantil (imaturidade).

Nesse diálogo consigo mesmo – e não nos esqueçamos de que o moço está sonhando –, transparentes verdades figuram revestidas de diáfanos símbolos. Esquerdo e direito não têm, necessariamente, que se confrontar ou disputar a hegemonia, mesmo porque a área do ser que se encontra à esquerda (personalidade, insisto, para lembrar) é criação – reflexo, diz o sonho – da individualidade, situada à direita. O sonho esclarece que o entendimento criativo entre as duas áreas do psiquismo produz na pessoa a sensação de *estar de acordo consigo mesma*. Não há, pois, uma guerra declarada entre os dois vetores do ser, mas apenas pessoas dotadas de equilíbrio (simétricas) e pessoas que supervalorizam uma das áreas em prejuízo da outra. Estas são severamente classificadas como coxas ou mancas, isto é, assimétricas e, por isso, imaturas ou infantis. Mais explícito, impossível.

Em outro sonho – o de número 44 – a imagem é a de uma criança *que circula pela periferia*, alusão, segundo Jung, "à situação ainda infantil do sonhador" (p. 250), longe, portanto, de se livrar do que os antigos místicos chamavam de "a roda das reencarnações".

No sonho número 46, o sonhador se vê "prisioneiro de um espaço quadrado", ameaçado por leões e por uma feiticeira, consciente, no entanto, de que tem ali compromissos a atender, "importante tarefa pessoal, um dever mesmo", conforme analisa Jung. Em sonho subsequente, o jovem se mostra relutante em "pagar um imposto", ou seja, em aceitar o ônus, as dificuldades, canseiras, sofrimentos e limitações decorrentes do literal enquadramento que o espera na matéria. É como se o inconsciente lhe mandasse o seguinte recado: "Você relutou em vir para a carne! Se pudesse, teria escapado dela ou, pelo menos, adiado a vinda". No sonho 53, no qual o sonhador se sente desconfortável dentro de "um quadrado vazio que gira", uma voz grita: "Não o deixe escapar! Ele não quer pagar o imposto". Sem as chaves simbólicas, portanto, este seria um sonho estapafúrdio, sem sentido algum para o seu autor.

No de número 54, o sonhador é brindado com um discurso mais longo sobre o papel da religião no psiquismo. A voz de sempre lhe diz com a costumeira autoridade que "a religião não é um substituto; ela deve, ao contrário, juntar-se às outras atividades da alma, como última perfeição. É com a plenitude da vida que você deve engendrar sua religião. Somente dessa maneira você será bem-aventurado" (p. 256). A religião não deve ser, pois, uma muleta que substitua a qualidade moral da criatura, ela somente se revela, em toda a sua plenitude, na fase final da evolução, quando se torna um dos componentes da "última perfeição".

Ora, a despeito de sua cultura geral e científica, o jovem que forneceu ao dr. Jung esse impressionante material onírico não dispunha, conscientemente, de informações tão precisas, profundas e antigas sobre a metodologia da evolução, como revelou na montagem de seus sonhos. Ele estava, portanto, utilizando-se de material arquivado em seu inconsciente (= individualidade) que precisa dos símbolos e dos arquétipos a que está habituado e não especificamente da linguagem humana, à qual recorre somente em situações críticas, quando a informação a transmitir é relevante demais para ficar envolvida na obscuridade. Jung, porém, vai decodificando os símbolos plantados nas mensagens oníricas colhidas no diálogo entre a personalidade, que aprende, e a individualidade, que ensina. Ou, na terminologia junguiana, entre consciente e inconsciente. É com esse material que ele monta a visão panorâmica do "processo alquímico de individuação", ou seja, a maturação do indivíduo pela expansão da consciência, como temos visto repetidamente neste livro, e que leva, eventualmente, a uma unificação do consciente com o inconsciente.

Aqui estamos, pois, em pleno território alquímico, de vez que os alquimistas buscavam, conscientemente ou não, unificar áreas psíquicas distintas que vagamente percebiam no ser humano. Simbolizavam a dualidade a ser unificada, no Sol, elemento masculino, e na Lua, componente feminino. Os gnósticos também achavam que o ser humano vem da unidade, mergulha temporariamente na dualidade e recompõe, ao longo do tempo, a unidade. "Eu e o Pai somos Um" – ensinou o Cristo.

São abundantes e eloquentes as gravuras alquímicas que apresentam seres humanos ou mitológicos com duas cabeças, uma feminina e outra masculina, fazendo lembrar o mesmo tipo de polaridade que os chineses identificaram como *yang* e *yin*, sendo o espírito o componente feminino e a alma, o masculino.

Daí considerarem os gnósticos impossível a fecundação de Maria pelo "Espírito Santo", como queriam os cristãos, dado que um elemento feminino não poderia impregnar outro do mesmo gênero.

Jung utilizou-se de palavras latinas – *animus* e *anima* – para caracterizar o fenômeno, atribuindo ao inconsciente a polaridade feminina (p. 73, entre outras). Sem desconsiderar nenhum desses termos, mesmo porque a realidade subjacente que eles indicam é a mesma, o inconsciente figura neste livro também como individualidade, ao passo que, constituindo a área consciente do ser, vamos encontrar a personalidade.

A dualidade masculino/feminino, contudo, se oferece a algumas reflexões adicionais. É que encontramos, tanto na alquimia como no gnosticismo, o conceito da androginia ou hermafroditismo. Ao estudar os textos gnósticos na pesquisa que me levou a escrever *O Evangelho Gnóstico de Tomé – texto e contexto*, não atinara com o exato sentido da expressão, mas acabei percebendo que ela estava ali na condição de uma metáfora e nada tinha a ver com a sexualidade propriamente dita, e sim, com a polaridade energética da criatura humana. Significativamente, a alquimia e o gnosticismo consideram o ser espiritual uno em suas origens, mas desdobrado em dois, quando acoplado à matéria densa. Como esta bloqueia as mais sutis manifestações do ser total, a reencarnação era para os gnósticos um estado de embriaguez, de alienação, de morte aparente. Todo o esforço teria de ser direcionado para a tarefa de libertar-se a criatura da prisão da carne, de volta à perdida unidade. Não se trata aqui de simples união – ou re-unificação – com o todo, que essa é permanente, mas de unificação dentro de si mesmo.

Curiosamente, o primeiro homem, Adão, é considerado andrógino, um hermafrodita, tanto por gnósticos, como pelos alquimistas, não, porém, do estrito ponto de vista da sexualidade, mas porque vem para a matéria na condição de ser uno, integral, no qual a banda consciente não se destacara, por não ter sido ainda criada pelo inconsciente. Jung encontra referências a uma espécie de envasamento, de transferência de conteúdos inconscientes para o consciente, como se este fosse – o que, de fato, é – uma criação daquele. Na alegoria bíblica, só depois de haver criado Adão, Deus teria percebido que ele precisava de uma companheira e extrai dele a substância – qualquer que seja – de que necessita para elaborar Eva, a personalidade, o consciente. Paradoxalmente, contudo, apesar de sua condição feminina, Eva exerce um papel típico (ou arquetipicamente) masculino do ser, dito racional, analítico e lógico, isto é, aquele que sai, que aprende a linguagem comum, a técnica de viver, o trabalho "braçal" de negociar com o ambiente em que está inserido as tarefas e responsabilidades do viver diário. Enquanto isso, o inconsciente (= espírito, elemento alquimicamente feminino) permanece recolhido em si mesmo, intuitivo, sensível, silencioso, pensando por sínteses, o que o confirma como elemento feminino da dicotomia humana.

Ainda sobre Adão, Jung encontrou referência específica em um velho tratado de alquimia de 1702, incluído na coleção de Johannes Jacobs Mangetus, que ensinava: "Assim como a sombra segue sempre o corpo daquele que caminha ao sol (...) nosso Adão hermafrodita, ainda que manifestado sob forma masculina, leva sempre consigo Eva, sua mulher, escondida no corpo" (p. 198, nota).

O autor alquimista entendia corretamente, portanto, a alegoria bíblica, não como efetiva criação da mulher a partir de uma costela de Adão, mas como desdobramento da individualidade numa dicotomia que viria a ser, posteriormente, identificada como consciente/inconsciente, personalidade/individualidade, alma/espírito.

Mas não é só na alquimia e no gnosticismo que surge a ideia da androginia. Jung encontrou-a também em textos hindus (pp. 211-212), assim redigidos: "Era grande como um homem e uma mulher enlaçados. Ele dividiu o seu *atman* em dois, e marido e mulher nasceram. Ele se uniu a ela e os homens nasceram."

Vemos aí, portanto, o mesmo conceito de um ser uno (enlaçados) que se biparte em um polo masculino e outro feminino (marido e mulher) ao nascer.

Mais adiante (p. 573), Jung nos passa a informação contida no Rig-Veda, segundo o qual Manu engendra com sua própria filha (= personalidade = consciente) a humanidade, à qual transmite a doutrina dos Upanishads. Particularmente significativo – comenta Jung – é o fato de que também ele, Manu, é considerado um andrógino, o que se pode traduzir em linguagem menos hermética como um ser que já alcançara a unidade em si mesmo, absorvendo a personalidade na individualidade, o consciente no inconsciente. Ao encarnar-se, ele cria o consciente – o texto caracteriza-o como sua *filha* – e, com ele e através dele, atua no ambiente da matéria.

Mas Jung é um pesquisador atento e incansável. Ele vai encontrar o mesmo conceito de androginia na concepção chinesa desse outro curioso arquétipo que é o unicórnio, estranha criatura de um só chifre que figura em várias tradições do mundo antigo.

Para os chineses, ensina Jung, o unicórnio era o *K'i – Lin*. O macho era conhecido com *K'i* e a fêmea, *Lin*, o que faz do *K'i – Lin* uma criatura também andrógina, tanto quanto um símbolo unificador.

Arrisco-me, aqui, a interpretar isso a meu jeito. O unicórnio teria sido o símbolo do ser que, afinal, conseguira recuperar a tão sonhada unidade íntima de que fora dotado em suas origens. A tarefa, contudo, é de tal maneira difícil e são tão raros os que conseguem realizá-la que se tornou necessário inventar um animal inexistente na natureza, aquele que teria conseguido fazer de seus dois chifres um só, unindo suas polaridades, ou, na terminologia gnóstica, fazer do dois o um.

Os alquimistas nunca diriam, porém, em linguagem explícita o que lhes passava pela mente. Invocavam em defesa da obscuridade o desejo e a necessidade de proteger ensinamentos secretos da compreensão do vulgo, que os poderia usar indevidamente, o que é verdadeiro. Por isso, não diziam que a total conscientização do ser ficava na dependência de um estado de pureza absoluta, equivalente à perfeição espiritual. Diziam a mesma coisa, usando imagens inocentes e impenetráveis ao entendimento de quem não dispusesse das chaves próprias. Em linguagem cifrada, ofereciam, no entanto, uma espécie de "receita" infalível para "caçar" um unicórnio: bastaria colocar uma virgem puríssima num campo que o unicórnio viria, mansamente, pousar a cabeça no regaço dela. O livro de Jung tem gravuras de diferentes origens e épocas para ilustrar a teoria, algumas delas mostrando a Virgem Maria, dado que o Cristo também seria – como de fato é – um daqueles raros seres que conseguiu chegar à unidade, à plenitude da conscientização e, portanto, da perfeição. Conversamos sobre isto alhures, neste livro, convicto de que, mesmo acoplado a um corpo físico, Jesus não se bipartiu, mantendo intacta sua individualidade. Não haveria nele, pois, consciente e inconsciente, nem alma desdobrada do espírito, e sim o espírito individualizado, na plenitude da sua consciência e com domínio total da matéria à qual estivesse acoplado. Na linguagem gnóstica, este é o ser que alcançou o *pleroma*.

Ao mencionar o risco de uma prematura conscientização desse tipo, que pode suscitar na criatura uma "inflação" da personalidade (o termo é do autor, p. 388), Jung acrescenta que "raramente isso tem sido alcançado pelo ser humano. A única grande exceção" – acrescenta – "é o Cristo".

Mais adiante (p. 454), discorrendo sobre o Si Mesmo – sua expressão para individualidade, o ser total – o autor considera o Cristo como "símbolo do Si Mesmo", isto é, aquele cujo psiquismo não se acha mais dividido, o que seria, em linguagem alquímica (p. 455), equivalente à pedra filosofal, a substância capaz de converter material inferior em ouro, não o vulgar, mas o outro, o espiritual. Tal observação Jung foi colher em Jakob Boheme, um alquimista que viveu entre 1575 e 1624.

A unificação, etapa final e gloriosa de um processo que Jung chama de individuação, figurava na alquimia como *coniuntion (conjunção),* frequentemente representada em gravuras pelo ato sexual entre uma figura masculina e uma feminina, o equivalente, portanto, a uma unificação (conjunção) de personalidade e individualidade, consciente e inconsciente, alma e espírito, sol e lua. Imagem semelhante serviu aos gnósticos, que representavam a volta à unidade como algo de grandioso que se passava na feliz intimidade da "câmara nupcial". Seria este mais um símbolo para a caixa craniana? Parece que sim.

Depreendo das leituras e das ilustrações que alguns alquimistas entendiam essa conjunção como possível apenas depois da morte, obviamente pelas dificuldades praticamente insuperáveis de consegui-la com a entidade espiritual ainda acoplada a um corpo físico vivo, com o que concordo plenamente, como também tive oportunidade de referir alhures, neste livro. De certa forma, é o que nos confirmam as entidades incumbidas de assistir o prof. Rivail na elaboração dos textos da doutrina dos espíritos. Para estas, uma vez encarnado, o ser assume a condição de alma e, desencarnado, reverte à condição de espírito, quando retoma a plena posse de seus arquivos mnemônicos e éticos reunificados no ambiente que entendemos, hoje, por mente.

Convencidos que estavam da existência de um psiquismo na matéria, gnósticos e alquimistas fornecem ao dr. Jung apoio para um de seus numerosos achados, sendo que este, citado a seguir, parece elaborado sob medida para justificar o título deste livro. Discorrendo sobre o intercâmbio matéria/espírito, escreve Jung que "as relações entre essas duas modalidades – sonho e imaginação ativa – do processo de irrigação da consciência pelo inconsciente com o mundo da intuição alquímica, encontram-se tão próximos que se é levado a admitir que se trate de um procedimento alquímico."

Quanto à tríade corpo, alma e espírito, vamos encontrá-la em referências ainda mais remotas que a dos alquimistas e até dos gnósticos, pois já era conhecida dos egípcios, por exemplo, que falavam de um ternário superior apoiado num quaternário inferior. Mais uma vez, a linguagem simbólica tinha relevante sentido oculto.

O triângulo corpo, alma e espírito apoia-se, pela base corporal, como vimos, na matéria densa quaternária, porque os antigos a entendiam como um arranjo dos quatro componentes básicos (terra, água, fogo e ar). Segundo informação que me foi passada por uma pessoa em transe regressivo de memória, as pirâmides – não a de degraus de Sakara, que se baseia em outro princípio – representavam, na sua geometria arquitetônica, precisamente o princípio do ternário superior – os quatro triângulos unidos pelos vértices – apoiados na base quadrada da matéria. Coincidência ou não – e eu prefiro entender que *não é* coincidência –, as linhas que formam o ângulo superior do triângulo, unidas em cima, dividem-se embaixo, ficando apartadas enquanto acopladas ao corpo físico. A figura suporta ainda outro aspecto: o de que, ao desencarnar, a entidade espiritual desfaz-se da linha de base que a liga à matéria e, por isso, o ângulo alma/espírito se fecha, reduzido a uma reta que, como sabemos, é uma sucessão de pontos ou momentos (personalidades), uma flexa de tempo, viajando em busca do "ponto ômega", como diria Teilhard de Chardin, rumo à perfeição.

Ainda sobre os quatro aspectos da matéria, e comentando que dificilmente poderia deixar de fazer tal observação, Jung lembra que o carbono, um dos principais elementos constitutivos da matéria orgânica, tem valência quaternária, e que o diamante é carbono puro cristalizado. O autor deve ter tido em mente, ao escrever isto, o fato de que um dos propósitos alquímicos era, precisamente, a formação do "corpo de diamante", mencionado quando estudamos sumariamente *O Segredo da Flor de Ouro*.

Estranho como possa parecer – ou eu estaria vendo coisas demais –, observo que, somando os pesos atômicos dos quatro elementos químicos básicos à composição da matéria orgânica, encontramos o número 43, composto, portanto, de *quatro* dezenas e *três* unidades. [1 (hidrogênio) + 12 (carbono) + 14 (nitrogênio) + 16 (oxigênio) = 43.] Estamos, pois, diante dos mesmos números que compõem o ternário espiritual e o quaternário material. Será que esses números também estariam a nos dizer algo? Se o leitor não se importa, podemos fantasiar algumas especulações, talvez ociosas, mas seguramente intrigantes. Vê-se, por exemplo, na "distância" quantitativa do hidrogênio, isolado e entronizado na leveza da unidade, um símbolo da elevada condição do espírito ou, como se lê em *A Grande Síntese*, o ponto por onde a vida ensaia seus primeiros passos. Mais: o carbono seria a matéria-prima da qual se elabora o "corpo de diamante" ao cristalizar-se sob o fogo purificador do aprendizado evolutivo nos cadinhos da matéria densa. O nitrogênio poderíamos tomar como símbolo da alma, região fronteiriça entre espírito e matéria, ficando o corpo físico simbolizado no oxigênio, elemento vital à energização da matéria orgânica, como sabemos.

Para Jung, o *corpo de diamante* é um símbolo da imortalidade. Diz mesmo (p. 540) que essa imortalidade se alcança pela "transformação do corpo". Eu poria isso de modo diferente, por entender que na imortalidade já estamos todos, desde que criados; o contexto imortalidade/eternidade apenas abre espaço para que o processo evolutivo acabe por elaborar um corpo espiritual perfeito, luminoso, imaculado como o diamante. Não se trata, aqui, obviamente, do corpo físico, mas do sutil, que Paulo viu como corpo espiritual e Kardec como perispírito. Talvez – mais uma alternativa – seja até o corpo mental, mais sutil ainda, a que se refere André Luiz, repercutindo antigas tradições ocultistas.

Jung lembra, ademais, que o diamante, "pela sua transparência, seu brilho e sua dureza, constitui excelente símbolo". Cita, a propósito, o livro XIV da *Bibliotheca Chemica Curiosa*, editada por Mangetus, segundo o qual "os filósofos não descobriram melhor remédio do que a pedra filosofal, nobre e abençoada, assim chamada por causa de sua *dureza*, de sua *transparência* e de sua *cor de rubi*".

Não sei se teria ocorrido a Jung, neste ponto, que os elementos básicos da química orgânica são também quatro, embora possam estar unidos rotativamente a outros – hidrogênio, carbono, oxigênio e nitrogênio – mas ele está convencido (p. 287) "por conclusão inevitável (...) de que existe um elemento psíquico que se exprime pela quaternidade".

Igualmente convictos estavam os alquimistas, como tivemos oportunidade de comentar, de um psiquismo na matéria. Em terminologia contemporânea, Jung fala de uma projeção dos conteúdos inconscientes dos alquimistas na matéria com a qual trabalhavam em seus laboratórios. E prossegue:

> Em seguida à projeção, estabelecia-se uma *identidade inconsciente* entre a psique do alquimista e a substância do arcano, ou substância de transformação, ou seja, o espírito aprisionado na matéria. Em consequência, o *Liber Platonis Quartorum* recomenda a utilização do *occiput* como vaso da transformação, dado que ele é o recipiente que abriga o pensamento e o intelecto.

Como o nome indica – e Jung tem mais de uma ilustração para mostrar –, o *occiput* era um vaso alquímico em forma de crânio, pois é aí que se processam os impulsos mentais que possibilitam a interação espírito/matéria. É ainda no crânio que os alquimistas viam o *locus* onde o ser humano mantém suas conexões com a divindade, tal como temos visto aqui, neste livro, inclusive de maneira explícita, no estudo do prof. Jaynes, segundo o qual o lado direito do cérebro é reservado aos deuses.

Ainda neste contexto, tão rico de sugestões, na mesma página (p. 346), Jung acrescenta que assim se passam as coisas porque "temos necessidade do cérebro para usá-lo como sede da parte divina (*partis divinae*)". (Mais um ponto para o título escolhido para este livro.)

E como a demonstrar que toda aquela gente tinha luminosas intuições a respeito da interface dos hemisférios cerebrais, Jung prossegue citando o *Liber Platonis Quartorum* – de 1602, não nos esqueçamos – segundo o qual:

> As coisas se transformam com o tempo e por definição justa do pensamento, do mesmo modo pelo qual as partes assimilam-se umas às outras, pela composição e pela forma. Mas o cérebro, em vista de *sua vizinhança com a alma racional*, deve ser assimilado à mistura, e a alma racional é simples, como já foi dito. (Destaque meu.)

Impressionante a lucidez desses textos arcaicos, a despeito da estudada obscuridade redacional e a capacidade de seus autores de penetrarem pela intuição a essência mais profunda e íntima dos mecanismos da vida e do processo evolutivo. Já se sabia há séculos que a "alma racional" tinha seus terminais implantados no cérebro, de onde podia direcionar "a ação do espírito sobre a matéria", como esclarece Jung (p. 347). Mais que isso, discorriam aqueles autores, portanto, sobre o que estamos considerando em nosso próprio estudo alma/consciente/personalidade, de um lado, ao passo que espírito/inconsciente/individualidade funcionavam logo ali, à direita, no espaço reservado aos deuses, no dizer de Jaynes ou à "*partis divinae*" dos alquimistas. Estamos falando, portanto, de razão (alma racional) e intuição, uma à esquerda e outra à direita. É o que também se vê em *A Grande Síntese*, e no livro de Anthony Smith.

Por tudo isso, explica Jung mais adiante (p. 348):

> Deve estar agora suficientemente claro que, desde os tempos mais remotos, a alquimia apresenta-se sob dois aspectos: de um lado, a obra prática, química, no laboratório; de outro, um processo psicológico, num vetor consciente, ou seja, conscientemente psíquico e, pelo outro, inconsciente e percebido nos processos de transformação da matéria.

Eis por que, no entender de Jung, o ritual da transubstanciação do pão e do vinho em corpo e sangue do Cristo não seria procedimento de teor cristão, mas alquímico.

"Para o alquimista" – ensina o autor (p. 401) – "não é o homem que tem, prioritariamente, necessidade de redenção, mas a divindade perdida e adormecida na intimidade da matéria."

Como se Deus se houvesse difundido em pequeninas centelhas de vida, por toda parte, até as mais recônditas profundezas da matéria, a fim de que o ser humano em evolução as fosse recolhendo para voltar, com elas, ao seu Criador, ao mesmo tempo em que desempenha um papel de co-criador.

Por essas e outras intuições, acha o eminente doutor suíço que embora a alquimia pareça hoje distanciada do nosso contexto cultural, "não devemos, em nenhuma hipótese, subestimar a importância que ela teve para a Idade Média. Nossa época" – conclui – "é filha da Idade Média e não pode renegar seus pais".

Ao lamentar, mais adiante no livro (p. 534), o que identifica como "ruína da sabedoria hermética", Jung observa:

"Começamos a compreender, hoje, graças ao aguçamento dos sentidos psicológicos, tudo o que a cultura espiritual da Europa perdeu, dessa maneira, sobretudo quando contemplamos a desordem e a ruína sem precedentes da Europa."

Como a Europa exerceu durante séculos, e ainda exerce, o papel de matriz da cultura ocidental, creio que se poderia estender esse lamento para abranger o mundo todo.

Seja como for, Jung termina sua queixa com uma nota otimista, ao declarar que "felizmente, a perda não é irreparável": *Natura tamen usque recurret* (Buscai o natural e ele virá a galope).

Também com isto concordo eu. Só não estou muito certo de poder afirmar categoricamente que o natural retorna tão pressuroso aos braços das nossas estruturas culturais, não porque venha de má vontade, mas porque mesmo o resgate do hermetismo – uma realidade incontestável hoje – está encontrando resistências, desconfianças, temores e indiferenças da parte daqueles que assumiram a responsabilidade de orientar culturalmente a massa anônima dos que anseiam por uma palavra revestida de autoridade. Nos velhos tempos, a Igreja assumiu esse papel e o desempenhou durante séculos com a vigorosa convicção de dona da verdade. Na transição da fé que apenas *crê* para aquela que *sabe*, muita coisa se perdeu, contudo, e a ciência apoderou-se do trono vago, mas ainda não tem muito a dizer sobre a rica temática da realidade espiritual, tão bem intuída pelos hoje ignorados e até ridicularizados alquimistas medievais.

É que, hipnotizada pelo mito da razão – atributo da alma (= ser encarnado) –, a ciência ainda não se deu conta, como assinala Jung, nas suas conclusões (p. 607), de que a razão "pode não ser o instrumento conveniente a esse tipo de pesquisa". E não é mesmo.

De minha parte, não teria dúvida em concluir, como já o fiz alhures, neste livro, que o desvio das correntes de pensamento para a esquerda foi desastroso para o processo evolutivo da humanidade como um todo e para o indivíduo, em particular. Optamos, há alguns séculos, e mais intensamente a partir do século XIX, por um racionalismo exacerbado que rejeitou em bloco a sabedoria alquímica porque muitos alquimistas – dos menos expressivos, aliás – obstinaram-se na busca insensata do "ouro vulgar". Com isto, abriu-se mais o ângulo formado pela alma e pelo espírito, no âmbito do ser encarnado, e, consequentemente, ampliou-se o espaço que separa a razão, que se esgota, como denuncia *A Grande Síntese,* da intuição, que ainda não foi aceita como elemento fecundante de uma nova etapa de realizações evolutivas. Fizemos a opção da personalidade, provisoriamente ignorantes das riquezas de sabedoria que nos aguardam logo ali, nos conteúdos da individualidade, alojada no "hemisfério dos deuses" do dr. Julian Jaynes e dos alquimistas.

Em consonância com Jung, Paul Brunton também considera desastroso, como vimos, o abandono do ideário gnóstico, que tanto tinha e tem a nos ensinar acerca do que Teilhard de Chardin chamou de o "dentro das coisas". Sintomaticamente, a sabedoria gnóstica, que permaneceu sepultada nos desertos do Oriente Médio durante dezesseis séculos, emerge de volta à luz, precisamente a meio caminho do último século do segundo milênio. Estaria alguém, lá em cima, na escadaria, nos proporcionando mais uma oportunidade de repensar as coisas, rever posturas engessadas pelo obstinado materialismo que se esteriliza nas suas limitações e nas suas eruditas ignorâncias? É o que parece.

Por tudo isso, a leitura do livro de Jung constitui extraordinária aventura intelectual, sob qualquer aspecto que o leitor o considere, desde que abordado de mente aberta e disposta a aprender com ele. Para mim, a grande revelação nele contida é a de que os caluniados e incompreendidos alquimistas medievais trabalhavam no âmbito de uma sabedoria que ainda não foi resgatada pela ciência moderna, que, no dizer de Chardin, resolveu "ignorar provisoriamente" tais aspectos.

Através da aparente impenetrabilidade de seus textos, eivados de símbolos, enigmas, imagens e metáforas, eles nos falam, por cima da muralha dos séculos, de coisas como consciente e inconsciente, hemisférios cerebrais, corpo, alma e espírito, processo evolutivo, integração personalidade/individualidade, polaridade energética dos seres, conteúdo psíquico da matéria, restrições impostas pelo acoplamento da entidade espiritual ao corpo físico, redenção como trabalho pessoal de cada um, sentido oculto das mandalas, aspectos religiosos embutidos nos mecanismos da vida, sobrevivência do ser, insuficência da razão para decifrar a realidade espiritual, força sutil da intuição e, talvez, coisas que ainda nem tenhamos percebido nos seus escritos.

A técnica de ridicularizar os alquimistas em geral, como ignorantes e interesseiros caçadores do ouro vil, mal disfarça, portanto, uma arrogante ignorância erudita da parte daqueles que sabem muito, mas não o que que é necessário saber para entender melhor o fenômeno humano de que falou Chardin.

Eis por que eu tinha de escrever mais este capítulo. Foi muito bom que, primeiro, tivesse dado o livro por concluído, para depois, conferir algumas reflexões mais arrojadas com a preciosa herança cultural deixada pelos alquimistas. Foi, também, uma lição de humildade e até um espanto verificar que ideias hoje consideradas renovadoras ou mesmo revolucionárias tenham sido concebidas de maneira tão lúcida pelos desprezados "fazedores de ouro". Foi bom, ainda, porque, ao botar lado a lado a pesquisa moderna e os fundamentos psicológicos da alquimia, a gente verifica que conceitos alquímicos estão ressurgindo por toda parte na literatura especulativa contemporânea, não porque a ciência como um todo se haja convertido a esses postulados, mas porque muitos estudiosos começam a romper fronteiras tão severamente patrulhadas pelo materialismo a fim de abrir espaços para a realidade espiritual que está, não apenas nos seres humanos, mas por toda parte.

Suspeito mesmo que muitos desses inovadores modernos sejam, eles próprios, velhos alquimistas renascidos no chamado século das luzes, precisamente porque as luzes andam embaciadas e ameaçam apagar-se e eles resolveram assumir a responsabilidade de reativá-las antes que se extingam de todo. Um deles, talvez dos mais eminentes, teria sido o doutor Carl G. Jung, monumento vivo de saber, gênio de insondáveis amplitudes e profundidades, cuja obra ainda não foi estudada como precisa e deve.

Meus respeitos a ele fiquem aqui documentados e minha gratidão por me ter proporcionado a oportunidade de subir em seus ombros para contemplar o cosmos.

3. Visão gnóstica da vida

Prometi alhures, neste livro, algumas reflexões sobre os gnósticos. Creio chegado o momento de nos demorarmos um pouco mais no exame dessa questão. Serei breve e ao leitor interessado em aprofundar o assunto sugiro recorrer ao meu livro *O Evangelho Gnóstico de Tomé*, no qual não apenas o texto é apresentado e comentado como o contexto em que surgiu esse documento.

Despojada de qualquer conotação religiosa ou metafísica, *gnose* (do grego *gnosis*, conhecimento, sabedoria) se reduz a uma busca de conhecimento pelo conhecimento em si, tanto que a terminologia filosófica adota o termo gnosiologia como alternativa para a expressão *teoria do conhecimento*. Encontramos no Aurélio a caracterização de gnose, na história da filosofia, como "conhecimento esotérico e perfeito da divindade, e que se transmite por tradição e mediante ritos de iniciação", e *gnosticismo*, como "ecletismo filosófico-religioso surgido nos primeiros séculos da nossa era e diversificado em numerosas seitas, e que visava a conciliar todas as religiões e a explicar-lhes o sentido mais profundo por meio da gnose". Explica ainda o Aurélio, entre parênteses, que constituem "dogmas do gnosticismo: a emanação, a queda, a redenção e a mediação, exercida por inúmeras potências celestes, entre a divindade e os homens. Relaciona-se o gnosticismo com a cabala, o neoplatonismo e as religiões orientais".

Já o *agnosticismo*, ainda segundo o Aurélio, conceitua-se como "1. posição metodológica pela qual só se aceita como objetivamente verdadeira uma proposição que tenha evidência lógica satisfatória; 2. atitude que considera fútil a metafísica; 3. doutrina que ensina a existência de uma ordem de realidade incognoscível."

Como sempre, são da melhor qualidade as informações colhidas em Mestre Aurélio. Sem esquecer a moldura que elas armam para nós, vamos entender a gnose como uma das muitas metodologias da busca em geral e o gnosticismo como uma corrente de pensamento que se envolveu com o cristianismo nascente, entre os anos 120 e 240 d.C., aproximadamente. Emprego deliberadamente o verbo envolver-se, dado que partilho da opinião de alguns autores – Gillabert, por exemplo, segundo a qual a gnose universal preexistente encontrou no cristianismo um ponto favorável à sua própria inserção. Isto significa que uma corrente gnóstica mais ou menos descompromissada com estruturas de pensamento religioso sempre existiu, sendo o gnosticismo, no meu entender, um movimento paralelo de ideias que, a rigor, nada tinha a ver com o cristianismo, especialmente com aquela modalidade de cristianismo que começava a estruturar-se teológica e dogmaticamente, com vistas à formação de um núcleo de poder político-religioso. Em outras palavras, os pensadores gnósticos encontraram no ideário do Cristo conceitos compatíveis com as linhas mestras do seu próprio modo de interpretar a realidade espiritual. As diferenças entre a Igreja nascente e o gnosticismo eram, contudo, mais pronunciadas do que eventuais semelhanças ou concordâncias. E isto se acentuaria, até que o gnosticismo passou a ser considerado como perniciosa heresia a ser eliminada ou, no mínimo, neutralizada, e não como um grupo que pudesse ser até tolerado, a despeito de certas divergências doutrinárias. Não havia como ignorar os conflitos ideológicos que se situavam na essência mesma de cada uma das duas correntes. O cristianismo nascente optou, no dizer da dra. Elaine Pagels, por um modelo quantitativo, interessado em montar um eficiente núcleo de poder político-religioso, ao passo que o gnosticismo caracterizava-se como movimento qualitativo, minoritário por convicção. Enquanto a Igreja desenvolvia suas estruturas teológicas dogmáticas, seus rituais e o conceito do exclusivismo salvacionista gerido por uma hierarquia sacerdotal, o gnosticismo entendia o processo evolutivo como projeto individual, no qual cada um tinha de construir, através do progressivo conhecimento, sua própria libertação do pesado jugo da matéria. Para a Igreja nascente, já estariam salvos, em princípio, todos aqueles que a ela aderissem, dado que o sangue derramado pelo Cristo na cruz a todos redimia. A todos, bem entendido, quantos aceitassem, sem qualquer reserva, não apenas a doutrina que ia sendo formulada, como a prática fiel e costumeira de sacramentos, rituais e posturas. O que fora apenas uma divergência entre gnosticismo e cristianismo tornara-se uma brecha que se ampliava progressivamente, sem a menor chance de uma cicatrização que levasse os "hereges" de volta ao seio do rebanho.

A partir de então, iniciou-se a temporada de caça aos rebeldes que, embora contestando posições filosófico-religiosas do cristianismo, não desejavam muito mais do que algum espaço para viver e trabalhar pela própria libertação, que teria de vir, necessariamente, através do conhecimento ou, mais especificamente, do autoconhecimento. A essa altura, contudo, já o desejado espaço estava praticamente tomado pela Igreja, que rapidamente se consolidara, adotando inclusive procedimentos, fórmulas, rituais e modelos transplantados diretamente de cultos pagãos preexistentes, aos quais as populações estavam habituadas. Para esta gente não fazia muita diferença o nome do deus que estivesse sendo cultuado, uma vez que o fosse dentro das mesmas fórmulas. De minha parte, suponho que essa opção pela quantidade em sacrifício da qualidade, como assinalada a dra. Pagels, muito tenha a ver com a divinização do Cristo, logo considerado como componente visível de uma trindade divina. À medida que o tempo decorria, o processo de canonização passara até a suprir uma galeria de seres extraordinários, em condições de preencher no imaginário popular o vazio deixado pelo politeísmo. Os santos seriam, assim, deuses menores, como dantes, cada um deles ocupado com um aspecto da vida, em condições de interferirem pelo sofrido mortal junto ao Deus supremo.

Não era isso que os gnósticos queriam nem era isso o que ensinavam. Além do mais, o gnosticismo priorizava um amplo envolvimento com a realidade espiritual, decisivo, aliás, na definição de seus postulados doutrinários, ao passo que a Igreja rejeitava essa realidade e até a combatia, após tê-la adotado durante os dois primeiros séculos. Estou falando não apenas da crença na continuidade da vida após a morte do corpo físico, mas do intercâmbio com os "mortos", de conceitos como o das vidas sucessivas ou reencarnação e o de responsabilidade pessoal de cada um pelos seus atos e, consequentemente, pelo ritmo de sua própria evolução espiritual. Estou falando das práticas pneumáticas (leia-se mediúnicas) que floresceram no seio da Igreja primitiva, ainda enquanto o Cristo vivia na carne e, ainda mais intensamente, depois que ele partiu para a dimensão espiritual. Quem diz pneumatismo diz, literalmente, espiritismo, por ser esta a fiel tradução daquele termo, uma vez que *pneuma* é a palavra grega para espírito. A evidência dessas práticas ficou evidenciada em textos canônicos como Atos dos Apóstolos e nas epístolas de Paulo. Era tão difundido o intercâmbio vivos e mortos que Paulo entendeu necessário disciplinar a atividade, como se lê de suas minuciosas instruções, que ocupam os capíulos 12, 13 e 14 da Primeira Carta aos Coríntios.

À medida em que as nascentes hierarquias sacerdotais foram tomando os espaços antes ocupados pelos médiuns – então conhecidos como *profetas* –, a convivência com os espíritos, do Cristo, inclusive, foi desaparecendo do contexto da Igreja. Para os gnósticos, contudo, essa prática era da essência mesma de suas cogitações, como assinalam autores contemporâneos. Lê-se em *O Evangelho Gnóstico de Tomé*, de minha autoria (p. 38):

> ... os textos coptas retomam o discurso cristão no ponto em que os canônicos o deixam, ou, em outras palavras, revertem o processo expositivo destes, construindo as narrativas, não a partir do nascimento de Jesus, mas de sua morte. É um Jesus póstumo que fala prioritariamente nos documentos gnósticos, um Jesus sobrevivente, não propriamente ressuscitado. Não é um Jesus morto, mas vivo.

Mas estamos falando de textos coptas sem ter explicado o que são e o que significam.

Para os objetivos deste resumo, basta dizer que estamos nos referindo a uma "biblioteca" gnóstica composta de 52 "livros" ou rolos de papiro descobertos nas imediações de Nag Hammadi, no Egito, em 1945, dois anos antes de outro sensacional achado, o dos manuscritos do Mar Morto, numa caverna em Qumram, na Judeia. Os textos gnósticos de Nag Hammadi foram escritos na língua copta, datam, materialmente, do século IV da Era Cristã, mas, em alguns casos pelo menos, reportam-se a originais bem mais antigos, que podem recuar até o ano 50, quando ainda vivia gente que convivera com o Cristo.

Considerada uma das mais importantes descobertas arqueológicas do século XX, esses documentos mantiveram-se cerca de quatorze séculos enterrados, e, logicamente, preservados de interpolações, amputações e deformações, pelo menos durante esse lapso de tempo. Daí a importância deles num processo de releitura do cristianismo primitivo, dado que pela primeira vez temos acesso à versão dos próprios gnósticos, ao invés de lermos como eram avaliados em textos tendenciosos, para dizer o mínimo, escritos com assumida paixão teológica por alguns dos mais candentes heresiólogos da época. Tão importante é a contribuição dos documentos coptas que o dr. Geddes MacGregor lhes atribui poder suficiente para suscitar não apenas uma releitura do cristianismo, como um verdadeiro renascimento do pensamento cristão.

Para melhor entendimento do conteúdo desses papiros não basta conhecer o desaparecido idioma copta em que foram escritos, mas dispor de um mínimo de familiaridade com o contexto da realidade espiritual, que MacGregor caracteriza como "parapsicológica", ou seja, é preciso ler os textos, no dizer de Gillabert, com "olhos gnósticos". É que esses documentos partem de pressupostos como existência, preexistência e sobrevivência do ser à morte corporal, bem como intercâmbio mediúnico entre vivos e mortos e um processo evolutivo baseado no autoconhecimento e na responsabilidade pessoal de cada um. Estará predispondo-se a não penetrar o sentido desses escritos o pesquisador que não admitir essa realidade, ainda que sem estar convicto dela.

Como assinala MacGregor, "toda a literatura do Novo Testamento, para não dizer a vasta literatura não canônica do cristianismo primitivo, foi escrita por e para pessoas que haviam desenvolvido considerável sensibilidade aos fenômenos psíquicos".

Pouco adiante, no seu livro, esse mesmo autor lamentaria, de certa forma, que a Igreja tenha abandonado essas práticas, dado que "as realidades psíquicas constituem seguramente tudo aquilo que constitui a Igreja".

Apesar de não demonstrar visão tão abrangente – ele revela algumas rejeições à leitura que MacGregor caracteriza como parapsicológica aos papiros de Nag Hammadi –, Gillabert é bastante enfático ao declarar que "sem pretender passar por profeta (...) o mundo de amanhã será gnóstico ou não será".

A dra. Pagels tem postura semelhante, ao postular que "os escritores gnósticos não descartam as visões como fantasias ou alucinações. Eles respeitam – e até reverenciam – tais experiências, por meio das quais a intuição espiritual penetra a natureza da realidade".

Não resta dúvida, portanto, mesmo na leitura de autores não muito bem instruídos sobre tais aspectos da vida, de que a visão gnóstica é essencialmente pneumática, para usar um termo da época, ou seja, é uma concepção tida hoje por esotérica e iniciática que se caracteriza com toda a nitidez na maioria dos textos preservados nas urnas coptas, mas, principalmente, no mais importante deles, o Evangelho de Tomé. Nesse documento, o Cristo instrui, em particular, um grupo menor, que se poderia considerar de iniciados, por intermédio de Tomé, que funciona como escriba, a anotar a palavra de seu mestre e, a crer-se em algumas especulações, seu irmão gêmeo.

Nesse e nos demais papiros, o que se ensina basicamente é a doutrina segundo a qual o ser humano é de essência espiritual, provinda da divindade, "lá onde a luz nasce de si mesma", como está dito no logion 50, e para lá regressará algum dia, ao cabo de longo, sofrido e difícil processo evolutivo. Como parte integrante da divindade, esse espírito era "um com Deus". Fazendo-se dois, ou seja, separando-se, deixou-se aprisionar pelos artifícios e atrativos da matéria densa, à qual permanecerá acoplado, em estado semelhante ao da embriaguez, da cegueira, da sonolência, numa espécie de alienação semiconsciente e, portanto, prisioneiro da ignorância. Encontramos em *The Occult*, de Colin Wilson (p. 759), uma ressonância moderna desse ponto de vista gnóstico e que assim está expresso:

"O principal inimigo da vida não é a morte, mas o esquecimento, a burrice. Perdemos muito facilmente o rumo. Esse é o elevado preço que a vida pagou para descer à matéria: uma espécie de amnésia parcial."

O fim desse estado de escravidão não é esperado pelos gnósticos através de uma redenção messiânica coletiva por adesão a determinada estrutura religiosa, mas a um intenso, profundo e permanente trabalho de aprendizado, uma libertação pelo conhecimento, como o próprio Cristo recomendara ao prever: "Conhecereis a verdade e a verdade vos libertará". Foi também de pura concepção cristã a ideia de que é sempre necessário "estar no mundo sem ser do mundo".

Daí o horror gnóstico pela matéria, sempre considerada como artificiosa, enganadora, envolvente e dominadora. Tão séria foi essa rejeição pelas coisas do mundo e suas imperfeições, que os pensadores gnósticos atribuíam a criação da matéria e seu cortejo de equívocos a um deus secundário, um deus mau que se opunha ao Deus perfeito, justo, sábio e infalível. Tal rejeição ampliou-se de tal forma que alcançou a mulher, como que a responsabilizando pelo aprisionamento da centelha divina na carne. Daí também a formal e paradoxal condenação do relacionamento entre homem e mulher. Digo paradoxal, primeiro porque o estágio do espírito na carne, mesmo em estado de figurada embriaguez ou sonolência, teria de ser necessário ao aprendizado e, portanto, ao projeto evolutivo do ser e, em segundo lugar, porque os gnósticos sabiam perfeitamente que a entidade espiritual tanto pode encarnar-se num sexo como no outro, em diferentes existências. Pareciam entender a sexualidade como uma dicotomia, uma dualidade íntima que se define numa espécie de polarização, a cada vida, segundo as conveniências e projetos do ser encarnante. Mais do que isso, contudo, parece haver nesse sistema de forças criativas algo mais profundo ou esotérico que não está ainda esclarecido. Digo isto porque encontro no *Evangelho de Felipe* o seguinte ensinamento:

"Quando Eva estava ainda em Adão, a morte não existia. Quando ela se separou dele, surgiu a morte. Se novamente ele tornar-se completo e recompuser seu antigo ser, a morte terá sido extinta."

Como Peter Russell, em *The Global Brain*, também sugere um desdobramento de características femininas e masculinas, segundo os hemisférios, e como os gnósticos estão sempre a lembrar nos seus textos a eventual recomposição dos dois que se tornaram um, sinto-me autorizado a suspeitar de algum ensinamento na alegoria de Adão e Eva, para entendimento da qual se perderam as chaves apropriadas. Além disso, os gnósticos especulavam sobre conceitos semelhantes ao das almas gêmeas, como assinala o prof. Charles Puech, em seu livro *En Quête de la Gnose*. Há referências insistentes nos papiros de Nag Hamadi sobre o simbolismo da câmara nupcial, onde, afinal, os dois voltariam a ser um. Fico a perguntar-me se isso não teria algo a ver com a eventual absorção da personalidade na individualidade, ao término de um longuíssimo processo evolutivo, sugerido, entre outros, pelo dr. Gustave Geley e por Maurice Maeterlinck. Mesmo porque a tal integração teria o significado de uma reunificação com a própria divindade, de vez que a individualidade mantém-se durante todo o processo evolutivo acoplada à mente universal, como ensina Paul Brunton, entre outros.

Diz-me uma pessoa versada nos símbolos do Tarô – que constitui uma das minhas áreas ignorantes – que a divisão do ser em dois é representada pelo Arcano XV e a reunificação pelo de número XXII. Segundo o Arcano XV –

prossegue a informação – o ser espiritual divide-se em macho e fêmea, ao ser atraído pela matéria, à qual fica retido em regime de servidão. Para reunir as duas metades, voltando a ser um, é preciso libertar-se do domínio da matéria, vencendo o mundo. Assim, no Arcano XXI – o mundo – o ser se reintegra, se recompõe como andrógino, que seria o puro espírito, no qual a polaridade sexual não mais existe, resolvida que foi num equilíbrio energético. Como ensinaram os instrutores do prof. Rivail, o espírito não tem sexo, da maneira pela qual entendemos a sexualidade. Mais uma vez, portanto, topamos aqui com um tema que tem sido abordado neste livro, sob diferentes aspectos e configurações.

Em atenção às limitações de espaço que me impus neste livro, deixo de comentar aqui outros aspectos do gnosticismo, que o leitor encontrará, se o desejar, em *O Evangelho Gnóstico de Tomé*. Rogo, contudo, um pouco mais de tempo para expor com a possível brevidade conceitos gnósticos que tratei especificamente naquele livro, no capítulo intitulado "Os três patamares da evolução".

É que depreendemos da leitura dos textos de Nag Hammadi que os gnósticos entendiam o ser humano – adequadamente, a meu ver – como um arranjo operativo de espírito, alma e corpo físico, para colocar a questão em terminologia atualizada. O espírito, centelha divina temporariamente mergulhada na carne, manipularia o corpo físico através de um corpo energético intermediário. Dentro dessa moldura, os gnósticos catalogavam os seres humanos em três categorias ou estágios evolutivos: 1) os hílicos, carnais ou materiais, em nível inferior na escala do progresso, 2) os psíquicos, mais conscientes da sua condição de seres espirituais aprisionados e semiadormecidos na carne, em posição evolutiva intermediária; e 3) os espirituais, os verdadeiros gnósticos, ou seja, aqueles que já haviam se reapossado do perdido conhecimento e estavam, portanto, no estágio de liberdade final, ainda que por algum tempo acoplados a corpos físicos.

Essa mesma estrutura tríplice acomodava o conceito dos diferentes tipos de batismos, isto é, mergulhos. O batismo de água, para os carnais, em repetidos mergulhos na água do nascimento, o líquido amniótico; o batismo de fogo, por que passam os psíquicos, que, semidespertados para a realidade espiritual, se resgatavam através do fogo purificador do sofrimento; e, finalmente, o batismo do espírito, que significava o mergulho do ser na sua própria intimidade cósmica, equivalente, sugiro eu, à absorção definitiva da personalidade pela individualidade.

A doutrina gnóstica ensinava, portanto, que o acoplamento da entidade espiritual ao corpo de carne suscita um estado de embriaguez e alienação, espécie de morte, ao passo que era considerado vivo o ser que, ao cabo de numerosas experiências e reaprendizado, resgata-se da contingência de se deixar aprisionar de tempos em tempos pelos artifícios e molezas da matéria densa. Todo o esforço do ser, portanto, orientava-se no sentido de se instruir, principalmente, a respeito de sua própria natureza (autoconhecimento, ou seja, autognose), para retornar às suas origens divinas. Em lugar de uma salvação pela crença e pela prática de uns tantos rituais e sacramentos, o ser se liberta pelo conhecimento, sem necessidade de intermediários entre criatura e Criador.

Foi um grande equívoco a opção pelo modelo de cristianismo que nos coube por tradição e herança cultural. Esse modelo pode ter servido aos propósitos quantitativos da Igreja e se revelou inegavelmente eficaz na montagem de um vigoroso sistema de poder temporal, como assinala a dra. Pagels, mas, decorridos os séculos, à medida em que as mentes se abrem para a realidade espiritual e buscam respostas que os dogmas não têm a oferecer, esclarecimentos que não constam das estruturas teológicas e práticas que os rituais não satisfazem, a Igreja vai sendo deixada à margem falando sozinha, sem mensagem, sem perspectivas renovadoras e sem um discurso criativo. O engajamento social e político é uma alternativa compreensível e, sob muitos aspectos, necessária, mas não suficiente, dado que, num mundo atormentado por graves desajustes, o ser humano precisa de uma visão espiritual nítida, convincente, que o ajude a superar o momento que passa na certeza de um futuro equilíbrio.

Enquanto isso, ainda que relutantemente, a ciência vai sendo levada pelas suas pesquisas a admitir a validade da reencarnação bem como dos demais conceitos que compõem o quadro geral da realidade espiritual, como preexistência e sobrevivência do espírito, intercâmbio entre vivos e mortos, responsabilidade pessoal de cada um pelos seus atos, palavras e pensamentos. No que nos restou do cristianismo primitivo e de suas práticas pneumáticas, não há espaço para esses aspectos vitais ao entendimento dos mecanismos da vida. Esse cristianismo apela para a fé e, certamente, se posiciona como religião espiritualista, no sentido de que crê na existência da alma e até em sua sobrevivência à morte corporal, mas congelou a realidade póstuma em fórmulas teológicas como céu e inferno, inaceitáveis à mentalidade moderna. Assim como não tem muita condição de diálogo com os vivos, nenhum diálogo existe com os "mortos", que, afinal de contas, são pessoas que aqui viveram e passaram para uma dimensão cósmica na qual não há céu nem inferno, apenas a continuidade da vida. A despeito das reiteradas informações e comprovações de que o processo evolutivo não pode prescindir do mecanismo das vidas sucessivas, a Igreja continua a insistir em que a vida é uma só, e que para cada ser que nasce é criado um espírito sem passado. O que não explica aflitivas diferenças entre os aquinhoados com beleza, riqueza, inteligência, saúde e poder e aqueles outros que nascem marcados por angustiantes aflições e limitações, que estariam indevidamente a apontar para a existência de um Deus injusto, descaridoso, indiferente, ou incapaz de prever que tipo de existência estaria proporcionando a cada uma de suas criaturas.

Em contraste com essa estrutura de pensamento que pouco ou nada tem a oferecer ou a explicar ao que sofre, ao que busca, ao que deseja entender a vida, o gnosticismo, mesmo aquele dos primeiros tempos, que ainda necessitava de correções e ajustes doutrinários, mostrava-se ciente e consciente de uma realidade transcendental que se confirmaria no futuro, como estamos vendo. Fosse essa a opção vencedora, no confronto com o cristianismo do segundo século, teríamos tido mais de milênio e meio de vivência de um modelo racional, adogmático, sem rituais e sacramentos salvadores, dentro do qual cada um se desenvolvesse segundo seu ritmo pessoal, livre da ameaça potencial do inferno, convicto de que a morte é apenas um processo de renovação da vida.

Podemos assim compreender porque Gillabert escreve que "o mundo de amanhã será gnóstico (...) ou não será" e por que Paul Brunton considera calamitosa a eliminação do gnosticismo do contexto cultural da humanidade logo nos primeiros séculos de nossa era. Mas não foi somente aí. A mesma intolerância que se punha como dona da verdade arrasou literalmente a ferro e fogo, no século XIII, os componentes da heresia cátara, que retomava as matrizes gnósticas para tentar mudar com um pensamento renovador as estruturas religiosas do seu tempo. Os cátaros foram dizimados numa cruzada, a única que se armou contra pessoas que estudavam e praticavam os mesmos textos evangélicos e procuravam seguir os mesmos ensinamentos do Cristo, dos quais tinham diferente entendimento.

Numa visão retrospectiva, poderíamos sugerir hoje que se repetiu com os cátaros o erro de avaliação cometido pelos gnósticos ao se deixarem envolver em contexto religioso, quando apenas pregavam uma filosofia de vida. Bem pensado, contudo, foi inevitável esse passo. Ainda hoje e talvez por muito tempo, muita gente continuará entendendo que discorrer e especular acerca da realidade espiritual é atribuição de teólogos e pensadores religiosos ou místicos em geral. Esquecem-se essas pessoas, ou nunca pensaram nisso, de que o Cristo não fundou uma religião incumbida de gerir por nós e para nós os aspectos espirituais da vida, ele pregou e, mais do que isso, exemplificou com a sua própria vivência um novo modelo de comportamento. Religião por religião, ritual por ritual, que se deixasse ficar a pessoa nas instituições vigentes, no caso, as sinagogas de seu tempo. Ele sonhava, contudo (ou estava simplesmente antevendo?), a época em que Deus seria cultuado em plena luminosidade da natureza, nos campos, nos montes e vales, sem templos de pedra ou hierarquia sacerdotal para pensar por nós. Infelizmente, de tal maneira as religiões se apoderaram dos conceitos que integram a realidade espiritual, ainda que deformados, que mesmo hoje são muitos os cientistas que preferem não pesquisar os fenômenos correspondentes, por entendê-los como que de propriedade das instituições religiosas. Não falta quem os considere, ainda, como meras superstições, indignas da atenção de um cientista que se preze, mas mesmo aí estamos diante de uma categoria religiosa, dado que se afigura mais fácil desclassificar como supersticiosas e vulgares práticas e crenças de religiões primitivas, ignorantes por pressuposto arrogante formulado por representantes das elites culturais de nossa época.

Isto se evidencia quando percebemos, em papéis acadêmicos, artigos, ensaios, teses e livros de maior fôlego, o cuidado dos autores em se preservarem de qualquer envolvimento com supostas superstições e crendices, recorrendo, no exame de tais questões, a uma superioridade algo complacente e até irônica, que, às vezes, se apresentam como características daquilo a que costumo identificar como ignorância erudita.

Ademais, bastam alguns momentos de reflexão acerca do quadro que a civilização contemporânea tem a nos oferecer, em termos de desorientação cultural, emocional, social, econômica, religiosa e filosófica, para se convencer qualquer pessoa de que algum ingrediente muito importante está faltando ao nosso modelo de convivência. Em lugar de contribuir para a acomodação das inevitáveis divergências ideológicas, as instituições ditas religiosas parecem empenhadas em suscitar ou intensificar o desentendimento, criando conflitos que não hesitam em recorrer à matança para eliminar gente que diz orar ao mesmo Deus, estudar os mesmos textos, frequentar os mesmos ou semelhantes rituais e sacramentos, em seitas paralelas que praticamente não se distinguem umas das outras e até se igualam no envolvimento com o ódio por aquele que pensa de maneira diversa.

Dentro dessa moldura inquietante, podemos perceber as razões que levaram Paul Brunton ao lamento quanto ao fracasso do gnosticismo e as que criaram em Gillabert as expectativas de um futuro gnóstico, que está como que batendo às portas, ansioso para tentar, ainda a tempo, uma renovação cultural inteligente, lógica e racional. Estamos cansados de seculares fórmulas e modelos irracionais. No entanto, o espaço mental de que necessita essa proposta continua ocupado por estruturas de pensamento filosófico e religioso que já nasceram obsoletas, mas que exercitam o privilégio da prioridade conquistada e consolidada em séculos de dominação incontestada.

VII. Reflexões e propostas conclusivas

1. Ser e estar – eis a questão

O ponto de partida deste livro foi uma pergunta básica que assim poderá ser reiterada:

"Dar-se-á, no processo da morte, uma transcrição dos arquivos psíquicos do moribundo para alguma dimensão pessoal na qual eles sejam preservados?"

Creio que a resposta a essa questão é, positivamente, sim, de vez que encontramos para essa conclusão sólidos apoios nas obras pesquisadas e discutidas neste livro. Não que o problema colocado na pergunta deva ser considerado de fácil solução. Em verdade, ele se revelou mais complexo do que eu imaginara. Ser brindado com um *insight* intuitivo é uma coisa, demonstrar convincentemente sua correção é algo bem diverso. Para abordar com alguma chance de êxito a tarefa, eu tinha de obter respostas aceitáveis para duas questões preliminares:

1ª) Qual a diferença – se é que existe – entre alma e espírito?

2ª) Que significa "intelectualizar a matéria" (Kardec), "pensar a matéria" (Bergson), ou "buscar-se o psiquismo (como manifestação da vida) através da forma" (Chardin)?

No rastreamento de informações que iluminassem para mim a interação alma/espírito, comecei a identificar vinculações inesperadas com ideias paralelas como consciente e inconsciente, personalidade e individualidade, hemisférios cerebrais direito e esquerdo, razão e intuição, pensamento analítico e sintético.

A essa altura, eu não tinha mais três perguntas, mas, provavelmente três centenas delas. Em vez de dar com uma fresta pela qual eu pudesse espiar os fenômenos por trás das questões suscitadas, o mecanismo destravou-se e a janela toda escancarou para o cosmos! E agora, que fazer? Não seria melhor fechar a janela e voltar para o meu cantinho? (Mais duas perguntas...)

Não. De alguma forma que eu não estava percebendo, minha curiosidade não cabia mais no cantinho de onde havia saído comigo. Ficamos ambos a contemplar a amplidão que, inesperadamente invadira nossos espaços e se oferecia à nossa exploração. Era mais que um convite, um desafio. Resolvemos enfrentá-lo.

Do que me foi possível ver lá, posso dizer o seguinte:

1. Sim, alma e espírito são coisas diferentes.

2. Estou entendendo agora por que razão alma é, realmente, espírito encarnado, como ensinaram os instrutores espirituais ao prof. Rivail.

3. E porque, quando desencarnada, a entidade é apenas espírito.

4. Para facilitar a compreensão da sutil diferença, devemos considerar a alma como personalidade (de *persona* = máscara) e o espírito como individualidade ("individualização do princípio inteligente" – Kardec).

5. Pareceu-me que a alma/personalidade move-se no espaço mental a que chamamos consciente, enquanto o espírito/individualidade ocupa a dimensão que conhecemos como inconsciente.

6. Pareceu-me, ainda, que alma/personalidade/consciente liga seus terminais no hemisfério cerebral esquerdo, a fim de negociar com a vida na matéria os encaixes de que necessita para operacionalizar seu aprendizado, ao passo que espírito/individualidade/inconsciente instala-se no hemisfério direito, de onde não apenas monitora a alma, como mantém seus plugues psíquicos ligados no cosmos.

7. Descobri que não gosto nada dos termos consciente e inconsciente, tal como são utilizados, embora reconheça ser difícil desalojá-los de suas respectivas posições semânticas, científicas e filosóficas. Na verdade, o inconsciente é mais consciente do que o consciente, e muito mais abrangente, experimentado, vivido e informado do que seu tutelado, de vez que se enriquece a cada vida que passa acoplado a um corpo físico através das vivências da alma.

8. Embora já implícito, vamos explicitar logo o óbvio: no final de cada existência terrena, sim, a alma entrega ao espírito, numa operação que se pode chamar de transcrição ou de transplante, todos os seus arquivos, programas, experiências e memórias.

9. Não há mais razão para reter esse material, nem como retê-lo no âmbito da consciência "terrena", mesmo porque – e isto relutei um pouco em admitir – a alma perde sua razão de ser, de continuar a existir na sua relativa autonomia, uma vez que tudo o que a constituía é entregue ao seu verdadeiro dono – o espírito/individualidade. *Atenção*, porém: antes que algum apresssadinho me diga que pirei de vez, deixem-me acrescentar: não estou dizendo que a alma morre, e sim que ela se integra no espírito, é absorvida por ele, ou não teríamos documentadas em nós as experiências, os conhecimentos de todas as vidas na terra e alhures, desde que os instintos começaram a se gravar em nossos disquetes mnemônicos a fim de se automa-tizarem.

10. Isto significa, portanto, que, a cada nova existência na carne, a individualidade tem que construir ou montar e programar uma nova personalidade, que conta com todo um apoio logístico de sabedoria e experiência pregressa no inconsciente, mas precisa fazer novo aprendizado a fim de assumir a responsabilidade pelas decisões que irá tomar a cada momento, já que viver é escolher.

11. Cada existência representa, pois, nova etapa de aprendizado e nova oportunidade para retificação de erros. Se não errássemos tanto, não teríamos de vir tantas vezes para o exílio na matéria, de que se queixavam os gnósticos e mais os cátaros. A meta evolutiva do ser não consiste em viver para sempre acoplado a um corpo material inibidor, mas em conquistar as amplitudes da liberdade que o cosmos lhe oferece.

12. Se a entidade espiritual (= individualidade = espírito) ainda não alcançou estágio evolutivo satisfatório, pode ser vitimada por uma obsessiva e exagerada fixação na sua vivência como personalidade (= alma) e permanecer por tempo indeterminado como que alienada de sua própria individualidade a perambular pelos ambientes em que viveu na carne e a perturbar as pessoas que deixou para trás. O espírito de mais elevada condição, contudo, recupera com relativa presteza a lucidez da memória integral, ou seja, a lembrança de existências pregressas a fim de reavaliar-se e programar a etapa seguinte do processo.

De volta à nossa pergunta número 1, reafirmo que alma e espírito constituem, na carne, enquanto acoplados a um corpo físico, manifestações da mesma entidade espiritual, mas com tarefas diferenciadas e instrumentação específica para desempenho delas. A alma, portanto, é transitória; o espírito, não – é permanente, vive ininterruptamente.

Para que o intercâmbio alma/espírito funcione, parece-me necessária alguma modalidade de psiquismo na matéria de que o princípio espiritual se reveste. Em outras palavras, a matéria tem de oferecer, de alguma forma, as tomadas e as acomodações de que necessita a entidade espiritual para mergulhar nela e trabalhar com ela. Com o que passamos ao âmbito da segunda pergunta, que nos pede para esclarecer o problema que os instrutores da codificação espírita caracterizaram como intelectualização da matéria.

Encontramos, no material consultado para a elaboração deste estudo, numerosas referências a certo grau de psiquismo na matéria densa, a partir dos cristais. Abaixo dessa linha divisória, mais uma gradação do que um limite, a matéria se apresenta em espaços rigidamente demarcados por campos magnéticos, dentro dos quais se movimentam a velocidades vertiginosas as partículas de energia que compõem cada corpo dito sólido.

Se nos cristais são detectadas as primeiras e mais rudimentares manifestações do psiquismo, nas plantas se esboçam os primeiros impulsos de algo que um dia será a consciência, princípio esse que se expande no animal e desperta, afinal, no ser humano. O cristal "ferido" se recompõe sob determinadas condições, num processo de regeneração inconsciente, por certo, mas eficiente. Nas plantas, a vida começa a ensaiar sua capacidade de pensar a matéria e impor-lhes certa orientação. A essa altura do processo evolutivo – a vida a buscar-se através da forma – já se acham criadas na matéria viva encaixes específicos indispensáveis às futuras experimentações da interação mente/matéria. Graças a esses recursos, primitivos, por certo, mas de surpreendente eficácia, a planta pode realizar o seu trabalho alquímico de converter luz solar (energia) em alimento (matéria). Há que pressupor aqui certa forma de experiência adquirida que se consolidou numa programação que automatiza determinadas funções necessárias ao prosseguimento da tarefa de viver e, ainda mais, integrada num circuito cósmico de insuspeitadas amplitudes. No animal, as decisões que seu tipo de vida exige tornam-se imensamente mais complexas. Também ele leva nos seus arquivos psíquicos toda uma programação que lhe garante a sobrevivência física no ambiente em que vive. No ser humano, afinal, a vida consegue projetar na matéria a consciência de si mesma. Paradoxalmente, contudo, como creio ter ficado evidenciado neste estudo, os impulsos instintivos que comandam a vida na carne são inconscientes, dado que automatizados, e pouco interferem com os dispositivos mentais conscientes. Seria impraticável administrar as complexidades da vida na matéria com um mecanismo que tivesse de ficar atento a cada batimento cardíaco, inspiração e expiração, temperatura do corpo e todo o séquito de necessidades biológicas, sem contar a operação da própria mente em si. Por isso, uma vez adquirido o hábito e consolidado, ele passa a trabalhar no ambiente silencioso dos automatismos, sabiamente colocados fora do alcance do processo consciente.

Podemos perceber, portanto, que, a despeito de significativas gradações qualitativas, há um elemento comum em todas as manifestações desde a matéria bruta até o ser humano – regidas por um campo magnético que estabelece certas limitações espaciais e liga, entre si e ao cosmos, tudo o que existe. Cada coisa ou ser, portanto, tem seu espaço peculiar no espaço maior do universo. Você tem o seu, eu tenho o meu. Quando o meu espaço pessoal está acoplado às numerosas partículas energéticas que constituem a matéria de um corpo físico, encontro-me na condição de ser encarnado. Quando, vencido o prazo de utilização da matéria, me descarto dela, num processo que nos habituaram a chamar de morte, volto à minha condição de imponderabilidade (ou quase) e de invisibilidade, mas continuo um ser consciente, vivo, responsável, participante no que se passa à minha volta, tão longe quanto me seja possível alcançar com meus sensores. Por quê, então, e para quê, toda essa tensão e esse pavor ante a perspectiva da morte? Não se reduz ela apenas a uma mudança de estado, de plano ou dimensão? Por algum tempo, vestimos a matéria viva, atraindo-a para o campo vibratório ou energético que constitui nosso espaço pessoal no ambiente cósmico. Com isto, trazemo-la para o âmbito do nosso psiquismo, intelectualizando-a, pensando-a, fazendo-a assumir as formas e as funções de que necessitamos para as nossas experimentações e aprendizado com a vida.

É preciso enfatizar, contudo, que nem mesmo a matéria que incorporamos ao nosso campo vibratório pessoal fica ali fixada como que aprisionada durante nossa etapa de vida na terra. A cada momento que passa, estamos liberando partículas materiais de volta ao reservatório cósmico, ao mesmo tempo em que recolhemos outras tantas de que necessitamos para substituí-las nas inúmeras funções vitais.

Cientistas e pensadores contemporâneos, familiarizados com a física quântica, estão reformulando os antigos conceitos e propondo uma visão mais inteligente e aberta, não apenas de nós mesmos como de nossa posição no universo. O dr. Deepak Chopra, médico de origem indiana, residente nos Estados Unidos, informa em *Ageless Body, Timeless Mind*, que o ambiente em que vivemos é uma extensão do nosso próprio corpo. "A cada vez que respira, você inala centenas de milhões de átomos de ar exalados ontem por alguém na China", ensina ele (p. 27). A cada momento, pois, estamos, segundo o dr. Chopra, "fazendo e desfazendo nossos corpos"(p. 41), o que o leva a concluir que o corpo é um processo, não um objeto estável. Isto significa que ainda somos, basicamente, aquele vórtice inicial de consciência dentro do qual circula a matéria, ou melhor, movimentam-se partículas intelectualizadas de "luz coagulada".

Bem, perguntará o leitor, e daí? Que faço eu de todo esse pacote de ideias?

Dizia há pouco que viver é escolher. Estamos igualmente informados de que o conhecimento da verdade liberta. Há, porém, um condicionamento nessa proposta: depende do uso que você faz do que sabe, de vez que, tanto podemos direcionar o conhecimento adquirido para construir, como para demolir, para amar ou para odiar, para servir ou para dominar e ser servido. A lei cósmica respeita o seu livre-arbítrio, mas, simetricamente, impõe a correção, quando você a desrespeita ou se atrita com ela. Em outras palavras: a sementeira é livre; a colheita, não, pois você irá colher exatamente aquilo que plantou. O que se traduz na simplicidade linear de que não é nada inteligente desafiar a ordem universal, na qual se inclui, óbvia e prioritariamente, a ética.

Já deveríamos estar convencidos, a esta altura, de que erramos o caminho ao enveredar por religiões dogmáticas, ritualísticas, messiânicas, que prometem salvação mágica através de submissão irrestrita e fidelidade ao esquema que se erigiu para administrar nossas vidas e experimentações com a verdade, como dizia Gandhi. Não foi esse o modelo proposto pelo Cristo, que pregou e exemplificou um código de *comportamento*, enfatizando que todos os nossos atos, palavras e pensamentos ou intenções acarretam, responsavelmente, consequências que não há como ignorar e das quais não temos como fugir. Escapar à lei humana é possível; à de Deus, jamais, ou o universo entraria em colapso.

Vivemos, pois, um dramático momento do processo evolutivo que, de tão caótico e conturbado, aponta inexoravelmente para uma não menos dramática – talvez trágica – reformulação, que Fritjof Capra identificou como *ponto de mutação*.

Com desconfortável maioria de seres alienados de sua condição espiritual, a sociedade tem de ser igualmente alienada, dado que ela não pode ser mais que a soma algébrica dos seres que a integram, desencarnados, inclusive. Vivemos a era do personalismo total, distanciados, cada vez mais, da sabedoria que se encontra à nossa disposição, ali mesmo, em nossa própria individualidade, no hemisfério direito.

Estava certa, portanto, a intuição de Freud, Jung e outros pioneiros, na teimosa tentativa de decifrar os enigmas do inconsciente, procurando entender a importante mensagem não-verbal que lá se acha preservada e lá ficou abandonada. O problema é que deixaram de considerar na formulação dos novos paradigmas a que se propunham a sempre esquecida realidade espiritual.

No dr. Jung, mais do que em qualquer outro, a gente percebe o clima mental de conflito entre a individualidade (inconsciente) a esforçar-se bravamente para se comunicar com a personalidade (consciente) e a relutância desta em aceitar a mensagem. A justificativa de tal rejeição parece boa, irretocável mesmo: é necessário *racionalizar* conceitos, sugestões, ideias, informações e revelações, antes de admiti-las como válidas e, eventualmente, pô-las em prática. É que a personalidade se deixa dominar pelo limitado saber acadêmico, construído com outro tipo de matrizes, de inspiração e conteúdo materialista, que não confere com as que o inconsciente tanto se empenha em renovar. Para que aconteça a renovação é necessário repensar toda a herança cultural estratificada e consagrada pela tradição e que, de repente, se revelará obsoleta, inservível, a despeito de seus apoios acadêmicos se mostrarem, aparentemente, em pleno vigor da estabilidade.

Quando, nos escritos de Jung, predomina a sabedoria inconsciente, ele se mostra renovador e criativo, mas o condicionamento cultural da personalidade sempre consegue impor-se na suposta racionalização das conclusões cautelosas. Daí a ambiguidade denunciada por Martin Ebon, na sua análise crítica da obra do genial mestre suíço.

Foi uma pena que assim tenha acontecido. Não digo que se haja perdido mais uma oportunidade de renovação das estruturas em que se assentam as disciplinas psicológicas, mas houve, certamente, um adiamento de vultosas consequências. Mais do que nunca ancorada na personalidade, grande parte da humanidade vive à esquerda, ignorante de sua verdadeira natureza e tarefa na vida terrena.

Daí a fuga para a droga, a sexolatria, a ânsia desesperada pelo dinheiro, o poder, a fama, a glória efêmera do viver terreno, seja qual for o custo disso em aflições e desarmonias futuras, das quais pouco ou nada se sabe. Não há como parar para ouvir as vozes interiores que só nos falam no silêncio, quando vivemos no tumulto de uma civilização que se especializou em solicitar a atenção para o que Chardin caracterizava como o "fora das coisas".

Ao procurar entender esse clima de alienação, nos perguntamos com frequência se, porventura, não teríamos atingido o fundo do poço. Isto, contudo, não é tão importante. O que importa é suscitar em cada um de nós aquela mutação alquímica da mente, de que falamos alhures. Para isso, não é necessário nenhum processo mágico de iniciação mística. Basta fazer calar o tumulto em torno de nós e a estática interior a fim de nos ser possível mergulhar em nós mesmos os sensores de percepção de que fomos dotados. A resposta está em nós, não "lá fora". "O reino de Deus" – disse ele – "está dentro de vós".

Não estou procurando passar a culpa dos desequilíbrios da civilização contemporânea para o eminente e respeitável dr. Jung; a intenção aqui é, simplesmente, a de caracterizar as dificuldades de entendimento entre personalidade e individualidade, entre o ser e o estar, o consciente e o inconsciente.

Deixem-me elaborar um pouco mais este aspecto. Valho-me, neste ponto, de experiência pessoal semelhante à do dr. Carl Wickland, que durante trinta anos conversou com os chamados "mortos". Ao escrever isto, eu também tenho conversado com eles por igual número de anos. Muita coisa tenho aprendido nesses diálogos vibrantes de emoção. O de que mais se queixam eles, ao cabo de tantas existências perdidas a repetir ou a aprofundar erros, é que é muito comum trazerem para a vida terrena um programa de trabalho retificador e tornarem a fracassar ou a transviar-se, por melhores que sejam as intenções. Não é só porque desce sobre o entendimento da realidade espiritual a densa cortina da carne, mas porque nos deixamos envolver pelas matrizes de pensamento e ação que predominam deste lado da vida. Com isto, aquilo a que nos acostumamos a chamar de racionalismo interfere com a programação trazida e a descaracteriza a ponto de torná-la não apenas inútil, mas até prejudicial. Por isso, *A Grande Síntese* fala do conflito que trazemos dentro de nós e que o dr. Jung teve a coragem e a sabedoria de expor, a despeito de suas cautelas e reticências.

Mas não é só o caso de Jung que temos para citar a fim de evidenciar o conflito íntimo que se desencadeia dentro de nós. Vimos aqui mesmo, neste livro, a dramática interferência da voz interior, no caso do prof. Julian Jaynes, a explicar-lhe que o conhecimento de nada vale se não o vitalizarmos com o nosso próprio eu, incorporando-o às estruturas do nosso ser.

Outro exemplo, não menos dramático? Encontro-o em *Your Past Lives*, de Michael Talbot. Trata-se de uma experiência pessoal do dr. Erlo van Waveren, psicanalista junguiano, residente em Nova York, e que, por sua vez, está narrada no livro do próprio doutor, intitulado *Pilgrimage to Rebirth*. O dr. van Waveren e sua esposa Ann, psicoterapeuta, tiveram o privilégio de estudar com o dr. Jung, na Europa e, depois da Segunda Guerra, passaram a visitar com certa frequência o Instituto Jung, em Zürich.

Pouco depois dos quarenta anos de idade, o dr. van Waveren teve um sonho, no qual Deus lhe apareceu e o transportou para "o mundo dos mortos" (p. 61). O sonho causou-lhe profunda impressão e ele era o primeiro a perceber que havia ali veemente mensagem a ser considerada. Interpretou-a, corretamente, ao entender que a aventura onírica estava a lhe dizer que "havia alguma coisa acerca dos mistérios da morte, que lhe cabia explorar".

Com a ajuda da esposa, Van Waveren resolveu realizar a exploração, entregando-se a um estado de relaxamento, dentro do qual, começou a falar compulsivamente, com espantosa naturalidade, como se tivesse apenas conversando enquanto tomava chá...

"Por causa dessa voz que falava das minhas profundezas" – escreve ele, citado por Talbot –, "eu estava firmemente convencido de que em minha vida anterior fui um instrutor dos valores da vida e que tinha retornado para dar prosseguimento àquele trabalho".

Com a "catalítica curiosidade de uma verdadeira esposa", Ann lhe perguntou, com a maior naturalidade do mundo, se tinha alguma ideia de quem havia sido. Não menos naturalmente, ele deixou escapar a revelação, que se continha toda num só nome: *Fénelon*.

Só depois, iriam conferir quem teria sido aquela pessoa, cujo nome, naquele momento, nada significava para eles. Leitores habituais das obras que compõem a codificação espírita não teriam dificuldade em identificar Fénelon como autor de numerosas mensagens mediúnicas incluídas pelo prof. Rivail nos livros e na *Revue Spirite*, em vista do elevado conteúdo cultural e ético de suas reflexões.

François de Salignac de la Mothe (1651-1715) foi uma figura notável de seu tempo, como escritor e arcebispo de Cambrai. "Seu pai, Pons, conde de Fénelon – diz a *Britannica* (verbete *Fénelon*, vol.9, pp. 157-159, edição 1962) –, foi um nobre da província, de antiga linhagem, família grande e exíguo patrimônio." Nomeado tutor do duque de Borgonha, filho mais velho do delfim e herdeiro da coroa francesa, Fénelon assumiu grave responsabilidade, dado que, no dizer da *Britannica*, esse "estranho príncipe" poderia "transformar-se num santo ou num monstro, mas seria incapaz de se tornar uma pessoa comum".

Embora impactado pela revelação, autenticada por fortes emoções, o dr. van Waveren conservou-se "cético tanto sobre sua experiência quanto sobre a ideia da reencarnação em geral" (*in* Talbot, p. 62), mas lá estava a realidade desconhecida a solicitar sua atenção. Teria outros sonhos reveladores. De sua busca, como vimos, resultou o livro intitulado *Pilgrims to Rebirth*.

Fica conosco, portanto, um expressivo ensinamento, que muito tem a ver com o que estou tentando dizer neste livro. Admitindo-se correta a indicação, quem poderia imaginar que uma entidade espiritual do porte intelectual e moral de Fénelon tivesse, ao reencarnar, qualquer problema no reconhecimento da realidade espiritual? Pois se ele próprio fez parte da equipe de seres desencarnados que elaboraram e transmitiram a Allan Kardec os postulados básicos da doutrina dos espíritos! Traz, portanto, ao reencarnar, excelente e bem cuidada programação para a nova existência. Tem todas as condições, como "instrutor da vida", para levar a bom termo o projeto concebido para a atual existência: inteligência, cultura, experiência, sabedoria, postura ética condigna. Como todos nós, começa a montar as estruturas da personalidade com a qual irá viver nos Estados Unidos. Sua intuição encaminha-o para o estudo dos enigmas e problemas do ser humano, e ao dr. Carl Jung. No entanto, a personalidade se desenvolve em ambiente hostil aos conceitos de que ele necessita para desenvolver a contento sua tarefa terrena. Reencarnação – ensinaram-lhe – é crendice, a sobrevivência do ser não está cientificamente provada, o intercâmbio com seres desencarnados é coisa do ocultismo, e assim por diante... Só mesmo o impacto de uma revelação que surge das profundezas do seu ser, autenticada por um envolvimento emocional, leva-o, pelo menos, a pensar em tais assuntos.

Mais uma coisa: temos falado muito aqui em ser e estar, transitoriedade e permanência e, por isso, achei conveniente esclarecer um aspecto mais relevante do que poderia parecer à primeira vista. É que permanência não é sinônimo de imobilidade, de conformismo, de inação. Tudo no universo se move e evolui. Permanente é a estrutura das leis cósmicas que representam o pensamento daquele que, sendo incriado, é eterno e, portanto, imutável.

Não desejo fazer pregação – embora nada tenha contra isso, pelo contrário. Este livro não é um apelo, um libelo e nem uma advertência – é apenas uma dissertação linear sobre a alienação em que vivemos, por estarmos divididos não com relação aos outros, mas dentro de nós mesmos. O recado, certamente, tardio é também incômodo e, sem dúvida, quixotesco. Sonho com a expectativa de que possa servir a um ou outro leitor ou leitora mais atentos. Como dizia um verso da cançoneta de *South Pacific*, se a gente não sonhar, como é que os nossos sonhos vão se realizar? Quando é que a gente vai começar a viver numa comunidade consciente de que apenas *estamos* num corpo físico, mas que *somos* seres espirituais imortais e com o passaporte cósmico carimbado, desde as nossas origens, para os elevados patamares da perfeição?

Bibliografia

AGOSTINHO, Santo. *Confessions.* Britannica Great Books, William Denton, 1962.
AKSAKOF, Alexander. *Animismo e espiritismo.* FEB, 1978, Rio.
BACH, Edward. *A terapia floral.* Ground, 1992, Rio.
BEGLEY, Sharon. "The puzzle of genius – new insights into great minds", in *Newsweek.* 28-7-1993.
BERGSON, Henri. *L 'évolution créatrice.* Presses Universitaires, 1948, Paris.
BESANT, Annie. *A study in consciousness.* Theosophical Publishing House, 1980, Madras, London, Wheaton, Illinois.
BLAVATSKY, Helen. *A voz do silêncio.* Trad. Fernando Pessoa, Civilização Brasileira, 1969, Rio.
BRUNTON, Paul. *The wisdom of the overself.* E. P. Dutton, 1945, New York.
BUARQUE DE HOLLANDA, Aurélio. *Novo dicionário da língua portuguesa.* Nova Fronteira, Rio.
BURR, Harold Saxton. *Blueprint for immortality.* Neville Spearman, 1982, London.
CAPRA, Fritjof. *O ponto de mutação.* Trad. Álvaro Cabral, do original inglês *The Turning Point,* Cultrix, 1988, São Paulo.
CHARDIN, Teilhard de. *O fenômeno humano.* Trad. Léon Bourdon e José Terra, Herder, sem data, São Paulo.
CHOPRA, Deepak. *Ageless Body, timeless mind.* Harmony Books, Crown Publishers, 1993, New York.
CLARK, Ronald W. *Freud – the man and the cause.* Granada, 1982, London.
DELANNE, Gabriel. *A evolução anímica.* Trad. Manuel Quintão, FEB, 1937, Rio.
DOSSEY, Larry. *Reencontro com a alma.* Trad. Mauro de Campos Silva, Cultrix, 1992, São Paulo. I.
DOSSEY, Larry. *Space, time and medicine.* Shambhala, 1982, Boulder, Colorado. II.
ENCYCLOPAEDIA BRITANNICA. William Denton, 1963.
FIORE, Edith. *Possessão espiritual.* Trad. do original inglês *The Unquiet Dead,* Pensamento, 1992, São Paulo. I.
FIORE, Edith. *You have been here before.* Ballantine, 1979, New York. II
FODOR, Nandor. *Freud, Jung and occultism.* Univesity Books, 1971, New Hyde Park, New York.

GELEY, Gustave. *De l' inconscient au conscient*. Félix Alcan, 1921, Paris. I.
GELEY, Gustave. *L 'ectoplasmie et la clairvoyance*. Félix Alcan, 1924, Paris. II.
GELEY, Gustave. *O ser subconsciente*.Trad. Gilberto C. Guarino, FEB, 1975, Rio. III.
GERBER, Richard. *Medicina vibracional*. Trad. Paulo César de Oliveira, Cultrix, 1992, São Paulo.
GHISELIN, Brewster. *The creative process*. American Library, 1955, New York.
GILLABERT, Émile. *Jésus et la gnose*. Dervy Livres, 1981, Paris.
GREY, Margot. *Return from death – an exploration of near-death experiences*. Arkana, 1985, London.
GROVE.– *Dictionary of music and musicians*. MacMillan, 1953, New York.
HALL, James A. *Jung e a interpretação dos sonhos*. Trad. Álvaro Cabral, Cultrix, 1985, São Paulo.
HEYWOOD, Rosalind. *The infinite hive*. Pan Books, 1964, London. I.
HEYWOOD, Rosalind. *The sixth sense*. Pan Books, 1959, London. II.
IVERSON, Jeffrey. *More lives than one?* Souvenir Press, 1977, London.
JAYNES, Julian. *The origin of consciousness and the break-down of the bicameral mind*. Houghton Mufflin, 1990, Boston, Massachussets.
JUNG, Carl G. *Man and his symbols*. Dell Publishing, 1979, New York. I.
JUNG, C. G. *Memórias, sonhos, reflexões*. Nova Fronteira, semdata, Rio. II.
JUNG, C. G. *Psychologie et alchimie*. Buchet/Chastel, 1970, Paris. III.
KARDEC, Allan. *O livro dos espíritos*. FEB, Rio. I.
KARDEC, Allan. *O evangelho segundo o espiritismo*. FEB, Rio. II.
KARDEC, Allan. *O livro dos médiuns*. FEB, Rio. III.
KÚBLER-ROSS, Elisabeth. *Death – the final stage of growth*. Prentice-Hall, 1975, Englewood Cliffs, New Jersey.
LAWRENCE, T.E. & SHERWOOD, Jane. *Post-mortem journal*. Neville Spearman, 1964, London.
LÉPÉE, Marcel. *Sainte Thérèse mystique*. Descleée De Brouwer, 1951, Paris.
LE SHAN, Lawrence. *The medium, the mystic, and the physicist*. Turnstone Books, 1974, London.
LOVELOCK, James. *Gaia. A new look at life on earth*. Oxford, 1979, London, New York.
MAC GREGOR, Geddes. *Gnosis, a renaissence of christian thought*. Julian Press, 1979, Wheaton, Illinois.
MACLAINE, Shirley. *Going within*. Bantam Books, 1990, New York.
MAETERLINCK, Maurice. *L 'hôte inconnu*. Eugène Fasquelle, 1928, Paris.
MIRANDA, Hermínio C. *A memória e o tempo*. Lachâtre, 1992, Niterói. I.
MIRANDA, Hermínio C. *As mil faces da realidade espiritual*. Edicel, 1993, Sobradinho, DF. II.
MIRANDA, Hermínio C. *Condomínio espiritual*.Folha Espírita, 1993, São Paulo. III.
MIRANDA, Hermínio C. *Diversidade dos carismas*. 2 vols. Lachâtre, 1993, Niterói, RJ. IV.
MIRANDA, Hermínio C. *Nossos filhos são espíritos*. Lachâtre, 1993, Niterói, RJ. V.
MIRANDA, Hermínio C. *O evangelho gnóstico de Tomé*. Lachâtre, 1994, Niterói, RJ. VI.
MIRANDA, Hermínio C. & ANJOS, Luciano dos. *Eu sou Camille Desmoulins*. Lachâtre, 1993, Niterói, RJ. VII.
MOODY Jr., Raymond. *Life after life*. Bantam Books, 1976, New York. I.

MOODY Jr., Raymond. *Reflections on life after life*. Bantam, 1977, New York. II.
MOORE, R. Lawrence. *In search of white crows*. III, Oxford Press, 1977, New York.
MYERS, Fredric W. *La personalité humaine*. Trad. francesa do dr. S. Janklevith do original inglês, Félix Alcan, 1919, Paris.
OATLEY, Keith. *Brain mechanisms and mind*. Thames & Hudson, 1972, London.
PAGELS, Elaine. *The gnostic gospels*. Random House, 1979, New York.
PEARCE, Joseph Chilton. *The crack in the cosmic egg*. Julian Press, 1988, New York.
RAY, Marie Beyon. *Doctors of the mind*. Robert Hale, 1950, London.
RITCHIE, George. *Return from tomorrow*. Chosen Books, 1978, Waco, Texas.
ROCHAS, Albert de. *Les vies successives*. Charconat, 1911, Paris.
RUSSELL, Peter. *The global brain*. J. P. Tarcher, 1987, Los Angeles, California.
SABOM. Michael. *Recollections of death*. Corgi, 1982, London.
SACARRÃO, G. F. *Biologia e sociedade* – Vol. I – Crítica da Razão Dogmática. Publicações Europa-América, 1989, Portugal.
SMITH, Anthony. *The mind*. Vicking Press, 1984, New York.
SNOW, Chet B. *Mass dreams of the future*. McGraw-Hill, 1989, New York.
STEARN, Jess. *The search for a soul – the psychic lives of Taylor Caldwell*. Doubleday, 1973, New York.
STEVENSON, Ian. *Twenty cases suggestive of reincarnation*. SPR, 1966, New York.
TALBOT, Michael. *Your past lives*. Harmony Books, 1987, New York.
TOMPKINS, Peter & BIRD, Christopher. *The secret life of plants*. Avon, 1974, New York.
UBALDI, Pietro. *A grande síntese*. Trad. Guillon Ribeiro, FEB, 1939, Rio.
VAN WAVEREN, Erlo. *Pilgrimage to rebirth*. Samuel Weiser, 1978, New York.
WAMBACH, Helen. *Vida antes da vida*. Freitas Bastas, 1988, Rio de Janeiro.
WATSON, Lyall. *Beyond supernature*. Bantam Books, 1988, New York. I.
WATSON, Lyall. *Lifetide*. Coronet Books, 1980, London. II.
WICKLAND, Carl. *Thirty years among the dead*. Spiritualist Press, 1971, London.
WILHELM, Richard. *I ching*. Trad. Alayde Mutzenbecher e Gustavo Alberto Corrêa Pinto, Pensamento, 1989, São Paulo.
WILSON, Colin. *Afterlife*. Grafton Books, 1985, London. I.
WILSON, Colin. *Mysteries*. Granada, 1979, London. II.
WILSON, Colin. *The occult*. Granada, 1976, Frogmore, St.Albans, England. III.
XAVIER, Francisco Cândido. *A Caminho da luz*. Pelo espírito Emmanuel. FEB, Rio.
XAVIER, Francisco Cândido & VIEIRA, Waldo. *Evolução em dois mundos*. Pelo espírito André Luiz, FEB, s/data, Rio.
XAVIER, Francisco C. *Falando à terra*. Pelo espírito Romeu A. Camargo, FEB, Rio.

Herminio C. Miranda

Herminio Corrêa de Miranda é um dos campeões de venda da literatura espírita do Brasil. Aliás, raros escritores nacionais conseguem tiragens tão expressivas quanto o autor de *Nossos filhos são espíritos* (mais de trezentos mil exemplares), de *Diálogo com as sombras* (cento e cinquenta mil) e de outros trinta títulos, cuja vendagem já ultrapassa um milhão de exemplares. Devem-se computar ainda centenas de artigos e ensaios em revistas e jornais especializados, que dariam mais alguns volumes.

Nascido onde hoje é a cidade de Volta Redonda, RJ, em 5 de janeiro de 1920, Herminio formou-se em ciências contábeis, tendo sido funcionário da Companhia Siderúrgica Nacional de 1942 a 1980. Nesse período, passou cinco anos no escritório da empresa em Nova York. Originário de família católica, Herminio aproximou-se do espiritismo por curiosidade, mas sobretudo por insatisfação com as religiões. Tendo por guias a razão e a curiosidade e auxiliado por uma sólida cultura humanística, tornou-se uma das maiores autoridades no campo da mediunidade e da regressão de memória no país e, talvez, no mundo.

Herminio Miranda desencarnou em 8 de julho de 2013, no Rio de Janeiro.

Conheça outras obras de Herminio C. Miranda:

Nossos Filhos são Espíritos
– mais de 300 mil exemplares vendidos–

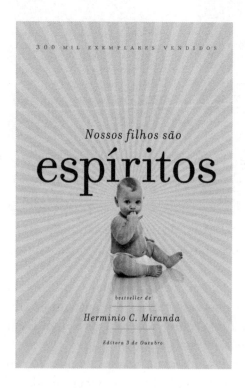

Nossos Filhos são Espíritos mostra que, além do corpinho frágil com que iniciamos nossas vidas, existe um espírito imortal, dotado de personalidade, maturidade e tendências que podem ser modificadas através da educação e dedicação dos pais. Leia e descubra como entender seu filho melhor.

A Memória e o Tempo

Um mergulho apaixonante nos mistérios do tempo e de suas relações com a memória integral, utilizando a regressão de memória como técnica de pesquisa e instrumento de exploração dos arquivos indeléveis da mente. Com argúcia e clareza, o autor discute o conceito de tempo, reavalia os ensaios pioneiros com a hipnose, no século XIX, aborda as experiências de Albert de Rochas e as teorias de Freud, até chegar às modernas técnicas de terapia das vidas passadas.

Diversidade dos Carismas

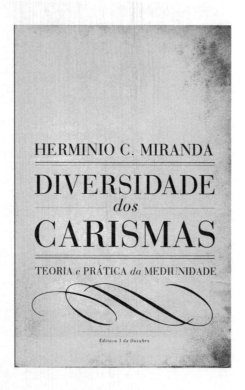

Uma das mais completas obras sobre mediunidade. Simples e didático, Herminio Miranda aborda aspectos complexos dos mais diferentes 'carismas', termo utilizado por Paulo de Tarso ao tratar dos fenômenos mediúnicos. Obra de referência sobre o assunto, escrita por um de seus maiores especialistas.

O Evangelho Gnóstico de Tomé

Em seus dois primeiros séculos de existência, o cristianismo foi abalado por mais de uma centena de correntes filosóficas distintas. A mais perigosa para a igreja primitiva foi a dos gnósticos, da qual alguns textos chegaram até nós. O mais importante é o chamado *Evangelho de Tomé*, descoberto em 1945, no alto Egito, que o autor analisa, junto com um levantamento minucioso das crenças e posições do gnosticismo.

Condomínio Espiritual

Condomínio Espiritual é um dos mais completos estudos já elaborados sobre a obsessão de origem espiritual. Com a erudição que lhe é característica, Herminio Miranda apresenta as contradições e a incompetência da ciência dita oficial em entender e solucionar alguns casos de distúrbios de comportamento, pela simples razão de ela ignorar a realidade espiritual que está na origem desses problemas. Consagrado como importante especialista na questão da mediunidade, o autor utiliza todo o seu cabedal de conhecimentos como chave-mestra para desmontar a inconsistente e infrutífera tentativa de explicação materialista.

Autismo, uma leitura espiritual

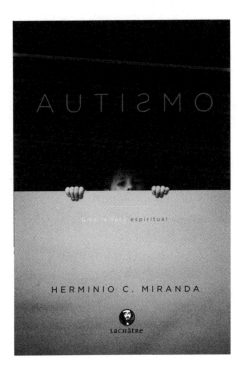

O autismo é um grande enigma para a medicina. Nesta obra, o autor parte da premissa de que o ser humano é um espírito imortal, que antecede a atual existência bem como lhe sobrevive à morte. Passeando por atualizada bibliografia sobre o assunto, chega a conclusões alentadoras.

Esta edição foi impressa em maio de 2024 pela Assahi Gráfica e Editora Ltda., Itu, SP, para o Instituto Lachâtre, sendo tiradas mil e quinhentas cópias, todas em formato fechado 160x230mm e com mancha de 125x190mm. Os papéis utilizados foram o Offset 75g/m² para o miolo e o Cartão Supremo Alta Alvura 300g/m² para a capa. O texto foi composto em Adobe Garamond Pro 12/14,4, os títulos foram compostos 20/24, as citações e as notas, em 10/12. A programação visual da capa foi elaborada por Andrei Polessi.